国家级一流本科专业建设点配套教材
普通高等学校经管类系列教材

基础会计学

JICHU KUAIJIXUE

主　编　陈　琳　李　玥　马　焱
副主编　田豫辰　武美君　李　飞

西安交通大学出版社
XI'AN JIAOTONG UNIVERSITY PRESS

图书在版编目(CIP)数据

基础会计学 / 陈琳,李玥,马焱主编. — 西安：
西安交通大学出版社，2024.3
　ISBN 978-7-5693-3651-1

Ⅰ.①基… Ⅱ.①陈…②李…③马… Ⅲ.①会计学
－高等学校－教材 Ⅳ.①F230

中国国家版本馆 CIP 数据核字(2024)第 004608 号

书　　名	基础会计学
主　　编	陈　琳　李　玥　马　焱
策划编辑	雒海宁
责任编辑	雒海宁
责任校对	李逢国
封面设计	任加盟
出版发行	西安交通大学出版社 (西安市兴庆南路 1 号　邮政编码 710048)
网　　址	http://www.xjtupress.com
电　　话	(029)82668357　82667874(市场营销中心) (029)82668315(总编办)
传　　真	(029)82668280
印　　刷	西安日报社印务中心
开　　本	787 mm×1092 mm　1/16　　印张 20.25　　字数 495 千字
版次印次	2024 年 3 月第 1 版　2024 年 3 月第 1 次印刷
书　　号	ISBN 978-7-5693-3651-1
定　　价	69.00 元

如发现印装质量问题,请与本社市场营销中心联系。
订购热线:(029)82665248　(029)82667874
投稿热线:(029)82664840
读者信箱:363342078@qq.com

版权所有　侵权必究

目录

第一章 总论 ... 1
学习目标 ... 1
知识拓展 ... 1
第一节 会计概述 ... 1
第二节 会计的职能和目标 ... 6
第三节 会计假设和基本原则 ... 8
第四节 会计核算的方法 ... 16
本章小结 ... 19
关键术语 ... 19
习题与思考 ... 20
案例分析 ... 24

第二章 会计要素与会计等式 ... 25
学习目标 ... 25
知识拓展 ... 25
第一节 会计对象 ... 25
第二节 会计等式 ... 33
本章小结 ... 36
关键术语 ... 36
习题与思考 ... 37
案例分析 ... 44

第三章 账户和复式记账 ... 46
学习目标 ... 46
知识拓展 ... 46
第一节 科目与账户 ... 46
第二节 复式记账法 ... 58
第三节 借贷记账法 ... 60

第四节　总账与明细账的平行登记 …… 71

　　本章小结 …… 75

　　关键术语 …… 75

　　习题与思考 …… 76

　　案例分析 …… 81

第四章　企业主要经济业务的核算 …… 82

　　学习目标 …… 82

　　知识拓展 …… 82

　　第一节　制造业企业主要经济业务概述 …… 82

　　第二节　资金筹资业务的核算 …… 84

　　第三节　供应过程业务的核算 …… 88

　　第四节　生产过程业务的核算 …… 92

　　第五节　销售过程业务的核算 …… 100

　　第六节　财务成果形成与分配业务的核算 …… 104

　　本章小结 …… 111

　　关键术语 …… 111

　　习题与思考 …… 112

　　案例分析 …… 121

第五章　会计凭证 …… 122

　　学习目标 …… 122

　　知识拓展 …… 122

　　第一节　会计凭证的意义和种类 …… 122

　　第二节　原始凭证的填制和审核 …… 145

　　第三节　记账凭证的填制和审核 …… 152

　　第四节　会计凭证的传递与保管 …… 159

　　本章小结 …… 161

　　关键术语 …… 161

　　习题与思考 …… 161

　　案例分析 …… 167

第六章　会计账簿 …… 168

　　学习目标 …… 168

知识拓展 ··· 168
　　第一节　账簿的意义和种类 ··· 168
　　第二节　账簿的设置和登记 ··· 173
　　第三节　账簿启用和登记的规则 ··· 177
　　第四节　对账和结账 ·· 180
　　第五节　错账查找与更正方法 ·· 185
　本章小结 ··· 191
　关键术语 ··· 191
　习题与思考 ··· 191
　案例分析 ··· 198

第七章　成本计算与财产清查 ·· 200

　学习目标 ··· 200
　知识拓展 ··· 200
　　第一节　成本计算概述 ··· 201
　　第二节　直接材料成本、产品成本和固定资产成本的核算 ································ 205
　　第三节　财产清查的意义和种类 ··· 215
　　第四节　财产清查的内容和方法 ··· 217
　　第五节　财产清查结果的处理 ·· 220
　本章小结 ··· 224
　关键术语 ··· 224
　习题与思考 ··· 225
　案例分析 ··· 230

第八章　财务报告 ·· 232

　学习目标 ··· 232
　知识拓展 ··· 232
　　第一节　财务报告概述 ··· 232
　　第二节　编表前的准备工作 ··· 237
　　第三节　财务报表编制 ··· 238
　　第四节　财务报告分析 ··· 255
　本章小结 ··· 259
　关键术语 ··· 259
　习题与思考 ··· 259

案例分析 ·· 265

第九章 会计核算组织形式 ··· 267

学习目标 ·· 267
知识拓展 ·· 267
第一节 会计核算组织形式的意义 ··· 267
第二节 记账凭证核算组织程序 ··· 269
第三节 汇总记账凭证会计核算组织形式 ······································· 271
第四节 科目汇总表会计核算组织形式 ·· 275
第五节 日记总账会计核算组织形式 ··· 277
本章小结 ·· 280
关键术语 ·· 281
习题与思考 ··· 281

第十章 会计工作组织 ·· 285

学习目标 ·· 285
知识拓展 ·· 285
第一节 会计法规体系 ··· 285
第二节 会计机构和会计人员 ·· 288
第三节 会计职业道德 ··· 296
第四节 会计档案管理 ··· 298
本章小结 ·· 301
关键术语 ·· 301
习题与思考 ··· 302
案例分析 ·· 303

附录 ··· 305

附录1 中华人民共和国会计法 ··· 305
附录2 企业会计准则——基本准则 ·· 312
附录3 企业会计准则——42条具体准则目录 ································· 316

参考文献 ··· 318

第一章 总论

学习目标

1. 掌握会计的程序、方法和会计核算的一般原则。
2. 理解会计的含义、会计的基本职能、会计的目标。
3. 了解会计的作用以及会计产生和发展的历史。

知识拓展

"育人的根本在于立德"。基础会计学教学要全面贯彻习近平总书记提出的"坚持中国特色社会主义教育发展道路,培养德智体美劳全面发展的社会主义建设者和接班人"和党的二十大提出的"为党育人、为国育才"指导思想,在对会计发展与学科形成的解读过程中,引导学生树立共产主义远大理想和中国特色社会主义共同理想,坚定不移听党话、跟党走,全面贯彻党的教育方针,把"立德树人"理念融入课前、课中和课后的教育教学过程中,为国家培养适应国家社会经济发展和具有较高政治素养的会计人才。本书通过对中西方会计学科和制度发展的比较以及中西方会计文明的介绍,让学生理解每一种会计制度、每一种会计方法的产生都有其深刻的社会背景,受到政治经济和技术的影响,以提高学生的道德修养、人文素质、法治意识、国家安全意识等,在潜移默化中让学生坚定理想信念、厚植爱国主义情怀、提高品德修养、增长见识,帮助学生树立正确的世界观、人生观和价值观。

要知其然,更要知其所以然。会计最初的萌芽始于记录和分配,发展于官厅会计,完善于现代企业制度的建立。"四柱清册""月计岁会""会计当而已矣"都明确告诉学生,中国的会计文化走在世界会计理论发展的最前沿,中国人具备文化自信的基础和条件,增强学生对中国文化的认同感,使学生为拥有中国的会计文明而自豪,树立传承会计文化的信心。

第一节 会计概述

一、会计的产生和发展

会计作为一种经济管理活动,无论在我国还是在世界其他国家都有几千年的历史。但会计作为一门独立学科,才有近两百年的历史。会计与社会生产发展有着不可分割的联系,会计的产生和发展离不开人们对生产活动进行管理的客观需要,社会愈发展,会计愈重要。

生产活动能够创造出物质财富,取得一定的劳动成果;同时,也必然会发生劳动耗费,其中包括人力、物力以及财力。如果劳动成果少于劳动耗费,则生产规模就会缩小,社会就会倒退;

如果劳动成果等于劳动耗费,则只能进行简单再生产,社会就会停滞不前;如果劳动成果多于劳动耗费,则可以进行扩大再生产,社会就能取得进步。而生产发展、社会进步是一切社会形态中人们所追求的共同目标,因此,无论在何种社会形态中,人们都必然会关心劳动成果和劳动耗费,并会对它们进行比较,以便科学、合理地管理生产活动,提高经济效益。在对劳动成果和劳动耗费进行比较的过程中,产生了原始的计量、计算、记录行为。这种原始的计量、计算、记录行为中蕴含着会计思想、会计行为。会计在其产生初期还只是"生产职能的附带部分",也就是说,会计在它产生初期只是生产职能的一个组成部分。人们在生产活动以外,附带地把劳动成果、劳动耗费以及发生的日期进行计量和记录。当时会计还不是一项独立的工作。随着生产规模的日益扩大,劳动成果和劳动耗费的比较如果仅仅靠人们在劳动过程中附带地进行计量、计算和记录是满足不了的。为了满足生产发展需要,需要对劳动成果和劳动耗费进行管理,会计逐渐从生产职能中分离出来,成为特殊的、专门委托的当事人的独立的职能。所以说会计是适应生产活动发展的需要而产生的。

生产活动的发生是会计产生的前提条件。如果没有生产活动的发生,便不会有会计思想、会计行为的产生。但是,这并不意味着生产活动一发生,就产生了会计思想、会计行为。会计史学者的考证结果表明:只有当人类的生产活动发展到一定阶段,到生产所得能够大体上保障人类生存和繁衍的需要时,人们才会关心劳动成果与劳动耗费的比较。特别是当劳动成果有了剩余时,原始的计量、记录行为才具备了产生的条件,会计发展也因此进入了萌芽阶段,这一时期经历了漫长的过程。由此可见,会计并不是在生产活动发生伊始就产生的,它是生产发展到一定程度,在劳动成果有了剩余以后,人们才开始关心劳动成果和劳动耗费的比较,更关心对剩余劳动成果的管理和分配,这时才需要对它们进行计量、计算和记录,因而产生了会计思想,有了会计萌芽。所以说会计是生产活动发展到一定阶段的产物。

随着社会生产的不断发展,会计经历了一个由低级到高级、由简单到复杂、由不完善到逐渐完善的发展过程。

从严格意义上讲,从旧石器时代中、晚期开始到奴隶社会繁盛时期(距今约四五千年),这一漫长历史时期中产生的最原始的计量、记录行为并不是单纯的、真正意义上的会计行为。那时,所谓的会计还不是一项独立的工作,只是生产职能的附带部分,是在生产时间之外,附带地把劳动成果、劳动耗费等事项记载下来的工作。在会计的发展史上,这一时期被称为会计的萌芽阶段,或者称为原始计量与记录时期。进入奴隶社会的繁盛时期,随着劳动生产力的不断提高,生产活动中出现了剩余产品。剩余产品与私有制的结合,造成了私人财富的积累,进而导致了受托责任会计的产生,会计逐渐从生产职能中分离出来,成为特殊的、专门委托的当事人的独立的职能。这时的会计,不仅应保护奴隶主物质财产的安全,而且还应反映那些受托管理这些财产的人是否认真地履行了他们的职责。所有这些工作都要求采用较先进、科学的计量与记录方法去完成,从而导致了原始计量、记录行为向单式簿记体系演变。从奴隶社会的繁盛时期到15世纪末,单式簿记应运产生而且得到了发展。人们一般将这一时期的会计称为古代会计。

1494年,意大利数学家卢卡·帕乔利的著作《算术、几何、比及比例概要》问世,这标志着近代会计的开端。在随后漫长的历史时期内,人们在古代单式簿记的基础上,创建了复式簿记。复式簿记在意大利迅速得到普及并不断获得发展和完善。随着美洲大陆的发现和东西方贸易的进行,各国建立了统一的货币制度,阿拉伯数字取代了罗马数字,纸张得到普遍使用,这些都促使复式簿记传遍整个欧洲,后又传遍世界各国,即使是现在,我们仍然采用复式簿记的方法,并最终完成了复式簿记的方法体系乃至理论体系的建设。与此同时,会计从特殊的、专门委托的当事人的独立的职能发展成为一种职业。在会计的发展史上,人们一般将卢卡·帕乔利复式簿记著作的出版和会计职业的出现视为近代会计史中的两个里程碑事件。从复式簿记产生到20世纪中叶称为近代会计发展时期。

20世纪中叶会计进入了现代发展时期。其标志是:①会计学基础理论的创立;②会计理论和方法逐渐分化成两个领域,即财务会计和管理会计;③审计基本理论的创立;④会计电算化的产生与应用。

我国最早的会计,主要是朝廷的官厅会计。据文献记载和考证,我国在西周时期就设"司会"官职,主管封建王朝的"百物财用"。"会计"一词出自周朝的"月计岁会",二字构词连用,其基本含义是:既有日常的零星核算,又有岁终的总核算,即零星算之为计,总和算之为会。春秋战国到秦时期出现了"籍书"和"簿书"之类的账册,用"入""出"作为记账符号反映各种经济事情。到唐朝,"账簿"二字已经连用,报表和账簿已普遍使用纸张。到宋、元时期,会计账簿已有了序时账和总分类账的区别,特别是创建和运用了"四柱结算法",这是我国会计学者对会计学科的重大贡献,为收付记账法奠定了理论基础。当时封建官厅办理钱粮报销和移交手续时所造的表册叫"四柱清册"。元、明时期已设钱帛簿、金银簿和军储簿等分户账记录经济业务。明末清初创建了"龙门账",为复式记账原理的运用做出了巨大贡献。当时,我国的会计技术应领先于欧洲各国。

新中国成立以后,逐步建立了社会主义的会计理论和会计方法体系。1985年,国家颁布了第一部《中华人民共和国会计法》,并于1993年和1999年对其进行了修订。1992年,财政部发布了《企业财务通则》和《企业会计准则》,将所有企业的会计处理工作统一到借贷记账法下。2006年,财政部又发布了新的《企业会计准则》,内容包括企业会计体系的基本准则和38项具体准则,使我国会计核算、会计管理工作与国际会计准则体系保持一致。

会计产生和发展的历史表明:会计是适应生产活动发展的需要而产生的,并随着生产的发展而发展的。正如马克思所说的那样:"过程越是按照社会的规模进行……作为对过程进行控制和观念总结的簿记就越是必要。因此,簿记对资本主义生产比对手工业和农民的分散生产更为必要;对公有制生产比对资本主义生产更为必要。"

二、会计的基本概念

人类发展到现在,全球经济一体化使作为"国际商业公共语言"的会计的内涵与外延不断丰富发展。什么是会计?或者说,会计的内涵是什么?尽管会计从产生到现在已有几千年的历史,但是,对于这一基本问题,古今中外却一直没有一个明确、统一的说法。究其原因,关键在于人们对会计本质的认识存在着不同的看法,而不同的会计本质观对应着不同的会计含义。有关会计本质问题所展开的理论研究是20世纪以来会计理论研究中争论最集中且分歧最大的一个内容,至今仍众说不一,无法定论。下文我们将回顾中外会计学界针对会计本质问题所形成的各种观点,以便在此基础上得出会计的含义。

所谓会计信息系统论,就是把会计的本质理解为一个经济信息系统。具体地讲,会计信息系统是指在企业或其他组织范围内,旨在反映和控制企业或组织的各种经济活动,而由若干具有内在联系的程序、方法和技术所组成的,由会计人员加以管理,用以处理经济数据、提供财务信息和其他有关经济信息的有机整体。会计信息系统论的思想最早来源于美国会计学家A.C.利特尔顿在1953年编写的《会计理论结构》一书,书中指出:会计是一种特殊门类的信息服务,会计的显著目的在于对一个企业的经济活动提供某种有意义的信息。20世纪60年代后期,随着信息论、系统论和控制论的发展,美国的会计学界开始倾向于将会计的本质定义为会计信息系统。如1966年美国会计学会在其发表的《会计基本理论说明书》中明确指出:"实质地说,会计是一个信息系统。"从此,这个概念便开始广为流传。20世纪70年代以来,将会计定义为"一个经济信息系统"的观点,在许多会计著作中流行。如西德尼·戴维森在其主编的《现代会计手册》一书的序言中写道:"会计是一个信息系统。它旨在向利害攸关的各个方面传输一家企业或其他个体的富有意义的经济信息。"此外,这种观点在斐莱和穆勒氏的《会计原理——导论》、凯索和威基恩特合著的《中级会计学》等一些著作中也有被提及。我国较早接受"会计是一个经济信息系统"的会计学家是余绪缨教授。他于1980年在《要从发展的观点看会计学的科学属性》一文中首先提出了这一观点。葛家澍、唐予华于1983年也提出"会计是为提高企业和各单位的经济效益,加强经济管理而建立的一个以提供财务信息为主的经济信息系统"。

会计管理活动论认为会计的本质是一种经济管理活动。它继承了会计管理工具论的合理内核,吸收了最新的管理科学思想,从而成为当前国际国内会计学界具有重要影响的观点。将会计作为一种管理活动并使用"会计管理"这一概念在西方管理理论学派中早已存在。"古典管理理论"学派的代表人物法约尔把会计活动列为经营的六种职能活动之一;美国人卢瑟·古利克则把会计管理列为管理化功能之一;20世纪60年代后出现的"管理经济会计学派"则认为进行经济分析和建立管理会计制度就是管理。我国最早提倡会计管理活动论的当数杨纪琬、阎达五教授。他们发表文章《开展会计理论研究的几点意见——兼论会计学的科学属性》,在其中指出:无论从理论上还是从实践上看,会计不仅仅是管理经济的工具,它本身就具有管理的职能,是人们从事管理的一种活动。在此之后,杨纪琬、阎达五教授对会计的本质又进行了深入探讨,逐渐形成了较为系统的"会计管理活动论"。杨纪琬教授指出,"会计管理"的概念是建立在"会计是一种管理活动,是一项经济管理工作"这一认识基础上的,通常讲的"会计"就是"会计工作"。他还指出,"会计"和"会计管理"是同一概念,"会计管理"是"会计"这一概念的深化,反映了会计工作的本质属性。阎达五教授认为,会计作为经济管理的组成部分,它的核算和监督内容以及应达到的目的受不同社会制度的制约,"会计管理这个概念绝不是少数人杜撰出来的,它有充分的理论和实践依据,是会计工作发展的必然产物"。

讨论会计的概念,要明确"会计"是指"会计学"还是指"会计工作"或是"会计方法"。在本书中,我们将"会计"界定为"会计工作"。基于这一前提,我们认为"会计管理活动论"的观点代表了我国会计改革的思路与方向,是对会计本质问题的科学论断,因此,我们倾向于选择"会计管理活动论"。在"会计管理活动论"前提下,我们认为会计是经济管理的重要组成部分,是以提供经济信息、提高经济效益为目的的一种管理活动。

综上所述,会计的基本概念应该界定为:会计是严格以凭证为依据,以货币为主要计量尺度,连续、系统、全面、综合地反映和监督各会计主体的经济过程,旨在提高微观经济效益的一种管理活动或管理工作。

三、会计学科体系的建立和发展

会计学科定位是寻找其在整个学科系统中（自然科学学科和社会科学学科）的坐标或归属。会计学科孕育并诞生于数学，成长并得益于经济学，逼近并归属于管理学。经济社会演变是会计学科发展的现实动因，会计学科的学术贡献是其发展程度的重要标志，会计学科的领军人物及团队是其发展的形象大使。会计学研究的对象是全部会计工作，既包括会计理论研究工作，又包括会计实践工作。会计学是人们对会计实践进行科学总结而形成的知识体系，是完整、准确地解决如何认识会计工作和如何做好会计工作等问题的科学。会计学科来源于实践，反过来又指导会计工作实践，并在相互作用的过程中，不断发展与完善，形成一个完整的会计知识体系。会计学科的出现晚于会计活动，是会计这一社会实践活动发展到一定阶段的产物。会计学科的诞生，要具备一定的社会条件。公元807年唐代李吉甫撰写了《元和国计簿》，这是我国历史上的第一部会计著作。1494年出版的意大利数学家卢卡·帕乔利的著作——《算术、几何、比及比例概要》是西方的第一部会计著作。然而，这时的会计学还仅仅停留在"簿记学"阶段。直到1903年英国出版了劳伦斯·狄克西的《高等会计学》和乔治·利司尔的《会计学全书》，才标志着真正意义上的会计学的产生。因此，早期的会计学科构成内容比较简单。随着科学领域的扩展和研究的不断深入，特别是电子计算机与数学方法在会计中的应用以及管理科学的发展及其向会计领域的渗透，会计学科的内容得到不断的充实，并已初步形成了一个独立完整的现代会计学科体系。

1989年末，郭道扬教授主编的《会计百科全书》，将会计学科划分为会计发展史、会计学原理、预算会计、税收会计、金融会计、工业会计、商业会计、电子数据处理会计、西方财务会计、管理会计、工业财务管理与分析、审计等21类。1990年侯文铿教授主编的《会计辞海》，将会计学科划分为基础性会计、生产部门会计、流通部门会计、服务部门会计、其他专业性会计、检验性会计、技术性会计、研究性会计共8大类41门学科。1994年于玉林教授主编的《现代会计百科词典》，将会计学科分为基础性学科、职能性学科、部门性学科、专门性学科、综合性学科共5大类144门学科。基础性学科又分会计工作基础学科、会计行为基础学科，职能性学科又分企业会计职能学科、社会会计职能学科，部门性学科又分第一产业部门学科、第二产业部门学科、第三产业部门学科，专门性学科有税务会计、会计法学、物价变动会计、环境会计，综合性学科有成本会计、外商投资企业会计。于玉林教授在《大会计学概论》中认为，会计学科体系按学科性质与范围不同还可分为会计基础学科、企业会计学科、事业会计学科、个体经济会计学科、人本会计学科、会计专门学科、综合会计学科等7类。还有的学者将会计学科体系划分为会计基础学科、会计核算学科、会计分析学科、会计管理学科、会计实践学科。有的则将会计学科体系划分为基础学科和分支学科两大类，基础学科包括初级会计学、会计理论、会计史等；分支学科包括宏观会计学、微观会计学两类，宏观会计学包括总预算会计、社会会计、国际会计等，微观会计学包括企业会计、非营利组织会计等。

从理论上讲，会计学科体系与会计课程体系是既有联系又有区别的，会计课程体系按会计学研究的内容划分主要有基础会计学、财务会计学、高级财务会计学、管理会计学、成本会计学、会计史学等。

会计学基础也叫会计学原理或初级会计学等,是会计学科体系的基础,主要研究会计的基本理论、基本知识、基本方法,为深入学习会计学科的其他课程做铺垫。

第二节 会计的职能和目标

一、会计的职能

会计的职能是指会计在经济管理中所具有的功能。具体来讲,就是会计是用来做什么的,对于这个问题,马克思曾有过精辟的论述。他指出:"过程越是按社会的规模进行……作为对过程进行控制和观念总结的簿记就越是必要……"可见,马克思把会计的基本职能归纳为反映(观念总结)和监督(控制)。会计的基本职能应当归纳为反映和监督。

(一)会计的反映(核算)职能

会计的反映职能是指会计能够按照公认会计准则的要求,通过一定的程序和方法,全面、系统、及时、准确地将一个会计主体所发生的会计事项表达出来,以达到揭示会计事项的本质,为经营管理提供经济信息的目的功能。反映职能是会计的最基本职能,也是会计核算工作的基础。

反映职能的基本特点有三:第一,会计主要利用货币计量,综合反映各单位(企业和行政、事业单位)的经济活动情况,为经济管理提供可靠的会计信息。从数量方面反映经济活动,可以采用三种量度:实物量度、货币量度和劳动量度(劳动工时)。在市场经济发达的条件下,为了有效地进行管理,就必须广泛地利用综合的价值形式,以计算生产资源的占用、劳动的耗费、产品销售收入的取得和利润的实现、分配等,所以,主要利用货币计量,从数量方面综合反映各单位的经济活动情况,是现代会计的一个重要特点。第二,会计主要反映过去已经发生的经济活动。会计反映经济活动就是要反映其事实,探索并说明其真相,因此,只有在每项经济业务发生或完成以后,才能取得该项经济业务完成的书面凭证,这种凭证具有可验证性,据以记录账簿,才能保证会计所提供的信息真实可靠。虽然管理会计等具有预测职能,其核算的范围可能扩大到未来的经济活动,但从编制会计报表、对外提供会计信息来看仍然是面向过去的。第三,会计反映内容应具有连续性、完整性和系统性。会计反映的连续性,是指对经济业务的记录是连续的,逐笔、逐日、逐月、逐年,不能间断;会计反映的系统性,是指对会计对象要按科学的方法进行分类,进而系统地加工、整理和汇总,以便提供管理所需要的各类信息;会计反映的全面性,是指对每个会计主体所发生的全部经济业务都应该进行记录和反映,不能有任何遗漏。只有依据连续的、完整的和系统的数据资料,才能全面、系统地反映各单位的经济活动情况,考核其经济效益。

会计的反映职能在客观上体现为通过会计的信息系统对会计信息进行优化。这一过程又具体体现为记账、算账和报账三个阶段。记账就是把一个会计主体所发生的全部经济业务运用一定的程序和方法在账簿上予以记载;算账就是在记账的基础上,运用一定的程序和方法来计算该会计主体在生产经营过程中的资产、负债、所有者权益、收入、成本费用以及损益情况;报账就是在记账和算账的基础上,通过编制会计报表等方式将该会计主体的财务状况和经营成果向会计信息使用者报出。会计的反映职能是通过会计信息系统所提供的信息实现的,既服务于国家的宏观调控部门,又服务于会计主体的外部投资者、债权人和内部管理者。这种服务作用是具有能动性的,从这一角度来看,会计的反映职能也在一定程度上体现了管理精神。

(二)会计的监督职能

会计的监督职能是指会计按照一定的目的和要求,利用会计信息系统所提供的信息,对会计主体的经济活动进行控制、监察和督促,使之达到预期目标的功能。会计的监督职能就是监督经济活动按照有关的法规和计划进行。监督职能在会计行为实施之前就会发挥作用,同时又是会计工作的落脚点。它通过会计信息系统与会计控制系统的有机结合,突出地表现了会计在企业单位经营管理中的能动性作用,一定程度上体现了会计是一种"管理活动"的基本思想。会计监督职能的基本特点有三:第一,会计监督具有强制性和严肃性。会计监督是依据国家的财经法规和财经纪律来进行的,《中华人民共和国会计法》不仅赋予会计机构和会计人员实行监督的权利,而且规定了监督者的法律责任。如放弃监督,听之任之,情节严重的,给予行政处分;给公共财产造成重大损失、构成犯罪的依法追究刑事责任。因此,会计监督以国家的财经法规和财经纪律为准绳,具有强制性和严肃性。第二,会计监督具有连续性。社会再生产过程不间断,会计反映就要不断地进行下去,在这整个持续过程中,始终离不了会计监督,各会计主体每发生一笔经济业务,都要通过会计进行反映,在反映的同时,就要审查它们是否符合法律、制度、规定和计划。会计反映具有连续性,会计监督也就具有连续性。第三,会计监督具有完整性。会计监督不仅体现在已经发生或已经完成的业务方面,还体现在业务发生过程中及尚未发生之前,包括事前监督、事中监督和事后监督。事前监督是指会计部门或会计人员在参与制订各种决策以及相关的各项计划或费用预算时,就依据有关政策、法规、准则等的规定对各项经济活动的可行性、合理性、合法性和有效性等进行审查,它是对未来经济活动的指导;事中监督是指在日常会计工作中,随时审查所发生的经济业务,一旦发现问题,及时提出建议或改进意见,促使有关部门或人员采取措施予以改正;事后监督是指以事先制定的目标、标准和要求依据,利用会计反映取得的资料对已经完成的经济活动进行考核、分析和评价。会计事后监督可以为制订下期计划、预算提供资料,也可以预测今后经济活动发展趋势。

会计的反映职能和监督职能是不可分开的、相辅相成的。二者的关系是辩证统一的。没有会计监督,会计反映(核算)就失去存在的意义;没有会计反映(核算),会计监督就失去存在的基础。

随着社会的发展、技术的进步,经济关系的复杂化和管理理论的提高,会计的职能也在不断地发展和完善,新职能不断出现。目前,在国内会计学界比较流行的是"六职能"说。这一论说认为会计具有"反映经济情况、监督经济活动、控制经济过程、分析经济效果、预测经济前景、参与经济决策"等六项职能,并认为这六项职能也是密切结合、相辅相成的。其中,两项基本职能是四项新职能的基础,而四项新职能又是两项基本职能的延伸和提高。在"六职能"学说中,"会计管理活动论"得到了进一步的体现。

二、会计的目标

会计的目标是指在一定的历史条件下,人们通过会计所要实现的终极目的或达到的最终结果。会计提供的信息应当符合国家宏观经济管理的要求,满足有关方面了解企业财务状况和经营成果的需要,满足企业加强内部经营管理的需要。由于会计是整个经济管理的重要组成部分,会计的目标当然从属于经济管理的总目标,或者说会计的目标是经济管理总目标下的一个子目标。在将提高经济效益作为会计终极目的的前提下,我们还需要明确会计核算的目标,即会计向谁提供信息,会计为何提供信息和会计提供何种信息。

根据会计定义,我们可以得知会计核算的目标是向有关各方提供会计信息,以帮助信息使用者做出正确决策,即信息必须是有用的。会计的目标,决定于会计资料使用者的要求,也受到会计对象、会计职能的制约。因此会计核算的目标是向财务会计报告使用者提供与企业财务状况、经营成果和现金流量等有关的会计信息,反映企业管理层受托责任履行情况,有助于财务会计报告使用者做出经济决策,会计核算的目标,实质上是对会计信息质量提出的要求。会计的目标体现在三个方面:一是会计信息应当符合国家宏观经济管理的要求;二是会计信息应当满足有关各方了解企业财务状况、经营成果和现金流量等的需要;三是会计信息应当满足企业加强内部经营管理的需要。

会计的目标是会计管理运行的出发点和最终要求。会计的目标决定和制约着会计管理活动的方向,在会计理论结构中处于最高层次;同时在会计实践活动中,会计的目标又决定着会计管理活动的方向。随着社会生产力水平的提高、科学技术的进步、管理水平的改进及人们对会计认识的深化,会计的目标也会发生变化。

第三节 会计假设和基本原则

一、会计假设(会计核算的基本前提)

会计核算的基本前提是会计人员对会计核算所处的变化不定的环境所做的合理判断,是会计核算的前提条件。会计所处的社会经济环境极为复杂,会计核算面对的是变化不定的社会经济环境。这种情况下,会计人员有必要对会计核算所处的经济环境做出判断。只有规定了这些会计核算的前提条件,会计核算才得以正常地进行下去,才能据以选择确定会计处理方法。会计核算的前提条件,是人们在长期的会计实践中逐步认识和总结形成的。

会计核算的基本前提包括会计主体、持续经营、会计分期和货币计量四项。

(一)会计主体

会计主体或称会计实体、会计个体,是指会计工作为其服务的特定单位或组织,也是指会计信息所反映的特定单位或者组织,它从空间上限定了会计核算的范围。

会计工作的目的是反映一个单位的财务状况、经营成果和现金流量,为包括投资者在内的各个方面做出决策服务。会计所要反映的总是特定的对象,只有明确规定会计核算的对象,将会计所要反映的对象与包括所有者在内的其他经济实体区别开来,才能保证会计核算工作的正常开展,实现会计的目标。在会计主体前提下,会计核算应当以企业发生的各项交易或事项为对象,记录和反映企业本身的各项生产经营活动。会计主体基本前提,为会计人员在日常的会计核算中对各项交易或事项做出正确判断、对会计处理方法和会计处理程序做出正确选择提供了依据。

只有明确了会计主体,才能划定会计所要处理的各项交易或事项的范围。在会计核算工作中,只有那些影响企业本身经济利益的各项交易和事项才会被加以确认和计量,那些不影响企业本身经济利益的各项交易或事项则不用被加以确认和计量。会计核算工作中通常所讲的资产、负债的确认，收入的取得，费用的发生，都是针对特定会计主体而言的。只有明确了会计主体，才能把握会计处理的立场。企业作为一个会计主体，对外销售商品时（不涉及税金），形成一笔收入，同时增加一笔资产或者减少一笔负债，而不是相反；采购材料时，现金减少、存货增加，或者债务增加、存货增加，而不是相反。只有明确了会计主体，才能够将会计主体的经济活动与会计主体所有者的经济活动区分开来。例如，由自然人所创办的独资企业或合伙企业，不具有法人资格，企业的资产和负债在法律上被视为业主或合伙人的资产和负债，但在会计核算上必须将企业作为一个会计主体，以便将会计主体的经济活动与会计主体所有者的经济活动区分开来。这主要是因为，无论是会计主体的经济活动，还是会计主体所有者的经济活动，都最终影响所有者的经济利益，但是会计核算工作只涉及会计主体范围内的经济活动。为了真实地反映会计主体的财务状况、经营成果和现金流量，必须将会计主体的经济活动与会计主体所有者的经济活动区别开来。

会计主体与法律主体的区别与联系。会计主体不同于法律主体。一般来说，法律主体往往是一个会计主体。例如，一个企业作为一个法律主体，应当建立会计核算体系，独立地反映其财务状况、经营成果和现金流量。但是，会计主体不一定是法律主体。例如，在企业集团内，一个母公司拥有若干个子公司，企业集团在母公司的统一领导下开展生产经营活动。母子公司虽然是不同的法律主体，但是为了全面反映企业集团的财务状况、经营成果和现金流量，就有必要将这个企业集团作为一个会计主体，编制合并会计报表。

（二）持续经营

持续经营，是指在可以预见的将来，会计主体不会因为清算、倒闭、解散而不复存在，是一种时间上的界定。在持续经营前提下，会计主体的生产经营活动将无限期地延续下去，会计核算应当以会计主体持续、正常的生产经营活动为前提。

企业是否持续经营，在会计原则、会计方法的选择上有很大的差别。一般情况下，应当假定企业将会按当前的规模和状态继续经营下去，不会停业，也不会大规模削减业务。明确这个基本前提，就意味着会计主体将按照既定用途使用资产，按照既定的合约条件清偿债务，会计人员就可以在此基础上选择会计原则和会计方法。例如，一般情况下，企业的固定资产可以在一个较长的时期内发挥作用，如果可以判断企业会持续经营，就可以假定企业的固定资产会在持续经营的生产经营过程中长期发挥作用，并服务于生产经营过程，固定资产就可以根据历史成本进行记录，并采用折旧的方法，将历史成本分摊到各个会计期间或相关产品的成本中。如果判断企业不会持续经营，固定资产就不应采用历史成本进行记录并按期计提折旧。

由于持续经营是根据企业发展的一般情况所做的设定，而任何企业都存在破产、清算的风险，也就是说，企业不能持续经营的可能性总是存在的。为此，需要企业定期对其持续经营基本前提做出分析和判断。如果可以判断企业不会持续经营，就应当改变会计核算的原则和方法，并在企业财务会计报告中做相应披露。

（三）会计分期

会计分期是指将会计主体持续不断的经营活动期间人为地分割成一个个首尾相接、等间距的会计期间，并据此结算账目、编制会计报表，从而及时向有关各方面提供反映经营成果、财务状况及现金流量的会计信息。

会计分期是对持续经营的必要补充,是对会计核算时间有效性的规定。根据持续经营基本前提,一个企业将要按当前的规模和状态持续经营下去。要最终确定企业的生产经营成果,只能等到一个企业在若干年后歇业的时候核算一次盈亏。但是,企业的生产经营活动和投资决策要求及时的信息,不能等到歇业时一次性地核算盈亏。因此,就需要将企业持续经营的生产经营活动划分为一个个连续的、长短相同的期间,分期核算和反映。在会计分期前提下,会计核算应当划分会计期间,分期结算账目和编制财务会计报告。明确会计分期基本前提对会计核算有重要影响。由于会计分期,才产生了应收、应付、递延、预提、待摊等会计处理方法。

最常见的会计期间是一年,以一年确定的会计期间称为会计年度,按年度编制的财务会计报告也称为年报。我国会计准则规定以日历年度作为会计年度,即以公历1月1日起至12月31日止为一个会计年度。日本、加拿大等国是从4月1日至次年3月31日为一个会计年度,美国是从10月1日至次年9月30日为一个会计年度。

会计期间分为年度、半年度、季度和月度。半年度、季度和月度均称为会计中期。

(四)货币计量

货币计量是指会计主体在会计核算中采用货币作为主要计量单位,记录、反映会计主体的经营活动,也就是说一切会计事项均能用货币计量,货币是计量的共同尺度。在会计核算过程中之所以选择货币作为计量单位,是由货币的本身属性决定的。货币是商品的一般等价物,是衡量一般商品价值的共同尺度,具有价值尺度、流通手段、储藏手段和支付手段等特点。其他的计量单位,如重量、长度、容积、台、件等,只能从一个侧面反映企业的生产经营情况,无法在量上进行汇总和比较,不便于管理和会计计量。所以,为全面反映企业的生产经营、业务收支等情况,会计核算就选择了货币作为计量单位。在这个假定前提下还隐含着不同时期货币的币值是不变的信息。尽管会计产生于货币之前,但货币一经产生便成为会计核算经济活动的计量工具。

当然,统一采用货币尺度,也有不利之处,影响企业财务状况和经营成果的因素,并不是都能用货币来计量的,比如,企业经营战略、在消费者当中的信誉度、企业的地理位置、企业的技术开发能力以及企业产品质量、企业在市场中的竞争能力等情况的变化,虽然也是企业的经济活动,但因为不能用货币单位来计量所以也就无法用会计来进行核算。为了弥补货币计量的局限性,企业要采用一些非货币指标作为会计报表的补充。至于假设货币币值稳定不变,是指对货币购买力的波动不予考虑。因为任何计量,只有在计量单位稳定的情况下,其计量数据才是正确的。但是,货币本身是不稳定的,也就是说货币并不是一个充分稳定的计量单位,这是一个事实。为了保证会计记录的稳定性、一致性,有必要在会计核算中排除货币币值变动的干扰,即用货币计量但不考虑货币购买力的变动。这样就不得不假定货币币值不变。这一假定在当今世界持续的通货膨胀经济形势下,受到了极大的冲击。为解决货币币值实际上的不稳定问题,各国会计专家正在研究建立通货膨胀会计。

二、会计的基本原则

为了实现会计的目的,保证会计信息的质量,必须明确会计核算的基本原则。会计核算的基本原则是进行会计核算的指导思想和衡量会计工作成败的标准。会计核算的基本原则包括两个方面,即保证会计信息质量方面的基本原则,确认和计量的基本原则。

(一)保证会计信息质量方面的基本原则

会计工作的基本任务就是为包括所有者在内的各方面提供经济决策所需要的信息,会计信息质量的高低是评价会计工作成败的标准。2006年2月财政部颁布《企业会计准则——基本准则》第二章会计信息质量要求第十二条到第十九条是对会计信息质量要求的准则,包括客观性、相关性、明晰性、可比性、实质重于形式、重要性、谨慎性、及时性,这些准则都是为了保证会计信息的质量而提出的,是会计确认、计量和报告质量的保证,是符合国际会计惯例的。

1. 客观性原则

客观性原则也叫可靠性原则或真实性原则,要求会计主体应当以实际发生的交易或者事项为依据进行会计确认、计量和报告,如实反映符合确认和计量要求的各项会计要素及其他相关信息,保证会计信息真实可靠、内容完整。客观性原则是会计信息的一个重要质量特征。在企业经济管理过程中,只有在正确可靠的会计信息的基础上,才能做出正确的决策,进行有效的控制管理。如果会计信息带有主观倾向性,会计记录是凭会计人员的经验估计的,会计方法是根据管理者或其他利益集团的意愿来选择的,那么,会计不仅不能发挥其应有的职能作用,还会使不同会计信息的使用者偏离方向,使决策错误,导致会计目标最终不能实现。客观性原则首先要求会计信息客观公正,对所有登记和列入会计报表的资料必须有足以证明其真实的客观证据,即会计必须根据审核无误的原始凭证,采用特定的专门方法进行记账、算账、报账,保证所提供的会计信息内容完整、真实可靠。其次是会计人员在工作时应保持客观态度。

会计信息的客观性具有相对性,因为在会计实务中有些数据无法完全避免一定程度的主观判断。

2. 相关性原则

相关性原则,又称有用性原则,是指会计核算所提供的会计信息应当能够反映会计主体的财务状况、经营成果和现金流量,应当满足会计信息使用者的需要,并有助于信息使用者做出决策,也就是信息要与使用者的决策相关联。这条原则所表明的含义就是我们通常所说的会计目标,即会计主体提供的会计信息应当与财务会计报告使用者的经济决策需要相关,有助于财务会计报告使用者对会计主体的过去、现在或者未来的情况做出评价或者预测。这里所说的相关,是指与决策相关,有助于决策。如果会计信息提供后,不能帮助会计信息使用者进行经济决策,就不具有相关性,因此,会计工作就不能完成会计所需达到的会计目标。要充分发挥会计信息的作用,就必须满足会计信息使用者的需求。如果会计信息提供以后,没有满足会计信息使用者的需要,对会计信息使用者的决策没有什么作用,就不具有相关性。

相关的会计信息能够有助于会计信息使用者评价过去的决策,证实或修正某些预测,从而具有反馈价值;有助于会计信息使用者做出预测,做出决策,从而具有预测价值。在会计核算工作中相关性原则要求在收集、加工、处理和提供会计信息过程中,充分考虑会计信息使用者的信息需求。对于特定用途的会计信息,不一定都能通过财务会计报告来提供,而可以采用其他形式加以提供。

3. 明晰性原则

明晰性原则又称可理解性原则,这是指会计主体提供的会计信息应当简明、易懂,能够清晰明了地反映会计主体的财务状况、经营成果和现金流量,从而有助于会计信息使用者正确理解、利用会计主体的财务情况。如果会计主体的会计核算和编制的财务会计报告不能做到清晰明了、便于理解和使用,就不能满足会计信息使用者的决策需要。

根据明晰性原则,会计记录应当准确、清晰,填制会计凭证、登记会计账簿必须做到依据合法、账户对应关系清楚、文字摘要完整;在编制会计报表时,项目勾稽关系清楚、项目完整、数字准确。

信息是否被使用者所理解,不仅取决于信息本身是否易懂,也取决于使用者理解信息的能力。可理解性是决策者与决策有用性的连接点。如信息不能被决策者所理解,那么这种信息毫无用处。因此,可理解性不仅是信息的一种质量标准,也是一个与信息使用者有关的质量标准。会计人员应尽可能传递表达易被人理解的会计信息,而使用者也应设法提高理解信息的能力。

4. 可比性原则

可比性原则是指会计核算应当按照规定的会计处理方法进行,会计指标应当口径一致,相互可比。可比性原则要求各个会计主体的会计报表应按照规定的程序和方法编制,以便在不同的会计主体之间进行横向比较,同时,也便于国家综合管理部门对各个会计主体提供的会计信息进行比较、分析和汇总,以利于国家的宏观调控。

可比性原则包括两个方面的质量要求:一是信息的横向可比。不同会计主体发生的相同或者相似的交易或者事项,应当采用规定的会计政策,确保会计信息口径一致、相互可比。会计主体可能处于不同行业、不同地区,经济业务发生的不同地点,为了保证会计信息能够满足经济决策的需要,便于比较不同会计主体的财务状况和经营成果,不同会计主体发生相同的或者相似的交易或事项,应当采用国家统一规定的相关会计方法和程序。二是信息的纵向可比(也有学者将其划分为一贯性原则,单独解释)。企业发生的交易或事项具有复杂性和多样性,对于某些交易或事项可以有多种会计核算方法。例如,存货的领用和发出,可以采用先进先出法、加权平均法、移动平均法、个别计价法或后进先出法等确定其实际成本;固定资产折旧方法可以采用年限平均法、工作量法、年数总和法、双倍余额递减法等。保证会计信息可比的前提是企业在各个会计期间应尽可能地采用相同的会计核算方法。如果企业在不同的会计期间采用不同的会计核算方法,将不利于会计信息使用者对会计信息的理解,不利于会计信息作用的发挥。同一会计主体不同时期发生的相同或者相似的交易或者事项,应当采用一致的会计政策,不得随意变更,便于会计主体对不同时期的各项指标进行纵向比较。确需变更的,应当在附注中说明。

可比性是以可靠性为基础的,任何会计主体不能为了追求可比性,过分强调使用统一会计处理方法,而使会计核算不能客观真实地反映实际情况。在会计核算工作中要求企业的会计核算方法前后各期应当保持一致,不得随意变更,并不意味着所选择的会计核算方法不能做任何变更,在符合一定条件的情况下,企业也可以变更会计核算方法,并在企业财务会计报告中作相应披露。

5. 实质重于形式原则

实质重于形式原则所讲的形式是指法律形式,实质指经济实质。

实质重于形式原则要求会计主体应当按照交易或事项的经济实质进行会计确认、计量和报告,而不应当仅仅按照它们的法律形式作为会计核算的依据。交易或其他事项的实质,不总是与它们的法律形式的外在面貌相一致。实质重于形式原则就是要求在对会计要素进行确认和计量时,应重视交易的实质,而不管其采用何种形式。在这一方面,最典型的例子当数会计主体对融资租入固定资产的确认与计量。从形式上看,该项固定资产的所有权在出租方,会计主体只是拥有使用权和控制权。也就是说,该项固定资产并不是会计主体购入的固定资产。因此,不能将其作为会计主体的固定资产加以核算。但是,由于融资租入固定资产的租赁期限一般超过了固定资产可使用期限的75%,而且到期会计主体可以以一定的价格购买该项固定资产,因此,为了正确地反映会计主体的资产和负债状况,对于融资租入的固定资产一方面应作为会计主体的自有固定资产加以核算,另一方面应作为会计主体的一项长期负债加以反映。再比如,法律可能写明商品的所有权已经转移给买方,但事实上卖方仍享有该资产的未来经济利益。如果不考虑经济实质,仅看其法律形式,就不能真实反映这笔业务对企业的影响。

如果企业的会计核算仅仅按照交易和事项的法律形式进行,而且法律形式又没有反映其经济实质和经济现实,那么其最终结果将不仅不会有利于会计信息使用者的决策,反而会误导会计信息使用者的决策。

6. 重要性原则

重要性原则是指财务报告在全面反映企业的财务状况和经营成果的同时,应当区别经济业务的重要程度,采用不同的会计处理程序和方法。重要性原则要求会计主体提供的会计信息应当反映与会计主体财务状况、经营成果和现金流量等有关的所有重要交易或者事项。具体来说,对资产、负债、损益等有较大影响,并进而影响财务会计报告使用者据以做出合理判断的重要会计事项,必须按照规定的会计方法和程序进行处理,并在财务会计报告中予以充分、准确的披露;对于次要的会计事项,在不影响会计信息真实性和不至于误导财务会计报告使用者做出正确判断的前提下,可适当简化处理或合并反映,可以节省人力、物力和财力,以便集中精力抓好关键,符合成本效益原则。

需要明确的是,重要性原则具有相对性,并不是同样的业务对不同的会计主体都是重要或不重要的事项。如果一笔经济业务的性质比较特殊,不单独反映就有可能遗漏一个重要事实,不利于所有者以及其他方面全面掌握本会计主体的情况,就应当严格核算,单独反映,提请注意;反之,如果一笔经济业务与通常发生的经济业务没有特殊之处,不单独反映,也不至于隐瞒什么事实,就不需要单独反映和提示重要性原则与会计信息成本效益直接相关。坚持重要性原则,就能够使提供会计信息的收益大于成本。对于那些不重要的项目,如果也采用严格的会计程序,分别核算,分项反映,就会导致会计信息成本高于收益。在评价某些项目的重要性时,很大程度上取决于会计人员的职业判断。一般来说,应当从质和量两个方面综合进行分析。从性质来说,当某一事项有可能对决策产生一定影响时,就属于重要项目;从数量方面来说,当某一项目的数量达到一定规模时,就可能对决策产生重大影响,则该事项属于具有重要性的事项。

7. 谨慎性原则

谨慎性原则,又称稳健原则,也称稳妥性原则,是指会计主体对交易或事项进行确认、计量和报告时要持有的谨慎态度,即在存在不确定因素的情况下做出判断时,不应高估资产或者收益、低估负债或者费用。对于可能发生的损失和费用,应当加以合理估计。例如要求会计主体定期或者至少于每年年末,对可能发生的各项资产损失做计提资产减值准备等,就充分体现了谨慎性原则,体现了谨慎性原则对历史成本原则的修正。

谨慎性原则的要求体现在会计核算的全过程,在会计上的应用是多方面的。如会计主体经营存在风险,实施谨慎性原则,对存在的风险加以合理估计,就能在风险实际发生之前化解风险,并防范风险,有利于会计主体做出正确的经营决策,有利于保护所有者和债权人的利益,有利于提高会计主体在市场上的竞争力。再比如,当存货、有价证券等资产的市价低于成本时,相应的减记资产的账面价值,就将减记金额计入当期损益;对应收账款提取坏账准备,就是对预计不能收回的货款先行作为本期费用,计入当期损益,为以后确实无法收回时冲销坏账做准备;存货在物价上涨时期的计价采用后进先出法;固定资产采用加速折旧法等均体现了谨慎性原则,也体现了谨慎性原则对历史成本原则的修正。

当然,谨慎性原则并不意味着可以任意提取各种准备,否则,就属于谨慎性原则的滥用,更不意味着会计主体可以任意设置各种秘密准备,那将被视为重大会计差错,需要进行相应的会计处理。

8. 及时性原则

及时性原则是指会计主体对已经发生的交易或者事项,应当及时进行会计确认、计量和报告,不得提前或者延后。及时性原则要求在会计核算工作中要讲求时效。任何信息的使用价值不仅要求其真实可靠,而且还必须保证时效,及时将信息提供给使用者使用。在市场经济条件下,市场瞬息万变,企业竞争日趋激烈,各方面对会计信息的及时性要求越来越高。会计信息具有时效性,只有及时才能满足经济决策的需要,信息才有价值。即使是客观、可比、相关的会计信息,如果不及时提供,对会计信息使用者也没有任何意义,甚至可能误导会计信息使用者。

及时性原则在会计核算过程中要求三方面同时满足:一是要求及时收集会计信息,即在经济业务发生后,及时收集整理各种原始单据;二是及时处理会计信息,即在国家统一的会计制度规定的时限内,及时编制出财务会计报告;三是及时传递会计信息,即在国家统一的会计制度规定的时限内,及时将编制出的财务会计报告传递给财务会计报告使用者。

(二)确认和计量的基本原则

1. 权责发生制与收付实现制原则

权责发生制与收付实现制都是会计核算的记账基础。由于会计分期前提,产生了本期与非本期的区别,因此在确认收入或费用时,就产生了上述两种不同的记账基础,而采用不同的记账基础会影响各期的损益。

权责发生制原则要求会计主体的会计核算应当以权责发生制为基础。权责发生制,又称应收应付制,主要从时间选择上确定会计确认的基础,其核心是根据权责关系的实际发生和影响期间来确认企业的收支。即在会计核算中,按照收入是否应由本期获得,费用是否应由本期负担为标准来确认本期收入和费用的一种会计处理基础。权责发生制完全以经济权利和经济责任的发生作为确定本期收入和费用的标准,凡本期内实际发生,应计入本期的收入和费用,不论其款项是否收到或付出,均作为本期的收入或费用处理。反之,凡不属于本期的收入和费用,即使款项已经收到或付出也不作为本期的收入和费用处理。采用权责发生制,可以正确计算各个会计期间所实现的收入和应负担的费用,把本期的所得和所付相比较,可确定本期的经营成果。因此,营利组织一般采用这种记账基础。

收付实现制原则要求会计主体的会计核算应当以收付实现制为基础。收付实现制也称现收现付制或称现金制,是与权责发生制相对应的一种确认基础,它是以实际收到或支付现金作为确认收入和费用的依据。目前,我国的行政单位采用收付实现制,事业单位除经营业务采用权责发生制之外,其他业务也采用收付实现制。

会计主体的会计核算应当采用权责发生制。但是,权责发生制的核算手续比较麻烦,为了简化核算工作,对于数额较小且对各期财务成果影响不大的应收未收和预收的收入以及应付未付和预付的费用,也可以按收付实现制处理。采用收付实现制,符合人们的习惯,核算手续比较简单,而且有助于更为客观地了解会计主体财务状况,但不能正确计算各个会计期间的经营成果。

2. 配比原则

正确确定一个会计期间的收入和与其相关的成本费用,以便计算当期的损益,有助于正确评价会计主体的经营业绩,这是配比原则的意义。

配比原则要求会计主体在进行会计核算时,根据收入与费用的内在联系,要求将一定时期内收入与为取得收入所发生的费用在同一期间进行确认和计量。在会计核算工作中坚持配比原则有两层含义:一是因果配比,将收入与其对应的成本相配比,如将主营业务收入与主营业务成本相配比,将其他业务收入与其他业务成本相配比;二是时间配比,将一定时期的收入与同时期的费用相配比,如将当期的收入与管理费用、财务费用等期间费用相配比等。收入与其成本费用应当相互配比,同一会计期间内的各项收入和与其相关的成本费用,应当在该会计期间内确认。

3. 历史成本原则

历史成本原则,又称实际成本原则或原始成本原则,是指会计主体的各项财产物资应当按取得或购建时发生的实际支出进行计价,物价变动时,除国家另有规定者外,不得调整账面价值。历史成本的依据是:成本是实际发生的,有客观依据,便于核查,也容易确定,比较可靠,成本数据比较容易取得。按照此原则,资产的取得成本也是其以后分摊转为费用的基础。

以历史成本为计价基础有助于对各项资产、负债项目的确认和对计量结果的验证和控制;同时,按照历史成本原则进行核算,也使得收入与费用的配比建立在实际交易的基础上,防止会计主体随意改动资产价格造成经营成果虚假或任意操纵企业的经营业绩。用历史成本计价比较客观,有原始凭证做证明,可以随时查证和防止随意更改。但这样做是建立在币值稳定假设基础之上的,如果发生物价变动导致币值出现不稳定情况,则需要研究、使用其他的计价基础,如现行成本、重置成本、可变现净值和公允价值计量等,前提是要保证所确定的会计要素金额能够取得并可靠计量。

4. 划分收益性支出与资本性支出原则

划分收益性支出与资本性支出原则,要求会计主体的会计核算应当合理划分收益性支出与资本性支出的界限。凡支出的效益仅及于本会计期间(或一个营业周期)的,应当作为收益性支出;凡支出的效益及于几个会计期间(或几个营业周期)的,应当作为资本性支出。划分收益性支出和资本性支出的目的在于正确确定企业的当期(一般指一个会计年度)损益。具体来说,收益性支出是为取得本期收益而发生的支出,应当作为本期费用,计入当期损益,列于利润表中。例如,已销售商品的成本、期间费用、所得税等;资本性支出是为形成生产经营能力为以后各期取得收益而发生的各种支出,应当作为资产反映,列于资产负债表中。例如,购置固定资产和无形资产的支出等。所以,会计主体在会计核算工作中确认支出时,要区分两类不同性质的支出,将资本性支出计列于资产负债表中,作为资产反映,以真实地反映企业的财务状况;将收益性支出计列于利润表中,计入当期损益,以正确地计算会计主体当期的经营成果。

若会计主体在会计核算工作中没有正确划分资本性支出与收益性支出,将原本应计入资本性支出的计入收益性支出,则会出现多计费用少计资产,以致当期利润虚减而资产价值偏低的结果。而将原本应计入收益性支出的计入资本性支出,就会高估资产和当期收益,就会造成少计费用而多计资产,出现当期利润虚增而资产价值偏高的现象,所有这一切,都不利于会计信息使用者正确地理解会计主体的财务状况和经营成果,不利于会计信息使用者的决策。

第四节 会计核算的方法

一、会计方法的含义与内容

会计方法是用来反映和监督会计对象,实现会计职能的手段。研究和运用会计方法是为了实现会计的目标,更好地发挥会计的作用。会计方法是从会计实践中总结出来的,并随着社会实践发展、科学技术的进步以及管理要求的提高而不断地发展和完善的。由于会计对象多种多样,错综复杂,从而决定了预测、反映、监督、检查和分析会计对象的手段也不是单一的方法,而是由一个方法体系所构成的。随着会计职能的扩展和管理要求的提高,这个方法体系也将不断地发展和完善。

会计反映和监督的对象是资金运动,资金运动是一个动态过程,它是由各个具体的经济活动来体现的,会计为了反映资金运动过程,使其按照人们预期的目标运行,必须首先具备提供已经发生或已经完成经济活动即历史会计信息的方法体系;会计要利用经济活动的历史信息,预测未来、分析和检查过去,因而,会计还要具备条件提供反映预计发生的经济活动情况,即未来会计信息的方法体系;为了检查和保证历史信息和未来信息的质量,并对检查结果做出评价,会计还必须具备检查的方法体系。所以,会计对经济活动的管理是通过会计核算方法、会计分析方法以及会计检查等方法来进行的。

会计核算方法是对各单位已经发生的经济活动进行连续、系统、完整的反映和监督所应用的方法。会计分析方法主要是利用会计核算的资料,考核并说明各单位经济活动的效果,在分析过去的基础上,提出指导未来经济活动的计划、预算和备选方案,并对它们的报告结果进行分析和评价。会计检查方法(亦属于审计范畴),主要是根据会计核算资料检查各单位的经济活动是否合理合法,会计核算资料是否真实正确,根据会计核算资料编制的未来时期的计划、预算是否可行、有效等。上述各种会计方法紧密联系,相互依存,相辅相成,形成了一个完整的会计方法体系。其中,会计核算方法是基础,会计分析方法是会计核算方法的继续和发展,会计检查方法是会计核算方法和会计分析方法的保证。作为广义的会计方法,它们既相互联系,又有相对的独立性。它们所应用的具体方法亦各不相同,并有各自的工作和研究对象,形成了较独立的方法系统。

基础会计学从基础开始,即从掌握会计核算方法入手。而且通常所说的会计方法,一般是指狭义的会计方法,即会计核算方法。至于会计分析的方法、会计检查的方法以及其他会计方法将在以后的专业课中陆续分析介绍。

二、会计核算方法

会计作为经济管理的重要组成部分,需要有一整套科学的方法体系。客观经济业务纷繁复杂,在生产、交换、分配、消费的过程中产生的经济信息不可胜数,要将经济信息转换成会计信息,就必须依照会计准则的规定法则进行确认、计量、记录、分类、汇总、加工处理。这个信息转换的过程就是会计核算。会计核算是会计的主要方法,是其他各种方法的基础,是指会计对企、事业、行政单位已经发生的经济活动进行连续、系统和全面地反映和监督所采用的方法。会计核算在传统的手工记账程序下包括了一系列具体的方法,即由设置会计科目及账户、复式记账、填制和审核凭证、登记账簿、成本计算、财产清查和编制会计报表七个模块组成,这七大模块构成了一个完整的、科学的会计核算方法体系。

(一)设置会计科目及账户

设置会计科目及账户,是对会计对象具体内容进行分类核算的方法。会计对象包含的不同特点和经济管理的不同要求,选择一定的标准进行分类,并事先规定分类核算的项目,在账簿中开设相应的账户。每个会计科目及账户只能反映一定的经济内容,将会计对象的具体内容划分为若干项目,即设置若干个会计账户,就可以使所设置的账户既有分工,又有联系地反映整个会计对象的内容,提供管理所需要的各种信息。

(二)复式记账

复式记账是对每一项经济业务,都要以相等的金额同时在两个或两个以上的相关账户中进行记录的方法。复式记账有着明显的特点。它对每项经济业务都必须以相等的金额,在相互关联的两个或两个以上账户中进行登记,使每项经济业务所涉及的两个或两个以上的账户之间产生对应关系,也使得每项经济业务所涉及的两个或两个以上的账户之间产生平衡关系;同时,在对应账户中所记录的金额又相等;通过账户的对应关系,可以了解经济业务的内容;通过账户的相等关系,可以检查有关经济业务的记录是否正确。复式记账可以相互联系地反映经济业务的全貌,也便于检查账簿记录是否正确。这样既可以了解这笔经济业务具体内容,又可以反映该项经济活动的来龙去脉,完整、系统地记录资金运动的过程和结果。

(三)填制和审核凭证

会计凭证是记录经济业务和明确经济责任的书面证明,是登记账簿的依据。会计凭证分为原始凭证和记账凭证。经济业务是否发生、执行和完成,关键看是否取得或填制了会计凭证,取得或填制了会计凭证,就证明该项经济业务已经发生或完成。对已经完成的经济业务还要经过会计部门、会计人员的严格审核,在保证符合有关法律、制度、规定而又正确无误的情况下,才能据以登记账簿。填制和审核凭证可以为经济管理提供真实可靠的会计信息。

填制和审核凭证是指为了审查经济业务是否合法合规合理,保证账簿记录正确、完整而采用的一种专门方法。

(四)登记账簿

账簿是用来全面、连续、系统地记录各项经济业务的簿籍,也是保存会计信息的重要工具。它具有一定的结构、格式,应该根据审核无误的会计凭证序时、分类地进行登记。在账簿中应该开设相应的账户,把所有的经济业务记入账簿中的账户里后,还应定期计算和累计各项核算指标,并定期结账和对账,使账证之间、账账之间、账实之间保持一致。账簿所提供的各种信息,是编制会计报表的主要依据。登记账簿亦称记账,是根据填制和审核无误的记账凭证,在账簿上进行全面、连续、系统记录的方法。账簿记录将会计凭证中分散记录的经济业务内容进行了进一步的分类、汇总,使之系统化,能够更加适应经济管理的需要。所以,登记账簿是会计核算的主要方法。

(五)成本计算

成本计算实际上是一种会计计量活动,它所要解决的是会计核算对象的货币计价问题。因此广义的成本计算存在于各种经济活动之中,任何一项经济活动只要纳入会计的核算系统就都有一个货币计价问题,而货币计价也就是确定用何种成本入账的问题。所谓成本计算就是对应计入一定对象上的全部费用进行归集、计算,并确定各该对象的总成本和单位成本的会计方法。通过成本计算,可以正确地对会计核算对象进行计价,可以考核经济活动中物化劳动和活劳动的耗费程度,为在经营管理中正确计算盈亏提供数据资料。

(六)财产清查

财产清查就是通过盘点实物,核对账目来查明各项财产物资和资金的实有数,并查明实有数与账存数是否相符的一种专门方法。在日常会计核算过程中,为了保证会计信息真实正确,必须定期或不定期地对各项财产物资、货币资金和往来款项进行清查、盘点和核对。在清查中,如果发现账实不符,应查明原因,调整账簿记录,使账存数额同实存数额保持一致,做到账实相符。通过财产清查,还可以查明各项财产物资的保管和使用情况,以便采取措施挖掘物资潜力和加速资金周转。因此,财产清查是保证会计核算资料的真实性、正确性和监督财产的安全性、合理性使用的一种手段,是会计核算必不可少的方法之一。

(七)编制会计报表

会计报表是根据账簿记录,以一定的表格形式,定期总括地反映会计主体一定时期的经济活动情况和期末财务状况的书面报告。编制会计报表是对日常会计核算资料的总结,就是将账簿记录的内容定期地加以分类、整理和汇总,形成经营管理所需要的各种指标,再报送给会计信息使用者,以便此进行决策。会计报表所提供的一系列核算指标,是考核和分析财务计划和预算执行情况以及编制下期财务计划和预算的重要依据,也是进行国民经济综合平衡所必不可少的资料。编制完成会计报表,就意味着这一期间会计核算工作的结束。

上述七种会计方法相互联系、一环套一环,密切配合缺一不可,构成了一个完整的核算方法体系。在会计核算方法体系中,就其工作程序和工作过程来说,主要有三个环节:①填制和审核凭证。②登记账簿。③编制会计报表。在一个会计期间所发生的经济业务,都要通过这三个环节进行会计处理,将大量的经济业务转换为系统的会计信息。这个转换过程,即从填制和审核凭证到登记账簿,直至编出会计报表周而复始的变化过程,就是一般所谓的会计循环。其基本内容是,经济业务发生后,经办人员要填制或取得原始凭证,经会计人员审核完成后,按照设置的会计科目,运用复式记账法,编制记账凭证,并据以登记账簿;要依据账簿记录对生产经营过程中发生的各项费用进行成本计算,并依据财产清查对账簿记录加以核实,在保证账实相符的基础上,定期编制会计报告。

本章小结

会计是严格以凭证为依据,以货币为主要的计量尺度,连续、系统、全面、综合地反映和监督各会计主体的经济过程,旨在提高微观经济效益的一种管理活动或管理工作。会计的发展大致经过了古代会计、近代会计、现代会计三个阶段。会计的职能是指会计在经济管理工作中所具有的功能,包括基本职能和拓展职能。基本职能包括会计核算和会计监督。会计核算和会计监督是相辅相成的,会计核算是会计监督的基础,会计监督是会计核算质量的保障。会计基本假设是会计确认、计量和报告的前提,是对会计核算所处的时间、空间环境等所做出的合理的假设。会计基本假设包括会计主体、持续经营、会计分期和货币计量,四个基本假设相辅相成,缺一不可。会计基础是企业会计的确认、计量和报告的基础,包括权责发生制和收付实现制。企业会计准则规定,应当以权责发生制为基础进行确认、计量和报告。会计信息质量要求是对企业财务报告中所提供会计信息质量的基本要求,它规范了财务报告中所提供的会计信息。会计信息质量要求主要包括可靠性、相关性、可理解性、可比性、实质重于形式、重要性、谨慎性和及时性等。会计核算方法主要包括:设置账户、复式记账、填制和审核凭证、登记会计账簿、成本计算、财产清查和编制会计报表七种专门方法。

关键术语

会计(accounting)

账户(account)

复式记账法(double-entry bookkeeping)

会计循环(accounting cycle)

会计目标(accounting purposes)

会计假设(accounting assumptions)

会计原则(accounting principles)

会计主体(accounting entity)

持续经营(going concern)

会计分期(accounting period)

货币计量(monetary measurement)

可靠性(reliability)

相关性(relevance)

明晰性(clarity)

可比性(comparability)

实质重于形式(substance over form)

重要性(materiality)

谨慎性(prudence)

及时性(timeliness)

权责发生制(accrual basis of accounting)

习题与思考

一、单项选择题

1. 会计的产生和发展是由于(　　)。
   A. 社会分工的需要
   B. 科学技术进步的需要
   C. 商品经济产生和发展的需要
   D. 社会生产的发展和加强经济管理的需要

2. 根据史籍记载,我国"会计"一词最早出现的朝代为(　　)。
   A. 宋代　　　　　B. 战国　　　　　C. 西周　　　　　D. 唐代

3. 近代会计起始于(　　)。
   A. 15 世纪末期　　　　　　　　　B. 公元前一千年左右
   C. 16 世纪中期　　　　　　　　　D. 商品经济的产生

4. 马克思所说的对再生产"过程的控制和观念总结"中的"观念总结"一般理解为(　　)。
   A. 对经济活动的反映　　　　　　B. 对经济活动的监督
   C. 对经济活动的反映和监督　　　D. 对经济活动的预测和决策

5. 会计的基本职能是(　　)。
   A. 记账和算账　　　　　　　　　B. 分析和检查
   C. 核算和监督　　　　　　　　　D. 预测和决策

6. 会计主要计量尺度是(　　)。
   A. 实物量度　　　B. 货币量度　　　C. 劳动量度　　　D. 时间量度

7. 会计核算的主要特点是(　　)。
   A. 价值管理　　　B. 实物管理　　　C. 技术管理　　　D. 物资管理

8. 会计的任务受(　　)。
   A. 会计的方法所制约　　　　　　B. 会计的对象所制约
   C. 会计对象的特点所制约　　　　D. 会计的任务所制约

9. 我国的会计年度为(　　)。
   A. 日历年度　　　B. 一个月　　　　C. 一个季度　　　D. 会计期间

10. 界定会计人员活动的空间范围的会计假设是(　　)。
    A. 会计分期　　　B. 货币计价　　　C 持续经营　　　D. 会计主体

11. 会计核算的一般原则是进行会计核算的(　　)。
    A. 标准要求　　　B. 质量要求　　　C. 标准和质量要求　　　D. 技术要求

12. 与可比性原则一起构成一个问题的两个方面的原则是( )。
   A. 客观性原则　　　B. 一贯性原则　　　C. 及时性原则　　　D. 清晰性原则
13. 在会计核算中,如果国家没有特别规定,各项财产物资应按( )。
   A. 重置成本计价　　　　　　　　B. 历史成本计价
   C. 现行成本计价　　　　　　　　D. 市价与成本孰低计价
14. 下列各项中适用于划分各期间收入和费用的原则是( )
   A. 配比原则　　　　　　　　　　B. 权责发生制原则
   C. 一致性原则　　　　　　　　　D. 谨慎性原则
15. 除了国家另有规定外,各项财产物资的市价变动时,一律不得调整其账面价值。这主要体现了会计的( )。
   A. 可比性原则　　　　　　　　　B. 历史成本原则
   C. 配比性原则　　　　　　　　　D. 重要性原则
16. 在经济生活中存在着不确定性和许多风险因素,因此,在进行会计核算时应遵循( )。
   A. 重要性原则　　　　　　　　　B. 客观性原则
   C. 谨慎性原则　　　　　　　　　D. 权责发生制原则
17. 会计方法最基本的方法是( )。
   A. 会计分析方法　　　　　　　　B. 会计预测方法
   C. 会计决策方法　　　　　　　　D. 会计核算方法

二、多项选择题
1. 会计的基本职能有( )。
   A. 反映　　　　　　B. 监督　　　　　　C. 核算
   D. 预测　　　　　　E. 决策
2. 会计的监督职能是( )。
   A. 主要利用各种价值指标进行货币监督
   B. 在会计反映各项经营活动的同时进行
   C. 包括事前、事中和事后监督
   D. 各单位内部管理的需要
   E. 与会计的反映职能不可分割
3. 会计反映应具有( )。
   A. 综合性　　　　　　B. 完整性　　　　　　C. 连续性
   D. 系统性　　　　　　E. 控制性
4. 会计反映经济活动,可以采用的量度包括( )。
   A. 货币量度　　　　　B. 实物量度　　　　　C. 劳动量度
   D. 空间量度　　　　　E. 时间量度
5. 会计的主要特点是( )。
   A. 以货币为主要计量单位进行反映
   B. 对资金进行筹集、使用和分配等活动
   C. 以凭证为主要依据

D. 会计核算具有完整性、连续性和系统性

E. 资金运动是会计核算和监督的主要内容

6. 会计是（　　）。

 A. 经济管理的重要组成部分

 B. 以提供财务信息为主的经济信息管理系统

 C. 以货币为主要计量单位

 D. 利用专门的方法和程序

 E. 对企事业等单位的经济活动进行反映和监督

7. 会计核算的基本前提是（　　）。

 A. 会计主体　　　　　　B. 持续经营　　　　　　C. 实物计量

 D. 货币计量　　　　　　E. 会计分期

8. 会计核算中，谨慎性原则的典型运用有（　　）。

 A. 计提坏账准备　　　　B. 加速折旧　　　　　　C. 后进先出法的采用

 D. 历史成本计价　　　　E. 权责发生制的选择

9. 能使损益的计量建立在正确基础上的原则是（　　）原则。

 A. 配比　　　　　　　　B. 权责发生制　　　　　C. 谨慎性

 D. 相关性　　　　　　　E. 划分资本支出与收益支出

10. （　　）是以企业的持续经营为前提的。

 A. 会计期间假定　　　　B. 历史潮流成本原则　　C. 权责发生制原则

 D. 会计主体假定　　　　E. 货币计量假定

11. 客观性原则要求会计核算提供的会计信息，必须（　　）。

 A. 可以查证　　　　　　B. 内容真实　　　　　　C. 数字准确

 D. 项目完整　　　　　　E. 手续完备

12. 清晰性原则是指（　　）应当清楚明了便于理解和利用

 A. 会计记录　　　　　　B. 会计档案　　　　　　C. 会计报表

 D. 会计凭证　　　　　　E. 会计制度

13. 下列项目属于会计核算方法的有（　　）。

 A. 复式记账　　　　　　B. 填制和审核凭证　　　C. 成本计算

 D. 财产清查　　　　　　E. 会计报表

14. 对于收益和费用归属期的确定，在会计处理上通常采用的方法是（　　）。

 A. 实地盘存制　　　　　B. 权责发生制　　　　　C. 现金制

 D. 永续盘存制　　　　　E. 收付实现制

15. 划分两类支出原则中的两类支出是指（　　）。

 A. 营业外支出　　　　　B. 收益性支出　　　　　C. 其他直接支出

 D. 资本性支出　　　　　E. 管理费用支出

三、判断题

1. 会计只能用货币量度进行反映和监督。　　　　　　　　　　　　　　　　　（　　）

2. 经济越发展，会计越重要。　　　　　　　　　　　　　　　　　　　　　　（　　）

3. 会计只能反映已发生或完成的经济业务。 （   ）
4. 会计的任务取决于经济管理的要求。 （   ）
5. 会计监督是会计反映的基础，两者是不可分割的、辩证统一的。 （   ）
6. 会计职能的基本内涵是固有稳定的，但随着社会经济的发展和管理要求的提高，会计职能是可能丰富和发展的。 （   ）
7. 会计主体前提是指会计所反映的是一个特定企业单位的经营活动，它包括投资者本人的经济业务或其他经营单位的经营活动。 （   ）
8. 会计管理区别于其他社会科学管理的主要标志是使用价值形式管理。 （   ）
9. 会计主体可以是法人，也可以不是法人。 （   ）
10. 会计主体与企业法人是同一概念。 （   ）
11. 确立了各项会计的一般原则后，才需要确立会计的前提条件。 （   ）
12. 会计反映具有全面性、连续性和完整性。 （   ）
13. 在权责发生制下，凡是本期实现的收益和发生的费用，不论款项是否收付，都应作为本期的收益和费用入账；凡不属本期的收益和费用，若款项已在本期收付，则也可作为本期的收益和费用处理。 （   ）
14. 客观性原则要求企业会计核算资料正确客观，不允许进行估计和判断。 （   ）
15. 一致性原则要求，会计处理程序和方法已经选定，不得变更。 （   ）
16. "销售产品60000元，因对方无款支付，本企业待收到现金再作收入入账"。这违背了客观性原则。 （   ）

四、名词解释

1. 会计
2. 会计职能
3. 会计主体
4. 会计分期
5. 持续经营
6. 货币计量
7. 客观性原则
8. 权责发生制原则
9. 配比性原则
10. 谨慎性原则

五、问答题

1. 简述会计的含义。
2. 会计有哪两个职能？各自具体是什么？
3. 什么是会计假设？为什么要确定会计假设？
4. 会计假设的内容？各个假设的意义？如何理解这些假设之间的关系？
5. 如何理解会计假设与会计原则的关系？
6. 会计原则可以分为几类？各包括哪些原则？
7. 可比性原则中包含的可比和一贯的关系如何？

8. 反映会计信息质量要求的首要原则是什么？最重要的原则是什么？

9. 如何区分收益性支出和资本性支出？混淆二者对企业损益的计算有何影响？

10. 会计核算有哪些专门方法？它们之间关系如何？

六、综合训练题

某有限责任公司2023年5月份发生如下经济业务：

1. 销售产品5万元，其中3万元已收到并存入银行，尚有2万元未收到。

2. 收到上月为外单位提供的劳务收入5 000元，存入银行。

3. 用银行存款支付本月的水电费用900元。

4. 用银行存款预付下半年房租1 500元。

5. 用银行存款支付上月借款利息500元。

6. 预收A产品销售款20 000元，存入银行。

7. 本月劳务收入8 000元尚未收到。

8. 本月应承担年初已支付的保险费300元。

要求：

1. 计算在权责发生制下5月份的收入、费用。

2. 计算在收付实现制下5月份的收入、费用。

案例分析

目的：精准掌握会计主体知识点。

资料：李先生开了一家小商店，经营油、盐、酱、醋等小商品。李先生日常生活中需要的啤酒、油、盐、酱、醋等商品就直接从自己的商店里拿，也从来不记账，因为他觉得都是自己家的东西，反正没有与他人发生经济往来。但是，税务局的检查人员在检查中提出他有逃避缴纳税款的嫌疑，李先生觉得很委屈。

要求回答：你认为税务局检查人员的说法有道理吗？

第二章　会计要素与会计等式

学习目标

1. 掌握六大会计要素的概念与分类。
2. 理解会计等式的恒等内涵。
3. 了解会计等式平衡原理。

知识拓展

资产、负债和所有者权益是构成会计等式的要素,缺一不可,不管发生什么经济业务,都不会破坏会计等式的平衡关系。学生要学会理解和欣赏会计数字内涵的和谐美状态。教师要注重培养学生平衡即美的哲学思维,培养学生将会计平衡思维运用到日常生活和工作之中的能力,不必纠结于一时的得与失,增强内心获得平衡和幸福的能力。

会计等式从两个方面对学生的财富进行衡量,一方面用于衡量物质财富,资产减去负债,剩余的属于自己的权益,代表着你将多少社会财富据为己有;另一方面用于衡量精神财富,资产是你给予他人多少帮助,付出了多少努力;负债是你获得了多少帮助;资产减去负债,留下的是你对社会的净贡献。同时,学生要理解所有者(股东)权益是剩余权益,股东是公司最终风险的承担者。当企业资不抵债进入破产清算环节时,按照《中华人民共和国破产法》的清偿顺序,要优先清偿债权人的权益,剩余的才是所有者的权益,树立债权人权益优先于所有者权益的观念,引导学生努力增加人生资产,理性减少人生负债,留下更多的权益,使学生"立志做有理想、敢担当、能吃苦、肯奋斗的新时代好青年",为中华民族伟大复兴做出应有的贡献。

本章通过阐述有关会计要素与会计等式的知识,以提升学生将经济业务转化为会计语言的能力,以及用会计语言正确描述经济业务的能力。

第一节　会计对象

一、会计对象

(一)会计的一般对象

会计对象是指会计核算和监督的内容,即会计职能发挥作用的领域和范围。会计准则指出,会计应当以社会再生产过程中的经济业务为对象。由于会计核算和监督的内容是特定资产以货币形式反映的经济活动,也就是资金运动或价值运动,所以会计的一般对象是社会再生产过程中的资金运动或价值运动,而组成社会再生产的各个经济实体的个别资金运动则构成会计的具体对象。

(二)会计的具体对象

企业与行政事业单位由于工作性质和任务不同,它们的资金运动方式也不同。资金运动包括资金投入、资金循环周转和资金退出三个基本环节,而具体到企业与行政事业单位又有较大差异。

1. 企业的资金运动

对于工业企业来说,工业企业的资金在不断运动着。用银行存款购买材料,使货币资金转化为储备资金;材料投入生产或者以货币资金开支生产费用,是储备资金或货币资金转化为生产资金;产品完工,是生产资金转化为产品资金;产成品出售得到货币,是产品资金转化为货币资金。因此,对于工业企业的资金实际上完成了从货币资金到储备资金,再到生产资金再到产品资金最后又回到货币资金的过程。可以看到,随着经济活动或财务收支的不断进行,资金是处于不停息地运动变化之中的。

对于商业企业来说,由于商业企业的职能是组织商品流通,主要的经济活动是购进商品和销售商品,在购进过程中货币资金转化为商品资金,在销售过程中商品资金转化为货币资金,其原理与工业企业的供应过程、销售过程大体相同。商业企业经营过程中还要用货币资金支付流通费用,这种资金耗费在商品销售时收回。因而商品流通过程中的价值运动是商业企业的会计对象。

1)资本投入企业

任何单位要进行生产、经营活动,都必须使用一定数量的资本。投资者把资本投入企业,形成所有者权益,并使企业拥有必要的房屋、设备、工具、材料、商品、货币等资产,这是资本投入企业的价值运动。有些企业按照银行有关规定,还可以向银行借款购买商品、材料,这是信贷资本投入企业的运动。资本投入,一方面使企业的负债或所有者权益增加,说明价值运动从哪里来;另一方面使企业的资产增加,说明价值运动到哪里去。

2)价值循环周转

企业有了资本,为了完成自己的生产经营任务,就得使用资本,从事必要的经济活动。随着经济活动的不断进行,资本形态不断变化。工业企业的再生产过程分为供应过程、生产过程和销售过程。在这三个过程中,资本相应地由货币资金依次转化为储备资金、生产资金和产品资金。

在供应过程中,为了适应生产的需要,企业以货币资金(现金或银行存款)采购各种原材料,支付采购费用,形成储备资金。这样,货币资金的减少就转化为储备资金的增加。

在生产过程中,原材料投入生产,以货币资金支付职工工资和其他费用,机器设备等固定资产逐渐磨损,形成生产费用。这样,企业的储备资金、货币资金、固定资产就减少了,相应地转化为增加了的生产资金。当产品完工时,新的物质产品形成,生产资金减少了,转化为增加了的产品资金。因此,生产过程既是物化劳动与活劳动的耗费过程,也是产成品的形成过程。

在销售过程中,通过产品销售换得货币,企业的产品资金减少了,转化为增加了的货币资金。通过销售实现的货币资金又恢复到货币的形式,而这部分货币资金大部分继续投入周转,用以补偿消耗了的价值,或在企业内扩大再生产。

这样从货币恢复到货币,叫资本循环,资本的不断循环叫资本周转。资本周转的形式为货币资金转化为储备资金,储备资金转化为生产资金……是一种资产转化为另一种资产。价值运动从哪里来?价值运动从本企业内部来,使资产减少。价值运动到哪里去?价值运动转化为另一种资产,使资产增加。这是发生在两项资产之间的价值运动。

在价值周转过程中还会发生一种资本来源代替另一种资本来源的情况。例如,债务转股本,借入资本转换为投入资本。价值运动从哪里来?价值运动从企业外部来,使企业的资本来源增加。价值运动到哪里去?价值运动归还于原有来源之外,使资本来源减少。这是发生在两项资本来源之间的价值运动。

再生产过程既是物化劳动和活劳动的耗费过程,也是产品的创造过程、价值的形成过程。已耗费的生产资料的价值和活劳动新创造的价值,形成新的价值。通过交换,产品价值实现后还要进行分配:一部分用于补偿所耗费的生产资料价值和活劳动为自己劳动的价值,其余部分是活劳动为社会所创造的价值,以利润的形式进行分配。

所以企业价值运动过程,也是价值的耗费和收回的相互交替过程。经济责任制要求企业独立核算,既要核算资本的占用和耗费,又要核算价值的收入和分配,并将所用、所费与所得进行比较,以便考核经济效益的高低。

价值的循环与周转和价值的耗费与收回,是价值运动的不同运动形式。

3)资本退出企业

企业根据组织章程和有关法律规定,要把实现的部分利润分配给投资者,到期的银行借款归还给银行,这些都是资本退出企业的运动,它使企业的资本来源和资产同时减少。资产减少反映价值运动从哪里来,资本来源减少反映价值运动到哪里去。这是发生在资产和资本来源之间的价值运动。

以上三个阶段构成了开放式的运动形式,是相互支持、相互制约的统一体。没有资金的投入就不会有资金的循环与周转;没有资金的循环与周转,就不会有债务的偿还、税金上缴和利润分配等;没有资金的退出,就不会有新一轮的资金投入,就不会有企业的发展壮大。

2. 行政事业单位的资金运动

行政事业单位包括行政单位和事业单位。前者是执行国家管理职能的单位,后者被视为上层建筑和物质生产部门服务的单位。一般来说,行政事业单位都是非营利的单位。它们从事业务工作所需要的资金,或者全部由财政拨款解决,或者部分由财政预算拨款解决,部分由其他方面的收入解决。拨款收入和其他收入都是为了满足业务工作所必需的支出,收入是支出的前提,资金支出后,资金运动也就结束,不会循环周转。我们称这种从收入到支出的运动方式为单向直线运动。这是绝大多数行政事业单位资金运动的特征。

价值运动过程中的每一次变化都反映了价值运动的动态,每一次运动的结果反映价值运动的静态。作为会计工作内容的经济活动错综复杂,千变万化。对其进行归类和概括,就是会计要素。

二、会计要素

为了具体实施会计核算,需要对会计核算和监督的内容进行分类。会计要素是指会计对象是由哪些部分所构成的,是会计对象按经济特征所做的最基本分类,也是会计核算对象的具体化。合理划分会计要素,有利于清晰地反映产权关系和其他经济关系。企业会计要素分为六大类,即资产、负债、所有者权益、收入、费用和利润。这六大会计要素可以划分为反映财务状况的会计要素和反映经营成果的会计要素两大类。反映财务状况的会计要素包括资产、负债和所有者权益,因为它们反映企业资金价值运动的静止关系,所以又称为静态的会计要素;反映经营成果的会计要素包括收入、费用和利润,因为这三个要素反映企业资金运动的动态价值关系,所以又称为动态会计要素。会计要素的界定和分类可以使财务会计系统更加科学严密,并可为使用者提供更加有用的信息。

(一)反映财务状况的会计要素

1. 资产

资产是指企业过去的交易或者事项形成的、由企业拥有或者控制的、预期会给企业带来经济利益的资源。

根据资产的定义,资产具有以下基本特征:

(1)资产预期能够直接或间接地给企业带来经济利益。这是指资产具有直接或间接导致现金和现金等价物流入企业的潜力。例如,企业通过收回应收账款、出售库存商品等直接获得经济利益,企业也可通过对外投资以获得股利或参与分配利润的方式间接获得经济利益。按照这一特征,那些已经没有经济价值、不能给企业带来经济利益的项目,就不能继续确认为企业的资产。

(2)资产是为企业所拥有的,或者即使不为企业所拥有,也是企业所控制的。一项资源要作为企业资产予以确认,企业应该拥有此项资源的所有权,可以按照自己的意愿使用或处置资产。但对一些特殊方式形成的资产,企业虽然对其不拥有所有权,却能够实际控制的,比如融资租入的固定资产,也应当确认为企业的资产。

(3)资产是由过去的交易或事项形成的。也就是说,资产是过去已经发生的交易或事项所产生的结果,资产必须是现实的资产,而不能是预期的资产。未来交易或事项不能作为资产确认。如企业签订的购货合同,由于购买交易尚未发生,因此不能将其确认为一项资产。

将一项资源确认为资产,首先要符合资产的定义,还要同时满足以下两个条件:第一,与该资源有关的经济利益很可能流入企业;第二,该资源的成本或者价值能够可靠地计量。

资产按其流动性不同,分为流动资产和非流动资产。流动资产是指预计在一个营业周期内变现、出售或者耗用,或者主要为交易目的而持有,或者预计在资产负债表日起一年内(含一年)变现的资产,以及自资产负债表日起一年内交换其他资产或清偿负债能力不受限制的现金或现金等价物。流动资产包括货币资金、交易性金融资产、应收及预付款项、存货等。非流动资产是指流动资产以外的其他资产,主要包括长期股权投资、固定资产、工程物资、在建工程、无形资产、开发支出等。

2. 负 债

1)负债的定义

负债是指过去的交易、事项形成的现时义务,履行该义务预期会导致经济利益流出企业。

负债具有以下几个基本特征:

(1)负债是企业承担的现时义务。也就是说,负债作为企业的一种义务,是过去已经发生的交易或事项所产生的结果。如银行借款是因为企业接受了银行贷款而形成的,如果企业没有接受银行贷款,则不会发生银行借款这项负债;应付账款是因为企业采用信用方式购买商品或接受劳务而形成的,在购买商品或接受劳务发生之前,相应的应付账款并不存在。

(2)负债是基于过去的交易或事项而产生的。也就是说,只有过去发生的交易或事项才能增加或减少企业的负债,而不能根据谈判中的交易或事项,或计划中的经济业务来确认负债。例如,已经发生的银行借款行为会形成企业的负债,而计划中的银行借款行为则不会形成企业的负债;已经发生的商品购买行为可能形成企业的负债,而计划中的商品购买行为则不会形成企业的负债。

(3)负债的清偿预期会导致经济利益流出企业。清偿负债导致经济利益流出企业的形式多种多样,如用现金偿还或以实物资产偿还,以提供劳务偿还,部分转移资产部分提供劳务偿还,将负债转为所有者权益。企业不能或很少可以回避现时义务。如果企业能够回避该项义务,则不能确认为企业的负债。

2)负债的确认条件

将一项现时义务确认为负债,首先应当符合负债的定义。除此之外,还需要同时满足以下两个条件:

(1)与该义务有关的经济利益很可能流出企业。根据负债的定义,预期会导致经济利益流出企业是负债的一个本质特征。鉴于履行义务所需流出的经济利益带有不确定性,尤其是与推定义务相关的经济利益通常需要依赖于大量的估计,因此,负债的确认应当与经济利益流出的不确定性程度的判断结合起来。如果根据编制财务报表时所取得的证据判断,与现时义务有关的经济利益很可能流出企业,那么就应当将其作为负债予以确认。如某企业涉及的未决诉讼和为销售商品提供质量保证,如果很可能会导致企业的经济利益流出企业,就应当视为符合负债的确认条件。反之,如果企业虽然承担了现时义务,但是会导致企业经济利益流出的可能性很小,则不符合负债的确认条件,不应当将其作为负债予以确认。

(2)未来流出的经济利益的金额能够可靠地计量。负债的确认也需要符合可计量性的要求,即对未来流出的经济利益的金额应当能够可靠地计量。对与法定义务有关的经济利益流出金额,通常可以根据合同或者法律规定的金额予以确定。考虑到经济利益的流出一般发生在未来期间,有时未来期间的时间还很长,在这种情况下,有关金额的计量通常需要考虑货币时间价值等因素的影响。对与推定义务有关的经济利益流出金额,通常需要较大程度的估计。为此,企业应当根据履行相关义务所需支出的最佳估计数进行估计,并综合考虑有关货币时间价值、风险等因素的影响。

3)负债的分类

负债应当按其流动性,划分为流动负债和长期负债。流动负债是指将在1年(含1年)或超过1年的一个营业周期内偿还的债务,包括短期借款、应付票据、应付账款、应付工资、应交税费、应付利润、预收账款、预提费用、应付职工福利费等。长期负债是指偿还期在1年或者超过1年的一个营业周期以上的债务,包括长期借款、应付债券、长期应付款项等。

3. 所有者权益

1)所有者权益的定义

所有者权益是指企业资产扣除负债后由所有者享有的剩余权益。公司的所有者权益又称为股东权益。对于任何企业而言,其资产形成的资金来源不外乎两个:一个是债权人,一个是

所有者。债权人对企业资产的要求权形成企业负债,所有者对企业资产的要求权形成企业的所有者权益。所有者权益具有以下特征:

(1)除非发生减资、清算或分派现金股利,企业不需要偿还所有者权益;

(2)企业清算时,只有在清偿所有的负债后,所有者权益才返还给所有者;

(3)所有者凭借所有者权益能够参与企业利润的分配。

2)所有者权益的分类

所有者权益按其来源主要包括所有者投入的资本、直接计入所有者权益的利得和损失、留存收益等。

所有者投入的资本是指所有者投入企业的资本部分,它既包括构成企业注册资本或者股本部分的金额,也包括投入资本超过注册资本或者股本部分的金额,即资本溢价或者股本溢价。这部分投入资本在我国企业会计准则体系中被计入了资本公积,并在资产负债表中的资本公积项目下反映。

直接计入所有者权益的利得和损失,是指不应计入当期损益、会导致所有者权益发生增减变动的、与所有者投入资本或者向所有者分配利润无关的利得或者损失。其中,利得是指由企业非日常活动所形成的、会导致所有者权益增加的、与所有者投入资本无关的经济利益的流入;损失是指由企业非日常活动所发生的、会导致所有者权益减少的、与向所有者分配利润无关的经济利益的流出。

留存收益是企业历年实现的净利润留存于企业的部分,主要包括计提的盈余公积和未分配利润。

(二)反映经营成果的会计要素

1.收入

收入是指企业在日常活动中形成的、会导致所有者权益增加的、与所有者投入资本无关的经济利益的总流入。其中,日常活动如销售商品、提供劳务及让渡资产使用权等。收入具有以下特征:

(1)收入应当是企业在日常活动中形成的。其中,日常活动是指企业为完成其经营目标所从事的经常性活动以及与之相关的活动。例如,工业企业制造并销售产品、商业企业销售商品、保险公司签发保单、咨询公司提供咨询服务、软件企业为客户开发软件、安装公司提供安装服务、商业银行对外贷款、租赁公司出租资产等,均属于企业的日常活动。明确界定日常活动是为了将收入与利得相区分,因为企业非日常活动所形成的经济利益的流入不能确认为收入,而应当计入利得。

(2)收入应当会导致经济利益的流入,从而导致资产的增加,该流入不包括所有者投入的资本。例如,企业销售商品,必须要收到现金或者有权利将收到现金,才表明该交易符合收入的定义。但是,企业经济利益的流入有时是由所有者投入资本的增加所导致的,所有者投入资本的增加不应当确认为收入,应当将其直接确认为所有者权益。因此,与收入相关的经济利益的流入应当将所有者投入的资本排除在外。

(3)收入应当最终会导致所有者权益的增加。不会导致所有者权益增加的经济利益的流入不符合收入的定义,不应确认为收入。如某企业向银行借入款项2000万元,尽管该借款导致了企业经济利益的流入,但是该流入并不会导致所有者权益的增加,反而使企业承担了一项现时义务。因此,企业对于因借入款项所导致的经济利益的增加,不应将其确认为收入,而应当确认为一项负债。

2. 费用

1) 费用的定义及特征

费用是指企业日常活动中形成的、会导致所有者权益减少的、与向所有者分配利润无关的经济利益的总流出。

根据费用的定义,费用具有以下特征:

(1) 费用是在企业日常经营活动中发生的,是企业为获得或保持其盈利能力而付出的代价。例如,商业企业在营业时,为了获取商品售价,即营业收入,首先必须买进商品,再转手售出,其费用包括买进商品的成本以及其他各种费用开支,如推销费用、工资费用、利息费用等。再如,企业处置固定资产而发生的损失,虽然会导致所有者权益减少和经济利益的总流出,但不属于企业的日常活动,因此不应确认为企业的费用,而应确认为营业外支出。因此,费用可以理解为企业在取得营业收入过程中所产生的资产的消耗或流出,其目的是取得营业收入,获得更多的新资产。

(2) 费用会导致经济利益的流出,该流出不包括向所有者分配的利润。费用应当会导致经济利益的流出。费用的发生会使资产减少或负债增加。费用表现为企业在经营过程中发生的各种支出或耗费,其表现形式包括现金或者现金等价物的流出,存货、固定资产、无形资产等的耗费。企业向所有者分配利润也会导致经济利益的流出,但这种流出属于所有者权益的抵减项目,因而不应确认为费用,应当将其排除在费用之外。

(3) 费用最终会导致所有者权益的减少。费用最终会导致所有者权益的减少,如企业发生的办公费、差旅费、水电费等,都会导致企业资产减少,从而减少企业的利润,并最终导致企业所有者权益的减少。不会导致所有者权益减少的经济利益的流出不符合费用的定义,不应确认为费用。因此,无论是何种行业,企业能否以最小的费用换取最大的收入,是衡量其经营绩效最有效的尺度。例如,某企业用银行存款偿还了一笔短期借款 200 万元。该偿付行为尽管也导致企业经济利益流出 200 万元,但是该流出并没有导致企业所有者权益的减少,而是使企业的负债减少了,所以不应将该经济利益的流出作为费用予以确认。

2) 费用的分类

按照费用与收入的关系,一定时期的费用通常可以分为营业成本和期间费用两部分。营业成本按照销售商品、提供劳务等在企业日常活动中所处的地位可以分为主营业务成本和其他业务成本。

期间费用是指企业在日常经营活动中发生的、为维持一定生产经营能力的费用。它应由某一个会计期间负担,直接计入当期损益。期间费用包括管理费用、财务费用和销售费用等。

管理费用:企业为组织和管理生产经营活动而发生的费用。

财务费用:为筹集生产资金等所发生的费用。

销售费用:为销售商品或提供劳务而发生的费用。

3) 费用的确认条件

费用的确认除了应当符合定义外,还应当满足严格的确认条件,即费用只有在经济利益很可能流出企业，从而导致企业资产减少或者负债增加，且经济利益的流出额能够可靠地计量时才能予以确认，因此，费用的确认至少应当满足以下条件：

(1)与费用相关的经济利益应当很可能流出企业。

(2)经济利益流出企业的结果会导致资产的减少或者负债的增加。

(3)经济利益的流出额能够可靠计量。例如，某企业本月发生业务招待费用5 600元，用银行存款支付。该企业发生的招待费用会导致资产的减少，不会给企业带来未来经济利益，因此，应当于发生时直接确认为费用，计入当期损益。

费用确认应注意以下两点：

(1)企业为生产产品、提供劳务等发生的可归属于产品成本、劳务成本等的费用，应当在确认产品销售收入、劳务收入时，将已销售产品、已提供劳务的成本计入当期损益。即这些费用应当与企业实现的相关收入相配比，并在同一会计期间予以确认，计入利润表。

(2)企业发生的支出不产生经济利益的，或者即使能够产生经济利益但不符合或者不再符合资产确认条件的，应当在发生时确认为费用，计入当期损益。

3. 利润

1)利润的定义及特征

利润是企业在一定会计期间内的经营成果，它是在收入扣减费用后，再加上直接计入当期利润的利得，减去直接计入当期利润的损失后的差额。其中收入扣减费用后的净额反映的是企业日常活动的业绩；直接计入当期利润的利得和损失反映的是企业非日常活动的业绩。直接计入当期利润的利得和损失，是指应当计入当期损益、会导致所有者权益增减变动、与所有者投入资本或者向所有者分配利润无关的利得和损失，如营业外收入和营业外支出。在一个会计年度，如果不考虑利得和损失的话，若企业的收入超过费用，则表示企业实现利润；反之，则表示企业发生亏损。通常利润反映的是企业的经营业绩情况，是评价企业管理层业绩的一项重要指标，也是投资者、债权人等做出投资决策、信贷决策等的重要参考指标。

利润一般有以下几个特征：

第一，企业利润主要来自企业的经济活动。一般而言，企业经济活动主要包括经营活动、投资活动和筹资活动。企业在经营活动中，通过销售商品（或产品）、提供劳务、让渡资产使用权而实现经营收益；在投资活动中，通过购买、出售或转让有价证券以及从事其他活动而获得投资收益，经营收益与投资收益构成利润的主要部分。至于应计入当期利润的利得和损失，只是属于偶发性的收益。

第二，企业的利润与所有者权益具有密切的关系。如果企业在经营中获得利润，所有者权益将随之增加；反之，企业如果发生亏损，所有者权益将随之减少。

2)利润的分类

利润按其包含内容不同分为营业利润、利润总额和净利润。营业利润，是营业收入减去营业成本、税金及附加、期间费用（包括销售费用、管理费用和财务费用）、资产减值损失，加上公允价值变动净收益、投资净收益后的金额。

以上各要素，凡符合资产、负债的定义和确认条件的项目、所有者权益项目应列入资产负债表；凡符合收入、费用的定义和确认条件的项目、利润项目应列入利润表。

第二节 会计等式

一、会计等式

在企业的经营活动过程中,各项会计要素相互联系,客观上存在着一定的数量恒等关系。这种会计要素之间客观存在的恒等关系,在会计上通常表述为会计等式。

第一等式:资产=负债+所有者权益

为了获取利润,一方面,企业必须拥有一定的供经营活动的资产。这些资产表现为资金的不同占用形式,如货币资金、原材料、机器设备、房屋建筑物等。另一方面,企业的资产必有其来源,即需要有人提供资金。通常,企业建立之初,资产全部由投资者投资而来,全部资产代表所有者的权益,表示所有者对企业资产的要求权。企业运营之后,也可以通过向债权人借款等方式取得经营所需要的资产,那么债权人同样对企业资产具有要求权,即形成债权人权益。因此,资产与负债和所有者权益实际上是同一事项的两个方面,资产是企业资金的占用状态,而负债和所有者权益是企业资金的来源;两者必然相等。资产与对该项资产的要求权总是一种相互依存的、一一对应的关系,即有一定数额的资产,就有一定数额的权益(债权人的要求权也是一种权益);反之,有一定数额的权益,就应有一定数额的资产。所以,资产总额必然等于权益的总额,用公式表示为

$$资产=权益$$

对企业资产拥有权益的包括债权人和投资者,债权人权益即为企业的负债,则上述等式可改写成

$$资产=负债+所有者权益$$

这一公式反映了企业资产的归属关系,是复式记账和编制财务报表的基础,因而通常称为第一会计等式。

第二等式:收入-费用=利润

为了获得收入,企业必须在生产经营活动中以支付费用作为代价。将一定期间实现的收入与支付的费用配比、相抵后,就可以确定该期间的经营成果,即企业的利润,用公式表示为

$$收入-费用=利润$$

这一公式通常称为第二会计等式,它表明了企业经营成果与相应的会计期间的收入与费用的对应关系。

第三等式:资产=负债+所有者权益+(收入-费用)

企业利润的取得表明有经济资源流入企业,即企业资产增加,而利润只归企业所有者享有,所以利润的取得意味着企业所有者权益增加。反之,如果企业发生亏损即利润为负数,则表明企业资产减少,同时意味着所有者权益减少。因此,它们之间的关系可用公式表示为

$$资产=负债+(所有者权益+利润)$$

因为"利润=收入-费用",所以公式可写成

$$资产=负债+所有者权益+(收入-费用)$$

这是一个动态会计等式,可称为第三会计等式,它动态地反映了企业财务状况与经营成果

之间的关系,即在不考虑非损益因素(如投资者增减投资、分配股利)对所有者权益的影响,一个期间内所有者权益的变动(即财务状况的变化),是由当期利润引起的。因而该等式可以更准确地表述为

$$期末资产 = 期末负债 + 期初所有者权益 + 本期利润$$

或

$$期末资产 = 期末负债 + 期初所有者权益 + (本期收入 - 本期费用)$$

二、经济业务的发生对会计等式中各个会计要素的影响

我国各企业、机关、事业单位和其他组织,平日发生的经济业务是千变万化、多种多样的。每一笔经济业务的发生,都会对会计要素产生一定影响。一项会计要素发生增减变动,其他有关要素也必然随之发生等额变动,或者当在同一会计要素中一项具体项目发生增减变动时,其他有关项目也会随之等额变动,但不管如何增减变动,都不会破坏会计等式中各要素的平衡关系,其资产总量与负债及所有者权益的总量总是相等的。

归纳起来,会计要素的增减变动不外乎以下四种类型:

(1)资产和负债及所有者权益双方同时等额增加。

(2)资产和负债及所有者权益双方同时等额减少。

(3)资产内部有增有减,增减的金额相等。

(4)负债及所有者权益内部有增有减,增减的金额相等。

下面通过例题来加以论证。

【例2-1】西安某钛制造企业2023年5月31日拥有资产100万元,其中从银行借入40万元,甲投资者投入40万元,乙投资者投入20万元。2023年6月发生如下经济业务。

(1)6月1日,该钛制造企业接受甲投资者投入100 000元,存入银行。

这项业务的发生,使得该钛制造企业的资产(银行存款)增加100 000元,同时投资者甲对该钛制造企业享有100 000元的产权。

```
资产   1 000 000 = 负债   400 000  +  所有者权益   600 000
银行存款  (+100 000)                   实收资本   (+100 000)
总计:资产  1 100 000 = 负债   400 000  +  所有者权益   700 000
```

(2)6月8日,购入一批材料,价款共计30 000元,尚未支付。

这项经济业务的发生,使得该钛制造企业的原材料增加30 000元,同时负债(应付账款)也增加30 000元。

```
资产   1 100 000  =  负债    400 000 + 所有者权益   700 000
原材料  (+30 000)    应付账款  (+30 000)
总计:资产  1 130 000  =  负债    430 000 + 所有者权益   700 000
```

(3)6月12日,以银行存款偿还应付账款10 000元。

这项经济业务的发生,使得该钛制造企业的银行存款减少了10 000元,同时应付账款也减少了10 000元。

```
资产   1 130 000  =  负债    430 000 + 所有者权益   700 000
银行存款 (-10 000)   应付账款  (-10 000)
```

总计:资产　1 120 000　＝　负债　　420 000 ＋ 所有者权益　700 000

(4)6月14日,投资者甲抽回投资100 000元,用银行存款支付。

这项经济业务的发生,使得该钛制造企业的银行存款减少了100 000元,同时所有者权益(实收资本)也减少了100 000元。

　　　资产　1120 000　＝　负债　　420 000 ＋ 所有者权益　700 000
　银行存款　(−100 000)　　　　　　　　　　　　　实收资本　(−100 000)
　　总计:资产　1 020 000　＝　负债　　420 000 ＋ 所有者权益　600 000

结论:上述(1)~(4)项业务的发生都没有破坏会计基本等式,均使会计基本等式在新的条件下达成新的平衡。

(5)6月17日,该钛制造企业用银行存款购买冲床一台,计15 000元。

这项经济业务的发生,使该钛制造企业的银行存款减少了15 000元,同时固定资产增加了15 000元。

　　　资产　1 020 000 ＝ 负债　420 000 ＋ 所有者权益　600 000
　固定资产(＋15 000)
　银行存款(−15 000)
　　总计:资产　1 020 000 ＝ 负债　420 000 ＋ 所有者权益　600 000

(6)6月18日,借入短期借款50 000元,直接用于偿还前欠某公司的购货款。

这项经济业务的发生,使得该钛制造企业的短期借款增加了50 000元,同时应付账款减少了50 000元。

　　　资产　1 020 000　＝　　负债　　420 000 ＋ 所有者权益 600 000
　　　　　　　　　　　　　　短期借款(＋50 000)
　　　　　　　　　　　　　　应付账款(−50 000)
　　总计:资产　1 020 000　＝　　负债　　420 000　＋ 所有者权益 600 000

(7)6月20日,投资者甲将其投资100 000元转让给投资者乙。

这项经济业务的发生,使得投资者甲对该钛制造企业享有的产权减少了100 000元,同时投资者乙对该钛制造企业享有的产权增加了100 000元。

　　　资产　1 020 000 ＝ 负债　420 000 ＋　所有者权益　　600 000
　　　　　　　　　　　　　　　　　　　　　实收资本-甲　(−10 000)
　　　　　　　　　　　　　　　　　　　　　实收资本-乙　(＋10 000)
　　总计:资产　1 020 000 ＝ 负债　420 000 ＋ 所有者权益　600 000

(8)6月27日,公司宣告发放现金股利40 000元。

这项经济业务的发生,使得该钛制造企业的负债(应付股利)增加了40 000元,同时所有者权益(未分配利润)减少了40 000元。

　　　资产　1 020 000 ＝　负债　　420 000 ＋ 所有者权益　600 000
　　　　　　　　　　　　应付股利(＋40 000)　　未分配利润　(−40 000)
　　总计:资产　1 020 000 ＝　负债　　460 000 ＋ 所有者权益　560 000

(9)6月30日,该钛制造企业与A供应商协商,A供应商同意将该钛制造企业所欠货款80 000元转为对公司的投资。

这项经济业务的发生,使得该钛制造企业的应付账款减少了 80 000 元,同时所有者权益增加了 80 000 元。

　　　　资产 1 020 000 ＝　　负债　420 000 ＋　　所有者权益　　　600 000
　　　　　　　　　　　　　　应付账款（－80 000）　　实收资本　　（＋80 000）
　　　总计:资产 1 020 000 ＝　　负债　340 000 ＋　　所有者权益　　　680 000

结论:上述(5)~(9)项业务的发生没有破坏会计基本等式。

综上所述,企业在生产经营过程中发生的经济业务多种多样,但归纳起来不外乎有以下 9 种:

(1)一项资产增加,一项负债增加,增加的金额相等;
(2)一项资产增加,一项所有者权益增加,增加的金额相等;
(3)一项资产减少,一项负债减少,减少的金额相等;
(4)一项资产减少,一项所有者权益减少,减少的金额相等;
(5)一项资产增加,另一项资产减少,增加减少的金额相等;
(6)一项负债增加,另一项负债减少,增加减少的金额相等;
(7)一项所有者权益增加,另一项所有者权益减少,增加减少的金额相等;
(8)一项负债增加,一项所有者权益减少,增加减少的金额相等;
(9)一项所有者权益增加,一项负债减少,增加减少的金额相等。

通过上述分析可以看出,任何一项经济业务的发生都会引起资产、负债和所有者权益项目发生增减变动,这些经济业务的发生对会计基本等式的影响有两种情形:一是引起会计等式某一边项目有增有减,增减金额相等,相互抵消后,其原来的总额保持不变,如(5)~(9)所示情形;二是引起会计等式两边对应项目同增同减,增减金额相等,等式双方以变动后的总额保持相等关系,如(1)~(4)所示情形。但无论怎样,都不会破坏会计基本等式的平衡关系,充其量使会计基本等式在新的条件下达成新的平衡,因此资产总额必然等于负债总额与所有者权益总额之和。

本章小结

会计要素是会计对象的具体化。我国的会计要素包括资产、负债、所有者权益、收入、费用和利润,其中资产、负债、所有者权益为静态会计要素或资产负债表要素,收入、费用、利润为动态会计要素或利润表要素。六大会计要素之间存在三大会计等式,分别是反映资产、负债、所有者权益三个要素之间关系的静态会计等式,资产＝负债＋所有者权益;反映收入、费用、利润三个要素之间基本关系的动态会计等式,收入－费用＝利润;以及反映六个会计要素之间关系的综合会计等式,资产＋费用＝负债＋所有者权益＋收入。

关键术语

会计确认(accounting recognition)
会计要素(accounting elements)
资产(asset)

负债(liability)

所有者权益(owners'equity)

收入(revenue)

费用(expense)

利润(profit)

会计等式(accounting equation)

习题与思考

一、单项选择题

1. 所有者权益在数量等于( )。
   A. 企业的全部资产减流动负债　　　　B. 企业的原有资金
   C. 企业的新增利益　　　　　　　　　D. 企业的全部资产减全部负债

2. 构成企业所有者权益主体的是( )。
   A. 资本公积金　　B. 盈余公积金　　C. 实收资本　　D. 未分配利润

3. 费用按照是否构成产品成本,可划分为( )。
   A. 制造成本和期间费用　　　　　　　B. 直接费用和间接费用
   C. 生产费用和管理费用　　　　　　　D. 生产费用和财务费用

4. 下列业务引起资产项目之间此增彼减的是( )。
   A. 用银行存款偿还银行借款
   B. 用银行存款购买原材料
   C. 用银行存款直接偿还应付账款
   D. 从国家取得拨入的资本金,划入银行存款账户

5. 某一项经济业务发生,一般会引起会计要素各个具体项目中的多少个项目发生增减变动( )。
   A. 一个　　　　　　　　　　　　　　B. 两个
   C. 两个或两个以上　　　　　　　　　D. 全部

6. 以下项目属于流动资产的项目有( )。
   A. 应收账款　　B. 应付账款　　C. 机器设备　　D. 二年期国库券

7. 以下项目属于流动负债的项目有( )。
   A. 长期应付款　　B. 预收账款　　C. 应收账款　　D. 长期借款

8. 下面各类经济业务中,会引起资产和负债同时增加的是( )。
   A. 以银行存款投资办公司　　　　　　B. 向银行借款存入银行
   C. 以银行存款购买材料　　　　　　　D. 以银行存款偿还前欠货款

9. 下列经济业务中,会引起一项负债减少,而另一项负债增加的经济业务是( )。
   A. 从某企业赊购材料　　　　　　　　B. 以银行借款还清所欠货款
   C. 以银行借款存入银行　　　　　　　D. 以银行存款还前欠货款

10. 引起资产和权益同时增加的业务有( )。
    A. 从银行提取现金　　　　　　　　　B. 银行借款存入银行

C. 用银行存款上缴税金　　　　　　　　D. 用银行存款支付前欠购货款
11. 下列经济业务同时引起负债项目和所有者权益项目此增彼减的是（　　）。
　　A. 将应付票据转作联营投资　　　　　B. 将应付票据偿还应付账款
　　C. 将公积金的一部分用来转增资本金　　D. 从银行提取现金
12. 任何一个账户的增加方发生额与该账户的期末余额都应该记在账户的（　　）。
　　A. 借方　　　　　B. 贷方　　　　　C. 相同方向　　　　　D. 相反方向
13. 基本会计等式揭示了企业会计要素之间的规律性，因而它是（　　）。
　　A. 填制凭证、登记账簿和编制会计报表的理论依据
　　B. 总分类账和明细分类账平行登记的理论依据
　　C. 划分会计要素种类的理论依据
　　D. 设置会计科目、复式记账和编制会计报表的理论依据
14. 经济业务发生仅涉及负债这一会计要素时，只引起该要素中某些项目发生（　　）变动。
　　A. 同增　　　　　B. 同减　　　　　C. 一增一减　　　　　D. 不增不减
15. 某企业资产总额为 100 万元，当发生下列三笔经济业务后，其权益总计为（　　）。
　　(1) 向银行借款 10 万元存入银行；
　　(2) 用银行存款偿还应付账款 5 万元；
　　(3) 收回应收账款 2 万元存入银行。
　　A. 107 万元　　　B. 105 万元　　　C. 117 万元　　　D. 112 万元
16. 以银行存款缴纳所得税，所引起的变化为（　　）。
　　A. 一项资产减少，一项权益减少　　　B. 一项资产减少，一项负债减少
　　C. 一项负债减少，一项资产增加　　　D. 一项资产减少，一项资产增加
17. 设置会计科目要保持（　　）。
　　A. 永久性　　　　B. 相对稳定性　　　C. 适用性　　　　　D. 统一性
18. 会计科目是（　　）的名称。
　　A. 会计要素　　　B. 账簿　　　　　C. 账户　　　　　　D. 会计报表

二、多项选择题
1. 根据我国《企业会计准则》的规定，会计要素包括（　　）。
　　A. 资产和费用　　　　　B. 负债和收入　　　　　C. 所有者权益
　　D. 利润　　　　　　　　E. 存货
2. 资产的基本特征是（　　）。
　　A. 能为企业提供收益的经济来源　　　B. 企业现在所拥有或控制的资源
　　C. 能以货币计量其价值　　　　　　　D. 包括各种财产、债权和其他权利
　　E. 只包括各种财产
3. 流动资产包括（　　）。
　　A. 现金　　　　　　　　B. 银行存款　　　　　　C. 短期投资
　　D. 应收及预付款项　　　E. 存货
4. 存货包括（　　）。
　　A. 固定资产　　　　　　B. 原材料　　　　　　　C. 低值易耗品

D. 在产品   E. 产成品

5. 无形资产包括（   ）。
   A. 非专利技术   B. 商誉   C. 开办费
   D. 商标权   E. 专利权

6. 下列项目属于流动负债的是（   ）。
   A. 短期借款   B. 应付账款   C. 预收款
   D. 应交税费   E. 长期借款

7. 所有者权益包括（   ）。
   A. 投入资本   B. 资本公积   C. 盈余公积
   D. 未分配利润   E. 长期投资

8. 企业的投入资本包括（   ）。
   A. 国家资本   B. 法人资本   C. 个人资本
   D. 外商资本   E. 财政拨款

9. 所有者权益按其构成来源不同可分为（   ）。
   A. 已分配利润   B. 未分配利润   C. 盈余公积金
   D. 资本公积金   E. 实收资本

10. 期间费用包括（   ）。
    A. 制造费用   B. 管理费用   C. 财务费用
    D. 销售费用   E. 直接费用

11. 六大会计要素之间的关系可以表示为（   ）。
    A. 资产＝负债
    B. 资产＝权益
    C. 资产＝负债＋所有者权益
    D. 收入－费用＝利润
    E. 资产＋费用＝负债＋所有者权益＋收入

12. 下列经济业务中，引起资产和权益项目同时增加的项目是（   ）。
    A. 从银行提取现金
    B. 从国家取得拨入的资本金，划入银行存款户
    C. 用银行存款偿还应付账款
    D. 购入材料，货款暂欠
    E. 用银行存款支付国家原来投入的资本

13. 下列资产项目与权益项目之间的变动，符合资金运动规律的有（   ）。
    A. 资产某项目增加与权益某项目减少
    B. 资产某项目减少与权益某项目增加
    C. 资产方某项目增加而另一项目减少
    D. 权益方某项目增加而另一项目减少
    E. 资产方某项目与权益方某项目同等数额的同时增加或同时减少

14. 下列业务中引起企业所有者权益增加的有( )。
    A. 以银行存款投资办公司
    B. 公司所有者给公司拨入设备
    C. 所有者代公司偿还欠款
    D. 提取现金
    E. 以银行存款购买材料

15. 引起一项资产增加而另一项资产减少的业务有( )。
    A. 管理部门领用一般性消耗材料
    B. 以银行存款购买设备
    C. 以银行存款归还银行借款
    D. 外购材料入库,但货款未付。
    E. 从银行提取现金

16. 账户一般应包含下列哪些项目( )。
    A. 账户的名称　　　　B. 日期和摘要　　　　C. 凭证号码
    D. 增加或减少的金额　E. 余额

17. 企业设置账户要遵循一定的原则是( )。
    A. 简明适用,分类编号
    B. 统一性和灵活性相结合
    C. 满足外部和内部需要
    D. 结合会计对象的特点,全面反映会计对象的内容
    E. 既适应经济业务发展需要,又保持相对稳定

18. 账户的哪一方记增加,哪一方记减少,取决于( )。
    A. 记账方法　　　　　B. 账户所记录的经济业务内容
    C. 账户的类别　　　　D. 账户的用途　　　　E. 账户的性质

19. 下列项目中,属于会计科目的有( )。
    A. 厂房、机器　　　　B. 在产品　　　　　　C. 运输设备
    D. 固定资产　　　　　E. 产成品

三、判断题

1. 预收款是资产,预付款是负债。　　　　　　　　　　　　　　　　　　　　(　　)
2. 资产必须是企业所拥有的经济资源。　　　　　　　　　　　　　　　　　(　　)
3. 负债是债权人的权益,代表债权人对企业资产的要求权。　　　　　　　(　　)
4. 所有者权益与企业的具体资产项目有直接的对应关系。　　　　　　　　(　　)
5. 所有的货币资产流入都是收入;所有的资产减少都是费用。　　　　　　(　　)
6. 资产和权益在数量上始终是相等的。　　　　　　　　　　　　　　　　　(　　)
7. 资产项目和权益项目此增彼减,会计等式左右两方总额不变,仍保持平衡。(　　)
8. 费用的发生会导致资产的减少或负债增加。　　　　　　　　　　　　　(　　)
9. 会计科目是一个完整的体系,它包括科目的内容和科目的级次。　　　　(　　)
10. 明细科目包括明细分类科目和二级科目。　　　　　　　　　　　　　　(　　)

11. 本期发生额属于动态指标,期初余额和期末余额属于静态指标。　　　(　)
12. 没有无资产的权益,也没有无权益的资产。　　　　　　　　　　　(　)
13. 为了正确地计算各个会计期间的收入和费用,企业应该采用应收应付制。(　)
14. 并非付出货币资金都是经营支出。　　　　　　　　　　　　　　　(　)
15. 所有资产的增加或负债的减少都会产生营业收入。　　　　　　　　(　)
16. 账户的基本结构首先是由会计要素的数据变化情况决定的。　　　　(　)
17. 所有的账户都是依据会计科目开设的。　　　　　　　　　　　　　(　)
18. 会计等式永远平衡的原则,是复式记账赖以建立的基础。　　　　　(　)

四、连线题

1. 将下列项目的归属类别用连线回答

　A. 股票投资　　　　　　　　　　(1)流动资产

　B. 土地使用权　　　　　　　　　(2)长期投资

　C. 开办费　　　　　　　　　　　(3)固定资产

　D. 运输设备　　　　　　　　　　(4)无形资产

　E. 存货　　　　　　　　　　　　(5)递延资产

2. 将下列项目的归属类别用连线回答

　A. 预收账款　　　　　　　　　　(1)流动负债

　B. 应付债券

　C. 盈余公积金　　　　　　　　　(2)长期负债

　D. 应交税费

　E. 未分配利润　　　　　　　　　(3)所有者权益

五、名词解释

1. 会计要素
2. 资产
3. 负债
4. 所有者权益
5. 收入
6. 费用
7. 利润
8. 会计科目
9. 账户
10. 递延资产
11. 无形资产
12. 实收资本
13. 流动负债

六、问答题

1. 什么是会计要素？会计要素包括哪些内容？
2. 什么是会计等式？

3. 经济业务有哪几种类型？经济业务发生引起的会计要素变化会不会影响会计等式的平衡关系？为什么？
4. 什么是会计科目？设置会计科目有什么意义？
5. 什么是账户？账户与会计科目是什么关系？
6. 账户的基本结构是什么？四项金额之间的关系怎样？
7. 账户的左右两方，哪一方记增加，哪一方记减少，取决于什么？

二、业务计算题

1. 西安某钛制造企业202×年7月30日有关资产，负债与所有者权益的资料如表2-1所示。

表2-1 负债与所有者权益的资料表　　　　　　　　单位：元

项　　目		资产	负债	所有者权益
(1)存在银行的存款	24 000			
(2)仓储产成品	175 000			
(3)用作仓库的房屋	35 000			
(4)仓储半成品	75 000			
(5)机器设备	20 000			
(6)出纳处的现金	1 000			
(7)货运汽车一辆	300 000			
(8)营业用房屋	195 000			
(9)应收回的销售货款	40 000			
(10)应付采购材料货款	32 000			
(11)国有投资	300 000			
(12)外单位投资	60 000			
(13)一年已实现利润	61 000			
(14)尚未缴纳税金	4 000			
(15)以前年度的未分配利润	44 000			
(16)向银行借入的资金	94 000			
合计				

根据表中资料：

(1) 区分其属性是资产、负债还是所有者权益类；

(2) 汇总各类要素，检验其平衡关系。

2. 资料。

本月(7月)份发生下列经济业务：

(1) 销售产品 7 000 元，货款存入银行。

(2) 销售产品 13 000 元，货款尚未收到。

(3) 预付 7—12 月的租金 12 000 元，本月摊销 2 000 元。

(4) 本月应计提银行借款利息 1 000 元。

(5) 收到上月应收的销货款 15 000 元。

(6)收到购货单位的预计货款 10 000 元,下月交货。

要求:根据上述经济业务内容,按权责发生制和收付实现制原则确认和计算企业本月(7月)份的收入费用,将计算结果填入表 2-2 内。

表 2-2 7月收入费用表

业务号	权责发生制		收付实现制	
	收入	费用	收入	费用
1				
2				
3				
4				
5				
6				
合计				

3. 资料。

西安某钛合金企业,月初资产总额 200 000 元,负债总额 85 000 元,所有者权益总额 115 000 元,本月发生以下经济业务:

(1)接受某单位捐赠的机器设备 3 台,价值 30 000 元。
(2)用银行存款 20 000 元,归还长期借款。
(3)购进一批材料,价值 10 000 元,用银行存款支付。
(4)收到购买单位的预付货款 12 000 元,存入银行。
(5)经批准,将盈余公积金 15 000 元转增资本金(即实收资本)。
(6)用银行存款 8 000 元购买有价证券。

要求:

(1)逐项分析上述业务发生后对资产、负债和所有者权益三个要素增减变动的影响。
(2)月末计算资产、负债和所有者权益三个要素的总额并列出会计等式。

4. 西安某钛部件加工企业 202×年 1 月 31 日的资产、负债与所有者权益的资料如下:

(1)厂房两幢,计价 120 000 元。　　(2)各种生产设备 20 000 元。
(3)北方工厂投入资本 410 000 元。　　(4)本厂未分配利润 80 000 元。
(5)各种钛、镍原材料 90 000 元。　　(6)装配用五金配件 13 000 元。
(7)完工的产品 54 000 元。　　(8)现金 200 元,银行存款户存款 45 800 元。
(9)运输卡车一辆,计 60 000 元。　　(10)向银行借入的短期借款 60 000 元。
(11)应收账款 4 000 元,应付账款 30 000 元。
(12)应交税费 7 000 元。

要求:

(1)根据以上资料,确定它们属于会计基本要素中的哪一类,并指明项目的名称。

(2)把相同项目的数字进行合并,填入下列的表 2-3 中,并核对相关数量是否符合会计基本等式。

表 2-3 项目表

业务号码	项目名称	资产＝负债＋所有者权益		
1				
2				
3				
4				
5				
6				
7				
8				
9				
10				
11				
12				
合计				

5.某有限责任公司 2022 年 12 月份发生下列部分经济活动:
(1)销售商品收回货款。
(2)与南通公司签订一份销售合同计划。
(3)向希望工程捐款。
(4)经董事会商议,决定 2023 年 1 月购买国债。
(5)采购员出差归来报销差旅费。
(6)生产车间到仓库领用原材料。
(7)购进一台设备,经安装调试已投入使用。
(8)公司 2023 年费用预算顺利通过董事会决议。
(9)从当地人才市场引进一批研究生和大学生。
(10)董事会向生产部门和销售部门下达任务书。
要求说明:上述经济活动哪些属于会计的对象?为什么?

案例分析

目的:掌握历史成本计量模式与公允价值计量模式差别知识点。

资料:某公司在 10 年前以 100 万元的价格购入一套房子作为办公室。在相同地段和小区的房屋市场价格已经涨到了 1 000 万元/套。在对外进行报告时,公司经理和财务人员展开了以下讨论。

公司经理:我认为应该按 1 000 万元对外报告。

财务人员:应该按照历史成本 100 万元对外报告。因为房子虽然价格上涨了,但我们又不准备出售,还得继续在这里办公,涨多少跟我们没有关系。

公司经理:怎么没有关系呢？老板年终时都要考核我们的业绩指标,再说大家的年终奖还指望着它呢。

财务人员:那是账面富贵,没有一分钱的现金流入,拿什么来发年终奖？

要求:请根据上述对话回答下列问题。

(1)按 100 万元对外报告,采用的是什么计量模式？

(2)按 1 000 万元对外报告,采用的是什么计量模式？

(3)你赞成谁的观点？为什么？

第三章　账户和复式记账

学习目标

1. 掌握账户结构、借贷记账法的应用方法,试算平衡表和会计分录的编制方法。
2. 理解常用科目的适用范围、账户的应用,会计科目与账户之间的关联关系。
3. 了解科目设置、科目概念和分类,账户的概念、分类和账户之间的对应关系。

知识拓展

复式记账理论要求每一笔资金来路清晰归途明确,这是本章会计知识给予学生的认知,也是合格会计人员在工作中具备的基本素养理论。它彰显了会计理论的发展,体现了商业文明的进步。

会计科目为每一个账户取好名称,约定好账户登记增减的方向。运用复式记账法记录企业每一笔经济业务的来龙去脉,这是保证会计信息真实、准确的第一步。账户是以会计科目为名称在各种账簿中开立的户头,用以登记特定的经济内容的增减变动及其结果。只有通过账户分门别类地对核算资料进行加工,才能逐步形成必要的会计信息。

有借必有贷,借贷必相等。同理,想要有丰硕的收获必须要有巨大的付出。教师在教学中引导学生做人做事要有理有据、有始有终,学会"尊重劳动、尊重知识""把理想追求融入党和国家事业,自觉服务国之大者,积极投身全面建设社会主义现代化国家的伟大实践",为国家为人民做出贡献,创造美好生活。

第一节　科目与账户

一、会计科目

通过前两章的学习,我们深切领会到了会计是一种管理活动,其反映和监督的内容是社会再生产过程中能够以货币形式表现的各种资金运动。这些资金运动是多种多样的,更是错综复杂的,既包括资金进入企业,资金退出企业,同时也包括资金在企业内部的循环与周转。为了便于会计的反映与监督,我们将会计对象的内容进行了简单的分类,划分出了资产、负债、所有者权益、收入、费用和利润六大会计要素,这是对会计对象的基本分类。

会计要素的划分将会计对象具体化了,但它们只能概括地反映经济活动的过程和结果,不能有针对性地反映企业的经营状况。例如,企业的仓库、机器设备、原材料虽然同属于"资产"这一会计要素,但它们的经济内容是不同的。所以,为了更好地满足会计核算的需要,也为了向国家财税机关、投资者、债权人等有关方面提供更加详尽的会计信息和科学的核算指标,必须对会计的六大要素再进行具体的分类,而这种分类是通过设置会计科目进行的。

(一)会计科目的概念和意义

1. 会计科目的概念

企业日常发生的经济业务十分频繁、复杂,这就需要将这些繁杂的经济业务加工成有用的会计信息,以满足各有关方面对会计信息的需求。会计要素是对会计对象的基本分类,而会计要素仍显得过于粗略,难以满足各有关方面对会计信息的需要。例如,所有者需要了解利润及其构成、分配情况,了解负债及其构成情况;债权人需要了解偿债能力等有关指标,以评判其债权的安全性;税务机关要了解企业税金缴纳的详细情况,等等,为此还必须对会计要素的具体内容做进一步分类,这种对会计要素的具体内容进行分类核算的项目,称为会计科目。

在企业进行生产经营活动的过程中,会计要素的具体内容必定会发生数量、金额的增减变动。例如,用银行存款购进原材料,发生这项经济业务必将导致原材料的增加和银行存款的减少,使得资产要素内部相关项目发生一增一减的变化。为了反映各种资产的增减变动,就需要将资产细分成"库存现金""银行存款""原材料""固定资产""应收账款"等项目,即会计科目。

会计科目的内容包括以下两方面:一是明确各会计科目核算的内容。如"库存现金"科目中明确规定企业发生的库存现金的收支业务需要列入该科目核算。这样可以防止核算内容混淆不清。二是明确各会计科目的使用方法。这样有利于会计人员在核算中正确使用会计科目。

2. 会计科目的意义

会计科目是进行各项会计记录和提供各项会计信息的基础,在会计核算中具有重要意义:

(1)会计科目是复式记账的基础。复式记账要求每一笔经济业务在两个或两个以上相互联系的账户中进行登记,以反映资金运动的来龙去脉。

(2)会计科目是编制记账凭证的基础。在我国,记账凭证是确定所发生的经济业务应记入何种会计科目以及分门别类登记账簿的凭证。

(3)会计科目为成本计算与财产清查提供了前提条件。会计科目的设置有助于成本核算,使各种成本计算成为可能;而通过账面记录与实际结存的核对,又为财产清查、保证账实相符提供了必备的条件。

(4)会计科目为编制会计报表提供了方便。会计报表是提供会计信息的主要手段,为了保证会计信息的质量及提供的及时性,会计报表中的许多项目与会计科目是一致的,并根据会计科目的本期发生额或余额填列。

(二)会计科目的设置

1. 会计科目的设置原则

会计科目是对会计要素、对象的具体内容进行分类核算的类目。任何一个会计主体都必须根据企业会计准则并结合企业实际情况设置一套会计科目体系。

设置会计科目时,应遵循以下几项原则:

(1)合法性原则。为了保证会计信息的可比性,企业所设置的会计科目应当符合国家统一的会计制度的规定。

(2)相关性原则。会计科目的设置,应为投资者、债权人、企业经营管理者等有关各方所需要的会计信息提供服务,满足对外报告与对内管理的要求。

(3)灵活性原则。由于企业规模的大小、组织形式、所处行业、经营内容及业务种类等不同,在会计科目的设置上亦应有所区别。企业可以在不违反会计准则确认、计量和报告规定的前提下,根据本单位的实际情况增设、分拆、合并会计科目,设置符合企业需要的会计科目。明细科目企业可以根据会计准则的相关规定自行设置。

2.会计科目的分类

各个会计科目并不是彼此孤立的,而是相互联系、互为补充地组成一个完整的会计科目体系,可以用来全面、系统、分类地核算和监督会计对象的具体内容,提供经济管理所需要的一系列核算指标。

为了明确会计科目体系,正确掌握和运用会计科目,就必须研究会计科目的分类。会计科目的分类可按下列标准进行:

1)会计科目按经济内容分类

(1)资产类。该类又进一步分为:

①流动资产类,如"现金""应收账款""原材料"等会计科目。

②固定资产类,如"固定资产""累计折旧""固定资产清理""在建工程"等会计科目。

③长期投资类,如"长期股权投资"会计科目。

④无形资产类,如"无形资产"会计科目。

⑤其他资产类,如"待处理财产损溢"会计科目。

(2)负债类。该类又进一步分为:

①流动负债类,如"短期借款""应付账款""应交税费""预提费用"等会计科目。

②非流动负债类,如"长期借款""应付债券""长期应付款"等会计科目。

(3)所有者权益类,如"股本""资本公积""盈余公积""本年利润""利润分配"等会计科目。

(4)成本类,如"生产成本""制造费用"等会计科目。

(5)损益类。该类又可进一步分为:

①收入类,如"主营业务收入""其他业务收入""营业外收入""投资收益"等会计科目。

②费用类,如"主营业务成本""销售费用""税金及附加""其他业务成本""管理费用""财务费用""营业外支出""所得税费用"等会计科目。

2)会计科目按反映经济内容的详细程度分类

会计科目按其反映经济内容的详细程度可以分为总分类科目和明细分类科目。总分类科目亦称总账科目或一级科目。它是对会计对象具体内容进行总括分类的科目。它所提供的核算资料是总括资料,反映会计对象增减变动的总括情况。在会计科目表中所列的会计科目,均为一级科目。

明细分类科目亦称明细科目或细目。明细分类科目是对总分类科目的进一步分类,它所提供的核算资料是详细的、具体的,反映会计对象增减变动的详细情况。如果一个总分类科目所统驭的明细分类科目较多,可以增设二级科目(亦称子目)。二级科目是介于总分类科目和明细分类科目之间的科目。它所提供的核算资料,比总分类科目提供的核算资料详细,但又比明细分类科目提供的核算资料概括。二级科目和其所统驭的明细分类科目又统称为明细分类科目。图3-1以原材料为例,说明总分类科目与明细分类科目之间的关系。

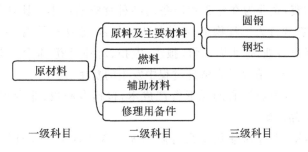

图3-1 三级会计科目构成图

3.重点会计科目及解析

1)资产类

(1)1001 库存现金。企业的库存现金,一般是指企业出纳管理的现钞。大部分是指人民币现金,如果有外币种,也可以是外币现金。

(2)1002 银行存款:企业以企业名义在银行或其他金融机构的户头中的各种款项。

(3)1012 其他货币资金:企业的银行汇票存款、银行本票存款、信用卡存款、信用证保证金存款、存出投资款、外埠存款等其他(其他,是指除了现金和银行存款之外的其他货币)货币资金。

(4)1101 交易性金融资产:企业低价买进、高价位抛出从中赚取差价的股票、债券、基金等有价证券。

(5)1121 应收票据:企业因销售商品、提供劳务等而收到的商业汇票,包括银行承兑汇票和商业承兑汇票。

(6)1122 应收账款:企业因销售商品、提供劳务等经营活动应收取而未收取的款项,是企业的资产、权利。

(7)1123 预付账款:企业按照合同规定预付的款项。

(8)1131 应收股利:企业应收取的现金股利和应收取其他单位分配的利润。

(9)1132 应收利息:应收而未收的利息。

(10)1221 其他应收款:除应收账款、应收利息、应收票据、预付账款、应收股利外其他的、应收未收的款项。

(11)1231 坏账准备:企业应收款项的坏账准备,是对应收账款中不良账款的估计损失。

(12)1402 在途物资:企业在购买材料时,购进的但尚未入库的,正在途中运输的物资。

(13)1403 原材料:企业购买的已经入库的各种材料。企业用于生产产品。

(14)1405 库存商品:企业生产或者购买的已经入库的商品。

(15)1601 固定资产:企业持有的固定资产原价。一般购买的机器,设备,生产线,建造的厂房等都是固定资产,使用时间在一年以上。

(16)1602 累计折旧:企业固定资产的累计折旧。机器、设备、生产线、产房等的折旧与磨损。

(17)1604 在建工程：企业基建、更新改造等在建工程发生的支出。正在建造的工程，尚未完工，若完工，就是固定资产。

(18)1605 工程物资：企业为在建工程准备的各种物资的成本。比如为修建厂房，准备的砂石、水泥、钢筋等材料要计入工程物资，不能计入原材料，原材料是用来生产产品的。

(19)1606 固定资产清理：企业因出售、报废、毁损、对外投资、非货币性资产交换、债务重组等原因转出的固定资产价值以及在清理过程中发生的费用等。

(20)1701 无形资产：企业持有的无形资产成本，包括专利权、非专利技术、商标权、著作权、土地使用权、名誉、品牌等。

(21)1702 累计摊销：企业对使用寿命有限的无形资产计提的累计摊销。无形资产也会贬值。

(22)1801 长期待摊费用：企业已经发生但应由本期和以后各期负担的分摊期限在1年以上的各项费用，如以经营租赁方式租入的固定资产发生的改良支出等。待摊，即未摊费用，一般指企业已经支付，但是受益期在以后各期当中分摊的费用，因为未摊，所以是资产。

(23)1901 待处理财产损溢：企业在清查财产过程中查明的各种财产盘盈、盘亏和毁损的价值。物资在运输途中发生的非正常短缺与损耗，也通过本科目核算。待处理，即尚未处理。

2)负债类

(1)2001 短期借款：企业向银行或其他金融机构等借入的期限在1年以下（含1年）的各种借款。短期借款与长期借款的区别在于，借入款项的期限。

(2)2201 应付票据：企业购买材料、商品和接受劳务供应等开出、承兑的商业汇票，包括银行承兑汇票和商业承兑汇票。

(3)2202 应付账款：企业因购买材料、商品和接受劳务等经营活动应支付的款项。应付而尚未支付的，属于企业的负债，即责任。

(4)2203 预收账款：企业按照合同规定预收的款项。

(5)2211 应付职工薪酬：企业根据有关规定应付给职工的各种薪酬。本科目可按"工资""职工福利""社会保险费""住房公积金""工会经费""职工教育经费""非货币性福利""辞退福利""股份支付"等进行明细核算。员工工资要先计算后发。在计算工资时，工资未发，所以是应付职工薪酬。

(6)2221 应交税费：企业按照税法等规定计算应交纳的各种税费。税，也是先计算后交。应交未交的，即责任，即负债。

(7)2231 应付利息：企业按照合同约定应支付的利息。应付而未付的利息。

(8)2232 应付股利：企业分配的现金股利或利润。应付而未付的股利。

(9)2241 其他应付款：企业除应付票据、应付账款、预收账款、应付职工薪酬、应付利息、应付股利、应交税费、长期应付款等以外的其他各项应付、暂收的款项。

(10)2501 长期借款：企业向银行或其他金融机构借入的期限在1年以上（不含1年）的各项借款。

(11)2701 长期应付款：企业除长期借款和应付债券以外的其他各种长期应付款项。

3)所有者权益

(1)4001 实收资本：企业实际收到投资者投入的实收资本。股份有限公司应将本科目改为"4001 股本"科目。

(2)4002 资本公积：企业收到投资者出资额超出其在注册资本或股本中所占份额的部分。

(3)4101 盈余公积：企业从净利润中提取的盈余公积(有利润盈余时才提取)。

(4)4103 本年利润：企业当期实现的净利润(或发生的净亏损)，也可能是亏损。本年利润不仅仅只代表本年的利润，若为月结则代表月利润；若为季结，则为季利润；若为半年结，则为半年利润；若为年结，则为年利润。会计分期不一样，则本年利润代表的利润不一样。

(5)4104 利润分配：企业利润的分配(或亏损的弥补)和历年分配(或弥补)后的余额。

4)成本类

(1)5001 生产成本：企业生产产品时发生的与产品有直接关系的各项耗费，支出。这笔费用一般都在企业的生产部门、车间、厂房中发生。

(2)5101 制造费用：企业生产车间为生产产品而发生的与产品本身有间接关系的费用。

5)损益类

损益类科目要分为收入与费用两个部分。

(1)6001 主营业务收入：企业确认的销售商品、提供劳务等主营业务的收入。主营业务的收入指主要营业项目带来的收入。主要营业项目是指企业的营业项目当中的主要项目。

(2)6051 其他业务收入：企业确认的除主营业务活动以外的其他经营活动实现的收入，也就是次要营业项目带来的收入。如何区分其他业务收入与营业外收入？其他业务收入是主营业务以外的次要营业项目所带来的收入，而营业外收入指的是与企业营业项目没有关系的，即营业项目以外的收入。

(3)6111 投资收益：企业确认的投资收益或投资损失。

(4)6301 营业外收入：企业发生的各项营业外收入，也就是与企业营业项目无关的各项收入。

(5)6401 主营业务成本：企业确认销售商品、提供劳务等主营业务收入时应结转的成本。

(6)6402 其他业务成本：企业确认的除主营业务活动以外的其他经营活动所发生的支出。

(7)6403 税金及附加。企业经营活动发生的消费税、城市维护建设税、资源税和教育费附加等相关税费。

(8)6601 销售费用：企业销售商品和材料、提供劳务的过程中发生的各种费用。

(9)6602 管理费用：企业行政管理部门为组织和管理企业生产经营所发生的管理费用。比如，管理部门人员的工资，管理部门人员出差的差旅费，管理部门的水电费支出，财务部门的人员工资等。

(10)6603 财务费用：企业为筹集生产经营所需资金等而发生的筹资费用。财务费用并非财务部门的费用，财务部门属于管理部门，财务部门发生的非筹资业务费用应计入管理费用。比如财务部门员工工资支出，财务部门管理设备折旧，财务部门水电费支出等，应当计入管理费用。

(11)6701 资产减值损失：企业计提各项资产减值准备所形成的损失。

(12)6711 营业外支出：企业发生的各项营业外支出，与企业营业项目无关的各项支出。

(13)6801 所得税费用：企业确认的应从当期利润总额中扣除的所得税费用。

二、账户

会计科目是对会计对象的具体内容进行科学分类的项目,是组织会计核算的依据。为了完整、系统、连续地反映和监督各项经济业务所引起的资产、负债和所有者权益增减变动及其结果,必须提供经济管理所必需的各种核算资料,还必须根据会计科目开设账户。设置和运用账户是会计核算的一种专门方法。

(一)账户的意义

账户是对会计对象具体内容进行分类核算和监督,提供动态、静态指标的一种工具。会计对象具体内容分类的标志是会计科目。因此,账户就要以会计科目为名称在各种账簿中开立户头。从而,每个账户所核算的经济内容就由账户名称定性,不能互相混淆。账户还具有一定的结构,用以登记特定的经济内容的增减变动及其结果。可以说,账户就是会计科目的具体化形式。账户的设置和登记,反映资产、负债、所有者权益、收入、成本费用和利润等方面的内容,从而提供各类别经济业务的动态和静态指标。只有通过账户分门别类地对核算资料进行加工,才能逐步形成必要的会计信息。

(二)账户的基本结构

要正确地设置和使用账户,首先必须了解账户的基本结构。账户是对各项经济业务进行分类核算和监督的工具。它不仅要有明确的核算内容,还必须具有一定的结构。各项经济业务所引起的资产、负债和所有者权益的变动,虽然错综复杂,但归纳起来不外乎增加和减少两种变动情况。因此,可把账户划分为两个基本部分,分别记录各项资产、负债和所有者权益的增加和减少的数额,就可满足记账、核算的需要。通常是将账户分为左右两方,形成账户的基本结构,并以其中的一方记增加额,另一方记减少额。但究竟用哪一方记增加额,哪一方记减少额,以及账户左右两方的名称,则要根据记账方法的要求和账户所反映的经济内容的性质来加以确定。账户的基本结构可用"T"型表示,如图3-2所示。

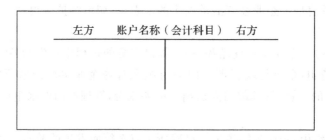

图3-2 账户的基本结构图

图3-2上列账户的左右两方,分别用于记录其增加额和减少额,账户在一定时期(月、季、年)内所记录的增加额和减少额,称为本期发生额。其中,所记录的增加额的合计数,称为本期增加发生额;所记录的减少额的合计数,称为本期减少发生额。本期发生额是一个动态指标,反映一定时期内各项资产、负债或所有者权益增减变动的情况。

每个账户的本期增加发生额与本期减少发生额相抵后的差额,称为余额。余额是一个静态指标,它反映各项资产、负债和所有者权益在某个时点的状况,即在一定时期内增减变动的结果。余额按其所在时期的不同时点,又分为期初余额和期末余额。本期期末余额就是下期的期初余额。账户期末余额的计算公式如下:

$$期末余额＝期初余额＋本期增加发生额－本期减少发生额$$

账户余额、本期增加发生额、本期减少发生额是记在账户的左方还是右方,要根据不同的记账方法和账户性质来确定。

(三)会计账户的分类

为了更好地掌握账户的设置和运用,对各种账户进行适当分类是十分必要的。对账户进行分类有不同的分类标准,在会计实务中,最常见的分类方法有:按账户所反映的经济内容分类,按账户的用途和结构进行分类。除此之外,还可以根据账户所提供的核算指标的详细程度,以及与会计报表的关系进行分类。

1.账户按经济内容分类

账户的经济内容就是账户所反映的会计对象的具体经济内容。以经济内容对账户进行分类是账户最基本的分类,也是对账户进行其他分类的基础。按照这种分类,账户分为资产类、负债类、所有者权益类、成本费用类和损益类五大类,与会计科目的分类方法一致。

2.账户按用途和结构分类

所谓账户的用途,是指账户的作用,即通过账户的记录能够提供什么核算指标,本质上是指设置或运用账户的目的是什么;而账户的结构是指在账户中如何记录经济业务,以获得必要的核算指标,也就是账户的借方和贷方各登记什么,以及其余额各记录反映的是什么样的内容。按用途和结构分类,可以找出账户在提供核算资料上的规律性,从而更好地运用账户。

账户按用途和结构的不同可以分为盘存账户、结算账户、调整账户、集合分配账户、成本计算账户、跨期摊提账户、损益账户、财务成果账户、资本账户九大类。

1)盘存账户

盘存账户用来核算和监督企业各种财产物资、货币资金的增减变动及结存情况,包括企业主要的资产账户。

盘存账户在结构上的特点是:"借方"登记各项财产物资和货币资金的增加数;"贷方"登记其减少数;账户余额总是在"借方";借方期末余额表示各项财产物资和货币资金的期末实有数额。另外,盘存账户所反映的内容属于资产性质,可以通过实地盘点(如财产、物资、库存现金)和与银行对账(如银行存款)核对账面数额与实际结存数额是否相符,除货币资金账户外,可以在明细分类账中提供实物数量和价值两种指标。需要注意的是,"生产成本"账户的期初、期末余额表示在产品,也具有盘存账户的性质。

盘存账户可分为"库存现金""银行存款""原材料""库存商品""固定资产"账户等。

2)结算账户

结算账户是用来核算和监督企业与其他单位和个人之间债权、债务结算情况的账户。

此类账户的特点在于按结算单位或个人设置明细分类账户,以便反映结算单位和个人结算业务的具体情况,以定期进行核对;其性质可以根据其账户期末余额的方向来判断,当余额在"借方"时,属于债权结算账户;当余额在"贷方"时,属于债务结算账户。其总账和明细账只提供货币信息。

结算账户按其结算的性质又可分为债权结算账户、债务结算账户和债权债务结算账户。

(1)债权结算账户。

债权结算账户是用来核算和监督企业与其他单位和个人之间债权结算情况的账户。其反映的内容属于资产性质,因此也称结算资产账户,账户的"借方"登记企业债权的增加数;"贷方"登记企业债权的减少数;期末余额在"借方",表示企业尚未收回的债权数额。该类账户主要包括"应收账款""应收票据""应收股利""应收利息""其他应收款""预付账款"等账户。

(2)债务结算账户。

债务结算账户是用来核算和监督企业与其他单位和个人之间债务结算情况的账户。其反映的内容均属负债性质,因此也称为结算负债账户,"借方"登记企业债务的减少数;"贷方"登记企业债务的增加数;期末余额在"贷方",表示企业尚未清偿的债务数额。该类账户主要包括"应付账款""应付票据""应付债券""应付职工薪酬""应付股利""应交税费""其他应付款""短期借款""长期借款""预收账款"等账户。

(3)债权债务结算账户。

债权债务结算账户,又称往来结算账户,是用来核算和监督企业与其他单位或个人以及企业内部之间债权债务往来结算情况的账户。由于在具体会计核算工作中,相互之间的往来结算的性质会经常变动,即有时是企业的债权,有时则是企业的债务,因此,为了简化核算,《企业会计准则——应用指南》规定,预付货款情况不多的企业,也可以将预付货款直接记入"应付账款"账户的借方,这样"应付账款"账户反映企业应付账款和预付账款的增减变动情况,也就是说,一个债权债务结算预收账款很少的企业也可将预收账款直接记入"应收账款"账户的贷方。

有的企业为了简化手续,还可设置"其他往来"等资产负债双重性质的账户,"借方"登记企业债权的增加数或债务的减少数;"贷方"登记企业债务的增加数或债权的减少数;余额在"借方"的为债权,余额在"贷方"的为债务。

债权债务结算账户反映的内容兼具资产、负债双重性质,因此,它也可称为结算资产负债账户。

3)调整账户

在会计核算中,由于管理上的需要或其他原因,对某些资产或负债,有的需要用两种不同的数字,设置和应用两个账户来记录和反映。其中一个账户核算和监督其原始数额,另一个账户则用来核算和监督其原始数额的调整数额,将原始数额和调整数额相加或相减,就可以求得现有的实有数额,从而全面地反映同一会计对象。因而,把核算和监督原始数额的账户称为被调整账户,把核算和监督其调整数额的账户称为调整账户。

调整账户根据调整方式的不同,可分为备抵调整账户、附加调整账户和备抵附加调整账户。

(1)备抵调整账户。

备抵调整账户亦称抵减调整账户,是用来抵减被调整账户的余额,以求得被调整账户实际余额的账户。如"累计折旧"账户是"固定资产"账户的备抵账户,"坏账准备"是"应收账款"账户的备抵账户。

备抵账户的特点是调整账户与被调整账户的记账方向和余额方向相反。如果被调整账户以借方反映其增加数,贷方反映其减少数,余额在借方,其调整账户则以贷方反映其增加数,借

方反映其减少数,余额在贷方。备抵调整方式可用公式表示如下:

被调整账户账面余额－备抵调整账面账户余额＝被调整账户实际余额

(2)附加调整账户。

附加调整账户也称补充账户,是用来增加被调整账户的账面余额,以求得被调整账户实际余额的账户。该类账户同备抵账户的调整方式刚好相反,即将被调整账户的期末余额与调整账户的期末余额相加,便可得出被调整账户期末的实有数额。

其特点是它与被调整账户的性质相同,在账户结构的方向上保持一致。附加调整账户在实际工作中运用较少,比较典型的有"应付债券"账户下设置的"债券面值"和"债券溢价"两个明细账户。"债券溢价"明细账户就是"债券面值"明细账户的附加调整账户。

附加调整账户的调整方式可用公式表示如下:

被调整账户账面余额＋附加调整账户账面余额＝被调整账户实际余额

(3)备抵附加调整账户。

备抵附加调整账户是指既可以用来抵减也可以用来附加被调整账户的账面余额,以求得被调整账户实际余额的账户。

备抵附加调整账户兼有备抵账户和附加账户的作用:当其余额与被调整账户的余额方向相反,起备抵作用;反之,当其余额与被调整账户的余额方向相同,则起附加作用。

用公式将其调整方式表示如下:

被调整账户账面余额±备抵附加调整账户账面余额＝被调整账户的实际余额

比如,在产品制造企业中,其设置的"材料成本差异"账户就是一个典型的备抵附加调整账户。当其采用计划成本核算原材料时,"原材料"账户按计划成本核算,同时设置"材料成本差异"账户反映原材料的实际成本调整额,并以该账户调整"原材料"账户的账面余额。因而,这两个账户就形成了被调整与调整的关系。

4)集合分配账户

集合分配账户是用来归集和分配生产经营过程中某一阶段所发生的成本费用,并借以核算和监督该阶段费用预算执行情况和费用分配情况的账户。如"制造费用"账户就是典型的集合分配账户。

此类账户的特点是:日常工作中主要用于那些不能直接计入某一成本计算对象的间接费用,期末用一定方法并以某种分配标准将费用全部分配转出。这类账户具有明显的过渡性特点,其账户的"借方"登记归集发生的各项费用的发生数,"贷方"则登记分配转出的费用数额,期末分配转出后一般无余额。

5)成本计算账户

成本计算账户是用来核算和监督企业某一时期生产成本的归集和分配的账户。其主要包括"生产成本""在建工程"等账户。此类账户具备以下特点:按成本对象(产品)设置明细账,并按成本项目设置专栏进行明细分类核算;提供实物和价值两种核算指标。成本计算账户的"借方"登记应计入成本发生的各项费用;"贷方"登记转出的完工产品的实际成本;期末余额在"借方",表示该产品的实际成本。

6)跨期摊提账户

跨期摊提账户是用来核算和监督应由几个会计期间共同负担的费用,并将这些费用在各个会计期间进行分摊和预提的账户。

该类账户的设置和运用,是为了使费用的确认建立在权责发生制的基础上,分清计入成本计算对象(产品)的时期界限,正确计算成本和利润,以便有根据地评价各期间的经营业绩和经营责任。跨期摊提账户可分为资产类跨期摊提账户和负债类跨期摊提账户。

(1)资产类跨期摊提账户。

资产类跨期摊提账户主要用来核算和监督分摊期在1年以上的各种费用的发生和摊销情况。

(2)负债类跨期摊提账户。

负债类跨期摊提账户是用来核算和监督根据规定已预先从成本或有关损益中提取,但尚未实际支付或发生的各项费用。根据财政部于2006年颁布的《企业会计准则——应用指南》的规定,原本属于负债类跨期摊提账户的"预提费用"账户已取消,在会计科目中无此科目,在资产负债表中也取消了该项目。

按照新准则,企业预提的短期借款利息在"应付利息"账户中核算。预提利息时,借记"财务费用",贷记"应付利息";支付利息时,借记"应付利息",贷记"银行存款"。企业应付租入固定资产租金在"其他应付款"账户核算。

7)损益账户

损益账户是用来汇集企业在某一期间内从事经营活动或其他活动的各项收入、收益或支出,并如期结转该项收入、收益或支出的账户。

按该类账户汇集的性质和经济内容,损益账户可以分为收入类结转账户和费用类结转账户。

(1)收入类结转账户。

收入类结转账户是用来汇集和结转企业在某一期间内从事经营活动或其他活动的各项收入、收益的账户。这类账户主要有"主营业务收入""其他业务收入""投资收益""营业外收入"等账户。收入类结转账户是一种过渡性账户,"贷方"登记收入的增加额,反映企业收入、收益的形成或确认;"借方"登记当期收入、收益的减少数或转销数。该类账户当期收入、收益结转到"本年利润"账户后,期末无余额。

(2)费用类结转账户。

费用类结转账户是用来核算和监督企业在某一时期内所发生的应记入当期损益的各项费用或损失的账户。其主要包括"主营业务成本""销售费用""管理费用""财务费用""营业外支出"等账户。费用类结转账户也是一种过渡性质的账户,其"借方"登记当期费用发生的增加数;"贷方"登记当期费用发生的减少数以及期末转入"本年利润"账户的费用数额;期末结转后无余额。

8)财务成果账户

财务成果账户是用来核算和监督企业在一定期间内的全部经营活动的最终成果的账户。其主要包括"本年利润"等账户。财务成果账户是结合收入和费用要素的纽带,在会计账户体系中具有十分重要的地位。

该类账户只提供价值信息,账户的"贷方"登记期末从收入类账户转入的数额;"借方"登记期末各项费用类账户转入的数额;期末余额如在"借方",表示企业发生的亏损净额,如在"贷方",表示实现的净利润额。年终决算时,将"本年利润"账户结转"利润分配"账户后,年末无余额。

9)资本账户

资本账户是用来核算和监督所有者投入企业资本的增减变化及其结存情况的账户。其主要包括"实收资本""资本公积"和"盈余公积"等账户。该类账户具备以下特点:只提供价值信息,并按投资人或资本形成渠道设置明细账,反映企业资本形成的112也反映所有者对企业净资产的要求权。其账户的"贷方"登记资本的减少额,余额在"贷方",反映期末各种资本的实有数额。

由于资本账户反映企业从外部取得的投资和内部形成的积累,因而,反映外部投资的账户"实收资本"一定是贷方余额,反映企业内部形成的资本积累的账户"资本公积""盈余公积"有时可能出现贷方无余额的情况,但是,均不会出现借方余额,否则,就说明所有者权益受到侵犯或者账务处理上有错误。

(四)账户按其他方式分类

会计账户除可以按经济内容、用途和结构分类外,还可以按其他方式划分,如按账户所提供核算指标的详细程度,按账户与会计报表的关系等进行分类。下文对此予以简要介绍。

1. 按账户所提供指标的详细程度分类

根据提供核算指标的详细程度,账户可分为一级账户、二级账户、三级账户等。

1)一级账户

一级账户又称总分类账户(简称总账),是用来对企业经济活动的具体内容进行总括核算的账户。它是根据《企业会计准则——应用指南》所提供的一级会计科目设置的,能够提供某一类经济活动的总括资料,但是所反映的核算资料仅限于价值信息,不具体。如"原材料""库存现金""应付账款""主营业务收入"等账户,都属于一级账户。

2)二级账户

二级账户也称明细分类账户,是较为概括地反映企业某一类经济业务的具体核算资料的账户,是对一级账户的进一步细化和说明。二级账户根据每个一级账户所核算的内容,按照其详细类别来设置,不仅可以提供价值信息,还可以根据需要提供详细、具体的包括数量信息在内的其他信息。

3)三级账户

三级账户也是明细分类账户。由于企业的规模、业务等不同,企业在组织明细分类核算时,除了设置一级、二级账户外,为了更明晰地反映经济业务的情况,还可在二级账户的基础上设置更具体、更细化的明细分类账户。这类账户称为一级账户及其所属二级、三级账户,其核算的对象是相同的,资料相互补充,只有把它们结合起来,才能既总括又详细地反映同一核算对象的完整内容。在会计实务中,一级账户与所属的二级、三级账户必须进行平行登记。

2. 按账户与会计报表的关系分类

按账户与会计报表的关系,账户分为资产负债表账户和损益表账户。

1)资产负债表账户

根据资产负债表的各个项目来设置的账户称为资产负债表账户,也称为永久性账户、真实性账户或实账户。资产负债表的项目包括构成资产、负债和所有者权益类的各项内容,据此设置的账户的使用与本章第一节所论述的资产、负债和所有者权益类账户的使用方法一致。资产负债表账户既是编制资产负债表的依据,又是反映一个单位财务状况的数据载体。由于会计报表是会计工作的结果,是综合反映一个单位的财务状况、经营成果等的书面文件,因此,从会计报表的角度来理解资产负债表账户,有助于进一步把握账户的实质。

2)损益表账户

损益表账户是根据未在损益表中出现的收入和费用类项目来设置的临时性账户,也称"虚账户"。损益表账户分为收入账户和费用账户。该类账户的使用与其所属的收入、费用账户的使用方法一致。在会计实务中,损益表账户在期末结转以后无余额。

(五)会计科目与账户的关系

会计科目和账户在会计学中是两个不同的概念,两者之间既有联系又有区别。

会计科目与账户的联系在于:首先,会计科目是按会计对象具体内容分类的项目,账户又是根据会计科目开设的,因此,会计科目也称账户,表明两者的紧密联系;其次,会计科目规定的核算内容,也正是账户应该记录、反映的经济内容。

会计科目与账户的区别在于:首先,会计科目和账户存在着主从关系。会计科目是按会计对象具体内容进行科学分类的标志,是设置账户、组织会计核算的依据;账户则是在会计科目分类的基础上,根据会计科目名称开设并按其规定的核算内容,进行连续、系统和完整地记录的载体。其次,会计科目只是规定了经济内容的质,不能反映经济内容的量;而账户不仅反映规定的经济内容,而且还具有一定的结构形式,以记录经济业务内容增减变动的量,并计算其变动的结果。所以二者既有主、从的区别,又有反映经济内容的质和量的差异。

从以上说明可以看出,会计科目与账户的关系非常密切。没有会计科目,账户的用途就无法确定;没有账户,要在一定的会计科目上核算经济业务所引起的资产、负债及所有者权益的增减变动,也是不可能的。只有将会计科目与账户结合起来,每一个会计科目均设置一个账户,才便于进行会计日常核算工作,对资产、负债和所有者权益各个项目的增减变动进行有效的反映和监督。

所以,会计科目是设置账户的依据,而账户则是会计核算工作按照会计科目所明确的经济内容的具体运用。这种区别是很明显的。但由于二者的密切联系,在实际工作中,会计科目和账户这两种名称往往互相通用,不加区别。

第二节 复式记账法

一、记账方法含义和种类

为了对会计要素进行核算和监督,在按照一定原则设置了会计科目,并按会计科目开设了账户后,就有了记录经济业务事项的信息载体。接着,就需要采用一定的记账方法将会计要素的增减变动在账户中表现出来。

所谓记账方法,就是指将企业发生的经济业务根据一定的原理、记账符号、记账规则,采用一定的计量单位,利用文字和数字在账户予以登记的方法。从会计发展的历程看,最初人们在会计上所采用的记账方法是单式记账法,随着社会经济的发展和人们的实践总结,单式记账法逐步演变为复式记账法。

单式记账法是对发生经济业务之后所产生的会计要素的增减变动只在一个账户中进行登记的方法。如企业用银行存款购买一批原材料,价值1 000元,该项经济业务的发生一方面导致银行存款减少1 000元,另一方面导致原材料增加10 000元。在单式记账法下发生的该项经济业务只记录"银行存款"账户减少1 000元,而原材料增加的1 000元则不予记录。而要核实原材料的结存数量和金额,只有期末对原材料进行盘点后才能查明。

单式记账法是一种简单、但不完整的记账方法。这种方法,除了对有关人欠、欠人的现金收付业务,在两个或两个以上有关账户中登记外,对其他经济业务,只在一个账户中登记或不予登记。在单式记账法下,通常只设置"现金""银行存款""应收账款"和"应付账款"等账户。因此这种记账方法使得各账户之间的记录没有直接联系,没有相互平衡的关系。其缺点表现为不能全面、系统地反映经济业务的来龙去脉,不能正确核算企业的成本和盈亏,也不便于检查账户记录的正确性、真实性。正因为如此,该种记账方法目前一般不采用。

所谓复式记账法是指对发生的每一笔经济业务,都要用相等的金额,在相互联系的两个或两个以上账户中进行全面登记的一种记账方法。例如:上述用银行存款购买材料的业务,按照复式记账法,则应以相等的金额,一方面在"银行存款"账户中记录银行存款的减少1 000元;另一方面要在"原材料"账户中记录材料的增加1 000元,这样银行存款账户和原材账户之间就形成了一种对应关系。正因如此,与单式记账法相比,复式记账法不但完整反映了经济业务的来龙去脉及所涉及各个会计要素间的内在联系,便于正确核算成本和盈亏,而且使得记账的结果便于核对和检查。

二、复式记账法的原理及特点

(一)复式记账法的理论依据

复式记账法是一种科学的记账方法,它的理论依据就是"资产=负债+所有者权益"这个会计等式,会计等式反映了企业资金运动的规律。

前已述及,任何经济业务的发生必然会引起资产、负债、所有者权益、收入、费用及利润等会计要素的增减变化,但企业任何经济业务的发生都不会改变会计等式的恒等特征。在会计等式中,只要有一个会计要素项目发生增减变化,则必然会伴随其他一项或几项会计要素相同金额的增减变化。正因如此,只有在记账时将经济业务发生所引起的会计要素项目变动金额相互联系地、以相等金额记录下来,才能全面反映经济业务内容,遵循会计等式所反映的资金运动规律。复式记账就是对任何经济业务的发生都在两个或两个以上的账户中以相等的金额加以记录,才不会破坏会计等式所反映的客观存在的资金平衡关系,也同样遵循资金运动的规律。这就是复式记账法的基本原理,因此,复式记账的理论依据是会计等式。

(二)复式记账法的特点

复式记账法和单式记账法相比,具有以下优点,这也是它的特点。

(1)由于对每一项经济业务都要在两个或两个以上相互联系的账户中进行登记,根据账户记录的结果,可以了解每一项经济业务的来龙去脉。

(2) 由于复式记账法要求以相等的金额在两个或两个以上的账户中同时记账,因此可以对账户记录的结果进行试算平衡,以检查账户记录的正确性。关于试算平衡,将在下面的内容中详述。

复式记账法由于具有以上特点,因而被世界各国公认为是一种科学的记账方法,得到了广泛的使用。

复式记账法根据记账符号、记账规则等不同,又可分为借贷记账法、增减记账法和收付记账法,等等。增减记账法是以"增""减"为记账符号来反映经济活动的一种复式记账方法,它是我国特有的一种记账方法,20世纪60年代在我国商业企业全面推行,以后其他部门的企业也曾采用该种方法,现在该方法已基本不再使用。收付记账法是以"收""付"为记账符号来反映经济活动的一种复式记账方法,它是在我国传统的单式收付记账法基础上发展起来的,又分为资金收付记账法(曾在我国行政事业单位使用)、现金收付记账法(我国金融业曾采用)和财产收付记账法(过去曾用于我国农村社队)。借贷记账法是以"借""贷"为记账符号来反映经济活动的一种复式记账方法,它是目前全世界广泛采用的一种方法。

在会计改革之前,我国企业和行政事业单位采用的记账方法虽然都是复式记账法,但是具体方法不一样,有的是用借贷记账法,有的是用增减记账法或者是收付记账法。20世纪90年代,为适应改革开放的需要,与国际接轨,我国进行了会计改革。1993年7月1日起实施的《企业会计准则》第8条中已经明确规定"中国境内所有企业、行政事业单位一律采用借贷记账法"。之所以这样改革,是因为借贷记账法经过数百年的实践,已被全世界的会计工作者普遍接受,是一种比较成熟、完善的记账方法。另外,从实务的角度看,企业间记账方法不统一,会给企业间的横向经济联系和国际经济交往带来诸多不便。不同行业、企业记账方法不统一,也必然会加大跨行业的公司和企业集团会计工作的难度,使经济活动和经营成果不能及时准确地反映。因此,统一全国各个行业、企业和行政事业单位的记账方法,对会计核算工作的规范和更好地发挥会计的作用具有重要意义。因此,本书只介绍借贷记账法。

第三节 借贷记账法

一、借贷记账法的含义

借贷记账法是以复式记账原理为基础,以"借""贷"为记账符号,按照"有借必有贷,借贷必相等"的记账规则,在两个或两个以上的相互关联的账户中记录每笔经济业务的一种记账方法。借贷记账法起源于十三十四世纪银行业和贸易十分发达的意大利沿海城市威尼斯、热那亚等地。15世纪,意大利的数学家和传教士卢卡·帕乔利在威尼斯出版的《算数、几何、比及比例概要》一书中,第一次系统地介绍和论述了复式记账法,这标志着复式记账法已经逐渐完善并开始流行于世。1905年复式记账法经日本传入我国。几百年来,借贷记账法因其科学性和广泛适用性为世界各国所采用,成为国际通用的会计语言。

二、借贷记账法的记账符号

任何一种记账方法都必须规定其记账符号。所谓记账符号,就是表示记账方向的记号。

借贷记账法是以"借""贷"作为记账符号,用"借""贷"来表明经济业务应记入有关账户的方向。借贷记账法中的"借"和"贷"最初是从借贷资本家的角度解释的,分别表示债权债务的增减变动,借贷资本家对收进的存款,记在贷主名下,表示自身的债务增加。对于贷给他人付出的款项,则记在借主名下,表示自身的债权增加。当存款人取出存款或借款人还回贷款时,再做相反的记录,表示债权债务的清偿,这时,借贷二字在账簿中的含义与字义是一致的。后来,随着商品经济的发展,经济活动内容日趋复杂化,这种记账方法被商业资本家所采用,记账对象不再仅限于货币资金的借贷业务,而逐渐扩展到财产物资、经营损益和经营成本等的增减变化。为了使账簿记录保持一致性,非货币资金业务也要求用借贷二字来反映其增减变化,这时"借""贷"二字便无法概括所涉及的复杂的经济内容,于是只好离开其原来的字面含义,转化为单纯的记账符号,演变成了会计学上的专门术语,既不能按其本来的意义去理解,也不能直接当作增加或减少。

在借贷记账法中,"借""贷"只是两个抽象的符号,可以表示账户两个对立的部位,而且还可以表示会计要素的数量变化情况,即增加还是减少。但"借"和"贷"具有双重性,既可表示增加,也可表示减少,就某个账户而言,究竟"借"和"贷"哪一个记录增加额,哪一个记录减少额,则要根据账户本身的经济内容而定。

三、借贷记账法的账户结构

所谓账户的结构就是指账户的登记方法,具体讲就是借方登记什么、贷方登记什么、期末有没有余额;如果有余额在哪一方,表示什么。

在借贷记账法下,账户的基本结构是:将所有账户的左方定为借方,右方定为贷方,并用一方登记增加数,一方登记减少数,但哪一方登记增加,哪一方登记减少,则要根据账户反映的经济内容来决定,即不同性质的账户使用方法也不相同。下面就借贷记账法下各类账户的结构,分别予以说明。

1. 资产类账户的结构

资产类账户的结构:借方登记资产的增加,贷方登记资产的减少,账户若有余额,一般为借方余额,表示期初或期末资产的结存金额。其计算公式是:

$$期末借方余额 = 期初借方余额 + 本期借方发生额 - 本期贷方发生额$$

用T型账户表示资产类账户的结构如图3-3所示。

借方	资产类账户名称	贷方
期初余额: ×××		
本期增加额: ×××		本期减少额: ×××
⋮		
本期发生额: ×××		本期发生额: ×××
期末余额: ×××		

图3-3 资产类账户结构图

2.负债及所有者权益类账户的结构

负债及所有者权益类账户的结构与资产类账户的结构恰恰相反,贷方登记负债及所有者权益的增加,借方登记负债及所有者权益的减少,余额在贷方。其计算公式是:

期末贷方余额=期初贷方余额+本期贷方发生额-本期借方发生额

用T型账户表示资产类账户的结构如图3-4所示。

借方	负债及所有者权益类账户名称	贷方
本期减少额:×××		期初余额:×××
		本期增加额:×××
	⋮	
本期发生额:×××		本期发生额:×××
		期末余额: ×××

图3-4 负债类账户结构图

3.损益类账户

(1)损益收入类账户。收入的取得使企业资产增加或负债减少,从而引起所有者权益的增加。因此,损益收入类账户的结构与所有者权益类账户的结构相似,即增加金额记入账户的贷方,减少或转销的金额记入账户的借方。由于本期发生的损益在期末全额结转到利润计算账户,因此损益收入类账户期末无余额。其账户结构如图3-5所示。

借方	收入类账户名称	贷方
本期减少或转出额:×××		本期增加额:×××
×××		×××
		×××
本期发生额: ×××		本期发生额:×××

图3-5 收入类账户结构图

(2)损益费用类账户。费用的发生使企业资产减少或负债增加,从而导致所有者权益减少。因此,费用类账户的结构与所有者权益类账户的结构正好相反,由于本期发生的损益在期末全额结转到利润计算账户,因此损益费用类账户期末无余额。其账户结构如图3-6所示。

借方	费用类账户名称	贷方
本期增加额:×××		本期减少或转出额:×××
×××		×××
		×××
本期发生额:×××		本期发生额: ×××

图3-6 费用类账户结构图

4. 成本类账户

成本类账户的结构兼有费用类账户和资产类账户的特征。其发生额的记录与费用类账户结构相同；其余额的反映与资产类账户相同。即成本的增加记入账户的借方，成本的减少或结转记入账户的贷方；借方的余额反映期初或期末的结存成本。其账户结构如图3-7所示。

借方	成本类账户名称	贷方
期初余额：××× 本期增加额：××× ×××		本期减少额：×××
本期发生额：××× 期末余额：×××		本期发生额：×××

图3-7 成本类账户结构图

根据上述对资产、负债、所有者权益、损益类与成本五类账户结构的描述，如果用一个账户来登记所有要素的增加变动情况，可以将账户借、贷方发生额的基本特点归纳，如图3-8所示。

借方	贷方
资产的增加	资产的减少
负债的减少	负债的增加
所有者权益的减少	所有者权益的增加
费用的增加	费用的减少
收入的减少	收入的增加
余额在借方，表示资产	余额在贷方，表示负债或所有者权益

图3-8 账户借、贷方发生额的基本特点归纳

四、借贷记账法的记账规则

前已述及，借贷复式记账法的要点是对任何经济业务都必须同时在两个或两个以上的相互联系的账户中做相等金额的记录。要将经济业务全面、准确地记入有关账户，必须正确掌握记账方法所持有的记账规则，按记账规则记账。借贷记账法的记账规则是根据会计对象运动的规律加以确定的。它是在运用某一记账方法处理经济业务时，确定其应记的方向与金额时必须遵守的一种规定。

借贷记账法的记账规则是"有借必有贷，借贷必相等"。"有借必有贷"是指发生任何一项经济业务都必须做出借贷相反的方向，在两个或两个以上相互联系的账户中进行登记，具体说，如果在一个账户中记借方，必须同时在另一个或几个账户中记贷方；或者在一个账户中记贷方，必须同时在另一个或几个账户中记借方。这是因为任何一个经济业务的发生，都将引起一个账户的借方和另一个账户的贷方发生变化。"借贷必相等"是指同一项经济业务中必须以

相等的金额,在两个或两个以上相互联系的账户中进行登记,记录借方账户的金额必然等于记入贷方账户的金额。这是因为同一笔经济业务的发生同时引起至少两个相互联系的账户发生变化,其金额必然相等,否则,会计方程式的平衡关系将被破坏。

采用借贷记账法登记经济业务时,一般应按下列步骤进行:

首先,根据经济业务的内容,确定它涉及的会计要素,以及这些会计要素项目是增加还是减少。

其次,确定会计要素项目增加或减少应使用哪些账户,以及这些账户的金额是增加还是减少。

最后,根据账户借贷方结构的规定,确定各账户应借、应贷的方向及其金额。凡涉及资产及费用成本的增加,负债及所有者权益的减少,收入的减少转出,都应记入各该账户的借方;凡是涉及资产及费用成本的减少,负债及所有者权益的增加,收入的增加,都应记入各该账户的贷方。

现举例说明借贷记账法的记账规则。西安某钛制造企业 2023 年 3 月发生下列业务:

【例 3-1】接收到华新集团追加投资的 200 000 元,并存入银行。

这项业务的发生属于资产和所有者权益的同增,其中所有者权益中的实收资本增加,资产中的银行存款增加。按照借贷记账法的账户结构,资产增加记借方,所有者权益增加记贷方,且两者金额相等,账户记录如下所示:

借方	实收资本	贷方		借方	银行存款	贷方
		200 000		200 000		

【例 3-2】企业从银行借入为期 6 个月的借款 50 000 元,银行通知款项已经划入银行账户。

这项经济业务的发生,属于负债和资产的同增,其中负债中的短期借款增加,资产中的银行存款增加。按照借贷记账法的账户结构,资产增加记借方,负债增加记贷方,且两者金额相等,账户记录如下:

借方	短期借款	贷方		借方	银行存款	贷方
		50 000		50 000		

【例 3-3】购买一台生产用设备 120 000 元,款项已用银行存款支付。

这项经济业务的发生,使同属于资产内项目的此增彼减,其中资产中的固定资产增加,资产中的银行存款减少。按照借贷记账法的账户结构,资产增加记借方,资产减少记贷方,且两者金额相等,账户记录如下:

借方	银行存款	贷方		借方	固定资产	贷方
		120 000		120 000		

【例3-4】经协商,企业原欠银行为期3年的借款150 000元,银行转作对企业的投资。

这项经济业务的发生,使属于负债减少和所有者权益的增加,其中负债中的长期借款减少,所有者权益中的实收资本增加。按照借贷记账法的账户结构,负债减少记借方,所有者权益增加记贷方,且两者金额相等,账户记录如下:

借方	实收资本	贷方		借方	长期借款	贷方
		150 000			150 000	

【例3-5】应付账款到期,企业向银行借款20 000元,直接偿还货款。收到远海公司归还前欠货款20 000元,款项已存入银行。

这项经济业务的发生,使同属于负债内项目的此增彼减,应付账款减少,短期借款增加。按照借贷记账法的账户结构,负债增加记贷方,负债减少记借方,且两者金额相等,账户记录如下:

借方	短期借款	贷方		借方	应付账款	贷方
		20 000		20 000		

以上举例,可以看出,在借贷记账法下,企业发生的任何一笔经济业务,都会涉及两个账户,不论引起账户的增加还是减少,如果一个账户记在借方,那么一定会以相等的金额同时记在另一账户的贷方。因此可以归纳出借贷记账法的记账规则为"有借必有贷,借贷必相等"。

如果遇到复杂的经济业务需要在一个账户的借方和几个账户的贷方,或在一个账户的贷方和几个账户的借方,即一借多贷或一贷多借时,如何在账户中记录,通过以下两例来说明:

【例3-6】企业购进原材料50 000元,已入库,其中40 000元用银行存款支付,其余10 000元货款尚未付清(不考虑增值税)。

这项经济业务的发生,使同属于资产的原材料账户、银行存款账户和属于负债的应付账款发生变动:应付账款增加,原材料增加、银行存款减少。按照借贷记账法的账户结构,资产增加记借方,资产减少记贷方,负债增加记贷方,且借贷金额相等,账户记录如下:

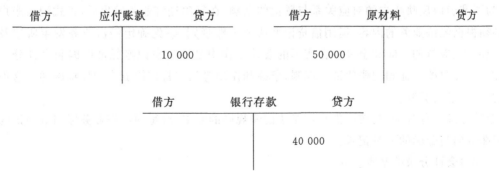

【例3-7】以银行存款40 000元,偿还银行短期借款30 000元和欠某单位货款10 000元。

这项经济业务的发生,使同属于资产的银行存款账户和属于负债的短期借款账户、应付账款账户发生变动:应付账款增加,原材料增加、银行存款减少。按照借贷记账法的账户结构,资

产增加记借方,资产减少记贷方,负债增加记贷方,且借贷金额相等,账户记录如下:

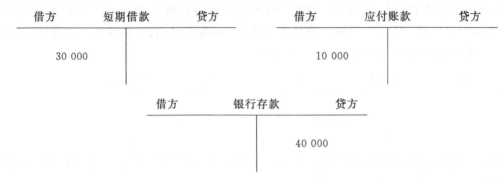

通过以上举例可以看出,对复杂业务的处理,同样也要遵循"有借必有贷,借贷必相等"的记账规则。

五、借贷记账法下的账户对应关系和会计分录

(一)账户对应关系

运用复式记账法记录经济业务,一笔业务所涉及的几个账户之间必然会形成应借、应贷的相互依存的关系,这种关系称为账户的对应关系。存在着对应关系的账户称为对应账户。通过账户的对应关系,可以清晰地看出会计要素各有关项目之间增减变动的来龙去脉,反映经济业务的内容。

对应账户是相对而言的,如【例3-3】中用银行存款120 000元购买一套设备,该笔业务按照借贷记账法的基本原理,固定资产的增加记借方120 000,银行存款的减少记贷方120 000元,此时,固定资产和银行存款之间就形成了一种对应关系。固定资产账户是银行存款账户的对应账户,银行存款账户是固定资产账户的对应账户。账户的对应关系是随着经济业务的不同而变化的,对应账户也随着经济业务的变化而变化。因此,通过账户的对应关系,可以清晰地看出会计要素各有关项目之间增减变动的来龙去脉,反映经济业务的内容,检查经济业务的合理性和合法性。

(二)会计分录

为了准确地反映账户的对应关系与登记的金额,在每项经济业务发生后,正式记入账户之前,必须根据经济业务的内容,运用借贷记账法的记账规则,事先确定经济业务发生所涉及的账户及应借、应贷的方向和金额。在实际的会计工作中是通过在记账凭证中编制会计分录来完成的,有关原始凭证和记账凭证的编制、审核和作用等问题将在第五章中详细阐述。这里只介绍会计分录的编制。

会计分录简称分录,是按照借贷记账法记账规则的要求,对每项经济业务标明应登记的账户、记账方向与金额的一种记录。

1)编写会计分录的基本步骤

第一,分析涉及要素。

第二,确定登记账户。

第三,分析增减变化。

第四,确定记账方向。

第五,确定登记金额。

第六,写出完整分录。

2)会计分录内容、格式及书写要求

会计分录必须具备三个要素:账户名称、借贷方向和金额。这三个要素缺一不可。

会计分录格式以【例3-1】经济业务为例,会计分录书写如下:

【例3-1】借:银行存款　　　　　　　　　　　200 000
　　　　　贷:实收资本　　　　　　　　　　　　　　　200 000

会计分录的书写要求:

借在上贷在下,借、贷两字错开一字格,金额分两排,金额后不必写"元"。

会计分录有简单会计分录和复合会计分录。简单会计分录,是指由一个账户的借方与另一个账户的贷方相对应所组成的会计分录,又称"一借一贷"的会计分录。复合会计分录,也叫复杂会计分录,是指由一个账户的借方与两个以上账户的贷方相对应,或者一个账户的贷方与两个以上账户的借方相对应所组成的会计分录。复合会计分录又可分为"一借多贷"(一个借方账户对应多个贷方账户)、"一贷多借"(一个贷方账户对应多个借方账户)和"多借多贷"(多个借方账户对应多个贷方账户)的会计分录。

现将所举例的【例3-2】~【例3-7】经济业务,编制其会计分录如下:

【例3-2】借:银行存款　　　　　　　　　　　50 000
　　　　　贷:短期借款　　　　　　　　　　　　　　　50 000

【例3-3】借:固定资产　　　　　　　　　　　120 000
　　　　　贷:银行存款　　　　　　　　　　　　　　　120 000

【例3-4】借:长期借款　　　　　　　　　　　150 000
　　　　　贷:实收资本　　　　　　　　　　　　　　　150 000

【例3-5】借:应付账款　　　　　　　　　　　20 000
　　　　　贷:短期借款　　　　　　　　　　　　　　　20 000

以上所编制的会计分录都属于简单会计分录。

【例3-6】借:原材料　　　　　　　　　　　　50 000
　　　　　贷:银行存款　　　　　　　　　　　　　　　40 000
　　　　　　　应付账款　　　　　　　　　　　　　　　10 000

【例3-7】借:短期借款　　　　　　　　　　　30 000
　　　　　　　应付账款　　　　　　　　　　　10 000
　　　　　贷:银行存款　　　　　　　　　　　　　　　40 000

【例3-6】和【例3-7】所编制的会计分录都属于复合会计分录。

需要说明的是一个复合会计分录可以分解成几个简单会计分录,几个简单会计分录也可以编制为一笔复合会计分录,但一般不宜把不同经济业务合并在一起编制。

六、借贷记账法下的试算平衡

为了保证或检查一定时期内所发生的经济业务在账户中登记的正确性和完整性,需要在一定时期终了时,对账户记录进行试算平衡。在借贷记账法下,定期检验全部账户记录的正确和完整是很简单的。

所谓试算平衡,就是指根据会计等式平衡原理,按照记账规则的要求,对账户记录进行汇总计算和检查,以验证账户记录正确性的过程。借贷记账法下的试算平衡包括本期发生额的试算平衡以及余额的试算平衡。

(一)发生额试算平衡

按照借贷记账法的"有借必有贷,借贷必相等"的记账规则,对企业发生的每一笔经济业务都必须在两个或两个以上相互联系的账户中做金额相等但借贷方向相反的记录,因此一项经济业务发生无论是一借一贷简单分录,还是一借多贷或多贷一借复合分录,账户借方金额与贷方金额一定相等,即对每笔会计分录平衡。在每笔会计分录平衡后,一定时期(如年、季、月)内全部经济业务的所有会计分录必然形成全部账户的借方发生额进行合计等于对全部经济业务形成的全部账户的贷方发生额进行,用公式可表示为

全部账户本期借方发生额合计＝全部账户本期贷方发生额合计

这种利用记账规则来检验一定时期内账户发生额是否正确的方法称作发生额试算平衡法。该项试算平衡工作是通过编制总分类账户发生额试算平衡表来进行的。

(二)余额试算平衡

由于借贷记账法以会计等式为基础,并且由于资产类账户的余额在借方,负债和所有者权益类账户的余额在贷方,运用借贷记账法进行的会计记录的结果在期末结账以后,必然存在各项资产的余额合计与各项负债、所有者权益的余额相等。即全部账户的期末借方余额合计等于全部账户期末贷方余额合计,这就是借贷记账法下余额试算平衡的依据,用公式可表示为

全部账户期末借方余额合计＝全部账户期末贷方余额合计

由于某一会计期间的期末余额就是下一会计期间的期初余额,因此上式又可用公式表示为

全部账户期初借方余额合计＝全部账户期初贷方余额合计

(三)试算平衡举例

现仍然以西安某钛制造企业2023年3月份发生的【例3-1】到【例3-7】为例来说明借贷记账法的试算平衡。

(1)假定该企业2023年3月初有关账户余额如下表3-1所示。

表3-1 西安某钛制造企业2023年3月31日账户余额 单位:元

账户名称	期初余额	
	借方	贷方
库存现金	6 000	
银行存款	130 000	
应收账款	80 000	
原材料	120 000	
固定资产	360 000	

账户名称	期初余额	
	借方	贷方
无形资产	140 000	
短期借款		80 000
应付账款		40 000
应付票据		6 000
长期借款		270 000
实收资本		440 000
资本公积		
合　计	836 000	836 000

(2)将【例3-1】到【例3-7】经济业务的会计分录记入有关账户。

银行存款				原材料			
期初余额	130 000	(3)	120 000	期初余额	120 000		
(1)	200 000	(6)	40 000	(6)	50 000		
(2)	50 000	(7)	40 000	本期发生额	50 000	本期发生额	0
本期发生额	250 000	本期发生额	200 000	期末余额	170 000		
期末余额	180 000						

固定资产				短期借款			
期初余额	3 600 000					期初余额	80 000
(3)	120 000			(7)	30 000	(2)	50 000
本期发生额	120 000	本期发生额	0			(5)	20 000
期末余额	480 000			本期发生额	30 000	本期发生额	70 000
						期末余额	120 000

应付账款				实收资本			
(7)	10 000	期初余额	40 000			期初余额	440 000
(5)	20 000	(6)	10 000			(1)	200 000
本期发生额	30 000	本期发生额	10 000			(4)	150 000
		期末余额	20 000	本期发生额	0	本期发生额	350 000
						期末余额	790 000

长期借款			
		期初余额	270 000
(4)	150 000		
本期发生额	150 000	本期发生额	0
		期末余额	120 000

(3) 根据账户记录编制发生额试算平衡表(表3-2)、余额试算平衡表(表3-3)和发生额及余额试算平衡表(表3-4)。

表 3-2 2023 年 3 月 31 日总分类账户发生额试算平衡表 单位：元

账户名称	本期发生额	
	借方	贷方
库存现金		
银行存款	250 000	200 000
应收账款		
原材料	50 000	
固定资产	120 000	
无形资产		
短期借款	30 000	70 000
应付账款	30 000	10 000
应付票据		
长期借款	150 000	
实收资本		350 000
合　计	630 000	630 000

表 3-3 2023 年 3 月 31 日总分类账户余额试算平衡表 单位：元

账户名称	期末余额	
	借方	贷方
库存现金	6 000	
银行存款	180 000	
应收账款	80 000	
原材料	170 000	
固定资产	480 000	
无形资产	140 000	
短期借款		120 000
应付账款		20 000
应付票据		6 000
长期借款		120 000
实收资本		790 000
合　计	1 056 000	1 056 000

表 3-4　2023 年 3 月 31 日总分类账户发生额及余额试算平衡表　　　单位：元

账户名称	期初余额		本期发生额		期末余额	
	借方	贷方	借方	贷方	借方	贷方
库存现金	6 000				6 000	
银行存款	130 000		250 000	200 000	180 000	
应收账款	80 000				80 000	
原材料	120 000		50 000		170 000	
固定资产	360 000		120 000		480 000	
无形资产	140 000				140 000	
短期借款		80 000	30 000	70 000		120 000
应付账款		40 000	30 000	10 000		20 000
应付票据		6 000				6 000
长期借款		270 000				120 000
实收资本		440 000		350 000		790 000
合　计	836 000	836 000	630000	630 000	630 000	1 056 000

必须指出，通过试算平衡只是通过借贷金额是否平衡来检查账户记录是否正确的一种方法。如果借贷双方发生额或余额相等，可以表明账户记录基本正确，但不足以说明账户记录完全没有错误。因为有些错误并不影响借贷双方的平衡，如漏记或重记某项经济业务，或者应借应贷科目用错，或者借贷方向颠倒，或者借方和贷方都多记或少记相同的金额等，就不能通过试算平衡发现错误，需要进一步查实。

第四节　总账与明细账的平行登记

前已述及，在会计核算工作中，为了适应企业内部日常管理的需要，对于企业的经济业务，既要提供总括的核算资料，又要提供详细的核算资料。既然会计科目按照级次可以分为一级科目和明细分类科目，而账户是根据会计科目设置的，账户相应地也就分为总分类账户（简称总账）和明细分类账户（简称明细账）。

一、总分类账户与明细分类账户的设置

（一）总分类账户

总分类账户是按照总分类会计科目设置的，用来对企业经济活动提供总括的分类核算指标，因而只采用货币计量，前述的账户都是总分类账户，也称作总账账户、一级账户。为了保证核算资料的可比性，总分类账户的名称、核算内容及使用方法通常由国家统一规定。

如"应付账款"账户，会计上对企业购销业务形成的债权债务进行总分类核算时只涉及"应收账款"这一反映债权关系的账户和"应付账款"这一反映债务关系的账户，通过这两个总分类账户，无法确切地得知与本企业形成债权债务关系的具体单位和各单位的具体金额；又如"原

材料"等总分类账户没有实物指标,不可能提供企业原材料的具体类别、品名、规格及价格。因此,总分类账户不能提供各种经营过程进行情况的详细资料,因而不能满足企业内部管理上的具体需要。为此,各会计主体在设置总分类账户的同时,还应根据实际需要,在某些总分类账户的统驭下,分别设置若干明细分类账户。

(二)明细分类账户

明细分类账户是按照明细分类科目设置的,是对企业某一经济业务进行明细分类核算的账户,它能够提供某一具体经济业务的明细核算指标。企业大多数总分类账户都需要设置明细分类账户,如"应付账款"账户应根据全部供应单位名称设置明细分类账户,分别提供不同供应单位的名称、应付账款的数额、支付的数额、应付未付的数额等明细资料;"原材料"账户应根据材料的种类分别设置明细分类账户,提供企业全部类别、品种、规格材料的增加、减少和结存情况的明细资料。由于不同的企业其经济业务不同,经营管理水平也不一样。因此,明细分类账的名称、核算内容及使用方法也就由各企业根据自身的具体情况自行确定。

(三)总分类账户和明细分类账户的关系

总分类账户和所属明细账的核算内容相同,都是核算和反映同一事物,登记的原始凭证也是相同的只不过反映的详细程度不同。总分类账户是所属明细分类账户的综合,对所的明细分类账户起着统驭、控制的作用;明细分类账户是有关总分类账户的具体化,对有关总分类账户起着补充说明的作用,二者结合起来就能既概括又详细地反映同一经济业务的核算内容。

二、总分类账户和明细分类账户的平行登记

既然总分类账户和明细分类账户是分别用来提供企业生产经济活动的总括资料和详细资料的,某一总分类账户与其所控制的明细分类账户之间必然有着明确的内在关系,因此在利用这些账户的时候必须要采用平行登记的方法。

所谓平行登记,就是对发生的每一项经济业务,都要以相应的记账凭证为依据,一方面要在有关的总分类账户进行总括登记,另一方面又要在有关总账所属的明细分类账户(没有明细账或没有涉及明细账的除外)中进行详细登记。

总分类账户与明细分类账户平行登记的要点概括如下。

1. 登记的依据相同

账户的登记依据是审核无误的会计凭证。用来登记总分类账户和用来登记明细分类账户的会计凭证应出自同源,即是用来证明和反映企业生产经营活动过程中同一会计事项的原始凭证。也就是说,事实上总分类账户和明细分类账户是对发生的同一会计事项的内容分别做总括的和详细的记录。

2. 登记内容相同

登记的依据相同意味着登记内容上的一致性,因此总分类账户对某一业务的记录与其下属的明细分类账的详细记录是相互对应的,能够相互验证及核对。

3. 登记的方向相同

登记的方向指的是在借方登记还是在贷方登记。如果总分类账户登记的是借方(或贷

方),在明细账中也必须登记在借方(或贷方)。

4. 登记金额相等

一项经济业务的发生,计入总账账户的金额必须与计入所属明细账户中的金额相等。

三、总分类账户和明细分类账户的平行登记举例

【例3-8】西安某钛制造企业2023年3月份"原材料"总分类账户所属明细分类账户的期初余额如下:

甲种材料	30 吨	每吨 3 000 元	共计 90 000 元
乙种材料	200 件	每件 400 元	共计 80 000 元
合　计			合计 170 000 元

西安某钛制造企业本月收入和发出该公司本期收入和发出原材料如下:

(1)仓库收入外购原材料一批,价款合计64 000元,货已验收入库,款尚未支付(不考虑增值税)。

甲种材料	40 吨	每吨 3 000 元	共计 120 000 元
乙种材料	100 件	每件 400 元	共计 40 000 元
合　计			合计 160 000 元

对于该项经济业务,应编制会计分录如下:

　　借:原材料——甲材料　　　　　　　　　　　　24 000
　　　　　　　——乙材料　　　　　　　　　　　　40 000
　　　贷:应付账款　　　　　　　　　　　　　　　　　　　64 000

(2)仓库发出用于直接进行产品生产的原材料,下列各种材料直接用于产品生产。

甲种材料	50 吨	每吨 3 000 元	共计 150 000 元
乙种材料	150 件	每件 400 元	共计 60 000 元
			合计 210 000 元

对于这项经济业务,应编制会计分录如下:

　　借:生产成本　　　　　　　　　　　　210 000
　　　贷:原材料——甲材料　　　　　　　　　　　150 000
　　　　　　　——乙材料　　　　　　　　　　　　60 000

根据以上原材料结存、收入和发出资料,在"原材料"总分类账户及其所属的"甲材料""乙材料"两个明细分类账户中进行平行登记,平行登记程序如下。

(1)登记期初余额:根据期初资料进行登记。将原材料的期初余额170 000元,记入"原材料"总分类账户的余额栏内;同时,在"甲材料"和"乙材料"明细分类账户的余额栏内分别登记甲、乙两材料的期初余额90 000和80 000,并登记相应的数量和单价。

(2)登记本期发生额:根据本期发生的经济业务所编制的会计分录进行登记。将本期入库的材料总额160 000元,记入"原材料"总分类账户的借方;同时,将入库的甲、乙两种材料分别在"甲材料"和"乙材料"明细分类账户的收入方(即借方)登记120 000元和140 000元,并登记相应的数量和单价。将本期发出的材料总额210 000元,记入"原材料"总分类账户的贷方;同时,将发出的甲、乙两种材料分别在"甲材料"和"乙材料"明细分类账户的发出方(即贷方)登记

150 000元和60 000元,并登记相应的数量和单价。

(3)期末结账,根据"原材料"总分类账户和有关明细分类账户的记录,结出本期发生额和期末余额。

按照上述步骤,在"原材料"总分类账户及其所属的明细分类账户中进行登记的结果,如表3-5、表3-6、表3-7所示。

表3-5 西安某钛制造企业总分类账户

账户名称:原材料　　　　　　　　　　　　　　　　　　　　　　　　　　　　　　　　单位:元

2023年		摘要	借方	贷方	借或贷	余额
月	日					
		期初余额			借	170 000
		购入材料	160 000		借	330 000
		发出材料		210 000	借	120 000
		本期发生额及余额	160 000	210 000	借	120 000

表3-6 甲材料明细分类账户

账户名称:甲材料

2023年		摘要	收入			发出			余额		
月	日		数量/吨	单价/元	金额/元	数量/吨	单价/元	金额/元	数量/吨	单价/元	金额/元
		期初余额							20	3 000	90 000
		购入材料	40	3 000	120 000				70	3 000	210 000
		发出材料				50	3 000	150 000	20	3 000	60 000
		本期发生额及余额	40	3 000	120 000	50	3 000	150 000	20	3 000	60 000

表3-7 乙材料明细分类账户

账户名称:乙材料

2023年		摘要	收入			发出			余额		
月	日		数量/件	单价/元	金额/元	数量/件	单价/元	金额/元	数量/件	单价/元	金额/元
		期初余额							200	400	80 000
		购入材料	100	400	40 000				300	400	120 000
		发出材料				150	400	60 000	150	400	60 000
		本期发生额及余额	100	400	40 000	150	400	60 000	150	400	60 000

平行登记的检查:

在用上述平行登记的方法登记了总分类账户和明细分类账户之后,为了检查账户记录是否正确,应对总分类账户和明细分类账户登记的结果进行相互核对,通常通过编制"总账所属明细账本期发生额及余额核对表"与总账进行核对。根据甲、乙两种材料明细资料,编制发生额及余额对照表,如表 3-8 所示。

表 3-8 "原材料"明细分类账户本期发生额及余额表

材料名称	计量单位	单价/元	期初余额		本期发生额				期末余额	
					收 入		发 出			
			数量	金额/元	数量	金额/元	数量	金额/元	数量	金额/元
甲种材料	吨	3 000	20	90 000	40	120 000	50	150 000	20	60 000
乙种材料	件	400	200	80 000	100	40 000	150	60 000	150	60 000
合　计				170 000		160 000		210 000		120 000

由表 3-8 可以看出,表中合计栏各项数额分别与"原材料"总分类账户的期初余额、本期发生额、期末余额相等,表明"原材料"总分类账户与其所属明细分类账户的平行登记未发生差错。

本章小结

会计账户是指具有一定格式,用来分类、连续地记录经济业务,反映会计要素增减变动及其结果的一种核算工具。

复式记账法是对每一笔经济业务,都要在两个或两个以上相互联系的账户中进行等额登记,系统地反映资金运动变化结果的一种记账方法。借贷记账法是世界各国普遍采用的一种复式记账方法。

借贷记账法是以"资产＝负债＋所有者权益"这一会计等式作为记账原理,以"借""贷"作为记账符号,记录会计要素增减变动情况的一种复式记账法。资产类账户的正常余额在借方,负债和所有者权益类账户的正常余额在贷方。借贷记账法也是编制会计分录和试算平衡表的基础。

试算平衡表是定期地加计分类账各账户的借贷方发生及余额的合计数,用以检查借贷方是否平衡即账户记录有无错误的一种表式。

关键术语

账户(account)
借方(debit)
贷方(credit)
复式记账(double-entry bookkeeping)
会计分录(accounting entry)
试算平衡(trial balance)

习题与思考

一、单项选择题

1. 复式记账法是对每项经济业务都要以相等的金额在两个或者两个以上账户中同时登记,其登记的账户是( )。
   A. 资产类账户
   B. 权益类账户
   C. 相互联系对应账户
   D. 总分类账户和明细分类账户
2. 当前世界各国通用的复式记账法有( )。
   A. 借贷记账法　　　B. 收付记账法　　　C. 增减记账法　　　D. 资金记账法
3. 借贷记账法记账符号"借"表示( )。
   A. 资产增加,权益减少
   B. 资产减少,权益增加
   C. 资产增加,权益增加
   D. 资产减少,权益减少
4. 借贷记账法的记账符号"贷"表示( )。
   A. 资产减少,权益减少
   B. 资产增加,权益增加
   C. 资产减少,权益增加
   D. 资产增加,权益减少
5. 采用借贷记账法,哪方记增加,哪方记减少,是根据( )。
   A. 每个账户的基本性质决定
   B. 企业习惯的记法决定
   C. 贷方记增加,借方记减少的规则决定
   D. 借方记增加,贷方记减少的规则决定
6. 借贷记账法的发生额试算平衡是指( )。
   A. 资产借方发生额等于负债贷方发生额
   B. 资产借方发生额等于所有者权益贷方发生额
   C. 全部账户的借方发生额等于全部账户的贷方发生额
   D. 资产借方发生额等于资产贷方发生额
7. 复合会计分录是指( )。
   A. 一借一贷的分录
   B. 一贷一借的分录
   C. 一借多贷的分录
   D. 按复式记账要求编制的分录
8. 借贷账户之间的关系叫作账户的对应关系,这两个相互关联的账户称为( )。
   A. 对应账户　　　B. 关联账户　　　C. 应借账户　　　D. 应贷账户
9. 在复合会计分录"借:固定资产 50 000,贷:银行存款 30 000,应付账款 20 000"中"银行存款"账户的对应账户是( )。
   A. "应付账款"
   B. "银行存款"
   C. "固定资产"
   D. "固定资产"和"应付账款"
10. 账户发生额试算平衡法的确定是根据( )。
    A. 借贷记账法的记账规则
    B. 经济业务的内容

C."资产＝负债＋所有者权益"的恒等关系

D.经济业务的类型

二、多项选择题

1.单式记账法(　　)。
    A.记录货币资金的收支业务　　　　B.记录企业债权债务的结算业务
    C.账户设置不完整,难以反映经济活动全貌　　D.账户记录无法进行试算平衡
    E.尽管如此,它仍是一种比较简单、科学的记账方法

2.单式记账法的优缺点有(　　)。
    A.记账手续比较简单　　　　　　　B.记账手段比较复杂
    C.不能全面反映经济业务的来龙去脉　　D.不能正确核算成本和盈亏
    E.不能检查账户记录的正确性

3.复式记账法要点(　　)。
    A.当经济业务发生时,既登记总账,又登记明细账
    B.当经济业务发生时,同时在两个账户中登记
    C.当经济业务发生时,同时在两个或两个以上相互联系的账户中登记
    D.当经济业务发生时,只登记与货币资金有关的经济业务
    E.当经济业务发生时,必须以相等的金额进行登记

4.复式记账的意义(　　)。
    A.可以完整地反映资金运动的来踪去迹　　B.可以使记账手续更为简便
    C.可以全面、系统地记录和反映经济业务　　D.可以保持资金平衡关系
    E.能破坏资产和权益平衡关系

5.复合会计分录是(　　)。
    A.由两个简单会计分录组成的　　　　B.由两个或两个以上简单会计分录组成的
    C.由两个对应账户组成的　　　　　　D.按复式记账原理编制的会计分录
    E.涉及两个以上账户的会计分录

6.随着经济业务的不断发生,必然对会计要素产生一定的影响,具体地说(　　)。
    A.或者引起各类会计要素之间等量同增或同减变动
    B.或者引起同类会计要素内部有增有减变动
    C.或者引起各类会计要素之间如有一类发生增减变动,则其他有关要素必然随之发生等量同增或同减变动
    D.或者引起同类会计要素内部,如有一项内容发生增减变动,则其他有关具体的内容必然随之发生等量增减变动

7.采用复式记账法和"借""贷"符号记录经济业务时,(　　)。
    A.或者引起会计要素有关账户的同增同减变化,必然是有借有贷
    B.或者引起会计要素有关账户的有增有减变化,必然是有借有贷
    C.记入借方账户的金额必然与记入贷方账户的金额相等
    D.记入一个账户的借方,则也应记入一个账户的贷方,这叫同向登记

8. 下列（　　）错误，在试算平衡中难以发现
   A. 全部漏记或重记同一经济业务
   B. 借贷双方发现同样金额的记账错误或过账错误
   C. 过账时，账户记录发生了借贷方向的错误
   D. 记错了有关账户
   E. 借贷双方中一方多计金额，一方少计金额

9. 对于资产类账中，下列说法正确的是（　　）。
   A. 借方登记增加数，贷方登记减少数。
   B. 借方期初余额与本期借方发生额一定不小于本期贷方发生额
   C. 借方登记减少数，贷方登记增加数
   D. 期末余额在借方
   E. 借方本期发生额一定大于贷方本期发生额

10. 下面账户期末余额计算公式正确的有（　　）。
    A. 资产账户的期末余额＝期初余额＋借方本期发生额－贷方本期发生额
    B. 资产账户的期末余额＝期初借方余额＋本期借方发生额－本期贷方发生额
    C. 账户的期末余额＝期初余额＋本期增加额－本期减少额
    D. 权益的期末余额＝期初余额＋贷方本期发生额－借方本期发生额
    E. 账户的期末余额＝本期增加额－本期减少额－期初余额

11. 对于收入类账户来讲（　　）。
    A. 增加额记入账户的借方　　　　　　B. 增加额记入账户的贷方
    C. 期末没有余额　　　　　　　　　　D. 期末有借方余额
    E. 期末有贷方余额

12. 对费用类账户来讲（　　）。
    A. 费用的增加额记入账户的借方　　　B. 费用的减少额记入账户的借方
    C. 期末一般没有余额　　　　　　　　D. 如有期末余额，必定为借方余额
    E. 如有期末余额，必定为贷方余额

三、判断题

1. 单式记账法下，对任何一项经济业务都不用两个或两个以上的账户进行记录反映。（　　）
2. 借贷二字不仅是作为记账符号，其本身的含义也应考虑，"借"只能表示债权增加，"贷"只能表示债务增加。（　　）
3. 借贷记账法账户的基本结构是：左方为借方，右方为贷方。（　　）
4. 在借贷记账法下，"现金"和"银行存款"是对应账户。（　　）
5. 费用成本抵销之前，可以将其看成一种资产。（　　）
6. 复合分录可以是由几个简单分录复合而成。（　　）
7. 资产类账户的期末余额一般在借方。（　　）
8. 从每一个账户来看，期初余额只可能在账户的一方，借方或贷方。（　　）
9. 记账规则，是记账的依据，也是核对账目的依据。（　　）
10. 在借贷记账法下，不能编制一借多贷、一贷多借的会计分录，只能编制一借一贷的会计

分录。 （　　）
11. 试算平衡表只是通过借贷金额是否平衡来检查账户记录是否正确。如果借贷不平衡,则可以肯定账户记录或计算有错误。 （　　）
12. 如果试算平衡借贷平衡,则可以肯定记账绝对不错误。 （　　）
13. 一笔经济业务的借贷双方,在编制会计分录时,金额上发生同样的错误,则不影响借贷双方的平衡,所以不能通过试算平衡来发现。 （　　）

四、名词解释

1. 单式记账法
2. 复式记账法
3. 借贷记账法
4. 账户对应关系
5. 对应账户
6. 会计分录
7. 简单会计分录
8. 复合会计分录
9. 试算平衡

五、问答题

1. 什么是复式记账？复式记账的基本原则是什么？
2. 什么是借贷记账法？如何理解借贷记账法"借""贷"两字的含义？
3. 试述借贷记账法下账户结构、记账规则和试算平衡的特点。
4. 什么是会计分录？会计分录有哪几种？

六、业务计算题

(一) 练习编制会计分录

资料：某公司202×年6月初各资产、负债和所有者权益账户的余额如表3-9所示。

表 3-9　账户余额　　　　　　　　　　　　　单位：元

资产类账户	金额	负债和所有者权益账户	金额
原材料	60 000	短期借款	130 000
银行存款	30 000	应付账款	95 000
现金	1 000	应交税费	6 000
应收账款	31 800	长期借款	124 000
产成品	84 000	实收资本	202 800
生产成本	15 000	资本公积	140 000
固定资产	400 000		
长期投资	120 000		
合计	697 800	合计	697 800

六月份该公司发生以下经济业务：

1. 购进机器设备一台，计价 15 000 元，货款以银行存款支付。

2. 从银行提取现金 3 000 元。

3. 投资者投入企业一批原材料，作价 50 000 元入股。

4. 生产车间向仓库领用一批材料价值 20 000 元，投入生产。

5. 以银行存款 4 500 元偿还应付供货单位货款。

6. 收到捐赠人赞助现金 50 000 元，存入银行。

7. 向银行取得长期借款 100 000 元，存入银行。

8. 以银行存款上交所得税 6 000 元。

9. 收到应收购货单位前欠货款 18 000 元，其中 17 000 元存入银行，其余款项以现金收讫。

10. 以银行存款 80 000 元，归还银行短期借款 50 000 元和应付供货单位账款 30 000 元。

要求：

(1) 根据以上资料编制会计分录，并据以记入有关账户。

(2) 编制试算平衡表。

(二) 练习会计分录的编制

资料：

(1) 向银行借入 1 年期银行存款 100 万元。

(2) 从银行提取现金 1 万元。

(3) 向光大公司购入商品 200 万元，货款未付。

(4) 将应付光大公司的货款 100 万元转作投资款。

(5) 用银行存款支付光大公司欠款 50 万元。

(6) 将出售商品取得的收入 300 万元存入银行，同时结转已售产品成本 200 万元。

(7) 用现金支付罚款 1 000 元。

要求：将上述经济业务编成会计分录，设置 T 型账户并登账。

(三) 从账户的对应关系了解经济业务内容

资料：某公司 202×年 6 月份有关账户记录如下：

现金		原材料	
期初余额：120		期初余额：92 000	
(4) 200		(1) 164 000	(1) 216 000
(10) 100	(9) 220	(6) 55 600	(7) 74 000
期末余额：200		期末余额：21 600	

银行存款			应收账款	
期初余额：33 600			期初余额：54 800	
(5)34 800	(4)200			(5)34 800
(8)74 000	(5)55 600			(10)2 000
(10)1 900	(9)80 000			
期末余额：26 500			期末余额：—	

固定资产			实收资本	
期初余额：720 000				期初余额：812 200
(2)143 000				(2)143 000
期末余额：86 300				期末余额：955 200

生产成本			应付账款	
期初余额：72 240				期初余额：65 600
(3)216 000			(9)80 220	(1)164 000
(7)74 000				
期末余额：362 240				期末余额：149 380

短期借款	
	期初余额：133 200
	(8)74 000
	期末余额：207 200

案例分析

目的：建立经济业务核算设置的理念。

资料：马先生在 2020 年年末开设了一家公司，投资 10 万元，因为公司业务较少，再加上为了减少办公费用，他决定不设置会计岗位，不聘请会计人员，不设置账户。自己在笔记本上记录资金运动情况和结果。2020 年年末设立时没有发生业务，除了记录银行存款 10 万元之外，没有其他记录。2021 年支付了各种办公费 28 000 元，取得营业收入 88 000 元，购置了计算机等设备 20 000 元，房屋租金 15 000 元，给员工支付工资 25 000 元。马先生认为没有赚钱所以不用缴税，2022 年 1 月 15 日税务局检查后认为该公司会计核算不规范，有偷税嫌疑。

要求：你如何看待这件事？马先生在什么地方做错了？应该如何改进？

第四章 企业主要经济业务的核算

学习目标

1. 掌握企业筹资、采购、生产、销售、利润形成和分配的核算方法。
2. 理解企业经济业务与会计账务处理之间的逻辑关系。
3. 了解企业主要经济业务的内容，以及经济业务背后资金的循环与周转。

知识拓展

通过对企业经济业务的核算，学生将会建立合法、合规、合理思维方式和管理执行流程思维方式，切实做到有请求必申请，有申请必审批，有审批必签字，有交易必合同，无票据不支付，无签章不会计。学生要对合同有敬畏思想，严格履行合同义务，具备诚信表达企业经济业务的职业素养，具备工匠精神，注重每个信息生成的环节，做到严谨、细致、专业、精准。企业的任何经济业务都是时代发展的产物，企业生产什么、生产多少，是时代赋予企业的社会责任，也是企业家实业报国、满足社会需要、服务人民的具体体现。

会计虽然将所得税、税金及附加等作为企业的费用计入利润表，但我们不能认为纳税是一种负担，要同时认识到，国家将税收收入进行二次分配后给社会带来的利好，如在国防安全、公共卫生环境、基础设施等方面加大投入建设，学生今后要乐于成为纳税主体，并依法纳税。因此，本章通过让学生对企业经济业务的核算相关知识的学习使其增强遵纪守法、按时足额纳税的意识，培养其纳税就是爱国、就是为人民做贡献的思想品质。

培养学生用会计数据进行思维的能力。会计数据之间具有很强的逻辑性，任何虚构的数据都会原形毕露。教育学生应以严肃、认真、负责的态度监督每笔金钱业务的合法性、真实性和合理性，让其形成科学、健康的价值观。

第一节 制造业企业主要经济业务概述

为了更好地掌握账户的设置和借贷记账法的基本原理，本章将以制造企业为例，较为系统地介绍借贷记账法的应用。

作为一种重要的企业组织类型，现代企业制度下的产品制造业企业，不仅担负着国家宏观调控下的基本任务，将原始的材料转换为可以销售给单位或个人消费者的商品，而且要在社会主义市场经济的竞争中不断谋求发展，对其拥有的资财实现保值增值。这就决定制造业企业的管理将是复杂的且管理制度应该是完善的。对过去的交易、事项的结果和计划中的未来经营的可能效果进行分析、评价，是管理职能的根本任务。企业的会计部门作为一个为其内、外部利益相关者提供信息的职能部门,通过对制造业企业经营过程的核算助力管理制度的完善。制造企业是按照市场经济要求,自主经营、自负盈亏、自我发展、自我约束的产品生产和经营单位。它的中心任务是根据市场经济需要组织产品生产,满足社会生产与消费的需要,同时,通过开展生产经营活动获取利润,为国家提供财政收入并满足企业自身发展的需要。

制造企业的生产经营过程,由供应、生产、销售三个环节构成。制造企业的资金顺序经过供、产、销三个阶段,由货币资金开始,依次转化为储备资金、生产资金、成品资金,最后又回到货币资金形态,这一转化过程称为资金循环。资金周而复始地循环,称为资金周转。企业的经营过程中所发生的各种各样的经济业务及其经营成果构成了企业经营过程核算的主要内容,如图4-1所示。

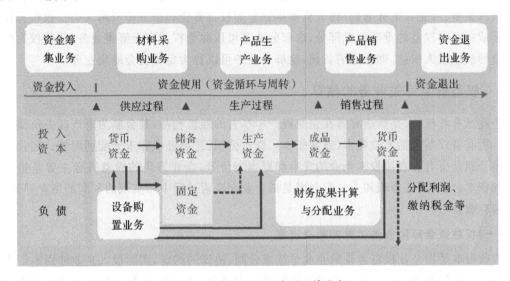

图4-1 制造业企业主要经济业务

在供应过程中,企业用货币资金购买原材料、辅助材料等劳动对象,支付材料的采购费用,并且同供应单位发生货款结算关系。材料采购业务和货款的结算业务,构成供应过程核算的主要内容。

在生产过程中,工人借助于劳动资料对劳动对象进行加工,制造出适合于社会需要的产品。生产过程既是产品的制造过程,又是物化劳动和活劳动的耗费过程,所以要发生各项生产费用,如材料的消耗,房屋、机器设备等固定资产的折旧,以及支付工资和其他费用等。同时在这些费用发生的过程中,也会引起企业同职工和其他单位之间的结算业务。生产费用具有不同的经济内容和用途,不论发生哪一项生产费用,也不论这些生产费用发生在哪里,最终都要归集、分配到各种产品中去。因此,生产费用的发生、归集和分配,就成为产品生产过程核算的主要内容。

在销售过程中,企业出售产品,收回货币资金,同时,还要产生销售费用。产品销售以后,要根据国家税法的规定缴纳税金,作为国家的财政收入。销售产品,发生销售费用,缴纳税金以及由此而引起的企业同国家及其他单位之间的结算业务,都是销售过程核算的主要内容。

制造企业通过销售过程实现的销售收入减去销售成本、销售税金及附加等还有余额,表示企业获得了利润,否则企业则发生亏损。企业实现的利润,要按国家政策规定上缴所得税后,要企业和投资者之间进行分配。

综合上述,企业在经营过程中发生的主要经济业务内容包括:①资金筹集业务;②供应过程业务;③生产过程业务;④产品销售过程业务;⑤财务成果形成与分配业务。

本章将围绕制造业在经营过程中发生的上述各种类型的经济业务的处理进行阐述。

第二节 资金筹资业务的核算

任何一个企业要生存和发展,首先必须要筹集一定数量的资金。企业筹资是指企业从各种渠道取得资金。资金从何而来,企业资金来源主要有两个渠道,即投资者投入资金和从债权人处借入资金。《企业财务通则》将资金筹集划分为权益筹资和债务筹资两大类。投资者投入资金形成所有者权益的重要组成部分,这部分业务可以称为权益资金筹集业务;从债权人处借入资金形成债权人权益,即企业的负债,这部分业务可以称为负债资金筹集业务。

一、权益资金筹集业务的核算

企业所有者权益,是指所有者在企业资产中享有的经济利益,其金额为资产减去负债后的余额。所有者权益包括实收资本(或者股本)、资本公积、盈余公积和未分配利润等。实收资本和资本公积是所有者直接投入企业的资本和资本溢价等,企业筹集的权益资金主要是指实收资本和资本公积,盈余公积和未分配利润是指企业在经营过程中所实现的利润的留存部分,又称为留存收益。

(一)权益资金筹集业务核算的账户设置

实收资本是指企业投资者按照企业章程或合同、协议的约定,实际投入企业的资本。我国实行的是注册资本制,因而,在投资者足额缴纳资本之后,企业的实收资本应该等于企业的注册资本。所有者向企业投入的资本,在一般情况下无须偿还,可以长期周转使用。由于企业组织形式不同,所有者投入资本的会计核算方法也有所不同。除股份有限公司对股东投入的资本应设置"股本"科目外,其余企业均设置"实收资本"科目,核算企业实际收到的投资人投入的资本。

一般企业(指非股份有限公司)投入资本均通过"实收资本"科目核算。企业收到投资者投入的资金,超过其在注册资本所占的份额的部分,作为资本溢价或股本溢价,在"资本公积"科目中核算,不记入本科目。因此,为了核算企业投资人投入资本的增减变动及其结果,应设置"实收资本"账户和"资本公积"账户。

1. "实收资本"账户

"实收资本"属于所有者权益类账户,用来核算企业接受投资者投入的实收资本。当企业收到投资者作为资本投入的银行存款以及原材料、汽车、房屋或商标权时,借记"银行存款""原材料""固定资产""无形资产"等账户,贷记本账户;当投资者收回投资时,记入本账户的借方。本账户期末一般有贷方余额,反映企业收到资本总额。一般情况下"实收资本"账户的数额不得随意变动,尤其是不得随意减少。该账户可按投资者设置明细账进行明细核算。

2."资本公积"账户

"资本公积"账户属于所有者权益类账户,用来核算企业收到投资者出资超过其在注册资本或股本中所占份额的部分,即资本溢价或股本溢价;另外,直接记入所有者权益的利得和损失,也通过本账户核算。当企业接受投资者投入的资本等形成资本公积时,借记有关账户,贷记"实收资本"和本账户;当动用资本公积转增资本时,记入本账户的借方。该账户期末如有贷方余额,反映期末企业拥有资本公积金的余额。该账户可按资本公积的来源设置明细账。

(二)权益资金筹集业务核算的账务处理

下文举例说企业权益资金筹集业务核算的账务处理。西安某钛制造企业2022年12月发生下列权益资金筹集业务:

【例4-1】收到国家投入的流动资金1 000 000元,款项存入银行。

企业收到国家投入资本,国家资本金增加应记入"实收资本"账户的贷方;同时收到的资金已存入银行,银行存款增加应记入"银行存款"账户的借方。该业务应编制会计分录如下:

  借:银行存款   1 000 000
    贷:实收资本   1 000 000

【例4-2】收到某公司投入设备一台,投出单位账面原价50 000元,双方协议确定的价值为65 000元,设备已投入使用。

企业接受其他单位投资,法人资本金增加,应记入"实收资本"账户的贷方;同时收到设备,使公司的固定资产增加,应记入"固定资产"账户的借方。该业务应编制会计分录如下:

  借:固定资产 65 000
    贷:实收资本 65 000

【例4-3】该企业接受某投资者的投资300 000元,其中200 000元作为实收资本,另100 000元作为资本公积,公司收到该投资者的投资后存入银行,手续已办妥。

这是一项接受投资而又涉及超过法定份额资本的业务。其中属于法定部分的应记入"实收资本"账户的贷方,超过部分应记入"资本公积"账户的贷方。

  借:银行存款   300 000
    贷:实收资本   200 000
     资本公积——资本溢价 100 000

【例4-4】该企业2022年12月30日经与投资者协议,工商部门批准,将资本公积60 000元转增资本。

这笔经济业务的发生引起所有者权益要素内部发生变化,一方面是资本公积转增资本,使实收资本增加,记入"实收资本"账户的贷方,另一方面是资本公积减少,应记入"资本公积"账户的借方。其会计分录如下所示:

  借:资本公积   60 000
    贷:实收资本   60 000

西安某钛制造企业权益资金筹集业务的总分类核算如图4-2所示。

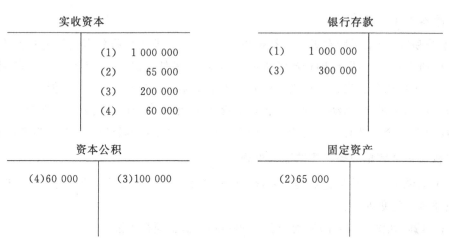

图 4-2 企业权益资金筹集业务核算示意图

二、负债资金筹集业务的核算

企业在生产经营过程中,若出现资金短缺情况,可以向银行或其他金融机构借款,以满足生产经营的需要。企业向银行或其他金融机构借入的款项,按其偿还期限的长短可分为短期借款和长期借款。无论是短期借款还是长期借款均应按借款合同的规定到期还本付息。

(一)负债资金筹集业务核算的账户设置

为了对借款的本金和利息支出进行核算,应设置以下账户。

1."短期借款"账户

"短期借款"账户属于负债类账户,主要是用于反映企业自银行或其他金融机构借入的,期限在一年以内(含一年)的借款的取得及偿还情况的账户。其贷方登记增加额,反映企业取得的短期借款金额;借方登记减少额,表示企业到期归还的短期借款金额;余额在贷方,表示企业尚未归还的短期借款金额。按借款单位、借款种类设置明细账户,进行明细分类核算。

2."财务费用"账户

"财务费用"账户属于损益类账户,主要用于反映企业在理财或筹资等过程中所发生的相关费用。该账户的借方登记费用的增加数,反映企业所发生的包括利息费用在内的各种理财费用;贷方登记费用的减少数,反映企业应冲减财务费用的利息收入及期末结转到本年利润账户的金额;期末结转后该账户无余额。按费用项目设置明细账户,进行明细分类核算。

3."应付利息"账户

"应付利息"账户属于负债类账户,主要用于核算企业按照合同约定应支付的利息。该账户的贷方登记增加数,表示按照合同计算确定的应付利息金额;借方登记减少数,表示实际支付的金额;期末余额一般在贷方,表示按照合同约定应支付但尚未实际支付的利息。

4."长期借款"账户

"长期借款"账户属于负债类账户,主要是用于反映企业自银行或其他金融机构借入的期限在一年以上的借款的取得、利息的计提及偿还本息情况的账户。其贷方登记增加额,反映企业取得的长期借款及应付未付的利息;借方登记减少额,反映长期借款本息的支付数;余额在贷方,表示尚未归还的长期借款的本息数。按借款单位、借款种类设置明细账户,进行明细分类核算。

(二)负债资金业务核算的账务处理

借入资金核算包括取得借款、利息计算和偿还借款本息等内容,下面举例说明西安某钛制造企业借入资金的经济业务核算。

下文仍然以西安某钛制造企业2022年12月份发生的业务为例。

【例4-5】西安某钛制造企业2022年12月1日向银行借入短期借款10万元,期限半年,已存入银行。

这项经济业务的发生,一方面使得公司的银行存款增加100 000元,另一方面使得公司的短期借款增加100 000元。因此,这项经济业务涉及"银行存款"和"短期借款"两个账户。银行存款的增加是资产的增加,应记入"银行存款"账户的借方,短期借款的增加是负债的增加,应记入"短期借款"账户的贷方。所以这项经济业务编制的会计分录如下:

  借:银行存款   100 000
    贷:短期借款   100 000

【例4-6】承前例,假如该企业取得借款的年利率为6%,利息按月预提,分季支付,借款本金到期后一次归还。

短期借款利息属于筹资费用,应记入"财务费用"科目。在实际工作中,银行一般于每季度末收取短期借款利息,为此企业的短期借款利息一般采用分月预提的方式进行核算;如果企业按月支付利息或利息数额较小,也可于实际支付时直接计入财务费用。

这项经济业务的发生,首先应按照权责发生制原则的要求,计算本月应负担的利息额,即本月应负担的借款利息为$500 \times (100\ 000 \times 6\% \div 12)$元。借款利息属于企业的一项财务费用,由于利息是按季度结算的,所以本月的利息虽然在本月计算并由本月来负担,但却不在本月实际支付,因而形成企业的一项负债,这项负债新准则下通过"应付利息"账户进行反映。因此,这项经济业务涉及"财务费用"和"应付利息"两个账户,财务费用增加属于费用的增加,应记入"财务费用"账户的借方,预提利息费用的增加属于负债的增加,应记入"应付利息"账户的贷方。这项经济业务应编制的会计分录如下:

  借:财务费用 500
    贷:应付利息 500

【例4-7】该企业原借入8个月的短期借款现已到期,原借款额为200 000元,每月利息均为1 000元,本金和利息全部以银行存款支付。

企业该短期借款利息属于借款到期一次支付。但前7个月的利息按权责发生制原则已由各月负担,本月利息可直接支付。所以,该项业务的发生,一方面使企业的利息费用增加1 000元,应记入"财务费用"账户的借方,原借入的短期借款额减少200 000元,应记入"短期借款"账户的借方,应付未付的利息减少7 000元,应记入"应付利息"账户的借方;另一方面使企业银行存款减少208 000元,应记入"银行存款"账户的贷方,因此,会计分录为:

  借:短期借款   200 000
    财务费用   1 000

　　　　应付利息　　　　　　　　　7 000
　　　　　贷：银行存款　　　　　　　　　208 000

【例 4-8】企业向银行借入两年期借款 1 000 000 元,借款暂时存入银行。

公司将借款存入银行,一方面使银行存款增加,应记入"银行存款"账户的借方,另一方面说明企业的长期借款增加,应记入"长期借款"账户的贷方。该业务应编制会计分录如下：

　　　借：银行存款　　　　　　　1 000 000
　　　　　贷：长期借款　　　　　　　　　1 000 000

西安某钛制造企业负债资金筹集业务的总分类核算如图 4-3 所示。

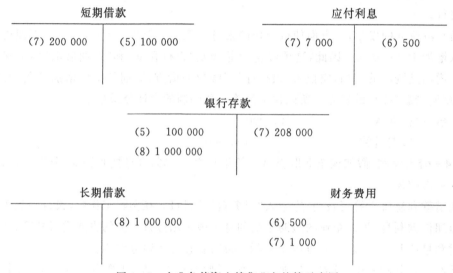

图 4-3　企业负债资金筹集业务核算示意图

第三节　供应过程业务的核算

供应过程是制造企业生产经营的第一阶段,材料采购业务是企业在供应过程中发生的主要经济业务。在供应过程中,企业一方面从供货单位购进各种材料物资。以满足生产经营的需要,另一方面要支付材料的买价和各种采购费用,与供货单位进行货款的结算。同时,对已运达企业的材料应验收入库,由仓库部门妥善保管,形成材料储备,保证生产过程顺利进行；此外,为了以后正确计算产品成本,还必须确定入库材料的价值,为此需归集采购过程中各种耗费,计算材料采购成本。综上所述,材料采购业务核算的主要内容为：核算和监督材料的买价和采购费用,计算各种材料的实际采购成本,检查材料采购计划执行情况,反映储备资金占用量,考核储备资金使用情况。

一、材料采购成本构成

关于取得材料成本的确定,不同方式取得的原材料,其成本的确定方法不同,成本构成内容也不同。其中,制造业企业购入的材料实际采购成本由以下几项内容组成。

(1)买价,即购货发票所注明的货款金额。

(2)运杂费,包括运输费、装卸费、包装费、保险费以及仓储费用等。

(3)运输途中的合理损耗。

(4)入库前的挑选整理费,包括挑选过程中所发生的工资、费用支出和必要的损耗,但要扣除下脚料的价值。

(5)进口关税和其他税金(不包括准予抵扣的增值税)和其他费用等。

需注意的是采购人员的差旅费、专设采购机构经费、市内运杂费等,一般不记入采购成本,而是作为期间费用记入管理费用。

二、供应过程核算的账户设置

为加强对材料采购业务的管理,计算确定材料的采购成本,核算和监督库存材料的增减变动和结存情况以及企业因采购材料而与供应单位发生的货款结算关系,材料采购业务的核算应设置"在途物资""原材料""应付账款""应付票据""预付账款""应交税费"等主要账户,核算中还涉及"银行存款""库存现金"等账户。

由于结算方式的制约,企业与供应单位或其他单位办理价款结算时,会出现以下三种情况:①购进材料时直接支付货款及采购费用;②购进材料但未付款;③先预付货款,后取得材料。企业可根据不同的情况分别采用不同的账户进行核算。

1."在途物资"账户

"在途物资"账户是资产类账户,用以核算和监督企业采用实际成本(或进价)进行日常核算、货款已付尚未验收入库的材料物资等在途物资的采购成本。该账户的借方登记购入材料物资支付的买价和采购费用,贷方登记已验收入库材料物资的实际采购成本,期末如有借方余额,表示尚未验收入库材料物资的实际采购成本。"在途物资"账户应按采购材料物资的品种、规格或类别设置明细账,进行明细分类核算。

2."原材料"账户

"原材料"账户是资产类账户,用以核算和监督企业库存材料的增减变动和结存情况。该账户的借方登记已验收入库材料的实际成本,贷方登记发出材料的实际成本,期末余额在借方,表示库存材料的实际成本。"原材料"账户应按材料的品种设置明细账,进行明细分类核算。

3."应付账款"账户

"应付账款"账户是负债类账户,用以核算和监督企业因采购材料物资和接受劳务而与供应单位发生的结算债务的增减变动情况。该账户贷方登记应付供应单位的款项,借方登记已偿还供应单位的款项,期末余额在贷方,表示尚未偿还的应付账款。"应付账款"账户应按供应单位设置明细账,进行明细分类核算。

4."应付票据"账户

"应付票据"账户的性质属于负债类,是用来核算企业单位采用商业汇票结算方式购买材料物资等而开出、承兑商业汇票的增减变动及其结余情况的账户。其贷方登记企业开出、承兑商业汇票的增加,借方登记到期商业汇票的减少。期末余额在贷方,表示尚未到期的商业汇票的期末结余额。该账户不设置明细账户,但要设置"应付票据备查簿"登记其具体内容。

5. "预付账款"账户

"预付账款"账户是资产类账户,用来反映和监督企业按照购货合同规定预付给供应单位的款项,而与供应单位发生的债权结算业务情况的账户。企业向供应单位预付款项,表明企业债权增加,应记入本账户的借方,收到供应单位提供的材料,冲销预付款时,表明企业债权的减少,应记入本账户的贷方。期末如有借方余额,表示实际预付而尚未结算的款项;如为贷方余额,表示应付大于预付,应向供应单位补付的款项。该账户应按供应单位设置明细账,进行明细核算。

三、供应过程核算的账务处理

下面以 2022 年 12 月份西安某钛制造企业发生下列经济业务为例,假定不考虑流转税,来说明供应过程业务的账务处理。

【例 4 - 8】12 月 6 日,从宏伟公司购入甲材料 20 吨,每吨 3 000 元,收到该公司开出的发票账单,已开出转账支票 60 000 元用于货款支付,材料未验收入库。

这项经济业务的发生,一方面使企业的材料采购成本增加 60 000 元,应记入"在途物资"账户的借方;另一方面使企业银行存款减少 60 000 元,记入"银行存款"账户的贷方。

借:在途物资——甲材料　　60 000
　　贷:银行存款　　　　　　　　60 000

【例 4 - 9】12 月 7 日,收到宏伟公司发来的甲材料 20 吨,未验收入库,并以现金支付 12 月 6 日从宏伟公司购入甲材料 20 吨的运费 500 元。

这项经济业务的发生,一方面材料采购成本增加 500 元,记入"在途物资"账户的借方;另一方面使企业现金减少 500 元,记入"库存现金"账户的贷方。

借:在途物资——甲材料　　500
　　贷:库存现金　　　　　　　　500

【例 4 - 10】12 月 8 日,从外地红星工厂购入乙材料 200 件,每件 400 元,运杂费 200 元,已收到发票账单,材料未验收入库,但货款已以银行存款支付。

借:在途物资——乙材料　　80 200
　　贷:银行存款　　　　　　　　80 200

【例 4 - 11】12 月 9 日,企业以银行存款预付宏伟公司购料款 20 000 元。

该项经济业务的发生,一方面使企业预付账款增加,应记入"预付账款"账户的借方;另一方面,引起企业银行存款减少,应记入"银行存款"账户的贷方。因此,会计分录为:

借:预付账款　　20 000
　　贷:银行存款　　20 000

【例 4 - 12】12 月 12 日,收到银行转来外地红星工厂寄来的乙材料发票账单,托收乙材料货款 122 000 元,财会部门审核无误,通知银行承付该项货款。

借:应付账款　　122 000
　　贷:银行存款　　122 000

【例 4 - 13】12 月 16 日,商业汇票到期,以银行存款归还外地某工厂材料款 46 800 元。

该项经济业务的发生,一方面使企业应付票据减少,应记入"应付票据"账户的借方;另一

方面,引起企业银行存款减少,应记入"银行存款"账户的贷方,因此,会计分录为:

  借:应付票据   46 800
    贷:银行存款   46 800

【例4-14】12月18日,企业收到宏伟公司前已预付款的丙材料,材料未验收入库,材料价款为50 000元,除冲销原预付款外,其余用银行存款支付。

这项经济业务的发生,一方面使得企业的材料采购支出50 000元,记入"在途物资"账户的借方,另一方面使得企业的预付账款减少20 000元,银行存款减少30 000元,分别记入"预付账款"账户和"银行存款"账户的贷方。

  借:在途物资——丙材料   50 000
    贷:预付账款   20 000
      银行存款   30 000

【例4-15】12月月末,计算并结转已验收入库甲材料实际采购成本60 500×(60 000+500)元、乙材料实际采购成本80 200×(80 000+200)元、丙材料实际采购成本50 000元,请编制会计分录。

材料的采购成本由材料的买价和采购费用构成,入库材料的采购成本一般在月末进行计算和结转。这项经济业务的发生,一方面使库存材料增加,应记入"原材料"账户的借方;另一方面使材料采购成本因转出而减少,应记入"在途物资"账户的贷方。

  借:原材料——甲材料   60 500
      ——乙材料   80 200
      ——丙材料   50 000
    贷:在途物资——甲材料   80 500
        ——乙材料   80 200
        ——丙材料   50 000

西安某钛制造企业供应过程业务的总分类核算如图4-4所示。

库存现金		在途物资		原材料	
	(9) 500	(8) 60 000	(15) 190 700	(15) 190 700	
		(9) 500			
		(10) 80 200			
		(14) 50 000			

银行存款		应付票据		应付账款	
	(8) 60 000	(13) 46 800		(12) 122 000	(10) 80 200
	(11) 20 000				
	(12) 122 000				
	(13) 46 800				
	(14) 30 000				

图 4-4　企业供应过程业务核算示意图

第四节　生产过程业务的核算

一、生产过程的核算任务

生产过程是工业企业经营活动的第二阶段,是连接供应过程和销售过程的中心环节。生产过程既是产品的制造过程,又是物化劳动(劳动资料和领导对象)和活劳动的耗费过程。一方面劳动者利用劳动资料对劳动对象进行加工、制造产品,以满足社会需要;另一方面,为了制造产品,必然要发生各种耗费,如消耗的各种材料,支付人员工资,以及由于使用厂房、机器设备等劳动资料所发生的折旧费、修理费等。

制造业在生产过程中所发生的用货币表现的各种耗费,称为生产费用。其主要包括生产产品所消耗的原材料、辅助材料、燃料和动力,生产工人的工资及职工福利费,厂房和机器设备等固定资产的折旧费,以及管理和组织生产、为生产服务而发生的各种费用,如办公费、水电费、差旅费、保险费等。以上生产经营过程中发生的各项耗费,统称为费用。费用按是否记入产品生产成本分为生产成本和期间费用。

生产成本是指为生产产品所发生的各项耗费。将生产费用按一定种类的产品进行归集和分配,以计算产品的生产成本。生产费用按记入产品成本的方式不同可分为直接费用和间接费用。直接费用是指与产品生产有直接关系的费用,包括直接材料和直接人工等。直接材料是指企业在生产产品和提供劳务过程中所消耗的直接用于产品生产的构成产品实体的各种原材料从主要材料、外购半成品以及有助于产品形成的辅助材料等。直接人工是指企业在生产产品和提供劳务过程中直接从事产品生产的工人工资、奖金、津贴、补贴及按职工工资总额计提的职工福利费等。间接费用是指企业各生产车间为组织和管理生产而发生的各项间接支出,也称为制造费用,包括生产车间管理人员的工资及福利费、生产车间固定资产折旧费、修理费、办公费、差旅费、水电费、劳动保护费、机物料消耗、季节性停工损失等。直接材料、直接人工和制造费用是生产费用按其经济用途所做的分类,统称为成本项目。按照有关规定,企业生产过程中实际消耗的直接材料、直接工资、其他直接支出和制造费用,构成产品制造成本的内容,应记入产品的制造成本。

在生产过程中,企业还会发生一些与生产某种产品没有直接联系,属于某一期间被耗用的费用,这些费用称为期间费用。企业行政单位为组织生产经营活动而发生的费用称为管理费用,如管理人员的薪酬、折旧费、修理费、办公费等。管理费用属于期间费用,直接从当期收入中扣除。

因此,生产过程核算的任务,主要是核算和监督企业各项费用的支出,确定产品的生产成本,同时核算和监督生产资金的占用。也就是说,生产过程的主要会计业务是生产费用的发生、归集和分配。产品成本的形成以及和各方面的结算关系是生产过程核算的主要内容。

二、生产过程核算设置的主要账户

为了归集生产过程中发生的生产费用,正确计算产品生产成本,需设置以下账户。

1."生产成本"账户

"生产成本"账户属成本类,用于归集产品生产过程中发生的一切费用,计算产品的实际生产成本。月份内发生直接生产费用和月末分配转入的间接生产费用,记借方;结转完工产品实际生产成本时,记贷方;余额在借方,表示生产过程中尚未完工的在产品的实际生产成本。

为了具体计算每种产品的实际成本,需要在"生产成本"账户下,按照成本计算对象(产品种类)设置明细账,并按照规定的成本项目设置专栏。

2."制造费用"账户

"制造费用"账户属成本类,用于归集和分配企业为产品生产而发生的各种间接费用,包括发生的生产车间管理人员的应付职工薪酬等职工薪酬、生产车间发生的机物料消耗、生产车间计提的固定资产折旧、生产车间支付的办公费、修理费、水电费、发生季节性的停工损失等。发生各种制造费用时,记借方;月末分配转入各种产品生产成本时,记贷方;月末一般无余额。该账户可按不同的车间部门和费用项目设置明细账户,进行明细核算。

3."库存商品"账户

"库存商品"账户属资产类,用于核算企业库存产成品的增加、减少和结存情况。产成品按实际生产成本验收入库时,记借方;产成品出售按实际生产成本转销时,记贷方;余额在借方,表示现有库存产成品的实际成本。明细账户按产成品的品种设置。

4."累计折旧"账户

"累计折旧"账户属于资产类账户。设置和运用这个账户,是为了核算企业固定资产累计计提的折旧情况。将固定资产累计计提的折旧从固定资产的原始价值中扣除,即为固定资产的净值。"累计折旧"账户是备抵调整"固定资产"的账户。按月计提固定资产折旧时,记入贷方;冲减转出、报废等固定资产的已提折旧时,记入借方;余额在贷方,表示固定资产已提折旧的累计数。该账户一般不设明细账户。

5."应付职工薪酬"账户

"应付职工薪酬"账户是负债类账户。设置和运用这个账户是为了核算企业根据有关规定应付给职工的各种薪酬,包括在应付职工薪酬总额内的各种应付职工薪酬、奖金、津贴、职工福利等,不论是否在当月支付,都应通过本账户核算。月末分配职工薪酬时,记入贷方;结转代扣款和实际发放应付职工薪酬时,记入借方;该账户如果有借方余额表示实际发放应付职工薪酬大于月末分配应付职工薪酬费用,即预付职工薪酬;该账户如果有贷方余额表示实际发放应付职工薪酬小于月末分配应付职工薪酬费用,即应付职工薪酬。

"应付职工薪酬"账户一般应无余额。如果企业本月实发应付职工薪酬是按上月考勤记录计算的,实发应付职工薪酬与按本月考勤记录计算的应付职工薪酬的差额,即为本账户的期末余额。如果企业实发应付职工薪酬与应付职工薪酬相差不大,则可以按本月实发应付职工薪酬作为应付职工薪酬进行分配,这样,应付职工薪酬账户期末无余额。

为了具体核算和监督应付职工薪酬的实际发放和月末分配情况,应付职工薪酬账户应当按照"应付职工薪酬""职工福利""社会保险费""住房公积金""工会经费""职工教育经费""解除职工劳动关系补偿"等应付职工薪酬项目进行明细分类核算。

6."管理费用"账户

"管理费用"账户主要用于核算和监督企业行政管理部门为组织和管理生产经营活动而发生的各项费用,包括行政管理部门人员的工资及福利费、办公费、折旧费、工会经费、职工教育经费、业务招待费、坏账损失、房产税、土地使用税、印花税、劳动保险费等。账户借方登记增加数,表示本期发生的各项管理费用;贷方登记减少数,表示期末转入"本年利润"账户的管理费用,结转后应无余额。该账户需按费用项目进行明细分类核算。

7."待摊费用"账户

"待摊费用"账户用以核算企业已经发生但应由本期和以后各期负担的、分摊期在1年以内(含1年)的各项费用,包括预付保险费、经营租赁的预付租金、季节性生产企业在停工期内的费用以及其他应由本期和以后各期负担的其他费用。该账户属资产类账户。其借方登记已经支付或发生的各种待摊费用,贷方登记各期分摊的费用,期末余额在借方。表示企业各项已发生但尚未摊销完的费用金额。该账户应按费用的种类设置明细账户进行明细分类核算。

8."预提费用"账户

"预提费用"账户核算企业按照规定从成本费用中预先提取但尚未支付的费用,如预提的租金、保险费、固定资产修理费等。该账户属负债类账户。其贷方登记预先按月提取记入产品成本、费用的数额,借方登记实际支付的费用。由于预提费用是一项估计的负债(可能高估,也可能低估),所以期末余额的方向不是固定的,期末余额一般在贷方,表示已经预提而尚未实际支付的费用;期末余额如果在借方,表示实际支出数大于预提数的差额(此时应理解为待摊费用)。该账户应当按照费用项目设置明细账户进行明细分类核算。

三、生产过程主要经济业务核算的账务处理

(一)材料费用的核算

生产过程中,各个生产部门需用材料时,应填制领料凭证,一般称为领料单,向仓库办理领料手续。仓库根据领料凭证发出材料后,应将领料单传递给财会部门。财会部门根据领料的车间及领料用途的不同编制发料凭证汇总表,并以此编制会计分录。

【例4-16】西安某钛制造企业2022年12月发出的材料及用途表,如表4-1所示,请根据表中的材料编制该企业的会计分录。

表 4-1 2022 年 12 月企业发料汇总表　　　　　　　　　单位:元

项目	甲材料	乙材料	合计
生产 A 产品耗用	60 000	80 000	140 000
生产 B 产品耗用	70 000	40 000	110 000
小计	130 000	120 000	250 000
生产车间管理耗用		6 000	6 000
厂部管理耗用		8 000	8 000
合计	130 000	134 000	264 000

这项经济业务汇总了本月材料的耗用情况。对于发生的材料费用,应根据其用途的不同,进行相应的会计处理。为生产产品直接领用的,应记入"生产成本"账户的借方,为车间管理领用的,应记入"制造费用"账户的借方,为厂部管理领用的,应记入"管理费用"账户的借方。同时,企业库存材料减少,应记入"原材料"账户的贷方。具体会计分录为:

借:生产成本——A 产品　　　　　　　140 000
　　　　　　——B 产品　　　　　　　110 000
　　制造费用　　　　　　　　　　　　6 000
　　管理费用　　　　　　　　　　　　8 000
　贷:原材料——甲材料　　　　　　　130 000
　　　　　　——乙材料　　　　　　　134 000

(二)人工费用的核算

企业制造业务除发生材料费用外,还会发生人工费用。人工费用是企业在生产过程中发生的活劳动的消耗,即企业为获得职工提供的服务而给予的各种形式报酬以及其他相关支出。工资是职工获取报酬的主要形式,是产品成本的重要组成部分。在我国,企业劳动者还可以享受各种集体福利待遇,因此,国家规定企业可以按工资总额一定的比例计提职工福利费,以保证企业诸如职工困难补助、探亲费等职工个人福利方面的支出。这些计提的福利费与工资费用一样,也应根据工人的岗位不同分别计入有关的成本费用账户中。为了核算企业与职工的薪酬的提取、结算、使用等情况,企业应当设置"应付职工薪酬"账户。

下面举例说明人工费用的核算。

【例 4-17】 西安某钛制造企业 2022 年 12 月月末,计算并分配本月职工工资:其中,生产 A 产品工人的工资 40 000 元,生产 B 产品工人的工资 25 000 元,生产车间管理人员的工资 4 000 元,厂部管理人员的工资 5 000 元。

这项经济业务的发生,一方面,企业应付给职工的工资费用增加了,应记入到"应付职工薪酬"账户的贷方;另一方面,应根据职工岗位的不同,将工资费用记入到有关成本费用账户。对于生产产品的工人的工资费用,应记入"生产成本"账户的借方;对于生产车间管理人员的工资费用,应记入"制造费用"账户的借方;对于厂部管理人员的工资费用,应记入"管理费用"账户的借方。具体会计分录为:

```
借：生产成本——A产品           40 000
         ——B产品           25 000
     制造费用                  4 000
     管理费用                  5 000
  贷：应付职工薪酬                        74 000
```

【例4-18】按上述工资总额的14%计提职工福利费。

```
A产品生产工人应计提的福利费      40 000元×14%＝5 600元
B产品生产工人应计提的福利费      25 000元×14%＝3 500元
生产车间管理人员应计提的福利费    4 000元×14%＝560元
厂部管理人员应计提的福利费       5 000元×14%＝700元
合    计                      74 000元×14%＝10 360元
```

该项经济业务的发生，一方面，企业应付职工的福利费增加，应记入应付职工薪酬账户的贷方；另一方面，计提的福利费应根据工人岗位的不同分别记入成本费用账户：生产工人的福利费记入生产成本账户，车间管理人员的福利费记入制造费用账户，厂部管理人员的福利费记入管理费用账户。具体会计分录为：

```
借：生产成本——A产品           5 600
         ——B产品           3 500
     制造费用                  560
     管理费用                  700
  贷：应付职工薪酬                        10 360
```

【例4-19】从银行提取现金74 000元，准备发放工资。

这项经济业务，自银行提现：一方面现金增加了75 000元，应记入库存现金账户的借方；另一方面，银行存款减少75 000元，应记入银行存款账户的贷方。具体会计分录为：

```
借：库存现金                  74 000
  贷：银行存款                          74 000
```

【例4-20】企业用现金74 000元发放本月职工工资。

这项经济业务，以现金发放本月的工资：一方面现金减少74 000元，应记入库存现金账户的贷方；另一方面，应付职工的工资因发放而减少了企业的负债74 000元，应记入应付职工薪酬账户的借方。具体会计分录为：

```
借：应付职工薪酬               74 000
  贷：库存现金                          74 000
```

（三）制造费用的核算

制造费用是企业生产车间、部门为生产产品和提供劳务而发生的各项间接费用。它主要包括车间管理人员的薪酬、车间发生的水电费、办公费、劳动保护费等。但是，制造费用也包括一些因生产产品而引起的但却不能直接归于某个产品生产成本的费用，如生产用固定资产的折旧费、修理费、机物料消耗等。因此，企业平时应将发生的这些费用在"制造费用"账户进行归集，到月末，如果企业只生产一种产品，则可直接将发生的制造费用总额记入该产品成本中；如果企业生产两种或两种以上的产品，则需按一定的标准将发生的制造费用分配转入各产品生产成本中。除材料费用和人工费用、制造费用外，企业在生产过程中还会发生非产品生产费用,如折旧费、修理费、水电费、利息费等。在进行核算时,要注意划清成本与费用的界限、本期成本费用与跨期成本费用的界限、资本性支出与收益性支出的界限。

下面以西安某钛制造企业 2022 年 12 月的业务为例说明制造费用的核算。

【例 4-21】 计提企业本月的固定资产折旧 6 000 元,其中生产车间计提 4 000 元,厂部计提 2 000 元。

企业的固定资产一般有较长的使用期限,而且其价值会随着固定资产的使用等原因而逐期减少。通常,将固定资产使用中的磨损或因科技进步等原因而逐渐转移的价值,称为固定资产折旧。这部分转移的价值以折旧费用的形式记入成本费用中。计提固定资产折旧的意义在于不仅使企业有能力在将来重置固定资产,而且也满足了配比原则的要求。为了对固定资产计提的折旧费进行核算,会计上需设置累计折旧账户。在企业计提折旧时,企业应根据固定资产的用途不同分别记入相应的成本费用账户。其中,生产车间的固定资产折旧费记入制造费用;厂部的固定资产折旧费记入管理费用;同时增加固定资产的折旧总额。

该项经济业务的发生,一方面,企业固定资产的折旧增加,应记入"累计折旧"账户的贷方;另一方面,生产车间和厂部的折旧费用增加了,应分别记入"制造费用"和"管理费用"账户的借方。具体会计分录如下:

借:制造费用　　　　　　　　　　　　　　4 000
　　管理费用　　　　　　　　　　　　　　2 000
　　贷:累计折旧　　　　　　　　　　　　　　　6 000

【例 4-22】 企业按规定预提本月份固定资产的修理费 5 000 元,其中生产车间负担 3 000 元,厂部负担 2 000 元。

固定资产的修理费是指固定资产在整个使用过程中的一种后续支出,为了维持固定资产的正常运转和使用,使它一直处于良好的工作状态,就必须进行必要的维修。修理所发生的费用应按权责发生制的原则,由固定资产整个使用期内成本费用承担。

在此例中,一方面,固定资产的修理费应根据其使用情况而定,生产车间的修理费记入"制造费用"账户的借方,厂部的修理费记入"管理费用"账户的借方;另一方面,由于设备修理费在本期并未发生实际付款,因而形成一项负债,使预提费用增加,应记入"预提费用"账户的贷方。具体会计分录为:

借:制造费用　　　　　　　　　　　　　　3 000
　　管理费用　　　　　　　　　　　　　　2 000
　　贷:预提费用　　　　　　　　　　　　　　　5 000

提示:如果企业未设置"预提费用",可通过"其他应付款"科目核算。

【例 4-23】 企业以银行存款预定厂部半年度的报刊费 3 000 元,分六个月摊销。

按照权责发生制原则的要求,企业应按支出的义务是否属于本期来确认费用的入账时间,也就是凡是本期发生的费用,不论款项是否在本期支付,都应作为本期的费用入账,凡不属本期的费用,即使款项在本期支付,也不应作为本期的费用处理。公司用银行存款预订明年的报纸杂志,款项虽然在本期支付,但其付款的义务显然不在本期发生,而是在明年产生付款责任,所以本期付款时,应将其作为一种等待摊销的费用处理。因此,这项经济业务的发生,一方面使得公司等待摊销的费用增加了,属于资产(债权)增加,应记入"待摊费用"账户的借方;另一方面用银行存款支付款项,意味着银行存款这项资产的减少,应记入"银行存款"账户的贷方。

根据上述分析,可以编制的会计分录如下:

  借:待摊费用   3 000
   贷:银行存款   3 000

【例 4-24】以银行存款支付企业的办公费 2 400 元,水电费 1 600 元,其中生产车间负担 2 200 元,厂部负担 1 800 元。

这项经济业务的发生,一方面,企业的银行存款减少了,应记入"银行存款"账户的贷方;另一方面,车间负担的应记入"制造费用"账户的借方,厂部负担的记入"管理费用"账户的借方。具体会计分录为:

  借:制造费用   2 200
    管理费用   1 800
   贷:银行存款   4 000

【例 4-25】企业已摊销应由本月负担、上年末已付款的报刊费 500 元。

这项经济业务实际上是一笔权责发生制原则应用的业务。题中报刊费的款项虽然在以前(上年末)已经支付,但其责任却是在本期产生,因而应将其作为本期的费用入账。所以在摊销报刊费时,一方面使得公司的管理费用增加 100 元,另一方面使得公司以前期付款等待摊销的费用减少 100 元,涉及"管理费用"和"待摊费用"两个账户。管理费用的增加是费用的增加,应记入"管理费用"账户的借方,待摊费用的减少是资产的减少,应记入"待摊费用"账户的贷方。编制的会计分录如下:

  借:管理费用 500
   贷:待摊费用 500

【例 4-26】12 月月末,将本月发生的制造费用按照生产工人工资比例分配计入 A、B 产品的生产成本,其中 A 产品工人工资 40 000 元,B 产品工人工资 25 000 元。

对于这项经济业务,首先归集发生的制造费用额,通过登记制造费用的 T 型账户的形式加以说明。下文将以上述生产过程中主要经济业务的会计分录来说明该账户的登记及制造费用的归集(表 4-2)。

表 4-2 制造费用   单位:元

借方	制造费用	贷方
业务(16)	6 000	
业务(17)	4 000	
业务(18)	560	
业务(21)	4 000	
业务(22)	3 000	
业务(24)	2 200	
本期借方发生额合计	19 760	

制造费用的分配标准有:按生产工人工时比例分配、按生产工人工资比例分配、按机器工时比例分配等。将本月归集的 19 760 元的制造费用按生产工人工资比例进行分配,即:

  制造费用的分配率——→19760 元/(40 000 元+25 000 元)=0.304

A 产品应负担的制造费用——→40 000 元×0.304＝12 160 元
B 产品应负担的制造费用——→2 5000 元×0.304＝7 600 元

上述经济业务的发生,一方面,企业的制造费用总额因分配结转而减少 19 760 元,应记入"制造费用"账户的贷方;另一方面,生产 A、B 产品的成本分别增加了 12 160 元和 7 600 元,应记入生产成本账户的借方。具体会计分录为:

借:生产成本——A 产品　　　　　　　　　　12 160
　　　　　——B 产品　　　　　　　　　　　 7 600
　　贷:制造费用　　　　　　　　　　　　　　　　　　19 760

【例 4-27】企业生产的 A、B 产品均为本期投产,无期初在产品,其中 A 产品本期全部完工,完工产量 1 000 件,完工产品总成本 197 760 元。B 产品部分完工,完工产量 1 500 件,完工产品总成本 142 200 元。

在本业务中,一方面,企业库存的产品增加,应记入"库存商品"账户的借方;另一方面,因产品完工入库使生产成本减少,应记入"生产成本"账户的贷方。具体会计分录为:

借:库存商品——A 产品　　　　　　　　　　197 760
　　　　　——B 产品　　　　　　　　　　　142 200
　　贷:生产成本——A 产品　　　　　　　　　　　197 760
　　　　　　　——B 产品　　　　　　　　　　　142 200

西安某钛制造企业生产过程业务的总分类核算如图 4-5 所示。

原材料		在途物资		库存商品	
(16) 264 000		(16) 250 000	(27) 339 960	(27) 339 960	
		(17) 65 000			
		(18) 9 100			
		(26) 19 760			

累计折旧		制造费用		银行存款	
	(21) 6 000	(16) 6 000	(25) 19 760		(19) 74 000
		(17) 4 000			(23) 3 000
		(18) 560			(24) 4 000

预提费用		(21) 4 000		库存现金	
	(22) 5 000	(22) 3 000		(20) 74 000	(20) 74 000
		(24) 2 200			
		管理费用			
		(16) 8 000			
		(17) 5 000			

应付职工薪酬		(18) 700		待摊费用	
(20) 74 000	(17) 74 000	(21) 2 000		(23) 3 000	(25) 500
	(18) 10 360	(22) 2 000			
		(24) 1 800			
		(25) 500			

图 4-5　企业生产过程业务核算示意图

第五节 销售过程业务的核算

销售过程是制造企业生产经营过程的第三个阶段。在销售过程中,企业要将生产过程中生产出来的产品销售出去,收回货币资金,以弥补企业为生产产品而发生的生产耗费,保证生产经营过程的顺利进行。销售过程是企业生产经营过程的最后一个阶段,也是资金周转最重要的过程,如果企业生产出来的产品不能销售出去,产品价值就不能实现,企业再生产过程将难以为继。

销售业务是企业在销售过程中发生的主要经济业务。在销售过程中,一方面企业将产品销售出去,并按照产品的售价向购买方办理价款的结算,获得销售收入;另一方面应按配比核算原则的要求结转产品销售成本(销售产品的实际生产成本)。在销售过程中,还会发生各种销售费用,如包装费、运输费、保险费、广告费以及为销售本企业产品而专设的销售机构的职工工资、业务费等经常费用,这些费用作为期间费用,从取得的销售收入中得到补偿。企业取得的销售收入,还应按税法的规定计算应向国家缴纳的税金。可见,企业销售过程中发生的主要经济业务包括将产品销售出去并办理价款的结算,以及按照配比原则,确定产品的销售成本、销售费用和销售税金。此外,企业在销售过程中还会发生一些其他业务。以上各项就构成了销售业务核算的主要内容,根据销售业务核算的主要内容把销售过程业务分为主营业务收支和其他业务收支。

一、销售收入的确认

正确地确认商品销售收入是销售业务核算的关键,根据《企业会计准则》规定,销售商品收入同时满足下列条件的,才能予以确认:

(1)企业已将商品所有权上的主要风险和报酬转移给购货方;

(2)企业既没有保留通常与所有权相联系的继续管理权,也没有对已售出的商品实施有效控制;

(3)收入的金额能够可靠计量;

(4)相关经济利益很可能流入企业;

(5)相关的已发生的或将发生的成本能够可靠计量。

二、销售过程核算的账户设置

为了组织销售过程业务的核算,需要设置以下账户:

1."主营业务收入"账户

制造业的主营业务范围包括销售商品、自制半成品、代制品、代修品以及提供工业性劳务等。"主营业务收入"账户用以核算企业根据收入准则确认的销售商品、提供劳务的收入。该账户属于损益类账户,其贷方登记企业销售商品(包括产成品、自制半成品等)或让渡资产使用权所实现的收入;借方登记发生的销售退回和转入"本年利润"账户的收入,期末结转后,该账户应无余额。该账户应按照主营业务的种类设置明细账户进行明细分类核算。

2."主营业务成本"账户

"主营业务成本"账户用于核算企业根据收入准则确认的销售商品、提供劳务等主营业务收入时应结转的成本。该账户属损益类账户,其借方登记已售商品、提供各种劳务的实际成本;贷方登记当月发生销售退回的商品成本和期末转入"本年利润"账户的当期销售成本,期末结转后该账户应无余额。该账户应当按照主营业务的种类设置明细账户进行明细分类核算。

3."其他业务收入"账户

"其他业务收入"账户,是用来核算企业根据收入准则确认的除主营业务以外的其他经营活动实现的收入,包括出租固定资产、出租无形资产、出租包装物和商品、销售材料等实现的收入。该账户属于损益类账户,其贷方登记企业获得的其他业务收入,借入登记期末结转到"本年利润"账户的其他业务收入,结转以后该账户应无余额。

4."其他业务成本"账户

"其他业务成本"账户,是用来核算企业除主营业务活动以外的其他经营活动所发生的支出,包括销售材料的成本、出租固定资产的累计折旧、出租无形资产的累计摊销、出租包装物的成本和摊销额等。该账户属于损益类账户,其借方登记其他业务所发生的各项支出,贷方登记期末结转到"本年利润"账户的其他业务成本,结转以后该账户应无余额。

5."销售费用"账户

"销售费用"账户用以核算企业在产品销售过程中所发生的各种费用,包括运输费、装卸费、包装费、保险费、广告费以及为销售本企业产品而专设的销售机构的职工工资、福利费、业务费等。该账户属损益类账户,其借方登记月份内发生的各种销售费用,贷方登记期末转入"本年利润"账户的数额,结转后本账户应无余额。该账户应按费用项目设置明细账户进行明细分类核算。

6."税金及附加"账户

"税金及附加"账户用来核算企业经营活动发生的消费税、城市维护建设税、资源税和教育费附加等相关税费。该账户属损益类账户,其借方登记按规定税率计算应负调的各种税金及附加;贷方登记期末转入"本年利润"账户的数额,结转后本账户应无余额。

7."应收账款"账户

"应收账款"账户用以核算企业因销售产品、提供劳务等业务,应向购货单位或接受劳务单位收取的款项。该账户属资产类账户,其借方登记应向购货单位收取的账款,贷方登记已经收回的账款,余额一般在借方,表示应收而未收回的账款数。该账户应按债务人设置明细账户进行明细分类核算。

三、销售过程核算的账务处理

假定不考虑流转税,下面仍以西安某钛制造企业2022年12月发生的业务为例说明销售过程业务的核算。

【例4-28】向光华厂销售A产品1 000件,每件售价300元,计货款300 000元,货款及税款已收到并存入银行。

该项经济业务的发生,一方面使企业银行存款增加 300 000 元,应记入"银行存款"账户的借方;另一方面使企业的产品销售收入增加 300 000 元,应记入"主营业务收入"账户的贷方。会计分录编制如下:

  借:银行存款   300 000
    贷:主营业务收入   300 000

【例 4-29】向光华厂销售 B 产品 1 200 件,每件售价 200 元,计货款 240 000 元,货款尚未收到。

该项经济业务的发生,一方面由于企业货款尚未实际收到,企业的应收账款增加 240 000 元,应记入"应收账款"账户的借方;另一方面使企业的产品销售收入增加 240 000 元,应记入"主营业务收入"账户的贷方。会计分录编制如下:

  借:应收账款   240 000
    贷:主营业务收入   240 000

【例 4-30】企业以银行存款支付产品广告费 8 000 元。

这项业务的发生,一方面使企业的销售费用增加,另一方面使企业银行存款减少。会计分录编制如下:

  借:销售费用   8 000
    贷:银行存款   8 000

【例 4-31】企业以现金支付销售产品的包装费 1 000 元。

这项业务的发生,一方面使企业的销售费用增加,另一方面使企业库存现金减少。会计分录编制如下:

  借:销售费用   1 000
    贷:库存现金   1 000

【例 4-32】企业按合同规定预收北星工厂货款 20 000 元存入银行。

该项经济业务的发生,一方面使企业的银行存款增加 20 000 元,应记入"银行存款"账户的借方;另一方面在预收货款时,销售并未实现,不能做收入的增加,只能是预收账款的增加 20000 元,应记入"预收账款"的贷方。会计分录编制如下:

  借:银行存款   20 000
    贷:预收账款   20 000

【例 4-33】A 产品 200 件,每件售价 400 元,计货款 80 000 元,其中 20 000 元为预收货款,其余 60 000 元货款已收到并存入银行。

该项经济业务的发生,一方面使企业的银行存款增加 60 000 元,应记入"银行存款"账户的借方,使预收账款减少 20 000 元,应记入"预收账款"的借方;另一方面使企业的产品销售收入增加 80 000 元,应记入"主营业务收入"账户的贷方。会计分录编制如下:

  借:预收账款   20 000
    银行存款   60 000
    贷:主营业务收入   80 000

【例 4-34】结转上述已销 A、B 产品的生产成本 360 000 元,其中 A 产品 1200 件,生产成本 240 000、B 产品 1200 件,生产成本 120 000 元。

该项经济业务的发生,一方面使销售产品的成本增加 360 000 元,应记入"主营业务成本"账户的借方;另一方面使产成品减少 360 000 元,应记入"库存商品"账户的贷方。会计分录编制如下。

　　借:主营业务成本　　　　　　　360 000
　　　贷:库存商品　　　　　　　　　　　360 000

【例 4-35】 结转本月销售商品应负担的城市维护建设税 60 000 元。

该项经济业务的发生,一方面使销售产品的应负担的税金增加 60 000 元,应记入"税金及附加"账户的借方;另一方面使企业应上交城市维护建设税增加 60 000 元,应记入"应交税费"账户的贷方。会计分录编制如下:

　　借:税金及附加　　　　　　　　60 000
　　　贷:应交税费　　　　　　　　　　　60 000

【例 4-36】 企业出售多余自用甲材料一批,取得 5 000 元存入银行。

该项经济业务的发生,一方面使银行存款增加 5 000 元,应记入"银行存款"账户的借方;另一方面引起企业材料销售收入增加 5 000 元,应记入"其他业务收入"账户的贷方。会计分录编制如下:

　　借:银行存款　　　　　　　　　5 000
　　　贷:其他业务收入　　　　　　　　　5 000

【例 4-37】 结转上述出售甲材料的成本 3 500 元存入银行。

该项经济业务的发生,一方面使银行存款增加 3 500 元,应记入"银行存款"账户的借方;另一方面引起企业材料销售收入增加 3 500 元,应记入"其他业务收入"账户的贷方。会计分录编制如下:

　　借:银行存款　　　　　　　　　3 500
　　　贷:其他业务收入　　　　　　　　　3 500

企业出售材料后,一方面会引起库存原材料的减少,所以应按成本记入"原材料"账户的贷方;另一方面该项业务的发生表面已销售材料的实际成本增加,应记入"其他业务成本"账户的借方。会计分录编制如下:

　　借:其他业务成本　　　　　　　3 500
　　　贷:原材料　　　　　　　　　　　3 500

西安某钛制造企业销售过程业务的总分类核算如图 4-6 所示。

主营业务成本	主营业务收入	应收账款
(34) 360 000	(28) 300 000	(29) 240 000
	(29) 240 000	
	(33)　60 000	

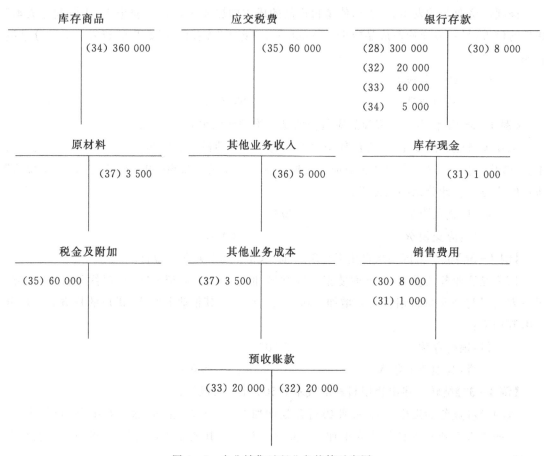

图 4-6 企业销售过程业务核算示意图

第六节 财务成果形成与分配业务的核算

企业财务成果是企业在一定会计期间内经济活动的最终成果,即企业在一定会计期间内实现的全部收入扣除发生的全部费用后所形成的利润或亏损。

一、利润的构成

利润指企业在一定期间的经营成果,它包括企业在一定期间内实现的收入减去费用后的净额,直接计入当期利润的利得和损失等。收入大于费用为盈利,反之为亏损。利润反映企业的经营成果、经营业绩和获利能力。

1.营业利润

营业利润＝营业收入－营业成本－税金及附加－销售费用－管理费用－财务费用＋投资收益

营业利润是企业利润的主要来源。其中营业收入是指企业经营业务所确定的收入总额,包括主营业务收入和其他业务收入。营业成本是指企业经营业务所发生的实际成本总额,包括主营业务成本和其他业务成本。投资收益（或损失）是指企业以各种方式对外投资所取得的收益（或发生的损失）。

2. 利润总额

利润总额 ＝营业利润＋营业外收入－营业外支出

其中，营业外收入是指企业发生的与其日常活动无直接关系的各项利得，包括非流动资产处置利得、非货币性资产交换利得、债务重组利得、政府补助、盘盈利得、捐赠利得等。

营业外支出是指企业发生的与其日常活动无直接关系的各项损失，包括非流动资产处置损失、非货币性资产交换损失、债务重组损失、公益性捐赠支出、非常损失（如自然灾害造成的财产损失）、盘亏损失等。

3. 净利润

净利润＝利润总额－所得税费用

企业有了所得，就应当按税法规定计算缴纳所得税费用。利润总额减去所得税费用后的余额为净利润（即税后利润）。

二、利润形成的核算

（一）利润形成核算需设置的账户

1."营业外收入"账户

"营业外收入"账户是损益类账户，用来核算企业取得的与生产经营无直接关系的收入，主要包括非流动资产处置利得、非货币性资产交换利得、债务重组利得、政府补助、盘盈利得、捐赠利得等。该账户贷方登记取得的营业外收入，借方登记期末转入"本年利润"账户的营业外收入，结转后本账户无余额。"营业外收入"账户应按收入项目设置明细账，进行明细分类核算。

2."营业外支出"账户

"营业外支出"账户是损益类账户，用来核算企业发生的与生产经营无直接关系的支出，包括非流动资产处置损失、非货币性资产交换损失、债务重组损失、公益性捐赠支出、非常损失、盘亏损失等。该账户借方登记发生的营业外支出，贷方登记期末转入"本年利润"账户的营业外支出，结转后本账户无余额。"营业外收入"账户应按费用项目设置明细账，进行明细分类核算。

3."投资收益"账户

"投资收益"账户是损益类账户，用以核算和监督企业确认的对外投资所取得的收益及发生的损失。该账户贷方登记企业取得的投资收益，借方登记企业发生的投资损失，期末如为借方余额，表示发生的投资净损失，应从该账户贷方转入"本年利润"账户借方；如为贷方余额，表示取得的投资净收益，应从该账户借方转入"本年利润"账户贷方。期末结转后本账户应无余额。"投资收益"账户应按投资项目设置明细账，进行明细分类核算。

4."所得税费用"账户

"所得税费用"账户是损益类账户，用来核算确认的应从当期利润总额中扣除的所得税费用。该账户借方登记按规定计算的所得税费用费,贷方登记期末转入"本年利润"账户的所得税费用,结转后本账户无余额。

5."本年利润"账户

"本年利润"账户是所有者权益类账户,用来核算企业当期实现的净利润或发生的净亏损。

结构是:贷方登记期末从损益类账户转入的各项收入;借方登记期末从损益类账户转入的各项费用(结平各损益类科目);本账户余额方向不固定,贷方余额表示自企业实现的净利润,如有借方余额则表示企业发生的亏损;年终,将本账户的余额转入"利润分配—未分配利润"账户后无余额。本账户按利润的形成内容设置明细账,进行明细核算。

(二)利润形成核算的账务处理

下面仍然以西安某钛制造企业2022年12月份的业务为例。

【例4-38】企业取得罚款收入30 000元,存入银行。

该项经济业务的发生,一方面使企业银行存款增加30 000元,应记入"银行存款"账户的借方;另一方面企业罚款收入增加30 000元,应记入"营业外收入"账户的贷方。会计分录为:

借:银行存款　　30 000
　　贷:营业外收入　　30 000

【例4-39】企业用银行存款支付税收滞纳金16 000元。

该项经济业务的发生,一方面使企业银行存款减少16 000元,应记入"银行存款"账户的贷方;另一方面企业营业外支出增加16 000元,应记入"营业外支出"账户的借方,会计分录为:

借:营业外支出　　16 000
　　贷:银行存款　　16 000

【例4-40】企业收到向联营单位投资的收益70 000元,存入银行。

该项经济业务的发生,一方面使企业的银行存款增加70 000元,应记入"银行存款"账户的借方;另一方面企业取得投资收益70 000元,应记入"投资收益"账户的贷方,会计分录为:

借:银行存款　　70 000
　　贷:投资收益　　70 000

【例4-41】综合【例4-6】至【例4-40】的有关资料,企业的损益收入类与损益支出类账户的本期发生额如表4-3所示,期末将各损益类账户贷方发生额结转到"本年利润"账户。

表4-3　企业的损益收入类与损益支出类账户的本期发生额　　　　单位:元

账户名称	借方发生额	贷方发生额
主营业务收入		600 000
其他业务收入		5 000
营业外收入		30 000
投资收益		70 000
主营业务成本	360 000	

续表

账户名称	借方发生额	贷方发生额
税金及附加	60 000	
管理费用	20 000	
财务费用	1 500	
销售费用	9 000	
其他业务成本	3 500	
营业外支出	16 000	
合计	470 000	705 000

将上述账户的贷方发生额,从各账户的借方转入"本年利润"账户的贷方,将各账户的借方发生额,从各账户的贷方转入"本年利润"账户的借方,会计分录为:

借:主营业务收入　　　　　　600 000
　　其他业务收入　　　　　　　5 000
　　营业外收入　　　　　　　 30 000
　　投资收益　　　　　　　　 70 000
　贷:本年利润　　　　　　　 705 000
借:本年利润　　　　　　　　470 000
　贷:主营业务成本　　　　　 360 000
　　　税金及附加　　　　　　 60 000
　　　管理费用　　　　　　　 20 000
　　　财务费用　　　　　　　　1 500
　　　销售费用　　　　　　　　9 000
　　　其他业务成本　　　　　　3 500
　　　营业外支出　　　　　　 16 000

本期实现的税前利润为

$$705\ 000\ 元 - 470\ 000\ 元 = 235\ 000\ 元$$

【例 4-42】计算并结转本月应交所得税,所得税税率为 25%。

所得税费用是企业依照税法的规定计算并交纳的一种费用。由于所得税费用属于企业在生产经营过程中的一项耗费,按照权责发生制原则应将其作为当期的一项费用支出在利润总额中扣除,企业利润总额扣除所得税后的余额为实现的净利润。

所得税费用为

$$235\ 000\ 元 \times 25\% = 58\ 750\ 元$$

在账务处理上应包括两个方面,首先要反映本期所得税费用和应交所得税的增加 58 465 元,应分别记入"所得税费用"和"应交税费"两个账户。会计分录为:

借：所得税费用　　　　　　　　　　58 750
　　贷：应交税费——应交所得税　　　　　58 750

其次，应将本期发生的所得税费用转入"本年利润"账户。

借：本年利润　　　　　　　　　　　58 750
　　贷：所得税费用　　　　　　　　　　　58 750

所得税费用结转后，则企业12月份实现的净利润为

235 000元－58 750元＝176 250元

西安某钛制造企业净利润形成过程总分类核算如图4-7所示。

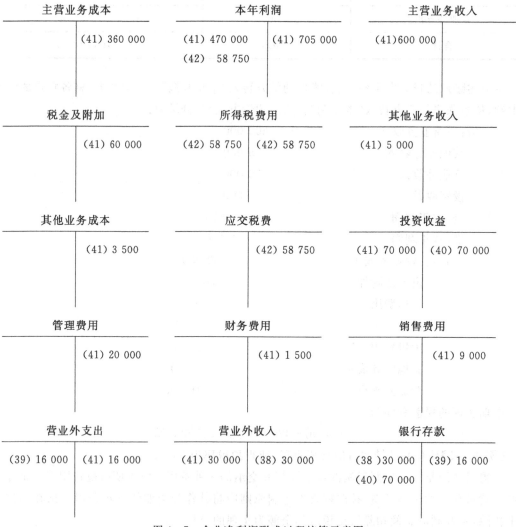

图4-7　企业净利润形成过程核算示意图

二、利润分配的核算

利润分配，是将企业实现的净利润，按照国家财务制度规定的分配形式和分配顺序，在国家、企业和投资者之间进行的分配。利润分配的过程与结果，是关系到所有者的合法权益能否

得到保护,企业能否长期、稳定发展的重要问题,为此,企业必须加强利润分配的管理和核算。企业利润分配的主体一般有国家、投资者、企业和企业内部职工;利润分配的对象主要是企业实现的净利润;利润分配的时间即确认利润分配的时间是利润分配义务发生的时间和企业做出决定向内向外分配利润的时间。

(一)利润分配的顺序

利润分配的顺序根据《中华人民共和国公司法》等有关法规的规定,企业当年实现的净利润,一般应按照下列内容、顺序和金额进行分配:

1.计算可供分配的利润

将本年净利润(或亏损)与年初未分配利润(或亏损)合并,计算出可供分配的利润。如果可供分配的利润为负数(即亏损),则不能进行后续分配;如果可供分配利润为正数(即本年累计盈利),则进行后续分配。

2.提取法定盈余公积金

在不存在年初累计亏损的前提下,法定盈余公积金按照税后净利润的10%提取。法定盈余公积金已达注册资本的50%时可不再提取。提取的法定盈余公积金用于弥补以前年度亏损或转增资本金。但转增资本金后留存的法定盈余公积金不得低于注册资本的25%。

3.提取任意盈余公积金

任意盈余公积金计提标准由股东大会确定,如确因需要,经股东大会同意后,也可用于分配。

4.向股东(投资者)支付股利(分配利润)

企业以前年度未分配的利润,可以并入本年度分配。公司股东会或董事会违反上述利润分配顺序,在抵补亏损和提取法定公积金之前向股东分配利润的,必须将违反规定发放的利润退还公司。

(二)利润分配业务核算的账户设置

1."利润分配"账户

"利润分配"账户是所有者权益类账户,用来核算企业利润的分配(或亏损的弥补)情况,以及历年分配(或弥补)后的结存余额。借方登记分配的利润(包括按规定从净利润中提取的法定盈余公积、任意盈余公积向投资者分配的利润等)或亏损;贷方登记年终从"本年利润"账户转入的本年实现的利润总额;若余额在贷方,表示未分配的利润。本账户按利润分配项目设置明细账,进行明细核算。

2."盈余公积"账户

"盈余公积"账户是所有者权益类账户,用来核算企业从净利润(税后利润)中提取的各种盈余公积。贷方登记提取的盈余公积(包括法定盈余公积、任意盈余公积等),借方登记使用的盈余公积(包括用盈余公积弥补亏损、转增资本、派送新股等),贷方余额表示盈余公积余额。

3."应付股利"账户

这个账户是负债类账户,用来核算企业应付给投资者的现金股利或利润。贷方登记应付给投资者的库存现金股利或利润,借方登记实际支付的库存现金股利或利润,贷方余额表示应付未付的现金股利或利润。

4."应付利润"账户

"应付利润"账户属于负债类账户,核算企业应付给投资者的利润。贷方登记企业计算出的应支付给投资者的利润;借方登记已支出的利润;期末贷方余额表示尚未支付的利润。

(三)利润分配业务核算的账务处理

下面仍然以西安某钛制造企业2022年12月份的业务为例,说明利润分配业务的核算。

【例4-43】12月月末,企业本月实现的净利润176 250元转入"利润分配"账户。

　　借:本年利润　　　　　　　　　　176 250
　　　　贷:利润分配——未分配利润　　　　176 250

【例4-44】经批准,按净利润10%提取法定盈余公积。

　　借:利润分配——提取法定盈余公积　17 625
　　　　贷:盈余公积　　　　　　　　　　　17 625

【例4-45】2022年年末,企业决定分配给投资者利润100 000元。

　　借:利润分配——应付利润　100 000
　　　　贷:应付利润　　　　　　　　100 000

【例4-46】2022年年末,企业将利润分配账户所属的各有关明细账户的借方余额结转"利润分配——未分配利润"账户。

　　借:利润分配——未分配利润　　　117 625
　　　　贷:利润分配——提取法定盈余公积　17 625
　　　　　　　　　　——应付利润　　　　　100 000

2022年年末"利润分配"总账余额58 625元,等于"利润分配-未分配利润"明细账户的余额,表示企业尚未分配的利润等。

西安某钛制造企业利润分配业务的总分类核算过程如图4-8所示。

应付利润	利润分配	盈余公积
(45) 100 000	(44) 17 625　(43) 176 250	(44) 17 625
	(45) 100 000　(46) 117 625	
	(46) 117 625	

本年利润
(43) 176 250

图4-8　企业利润分配业务核算示意图

本章小结

制造业企业主要经济业务内容可归纳为五种：资金筹集业务、生产准备业务、产品生产业务、产品销售业务、财务成果形成与分配业务等。

资金筹集业务的核算主要介绍了所有者权益筹资和负债筹资的核算。所有者权益核算中主要介绍了实收资本、资本公积等账户；负债筹资核算主要介绍了短期借款、应付利息、财务费用等账户。

供应过程是指企业的货币资金转变为生产储备资金的过程。它是企业再生产三个过程（供应、生产、销售）中的第一个过程，是为生产产品采购和储备原料的过程。供应过程需要设置的主要账户：采购材料时需要设置原材料，如果材料尚未运达企业或虽已运达企业但尚未办理入库手续需要设置在途物资，在途物资账户性质是资产类账户；货款结算账户需以结算方式设置银行存款、应付账款、应付票据、预付账款。

产品的生产过程，是指从原材料投入到产品出产的全过程。生产过程中涉及很多料工费的耗费，所以我们要搞清楚这些费用的分类。费用分为成本费用和期间费用，成本费用有直接费用和间接费用两类，直接费用主要有直接材料、直接人工以及其他直接费用。直接费用和间接费用都会构成产品的成本。产品的生产过程需要设置的主要账户：生产成本、制造费用、管理费用、销售费用、应付职工薪酬、原材料等。

在销售过程中，企业按照销售合同销售产品，向客户收取货款。销售环节也是企业取得收入的主要环节。在销售业务中，根据企业的实际情况，会涉及主营（其他）业务收入增加，同时计算收到的代收代缴的增值税，根据货款结算方式，选择银行存款、应收账款等账户；销售商品后，还需要结转成本；另外在销售过程中还会发生税费业务，用到税金及附加、销售费用等账户。

利润的形成及分配核算主要介绍了利润形成核算和利润分配核算。涉及的账户主要用到收入类、费用类、所有者权益类。收入类有主营业务收入、其他业务收入、营业外收入等，费用类主营业务成本、其他业务成本、管理费用、所得税费用等，所有者权益类主要包括本年利润、利润分配、盈余公积等。

关键术语

权益筹资（equity financing）

债务筹资（debt financing）

固定资产（property）

增值税（value-added tax）

原材料（raw material）

预付账款（advanced payment）

应付账款（accounts payable）

应付票据（notes payable）

生产成本（manufacturing cost）

制造费用(manufacturing overheads)
应付职工薪酬(salaries payable)
累计折旧(accumulated depreciation)
管理费用(general and administration expenses)
库存商品(merchandise inventory)
营业收入(sales revenue)
营业成本(cost of goods sold)
应收账款(accounts receivable)
应收票据(notes receivable)
预收账款(unearned revenue)
销售费用(selling expenses)
财务费用(financial expenses)
所得税费用(income tax expenses)
净利润(net profit)
利润分配(profit distribution)

习题与思考

一、单项选择题

1. "实收资本"账户一般按（　　）设置明细账户。
   A. 企业　　　　B. 投资人　　　　C. 捐赠者　　　　D. 受资企业
2. 为了反映企业固定资产的（　　），应设置"固定资产"账户。
   A. 磨损价值　　B. 累计折旧　　　C. 原始价值　　　D. 净值
3. 短期借款的应计利息支出应计入（　　）账户的借方。
   A. "管理费用"　　　　　　　　　B. "制造费用"
   C. "生产成本"　　　　　　　　　D. "财务费用"或"预提费用"
4. "材料采购"账户是用来核算（　　）的账户。
   A. 库存材料的增减变动及其结果
   B. 外购材料的买价和采购费用,计算确定材料采购成本
   C. 自制材料的生产成本
   D. 购入材料时应付账款的发生和偿还情况
5. 当生产车间或管理部门领用材料时,该项材料应作为（　　）加以确认。
   A. 资产　　　　B. 负债　　　　　C. 费用　　　　　D. 收入
6. 以现金支付购入材料运费,编制会计分录时,应用的借方账户是（　　）。
   A. 在途材料　　B. 材料采购　　　C. 原材料　　　　D. 现金
7. "材料采购"账户的借方登记（　　）。
   A. 材料的买价及采购人员的差旅费
   B. 材料的买价和自制材料的生产成本
   C. 材料的买价和采购费用

D. 材料的买价、市内运输费用、进项税金

8. "生产成本"账户是用来核算（   ）的账户。
   A. 生产产品所发生的直接费用,计算产品成本
   B. 生产产品所发生的各项费用,确定产品实际生产成本,并反映该产品资金占用情况。
   C. 生产产品所发生的直接费用、间接费用及期间费用,计算产品实际成本
   D. 生产过程中发生的除待摊费用、预提费用外的所有费用

9. "制造费用"账户是用来核算（   ）的账户。
   A. 生产产品所发生各项直接费用
   B. 发生在生产车间用来生产产品的全部费用
   C. 车间为生产产品而发生的各项间接生产费用
   D. 企业为生产产品而发生的间接费用和直接费用

10. 待摊费用是指（   ）。
    A. 本期先发生后支付的费用
    B. 本期先支付后发生的费用
    C. 本期已支付为当期和以后各期（一年以内）发生的费用
    D. 以前发生而本期才支付的费用

11. 预提费用是指（   ）。
    A. 本期发生本期支付的费用
    B. 本期支付本期未发生的费用
    C. 本期发生本期未支付而由以后支付的费用
    D. 以前发生而由本期负担的费用

12. "固定资产"账户的借方余额减去"累计折旧"账户的贷方余额的差额是（   ）。
    A. 固定资产的损耗价值   B. 固定资产的现有原始价值
    C. 固定资产的折余价值,即净值 D. 固定资产的重置价值

13. "应付工资"账户是核算应付给职工的（   ）。
    A. 工资及福利费的账户   B. 工资及奖金的账户
    C. 工资总额的账户   D. 工资总额及福利费的账户

14. 预收账款账户属于（   ）
    A. 负债类   B. 资产类   C. 结算类   D. 成本类

15. 预付账款账户属于（   ）。
    A. 资产类   B. 负债类   C. 盘存类   D. 收入类

16. 费用按计入成本的（   ）不同,可分为直接费用、间接费用和期间费用。
    A. 程序   B. 方式   C. 多少   D. 内容

17. （   ）是指某种产品所承担的费用按其经济用途所做的分类。
    A. 制造成本   B. 生产成本   C. 成本项目   D. 成本计算

18. "应付工资"账户期末余额在（   ）。
    A. 借方   B. 贷方
    C. 借方或贷方或无余额   D. 无余额

19. "累计折旧"账户属于（　　）类账户。
    A. 资产　　　　　B. 现金　　　　　C. 费用　　　　　D. 成本
20. 产品生产间接耗用的费用,先归（　　）,然后计入有关产品成本中去。
    A. 间接费用　　　B. 直接费用　　　C. 制造费用　　　D. 期间费用
21. 应付福利费是企业从费用中按工资总额的（　　）提取的职工福利费。
    A. 11%　　　　　B. 12%　　　　　C. 13%　　　　　D. 14%
22. 结转已销售产品的生产成本时,应贷记（　　）账户。
    A. 生产成本　　　B. 本年利润　　　C. 产品销售成本　D. 产成品
23. 同"主营业务收入"账户发生对应关系的账户是（　　）账户。
    A. 主营业务成本　　　　　　　　　B. 营业费用
    C. 主营业务税金及附加　　　　　　D. 本年利润
24. "应交税费"账户按照企业应交税费的（　　）设置明细分类账户。
    A. 种类　　　　　B. 多少　　　　　C. 时间　　　　　D. 企业
25. 企业月末在计算应交纳的教育费附加时,贷记（　　）账户。
    A. 其他应收款　　　　　　　　　　B. 其他应付款
    C. 主营业务税金及附加　　　　　　D. 其他应交款
26. 下面属于其他业务收入的是（　　）。
    A. 利息收入　　　　　　　　　　　B. 投资收益
    C. 清理固定资产净收益　　　　　　D. 出售材料收入

二、多项选择题

1. 材料采购成本包括（　　）。
    A. 采购人员的差旅费用和活动经费
    B. 仓库保管费
    C. 材料的买价
    D. 采购过程中发生的材料的短缺损毁等各种损失
    E. 材料采购费用

2. 下列费用过程,属于制造费用的有（　　）。
    A. 车间生产工人的工资及提取的福利费
    B. 车间辅助人员的工资及提取的福利费
    C. 车间办公费及其物料消耗
    D. 车间机器设备的折旧费、修理费
    E. 车间生产工人的劳动保护费

3. 为符合权责发生制的要求应设置的账户有（　　）。
    A. "预提费用"账户　　　　　　　B. "银行存款"账户
    C. "其他应收款"账户　　　　　　D. "待摊费用"账户
    E. "固定资产"账户

4. 下列属于"待摊费用"的有（　　）。
    A. 先提借款利息,以后支付　　　　B. 预付全年保险费

C. 月末计提固定资产折旧费　　　　D. 年初支付全年报纸杂志费

E. 按职工工资总额的14%计提福利费

5. 下列项目属于产品成本项目的有(　　)。

　A. 直接材料　　　　　　　　　　B. 工资及福利费

　C. 管理费用　　　　　　　　　　D. 制造费用

　E. 燃料和劳动力

6. 核算期间费用的账户有(　　)。

　A. 制造费用　　　B. 管理费用　　　C. 财务费用

　D. 营业费用　　　E. 预提费用

7. 企业预付材料款时,可以(　　)账户。

　A. 借记"预付账款"　　　　　　　B. 借记"应付账款"

　C. 贷记"预付账款"　　　　　　　D. 贷记"应收账款"

　E. 贷记"应收账款"

8. 下列费用应记入"管理费用"账户的有(　　)。

　A. 车间辅助人员的工资及福利费

　B. 企业行政管理部门固定资产的折旧费、修理费

　C. 差旅费和企业行政管理部门的办公费

　D. 职工福利人员(如医生、保育人员等)的工资

　E. 企业行政管理部门人员的工资

9. 下列费用计入产品生产成本的有(　　)。

　A. 短期借款的利息支出

　B. 车间发生办公费、水电费

　C. 厂部固定资产的折旧费和修理费

　D. 车间消耗的各种材料的费用

　E. 车间人员的劳动保险费和劳动保护费

10. 下列费用属于管理费用的有(　　)。

　A. 销售产品发生的运输费、搬运费、装卸费

　B. 修理厂部固定资产消耗的材料费

　C. 生产产品耗用材料费

　D. 车间发生的办公费

　E. 短期借款的利息支出

11. 销售收入确认的时间有以下几种情况(　　)。

　A. 产品从仓库发出时确认收入

　B. 产品销售时确认收入　　　　　C. 产品销售前确认收入

　D. 产品销售后确认收入　　　　　E. 产品发运时确认收入

12. 下列账户中,月末应无余额的有(　　)。

　A. 生产成本账户　　　　　　　　B. 管理费用账户

　C. 财务费用账户　　　　　　　　D. 待摊费用账户

E. 预提费用账户

13. "主营业务税金及附加"账户借方登记的内容有（　　）。
   A. 增值税　　　　　　　　　　B. 消费税
   C. 城市维护建设税　　　　　　D. 教育费附加
   E. 营业税

三、判断题

1. 企业可设置"实收资本"账户来核算实际收到投资投入的资本。（　　）
2. 购入材料时支付的增值税不计入材料的采购成本。（　　）
3. 企业在一定时期内支付的生产费用的总和就是产品的生产成本。（　　）
4. 生产产品的各种生产费用最终都要归集到"生产成本"账户的借方。（　　）
5. 期间费用中发生在生产车间的部分要计入产品的生产成本。（　　）
6. "累计折旧"账户的贷方登记折旧额的增加，借方登记折旧的减少，因此，属于负债类账户。（　　）
7. 产品制造成本既包括为生产产品所发生的各种直接费用，也应该包括为生产产品所发生的各种间接费用。（　　）
8. 资本公积金包括盈余公积，实收资本及接受捐赠的资产价值。（　　）
9. 投资者在进行资本投资时，同时也放弃了其对资产的所有权。（　　）
10. "应交税费——应交增值税"的对应账户不可能是"材料采购"账户。（　　）
11. 期间费用包括管理费用、财务费用、营业费用。（　　）
12. "应付福利费"账户的余额只能在贷方。（　　）
13. 按照权责发生制原则，对于发生不均衡，数额较大的固定资产修理费用，只能采取待摊的办法。（　　）
14. 制造费用只能按照生产工人工资标准在各种产品之间进行分配。（　　）
15. 处在生产过程中尚未制造完成的产品即为半成品。（　　）
16. 本月完工产品成本＝月初在产品成本＋本月生产费用的发生额。（　　）
17. 营业费用是期间费用。（　　）
18. 企业财务成果就是企业生产和销售产品所取得的利润或发生的亏损。（　　）
19. 企业从事生产经营活动所取得的一切收入，都属于主营业务收入。（　　）
20. 营业费用是因销售产品而发生的费用。因此，如果本期没有取得主营业务收入，自然就不会有营业费用发生。（　　）

四、连线题

1. 将下列项目应记入应收账款户的方向用连线回答。
   （1）发生应收购买单位款
   （2）收到购买单位款　　　　　　　　（1）借方
   （3）冲销预收购买单位款
   （4）发生预收购买单位款　　　　　　（2）贷方

2.将下列账户的期末余额的方向用连线回答。

(1)管理费用

(2)财务费用　　　　　　　　　　　(1)借方余额

(3)待摊费用

(4)其他应收款　　　　　　　　　　(2)贷方余额

(5)营业外支出

(6)盈余公积　　　　　　　　　　　(3)无余额

3.将下列项目应记入"本年利润"账户的方向用连线回答。

(1)产品销售利润

(2)产品销售亏损　　　　　　　　　(1)借方

(3)管理费用

(4)财务费用　　　　　　　　　　　(2)贷方

(5)营业外收入

(6)营业外支出

五、名词解释

1.固定资产　　　　　2.投入资本　　　　　3.采购费用

4.生产费用　　　　　5.产品生产成本　　　6.直接费用

7.间接费用　　　　　8.产品成本费用　　　9.营业外收支

10.待摊费用　　　　 11.预提费用　　　　 12.累计折旧

13.期间费用　　　　 14.成本计算对象　　 15.盈余公积金

六、问答题

1.工业企业的经济业务主要包括哪些？为了反映和监督这些业务都设置了哪些账户？这些账户之间的联系是什么？

2.简单说明"材料采购"账户的用途和结构。

3.进行产品生产业务核算为什么要分别设立"生产成本"和"制造费用"账户？核算的主要内容和相应的会计分录都包括哪些？

4.简要说明产品成本核算的一般程序和成本计算的方法。

5.财务成果核算的主要内容包括什么？企业利润的构成内容及各项指标的关系是什么？

6.说明"本年利润"账户与"利润分配"账户的用途和登记方法以及两个账户之间的关系。

七、业务计算题

(一)目的:练习资金筹集的核算

资料:某企业202×年5月发生以下经济业务。

1.5日,接受公司投入现款100 000元存入银行。

2.6日,接受宝华公司投入设备一台,价值100 000元。

3.10日,接受保宁工厂投入一项非专利技术,双方确认价值5 000元。

4.18日,经决定用资本公积金60 000转增企业资本。

要求:根据以上资料编制会计分录。

(二)目的:练习供应过程的核算和材料采购的计算

资料:某工业企业202×年9月发生有关经济业务如下。

1. 向春花工厂购进甲材料200吨,单价100元,增值税进项税3 400元,材料已验收入库,货款23 400元,已由银行支付。

2. 向下列各单位购进甲标材料一批,材料已验收入库,货款未付。

   明光工厂300吨 单价100元   计30 000元

   飞跃工厂500吨 单价100元   计50 000元

                  合计80 000元

   增值税进项税额   13 600元

3. 以银行存款1000元支付购买甲材料的运杂费。

4. 向红星工厂购进乙材料400公斤,单价10.05元,材料已验收入库。货款4 020元,增值税进项税额683.4元,已由银行支付。

5. 向永进工厂购进下列材料一批,材料已验收入库,货款已由银行支付:

   丙材料 1 000公斤 单价2元   计2 000元

   丁材料 100公斤   单价5元   计500元

                  合计2 500元

   增值税进项税值额   425元

6. 以现金支付购买丙材料的运杂费30元,丁材料的运杂费3元。

7. 向光明工厂购进预付货款的甲材料500吨,单价100元,材料已验收入库,货款不足以存款支付。

8. 以现金1800元支付购买甲材料500吨的运杂费。

9. 以银行存款偿还前欠光明工厂35 100元和跃华工厂58 500元的购料款。

10. 结转验收入库材料的实际采购成本。

根据以上资料,编制各项业务的会计分录。

(三)目的:练习生产过程核算和产品生产成本的计算

资料:某工厂202×年××月发生下列经济业务。

1. 生产车间生产产品领用甲材料84吨,单价100元,乙材料300公斤,单价10.05元。

2. 以银行存款支付车间照明用电费1 000元,管理部门用电费1 200元。

3. 厂长张红出差回厂,报销旅费1 300元,补付现金300元。

4. 从银行提回现金40 000元,以备发放工资。

5. 以现金发放工资40 000元。

6. 月末按用途将工资加以分配,其中,生产工人工资34 000,车间管理人员工资3 000,企业管理人员工资3 000。

7. 按工资总额的14%提取福利费。

8. 按固定资产原价计提折旧,其中,车间固定资产折旧8 000元,行政管理部门固定资产折旧4 000元。

9. 本月生产车间领用低值易耗品价值6 000元,分半年摊入成本,本月摊入成本1 000元。

10. 用银行存款支付车间办公室修理费500元。

11. 预提厂部办公费 400 元。
12. 用银行存款支付厂部办公费等 800 元。
13. 以银行存款支付本月电话租金 200 元。
14. 以银行存款支付车间用水费 500 元,厂部用水费 300 元。
15. 以银行存款支付车间用电费 500 元。
16. 以银行存款支付原来已经预提的车间厂房修理费 1500 元。
17. 厂部李莉预借差旅费 600 元,开出现金支票支付。
18. 从银行提回现金 500 元备用。
19. 将本月发生的制造费用全数转入"生产成本"账户。
20. 本月生产产品全部完工,结转完工产品成本。
要求:根据上述经济业务编制会计分录。

(四)目的:练习销售收入的核算
资料:某工厂 2022 年 12 月份发生下列经济业务。
1. 销售 A 产品 100 件,每件售价 400 元,销项税额 6 800 元,款项 46 800 元对方暂欠。
2. 以银行存款支付销售上述 A 产品运费 200 元。
3. 销售 B 产品 200 件,每件售价 500 元,销项税额 17 340,款项 117 340 收存银行。
4. 从银行存款中支付电视广告费用 10 000 元。
5. 销售 A 产品 200 件,每件售价 380 元,B 产品 100 件,每件售价 480 元,销项税额 21 080 元款项已收存银行。
6. 若按本月销售收入的 5% 计提应交消费税,且本月进项税额为 25 220 元,按消费税和增值税的 3% 提取教育费附加。
7. 结转本月已售产品的生产成本,其中 A 产品单位成本 280 元,B 产品单位成本 3360 元。
要求:据以上资料编制会计分录,并记入应设置的各损益类账户。

(五)目的:练习利润的形成和分配的核算
资料:某工厂 2022 年 12 月份发生下列经济业务。
1. 出售设备一台,售价 10 000 元,其账面价值 20 000 元,已提折旧 11 600 元。款项已收存银行。
2. 以银行存款支付职工子弟学校经费 4 000 元。
3. 现金支付职工退休金 1 000 元。
4. 一笔无法支付的应付账款 6 000 元,经批准转销。
5. 摊销应由本月负担的财产保险费 2 000 元。
6. 预提应由本月负担的短期借款利息 400 元。
7. 报销职工小王旅费 3 000 元(提前已预借 2 500 元)。
8. 按 25% 的税率计算应缴纳所得税计 11 201 元。
要求:
1. 编制会计分录。
2. 若该厂 12 月份销售业务以习题(四)资料结果为准,则结转各损益账户的本期发生额于"本年利润"账户。

3. 按净利润的 10％、5％分别计提法定盈余公积金、应付利润。

4. 年终进行利润分配结算的核算。

(六)练习工业企业主要经济业务的核算与成本计算

资料：新华工厂 12 月份发生下列经济业务。

1. 2 日,以银行存款支付广告宣传费 5 000 元。

2. 3 日,收到四方公司购货欠款 50 000 元,存入银行。

3. 5 日,原借入的半年期借款 40 000 元已到期,以存款偿还。

4. 6 日,购进甲材料 10 吨,每吨 1 000 元;乙材料 10 吨,每吨 1 400 元;发生运费 2 000 元(按材料重量比例分配);进项税额 4 420 元,款项均以存款支付,材料已验收入库。

5. 7 日,以银行存款上交上月消费税 5 000 元,增值税 5 000 元,城乡维护建设税 700 元,所得税 33 000 元,教育费附加费 300 元。

6. 8 日,销售 A 产品 50 件,每件售价 1 200 元,B 产品 60 件,每件售价 1 500 元,销项税额 25 500 元,款已收存银行。

7. 8 日,从银行提取现金 45 000 元,拟发放工资。

8. 10 日,职工报销医药费 5 000 元,以现金支付。

9. 10 日,厂长李强报销旅费 1 000 元。

10. 11 日,以银行存款 70 000 元偿付欠黄河工厂货款。

11. 12 日,向银行借入为期三个月的短期借款 60 000 元,存入银行。

12. 13 日,购入设备一台,价值 40 000 元,发生运费、保险费 1 000 元,发票进项税额为 6 800 元,均以存款支付,设备当即交付使用。

13. 13 日,销售给四方公司 A 产品 15 件,每件售价 1 200 元;B 产品 50 件,每件售价 1 500 元。发票销项税额 16 150 元,货已发运,以存款代垫运费 2 000 元,款项待收。

14. 14 日,从黄河工厂购进甲材料 20 吨,每吨 1 000 元,运费 2 000 元,进项税额 3 740 元,款项尚未支付,材料已验收入库。

15. 15 日,接受捐赠设备一台,价值 20 000 元。

16. 16 日,销售 B 产品 60 件,每件售价 1 500 元,销项税额为 5 300 元,款项已收存银行。

17. 16 日,以现金支付销售 B 产品运费 200 元。

18. 17 日,购进乙材料 20 吨,每吨 1 400 元,进项税额为 4 760 元,款项以银行存款支付。

19. 18 日,以银行存款支付 17 日购入乙材料运费 2 000 元,材料已验收入库。

20. 19 日,以银行存款预付第四季度租入固定资产(供车间使用)租金 900 元。

21. 20 日,以现金支付厂部办公费 500 元,车间办公费 400 元。

22. 22 日,收到 13 日销货欠款,存入银行。

23. 25 日,接受宏达投资现款 20 000 元,存入银行。

24. 26 日,摊销应由本月负担财产保险费 1000 元,租入固定资产(车间用)租金 3 002 元。

25. 29 日,以银行存款支付罚款 6 930 元。

26. 30 日,结转本月入库材料的实际采购成本。

27. 30 日,根据本月发料单汇总如下。

	甲材料	乙材料
A产品生产领用	22 000元	30 000元
B产品生产领用	33 000元	42 000元
车间一般耗用		1 500元
厂部一般耗用		1 500元

28. 30日,预提本月应负担的银行借款利息1 500元。

29. 30日,计提行政管理部门用固定资产折旧2 000元,生产用固定资产折旧3 000元。

30. 30日,分配工资费用,本月应付职工工资总额为50 000元,其中

A产品生产工人工资	20 000元
B产品生产工人工资	18 000元
厂部行政管理人员	800元
车间生产技术、管理人员工资	6 000元

31. 30日,按本月工资总额的14%计提职工福利费。

32. 30日,以存款支付水电费4 000元,其中,生产A产品耗用1 500元,生产B产品耗用2 000元,车间一般耗用300元,厂部一般耗用200元。

33. 30日,分配并结转本月制造费用(按生产工人工资比例分配)。

34. 30日,本月投产的A产品100件,B产品100件,均已完工入库,结转其实际生产成本。

35. 31日,结转本月已销A、B产品的生产成本。A产品单位成本800元,B产品单位成本1 000元。

要求:编制会计分录。

案例分析

目的:降低投资的重复性。

资料:党的二十大要求"深化国资国企改革,加快国有经济布局优化和结构调整,推动国有资本和国有企业做强做优做大,提升企业核心竞争力。优化民营企业发展环境,依法保护民营企业产权和企业家权益,促进民营经济发展壮大"。中国中丝集团有限公司(简称中丝集团)是国务院国资委直接监管的唯一一家中央丝绸集团。而中国保利集团有限公司始创于1992年,已形成国际贸易、房地产开发、轻工研究开发与工程服务、加工原材料及制品业务服务、文化艺术业务、市场营销与服务的多行业集合的发展格局。截至2018年年底,保利集团总资产突破1万亿元,跻身世界500强。目前,中国保利集团旗下拥有保利发展控股集团有限公司、保利地产集团有限公司、保利文化集团有限公司等11家主要二级子公司。早在2017年8月,保利集团、中国轻工集团、科技集团委托中丝集团,成立中丝集团管委会,启动38家子公司及分公司的重组,逐步减少资金占用大、盈利能力弱的业务,处理低效、长期亏损的业务。通过资产的重组和财务整合,保利集团实现了企业产业链的重组,提高了经营效率,实现了业务资源的协同共享,也支持和促进了国有企业的可持续发展。

要求:国企重组整合在哪些方面产生了重要影响(专业化、产业集中度,投资效率几方面)?

第五章　会计凭证

学习目标

1. 掌握原始凭证和记账凭证在实际工作中的应用方法。
2. 理解会计凭证的概念、内容与作用。
3. 了解原始凭证填制方法和要求,各类记账凭证的编制方法。

知识拓展

本章通过让学生对会计原始凭证和记账凭证相关知识的学习,培养其实事求是、勇于担当的高尚品质。学生通过对原始凭证各要素,尤其是签章制的掌握,养成遵守盖章有效和严格稽核规则的习惯。原始凭证是记录经济交易发生时间、发生地点、交易内容、交易数量、交易金额和交易对手等信息的书面文件,是会计进行确认与计量并按复式记账原理编制记账凭证的依据。

记账凭证的编制,可以培养学生认真细致的工作作风,保证每一笔会计记录都必须与原始凭证内容相符,并进行认真复核,以做到账证相符。

记账要以会计凭证为依据。填制和审核会计凭证是会计的一项基本工作,也是会计的基本方法之一。本章主要阐述会计凭证的意义和种类,原始凭证和记账凭证的填制和审核,以及凭证的传递与保管等问题。

第一节　会计凭证的意义和种类

一、会计凭证的概念和作用

《中华人民共和国会计法》赋予会计信息"真实性""完整性"的质量要求。据此,会计在账簿中所做的每一笔记录,在报表中所提供的每一项经济信息,都必须以真实、合法的会计凭证为依据。会计凭证是用来记录经济业务,明确经济责任的书面证明,也是登记账簿的依据。例如,购买商品、材料等要有供货方开给发票,支出款项要有收款方出具收据,接收商品、材料入库要有收货单,发出商品要有发货单,发出材料要有领料单等。发票、收据、收货单、发货单、领料单等都是会计凭证。填制或取得会计凭证是会计工作的基本环节(图 5-1)。

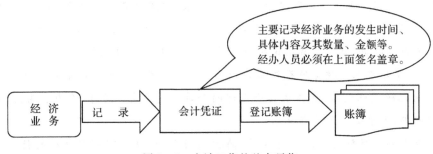

图 5-1　会计工作的基本环节

资料 5-1：

发票分为普通发票和增值税专用发票。普通发票主要由营业税纳税人和增值税小规模纳税人使用，增值税一般纳税人在不能开具专用发票的情况下也可使普通发票。普通发票由行业发票和专用发票组成。前者适用于某个行业和经营业务，如商业零售统一发票、商业批发统一发票、工业企业产品销售统一发票等；后者仅适用于某一经营项目，如广告费用结算发票，商品房销售发票等。普通发票的基本联次为三联：第一联为存根联，开票方留存备查用；第二联为发票联，收执方作为付款或收款原始凭证；第三联为记账联，开票方作为记账原始凭证。增值税专用发票是我国实施新税制的产物，是国家税务部门根据增值税征收管理需要而设定的，专用于纳税人销售或者提供增值税应税项目的一种发票。专用发票既具有普通发票所具有的内涵，同时还具有比普通发票更特殊的作用。它不仅是记载商品销售额和增值税税额的财务收支凭证，而且是兼记销货方纳税义务和购货方进项税额的合法证明，是购货方据以抵扣税款的法定凭证，对增值税的计算起着关键性作用。香港没有增值税这个规定，所以没有书面意义上的"发票"。因为除了政府控制的几类商品，其他商品是不含税的。但是在香港购物有和发票一样等同的票据"invoice"，可以作为入账凭证，一般跟收据分别不大，这跟内地的情况不一样。香港的发票是可以由企业或团体单位印刷或电脑打印的，例如某公司用电脑打印出一张单据，在抬头印上写上发票或英语 invoice 字样，就已经是正规发票了，但是必须有公司盖章及签名章。香港的凭据在内地一样可以入账，但是必须要与护照（或港澳通行证）、出行等证明一起提供，如果公司有港币户报账时可直接入港币户，到月底再折合成人民币核算。如果没有就按当时银行的中间牌价折算后用人民币入账。

收据主要是指财政部门印制的盖有财政票据监制章的收付款凭证，用于行政事业性收入，即非应税业务。一般没有使用发票的场合，都应该使用收据。收据是重要的原始凭证。收据与我们日常所说的"白条"不能画等号，收据也是一种收付款凭证，它有种类之分。至于能否入账，则要看收据的种类及使用范围。收据可以分为内部收据和外部收据。外部收据又分为税务部门监制、财务部门监制、部队收据三种。内部收据是单位内部的自制凭据，用于单位内部发生的业务，如材料内部调拨、收取员工押金、退还多余出差借款等，这时的内部自制收据是合法的凭据，可以作为成本费用入账。单位之间发生业务往来，收款方在收款以后不需要纳税的，收款方就可以开具税务部门监制的收据。行政事业单位发生的行政事业性收费，可以使用财政部门监制的收据。单位与部队之间发生业务往来,按照规定不需要纳税的,可以使用部队监制的收据,这种收据也是合法的凭据,可以入账。除上述几种收据外,单位或个人在收付款时使用的其他自制收据,就是日常所说的"白条",是不能作为凭证入账的。

收货单、发货单都属于核算库存商品的原始凭证。但不一定都得附着在关于采购(收货)销售(发货)的记账凭证之后,具体由企业内部的会计制度决定。同时,作为采购、采购销售业务中的银行回单,发票必须附着在其后。

领料单是由领用材料的部门或者人员(简称领料人)根据所需领用材料的数量填写的单据。其内容有领用日期、材料名称、单位、数量、金额等。为明确材料领用的责任,领料单除了要有领用人的签名外,还需要有主管人员的签名,保管人的签名等。领料人凭借领料单到仓库中领取所需材料时,由库存管理人员确认并出具出货单方可领取材料。

银行汇票是指汇款单位或个人将款项交存银行,由银行签发汇票给收款单位或个人持往外地办理转账或支取现金的结算凭证。收款单位将汇票、解讫通知进账单送交银行,根据银行退回的进账单和有关原始凭证编制收款凭证。付款单位收到银行签发的汇票后,根据"银行汇票申请书(存根)"联编制付款凭证,如有多余款项,或因汇票超过付款期等原因而退回时,应根据银行多余款收账通知编制收款凭证。

会计凭证在经济管理中主要有以下三方面的作用。

第一,审核经济业务的依据。会计在经济管理所发挥作用的大小,取决于会计信息质量的高低。经济业务是否真实、正确、合法、合理,在记账前都要根据会计凭证进行逐笔审核。由于会计凭证是经济业务的真实写照,因此,通过凭证审核,可以检查该项业务是否正常,是否符合有关政策、法令、制度、计划和预算等的规定,有无铺张浪费和违纪等行为,从而起到会计监督和保护财产安全的作用。

第二,记账的依据。记账必须以经过审核无误的会计凭证为依据,没有凭证,不能记账。这就保证了会计记录的客观性、真实性和正确性,防止主观臆断和弄虚作假等行为。

第三,加强经济责任制的重要手段。由于每一项经济业务都要填制或取得适当的会计凭证,有关经办人员都要在凭证上签字,以示负责,这样就加强了经济责任制,促使有关人员在自己的职责范围内严格按照规章办事,提高责任感。一旦出现问题,便于检查和分清责任。

二、会计凭证的种类

会计凭证的种类很多,可以按照不同的标准予以分类。最基本是按其填制程序和用途分类。按填制程序和用途,会计凭证可分为原始凭证和记账凭证两大类,具体分类如图 5-2 所示。

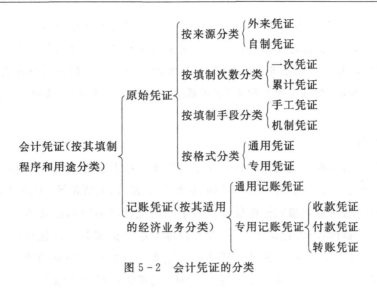

图 5-2 会计凭证的分类

(一)原始凭证

原始凭证又称单据。它是记录经济业务已经发生、执行或完成,明确经济责任,并作为记账原始依据的一种会计凭证。原始凭证按其取得的来源不同,可以分为自制原始凭证和外来原始凭证两类。前者是在经济业务发生、执行或完成时,由本单位的经办人员自行填制的原始凭证,如收料单、领料单、产品入库单等。后者是同外单位发生经济往来关系时,从外单位取得的凭证。外来原始凭证都是一次凭证。如企业购买材料、商品时,从供货单位取得的发货票,就是外来原始凭证。

自制原始凭证按其填制手续不同,又可分为一次凭证、累计凭证、汇总原始凭证和记账编制凭证四种。

资料 5-2:

一次凭证,是指只反映一项经济业务,或者同时反映若干项同类性质的经济业务,其填制手续是一次完成的会计凭证。如企业购进材料验收入库,由仓库保管员填制的"收料单";车间或班组向仓库领用材料时填制的"领料单";以及报销人员填制的、出纳人员据以付款的"报销凭单"等,都是一次凭证。

累计凭证是指在一定期间内,连续多次记载若干不断重复发生的同类经济业务,直到期末,凭证填制手续才算完成,以期末累计数作为记账依据的原始凭证,如工业企业常用的限额领料单等。使用累计凭证,可以简化核算手续;能对材料消耗、成本管理起事先控制作用,是企业进行计划管理的手段之一。

汇总原始凭证是指在会计核算工作中,为简化记账凭证的编制工作,将一定时期内若干份记录同类经济业务的原始凭证按照一定的管理要求汇总编制一张汇总凭证,用以集中反映某项经济业务总括发生情况的会计凭证,如"发料凭证汇总表""收料凭证汇总表""现金收入汇总表"等都是汇总原始凭证。汇总原始凭证只能将同类内容的经济业务汇总填列在一张汇总凭证中。在一张汇总凭证中,不能将两类或两类以上的经济业务汇总填列。汇总原始凭证在大中型企业中使用得非常广泛,因为它可以简化核算手续,提高核算工作效率;能够使核算资料更为系统化,使核算过程更为条理化;能够直接为管理提供某些综合指标。

记账编制凭证是根据账簿记录和经济业务的需要编制的一种自制原始凭证。记账编制凭证是根据账簿记录,把某一项经济业务加以归类、整理而重新编制的一种会计凭证。例如在计算产品成本时,编制的"制造费用分配表"就是根据制造费用明细账记录的数字按费用的用途填制的。

(二)记账凭证

记账凭证是根据审核无误的原始凭证或原始凭证汇总表编制,用来确定会计分录,作为记账直接依据的一种会计凭证。有些会计事项,如更正错账、期末结账等,无法取得原始凭证,也可由会计人员根据账簿资料编制记账凭证。由于原始凭证的内容和格式不一,直接根据原始凭证记账容易发生错误,所以在记账前,一般要根据原始凭证编制记账凭证,在记账凭证中确定会计分录,再据以记账。这样,原始凭证就成为记账凭证的附件和原始依据,而记账凭证则成为记账的直接依据。通过记账凭证,既便于记账,又可防止差错,保证账簿记录正确无误。

记账凭证按其适用的经济业务,分为专用记账凭证和通用记账凭证两类。前者是专门用于某一类经济业务的,一般有用于现金收入、银行存款增加业务的收款凭证,用于现金付出、银行存款减少业务的付款凭证,用于现金、银行存款以外转账业务的转账凭证等几种。后者可以是不分收款、付款、转账业务,而是全部业务通用的一种记账凭证。

资料 5-3:

收款凭证是用来记录现金和银行存款等货币资金收款业务的凭证,它是根据现金和银行存款收款业务的原始凭证填制的。

付款凭证是用来记录现金和银行存款等货币资金付款业务的凭证,它是根据现金和银行存款付款业务的原始凭证填制的。

收款凭证和付款凭证是用来记录货币收、付业务的凭证,它既是登记现金日记账、银行存款日记账、明细分类账及总分类账等账簿的依据,也是出纳人员收、付款项的依据。出纳人员不能依据现金、银行存款收付业务的原始凭证收付款项,必须根据会计主管人员或指定人员审核批准的收款凭证和付款凭证收、付款项,以加强对货币资金的管理,有效地监督货币资金的使用。

转账凭证是用来记录与现金、银行存款等货币资金收、付款业务无关的转账业务(即在经济业务发生时不需要收付现金和银行存款的各项业务)的凭证,它是根据有关转账业务的原始凭证填制的。转账凭证是登记总分类账及有关明细分类账的依据。

记账凭证按其填制方法,又可分为多项(或复式)记账凭证和单项(或单式)记账凭证两类。复式记账凭证又叫作多科目记账凭证,要求将某项经济业务所涉及的全部会计科目集中填列在一张记账凭证上。复式记账凭证可以集中反映账户的对应关系,因而便于了解经济业务的全貌,了解资金的来龙去脉;便于查账,同时可以减少填制记账凭证的工作量,减少记账凭证的数量;但是不便于汇总计算每一会计科目的发生额,不便于分工记账。上述收款凭证、付款凭证和转账凭证的格式都是复式记账凭证的格式。单式记账凭证又叫作单科目记账凭证,要求将某项经济业务所涉及的每个会计科目,分别填制记账凭证,每张记账凭证只填列一个会计科目,其对方科目只供参考,不据以记账。也就是把某一项经济业务的会计分录,按其所涉及的会计科目,分散填制两张或两张以上的记账凭证。单式记账凭证便于汇总计算每一个会计科目的发生额,便于分工记账;但是填制记账凭证的工作量变大,而且出现差错不易查找。

记账凭证按其是否经过汇总,可以分为汇总记账凭证和非汇总记账凭证。前者是根据非汇总记账凭证按一定的方法汇总填制的记账凭证。后者是没有经过汇总的记账凭证,前面介绍的收款凭证、付款凭证和转账凭证以及通用记账凭证都是非汇总记账凭证。汇总记账凭证按汇总方法不同,可分为分类汇总和全部汇总两种。分类汇总凭证是根据一定期间的记账凭证按其种类分别汇总填制的,如根据收款凭证汇总填制的"现金汇总收款凭证"和"银行存款汇总付款凭证";以及填制的"现金汇总付款凭证"和"银行存款汇总付款凭证";以及根据转账凭证汇总填制的"汇总转账凭证"都是分类汇总凭证。全部汇总凭证是根据一定期间的记账凭证全部汇总填制的,如"科目汇总图表"就是全部汇总凭证。

(三)原始凭证与记账凭证的区别和联系

原始凭证和记账凭证同属于会计凭证,但二者存在以下差别:①原始凭证是由经办人员填制的,记账凭证一律由会计人员填制;②原始凭证是根据发生或完成的经济业务填制,记账凭证是根据审核后的原始凭证填制;③原始凭证仅用以记录、证明经济业务已经发生或完成,记账凭证要依据会计科目对已经发生或完成的经济业务进行归类、整理;④原始凭证是填制记账凭证的依据,记账凭证是登记账簿的依据。

原始凭证与记账凭证之间存在着密切的联系。原始凭证是记账凭证的基础,记账凭证是根据原始凭证编制的。在实际工作中,原始凭证附在记账凭证后面,作为记账凭证的附件;记账凭证是对原始凭证内容的概括和说明;原始凭证有时是登记明细账户的依据。

下文是31张会计凭证样本格式(见图5-3,图5-4,表5-1—表5-29)。

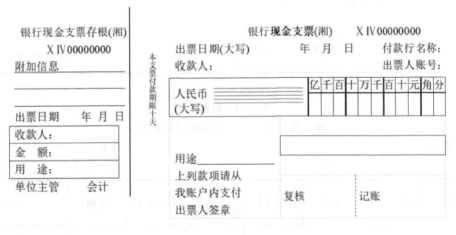

图5-3 现金支票

______银行
转账支票存根(湘)
XⅣ00000000
附加信息
出票日期　　年　月　日
收款人：
金　额：
用　途：
单位主管　　会计

本支票付款期限十天

______银行转账支票(湘)　XⅣ00000000
出票日期(大写)　　年　月　日　付款行名称：
收款人：　出票人账号：

人民币(大写)	亿	千	百	十	万	千	百	十	元	角	分

用途______
上列款项请从
我账户内支付
出票人签章　　复核　　记账

图 5-4　转账支票

表 5-1　银行进账单

______**银行　进账单**　(回　单)　1
年　　月　　日

收款人	全　称		付款人	全　称									
	账　号			账　号									
	开户银行			开户银行									
金额	人民币(大写)			亿	千	百	十	万	千	百	十	元	角	分
票据种类		票据张数											
票据张数													
复核　记账				开户银行盖章									

此联是开户银行交给持(出)票人的回单

表 5-2　领料单

领　料　单　　1(领料部门留存)

领料单位：　　凭证编号：
用途：　　年　月　日　　发料仓库：

材料编号	材料名称	规格	计量单位	数量		单位成本	金额	备注
				请领	实发			

发料人：　　领料单位负责人：　　领料人：

表5-3 银行汇票申请书

银行汇票申请书 （存根）　　1

第　　号

申请日期　　年　　月　　日

申请人		收款人		此联是出票行给汇款人的回单
账　号或住址		账　号或住址		
用途		代　理付款行		
汇票金额	人民币（大写）	千 百 十 万 千 百 十 元 角 分		

上列款项请从我账户内支付

科　目(借)_____
对方科目(贷)_____

申请人盖章　　　财务主管　　复核　　经办

表5-4 现金盘点报告表

单位名称：　　　　　　　　　年　　月　　日

实存金额	实存金额	实存账存对比		备注
		盘盈	盘亏	

分析原因：　　　　审批意见：

盘点人签章：　　　　　　　　出纳签章：

表 5-5　银行汇票

_____ 银　行

| 付款期限 壹个月 | 银行汇票（卡片）　1　　汇票号码_____ |

出票日期（大写）	年　月　日	代理付款行：　　　　　行号：
收款人：		账　号：

出票金额	人民币（大写）	
实际结算金额	人民币（大写）	千 百 十 万 千 百 十 元 角 分

申请人：_____　　　账号：_____
出票行：_____　行号：_____
备　注：_____

　　　　　　　　　　　　　　　复核　　　记账

复核　　　　经办

此联是出票行结算汇票时作汇出汇款借方凭证

表 5-6　银行本票申请书

_____ 银行 _____ 省分行签发银行本票
申　请　书　（存根）　1

申请日期　　年　月　日　　第　号

收款单位或个人名称 _____	本票号码 _____
申请签发　本票金额（大写）_____	
	申请人名称 _____
	申请人地址（或账号）_____
申请人签章　　　银行出纳　　　复核　　　记账　　　验印	

此联由申请人签发单位或个人留存，代替记账凭证或

表 5-7 银行本票

　　　　　　　　　　银　行

本　票（卡片）1　　地名　　汇票号码
出票日期　　　　　　年　月　日
（大写）

付款期限 壹 个 月		
收款人：	申请人：	
凭票即付	人民币 （大写）	
转账	现金	
备注：		
	出纳　　复核　　经办	

此联由出票行留存，结算本票时作借方凭证附件

表 5-8 商业承兑汇票

　　　　商业承兑汇票　（卡片）　　　1

出票日期：　　　年　月　日　　　汇票号码
　　（大写）

收款人	全 称		收款人	全 称											
	账 号			账 号											
	开户银行			开户银行		行号									
出票金额	人民币 （大写）					亿	千	百	十	万	千	百	十	元	角	分
汇票到期日 （大写）			付款人 开户行	行号											
交易合同号码				地址											
			备注：												
出票人签章															

此联由承兑人留存备查

表 5-9 银行承兑汇票

银行承兑汇票（卡片）　　1

出票日期：　　　年　月　日　　　　汇票号码
（大写）

出票人全称		收款人	全　称											
出票人账号			账　号											
付款行全称			开户银行				行号							
出票金额	人民币 （大写）			亿	千	百	十	万	千	百	十	元	角	分
汇票到期日 （大写）		付款行	行号											
承总协议编码			地址											
本汇票请你行承兑，此项汇票款我单位承兑协议于到期日前足额交存银行，到期请予以支付。 　　　　　　　　　出票人签章		备注：							复核　　　记账					

此联由承兑行留存备查，到期支付票款时作借方凭证附件

表 5-10 银行承兑协议

银行承兑协议（存根）　　1

编号：

银行承兑汇票的内容：
收款人全称_____　　　　　付款人全称_____
开户银行 _____　　　　　开户银行 _____
账　号 _____　　　　　账　号 _____
汇票号码 _____　　　　　汇票金额（大写）_____
签发日期____年____月____日　　到期日期____年____月____日

　　以上汇票经承兑银行承兑，承兑申请人（下称申请人）愿遵守《银行结算办法》的规定以及下列条款：

　　一、申请人于汇票到期日前将应付票款足额交存承兑银行。

　　二、承兑手续费按票面金额万分之（五）计划，在银行承兑时一次付清。

　　三、承兑汇票如发生任何交易纠纷，均由收付双方自行处理，票款于到期前仍按第一条办理。

　　四、承兑汇票到期日，承兑银行凭票无条件支付票款。如到期日之前申请人不能足额交付票款时，承兑银行对不足支付票款转作承兑申请逾期贷款，并按照有关规定计收罚息。

　　五、承兑汇票款付清后，本协议自动失效。

　　本协议第一、二联分别由承兑银行信贷部门和承兑申请人存执，协议副本由承兑银行会计部门存查。

承兑申请人签章：　　　　　　　　承兑银行签章：
订立承兑协议日期：　　　　　　　　　年　月　日

表 5-11 信汇凭证

		银行 信汇凭证 （回单）		1	
		委托日期 年 月 日			

	全 称			全 称													
汇款人	账 号		收款人	账 号													此联是汇出行给汇款人的回单
	汇出地点	省 市/县		汇入地点	省 市/县												
	汇出行名称			汇入行名称													
金额	人民币（大写）					亿	千	百	十	万	千	百	十	元	角	分	
				支付密码													
				附加信息及用途：													
		汇出行签章							复核			记账					

表 5-12 电汇凭证

		银行 电汇凭证 （回单）		1	
□普通 □加急		委托日期 年 月 日			

	全 称			全 称													
汇款人	账 号		收款人	账 号													此联是汇出行给汇款人的回单
	汇出地点	省 市/县		汇入地点	省 市/县												
	汇出行名称			汇入行名称													
金额	人民币（大写）					亿	千	百	十	万	千	百	十	元	角	分	
				支付密码													
				附加信息及用途：													
		汇出行签章							复核			记账					

表 5-13 托收凭证

托收凭证 （受理回单） 1

委托日期： 年 月 日

业务类型	委托收款(□邮划、□电划)			托收承付(□邮划、□电划)			
付款人	全 称			收款人	全 称		
	账 号				账 号		
	地 址	省 市县	开户行		地 址	省 市县	开户行
金额	人民币（大写）				亿 千 百 十 万 千 百 十 元 角 分		
款项内容		托收凭据名称		附寄单证张数			
商品发运情况				合同名称号码			
备注：		款项收妥日期：					
复核　　记账		年　月　日		收款人开户银行签章　　年　月　日			

此联作收款人开户银行给收款人的受理回单

表 5-14 现金缴款单

现金缴款单 （回单） 1

NO：_____

缴款日期： 年 月 日 编号：

收款单位	全 称										
	开户银行			账号							
款项来源				交款单位							
人民币（大写）：					千 百 十 万 千 百 十 元 角 分						
备注：											
交款单位签章			收款：			复核：					

表 5-15 增值税专用发票

省增值税专用发票	NO:00000000

发票联

校验码：	开票日期：	年 月 日

购货单位	名　称		密码区	
	纳税人识别号			
	地址、电话			
	开户行及账号			

货物或应税劳务名称	单位	数量	单价	金　额	税率	金　额
				千 百 十 万 千 百 十 元 角 分		百 十 万 千 百 十 元 角 分
合　计						
价税合计（大写）	仟 佰 拾 万 仟 佰 拾 元 角 分 （小写）					

销货单位	名　称		备注	
	纳税人识别号			
	地址、电话			
	开户行及账号			

收款人：　　　复核：　　　开票人：　　　销货单位：

第一联：发票联　购买方核算采购成本和增值税进项税额的记账凭证

表 5-16 货物运输业发票

公路、内河货物运输业统一发票

发 票 联　　　　　　　　发票代码 000000000000
　　　　　　　　　　　　　发票号码 00000000

开票日期：

机打代码 机打号码 机器编号		税控码		
收货人及 纳税人识别码		承运人及 纳税人识别码		
发货人及 纳税人识别码		主管税务机关 及代码		
运输项目及金额		其他项目及金额		备注
运费小计		其他费用小计		
合计(大写)			(小写)	

承运人盖章：　　　　　　开票人：

第一联：发票联　付款方记账凭证

表 5-17 普通裁剪发票

省　　　裁剪发票
存 根 联

年　月　日　客户：　　　　　　　　　　　　　　　地址：

货号	品　名	规格	单位	数量	单价	金　额							注意事项	
						万	千	百	十	元	角	分	1.本发票为裁剪发票,发票联大写金额与裁剪线必须相等(拾元以下金额除外),否则为无效发票。 2.发票联发生误剪错误,应作废,并全套保存。
合计金额 (大写)			万　仟　佰　拾　元　角　分						Ｙ：				

开票人：　　　　　　　　　　　收款单位章(未盖章无效)

玖万	捌万	柒万	陆万	伍万	肆万	叁万	贰万	壹万元

玖万	捌万	柒万	陆万	伍万	肆万	叁万	贰万	壹仟元

玖万	捌万	柒万	陆万	伍万	肆万	叁万	贰万	壹佰元

玖万	捌万	柒万	陆万	伍万	肆万	叁万	贰万	壹拾元

① 销售方存根备查

表 5-18 旅差费报销单

旅差费报销单

部门：　　　　　　　　　　填报日期　　　　　年　月　日

姓名		出差事由		出差日期	自 年 月 日 至 年 月 日	共　　　天	
起讫时间及地点				车船费		夜间乘车补助费			出差补助费			住宿费			其他	
月	日	起	月	日	讫	类别	金额	时间	标准	金额	日数	标准	金额	日数	标准	金额	摘要	金额
								小时	%									
								小时	%									
								小时	%									
								小时	%									
								小时	%									
								小时	%									
小　　计																		
共计金额 （大写）			仟　佰　拾　元　角　分							预支_____ 核销_____ 退补_____								

附单据共　　张

主管　　　　　部门　　　　　审核　　　　　填报人

表 5-19 收料单

收　料　单　　　1

供货单位：_____
发票号码：_____　　　　　年　月　日　　　　　收货仓库：_____

材料类别	名称及规格	计量单位	数量		实际成本		计划成本		差异
			应收	实收	单价	金额	单价	金额	

此联验收留存

验收：　　　　保管：　　　　　　　　记账：　　　　制单：

表 5-20　材料发出汇总表

年　月　日

部门：　　　　　　　　　　　　　　　　　　　　　　　　　　　　　　　　　单位：元

材料	项目	用途					
	数　量						
	计划单价						
	计划成本						
	成本差异						
	实际成本						
	数　量						
	计划单价						
	计划成本						
	成本差异						
	实际成本						
	数　量						
	计划单价						
	计划成本						
	成本差异						
	实际成本						
	数　量						
	计划单价						
	计划成本						
	成本差异						
	实际成本						
	数　量						
	计划单价						
	计划成本						
	成本差异						
	实际成本						
合　计							

表 5-21 记账凭证

记 账 凭 证

年　　月　　日　　第_____号

摘要	会计科目	借方金额									贷方金额									账页或√
		千	百	十	万	千	百	十	元	角	分	千	百	十	万	千	百	十	元	角	分	
合　计																						

会计主管　　　　　记账　　　　　审核　　　　　制单

表 5-22 凭证封面

凭 证 封 面

年　　　月份

单位名称	
凭证名称	
册　　数	第　　　　册共　　　　册
起讫编号	自第　　　　号至第　　　　号
起讫日期	自　年　　月　　日至　　月　　日

主管_____　装订_____

表 5-23 凭证封底

抽出单据记录

抽出日期			抽出单据名称	张数	抽出单据理由	抽取人签章	财会主管签章	附注
年	月	日						

表 5-24 限额领料单

限额领料单 1 （领料部门）

年 月 日

领料部门：
用 途：
发料仓库： 第 号：

材料名称规格	计量单位	计划投产量	单位消耗定额	领用限额		
材料编号				数量		

日期	领用			退料			实发			单价						金额							限额结余数量
	领料人	数量		退料人	数量		收料人	数量		百	十	万	千	百	十	元	角	分	千	百	十	元	角	分	

发料人：

生产计划部门： 供销部门： 仓库：

表 5 - 25　产品出库单

产品出库单　1

存根联

制表日期　　年　月　日

出厂编号		出库日期		产品编号	
产品名称		型号			
数量		单价		出库金额	
提货单位			经办人:		

主管:　　　　　记账:　　　　　保管员:

表 5 - 26　财产物资报废单

财产物资报废单　①存根联

部门　　　　　　　　　　　年　月　日

序号	品　名	数量	领用时间	使用时间	报废时间	报废原因

填表人:　　　　　　　　　　　审核人:

表 5－27 财产物资盘存单

单位名称：　　　　　　　　　　　　　　　　　　　　　　　　　　编号：
财产类别：　　盘存时间：　年　月　日　　存放地点：　　　　　　财产责任人：

序号	名称	规格型号	计量单位	实存数量	单价	金额	备注

盘点人签章：　　　　　　　　　　　　　　实物保管人签章：

表 5－28 账存实存对比表

单位名称：　　　　　　　　　　　　　　　年　月　日

名称	规格型号	计量单位	单价	账存		实存		账实对比				备注
				数量	金额	数量	金额	盘盈		盘亏		
								数量	金额	数量	金额	

分析原因：　　　　　　　　　　　　　　　审批意见：
盘点人签章：　　　　　　　　　　　　　　会计签章：

表 5-29 职工薪酬计算表

职工薪酬计算表
（①留存）

年　月　日

部门：　　　　　　　　　　　　　　　　　　　　　　　　　　　　　　　　　　　　　　　单位：元

人员类别	人数	应　发　数						代　　扣　　款						实发工资
		基本工资	绩效工资	津贴	加班工资	奖金	扣缺勤工资	应发工资	医疗保险金	养老保险金	失业保险金	住房公积金	工会经费	水电费	个人所得税	其他	小计	

审核　　　　　　　　　　　制单

第二节　原始凭证的填制和审核

一、原始凭证的基本内容

由于各种经济业务的内容和经营管理的要求不同,原始凭证的名称、格式和内容是多种多样的。但不管怎样,任何一张原始凭证都必须同时具备一些相同的内容,这些内容被称为原始凭证的基本内容或基本要素。其包括以下内容:①原始凭证的名称,标明原始凭证所记录的业务内容的种类,反映原始凭证的用途,如发货票、入库单等。②原始凭证的填制日期,填制原始凭证的日期一般是经济业务事项发生或完成的日期;如果在经济业务事项发生或完成时,因某种原因未能及时填制的,应当以实际填制日期为准。③接受原始凭证的单位名称或个人姓名,将接受原始凭证的单位与填制原始凭证的单位或填制人联系起来,以便标明经济业务事项的来龙去脉。④所发生的经济业务事项的基本内容,主要是表明经济业务事项的项目、名称及有关的附注说明。⑤有关经济业务事项的单价、数量和金额,主要表明经济业务事项的计量,这是原始凭证的核心内容。⑥填制原始凭证的单位名称或填制人姓名。⑦有关经办人员的签字或盖章,这是明确经济责任的依据,如图5-5所示。

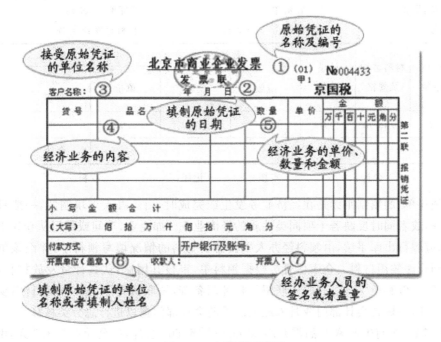

图5-5　原始凭证样图

此外,有些原始凭证为了满足计划、统计或者其他业务管理的需要,还要列入有关的计划任务、合同号码、预算项目等,使原始凭证发挥多方面的作用。

二、原始凭证的填制方法

(一)自制原始凭证的填制方法

1. 一次凭证的填制方法

一次凭证的填制手续是在经济业务发生或完成时,由经办人员填制的,一般只反映一项经济业务,或者同时反映若干项同类性质的经济业务。下面以"收料单"和"领料单"的填制为例,介绍一次凭证的填制方法。

(1)"收料单"是企业购进材料验收入库时,由仓库保管人员根据购入材料的实际验收情况,填制的一次性原始凭证。企业外购材料,都应履行入库手续,由仓库保管人员根据供应单位开来的发票账单,严格审核,对入库的材料认真计量,并按实收数量认真填制"收料单"。收料单一式三联,一联留仓库,据以登记材料物资明细账和材料卡片;一联随发票账单到会计处报账;一联交采购人员存查。

【例 5-1】购入 20 m/m 圆钢 1 000 公斤,每公斤单价 3 元,另付购入材料运杂费 200 元。仓库保管人员验收后填制"收料单",其格式与内容见表 5-30。"收料单"通常是一料一单。

表 5-30 玥胜有限公司收料单

供货单位:邯钢　　　　收料单　　　　凭证编号:0343
发票编号:0025　　　　2023 年 5 月 8 日　　　收料仓库:5 号库

材料类别	材料编号	材料名称及规格	计量单位	数量		金额/元		
				应收	实收	单价	买价运杂费	合计
型钢	022	20 m/m	公斤	1 000	1 000	3.00	200	3 200
备注							合计	3 200

主管:　　　　会计:　　　　审核:　　　　记账:　　　　收料:

(2)"领料单"的填制手续是在经济业务发生或完成时,由经办人员填制的,一般只反映一项经济业务,或者同时反映若干项同类性质的经济业务。如企业、车间或部门从仓库中领用各种材料,都应履行出库手续,由领料经办人根据需要材料的情况填写领料单,并经该单位主管领导批准到仓库领用材料。仓库保管员根据领料单,审核其用途,认真计量发放材料,并在领料单上签章。"领料单"一式三联,一联留领料部门备查,一联留仓库,据以登记材料物资明细账和材料卡片,一联转会计部门或月末经汇总后转会计部门据以进行总分类核算。

【例 5-2】一车间生产 A 产品需领用 20 m/m 圆钢 500 公斤,每公斤单价 3.2 元,由经办人填制"领料单",其格式与内容见表 5-31。此"领料单"经车间有关领导批准后到仓库领料,仓库保管员据以发料。"领料单"一般都一料一单。

表 5-31　玥胜有限公司领料单

领料单位：一车间　　　　　　　　　领料单　　　　　　　　　凭证编号：3456
用途：制造 A 产品　　　　　　　　2023 年 7 月 3 日　　　　　发料仓库：5 号库

材料类别	材料编号	材料名称及规格	计量单位	数量		单价/元	金额/元
				请领	实发		
型钢	022	20 m/m	公斤	500	500	3.20	1 600
备注				合计			1 600

主管：　　　　　　记账：　　　　　　发料人：　　　　　　领料人：

2. 累计凭证的填制方法

累计凭证是在一定时期不断重复地反映同类经济业务的完成情况，它是由经办人每次经济业务完成后在其上面重复填制而成的，下面以"限额领料单"为例说明累计凭证的填制方法。

"限额领料单"是多次使用的累计领发料凭证。在有效期间内（一般为一个月），只要领用数量不超过限额就可以连续使用。"限额领料单"是由生产、计划部门根据下达的生产任务和材料消耗定额按每种材料用途分别开出，一料一单，一式两联，一联交仓库据以发料，一联交领料部门据以领料。领料单位在领料时，在该单内注明请领数量，经负责人签章批准后，持往仓库领料。仓库发料时，根据材料的品名、规格在限额内发料，同时将实发数量及限额余额填写在限额领料单内，领发料双方在单内签章。月末在此单内结出实发数量和金额转交会计部门，据以计算材料费用，并做材料减少的核算。使用限额领料单领料，全月不能超过生产计划部门下达的全月领用限额量。由于增加生产量而需追加限额时，应经生产计划部门批准，办理追加限额的手续。由于浪费或其他原因超限额用料需追加限额，应由用料部门向生产计划部门提出申请，经批准后追加限额。在用另一种材料代替限额领料单内所列材料时，应另填一次"领料单"，同时相应地减少限额余额。"限额领料单"的格式和内容见表 5-3。

【例 5-3】一车间生产 B 产品，年度计划生产 5 000 台，每台 B 产品消耗 16 m/m 圆钢 0.2 公斤，全月 16 m/m 圆钢的领用限额为 1 000 公斤，每公斤 16 m/m 圆钢的单价为 4 元。该月份生产 B 产品，由生产计划部门下达"限额领料单"，车间在该月份之内领用 16 m/m 圆钢情况，见表 5-32。

表 5-32　玥胜有限公司限额领料单

领料单位：一车间　　　　　　用途：B 产品　　　　　　计划产量：5 000 台
材料编号：102045　　　　　　名称规格：16 m/m 圆钢　　计量单位：公斤
单价：4.00 元　　　　　　　　消耗定量：0.2 公斤/台　　领用限额：1000

2023 年		请领		实发				
月	日	数量	领料单位负责人	数量	累计	发料人	领料人	限额结余
10	5	200	王强	200	200	田洲	尹丛	800
10	10	100	王强	100	300	田洲	尹丛	700
10	15	300	王强	300	600	田洲	尹丛	400

续表

2023年		请领		实发				限额结余
月	日	数量	领料单位负责人	数量	累计	发料人	领料人	
10	20	100	王强	100	700	田洲	尹丛	300
10	25	150	王强	150	850	田洲	尹丛	150
10	31	100	王强	100	950	田洲	尹丛	50

累计实发金额(大写)叁仟捌佰元整　　　　　　　　　¥3 800

供应生产部门负责人:(签章)　　生产计划部门负责人:(签章)　　仓库负责人:(签章)

从以上"限额领料单"的记录可知,一车间在当月完成生产任务条件下,于5日、10日、15日、20日、25日和31日六次领用16 m/m圆钢,实际累计耗用950公斤,与领用限额1 000公斤对比约50公斤,节约材料200元。"限额领料单"不仅起到事先控制领料的作用,而且可以减少原始凭证的数量和简化填制凭证的手续。

3. 汇总原始凭证的填制方法

汇总原始凭证,是指在会计的实际工作日,为了简化记账凭证的填制工作,将一定时期若干份记录同类经济业务的原始凭证汇总编制一张汇总凭证,用以集中反映某项经济业务的完成情况。汇总原始凭证是有关责任者根据经济管理的需要定期编制的。现以"发料凭证汇总表"为例,说明汇总原始凭证的编制方法。

"发料凭证汇总表"是由材料会计根据各部门到仓库领用材料时填制的领料单按旬汇总,每月编制一份,送交会计部门做账务处理。

【例5-4】企业2023年度10月份发出材料所编制的"发料凭证汇总表",见表5-33。

表5-33　发料凭证汇总表

2023年10月31日　　　　　　　　　　　　　　　　　　　　　　　　　单位:元

应借科目	应贷科目:原材料				辅助材料	发料合计
	明细科目:主要材料					
	1—10日	11—20日	21—30日	小计		
生产成本	15 000	22 000	20 000	57 000	3 000	60 000
制造费用				1 000	500	1 500
管理费用				2 000	1 500	35 000
合计	—			60 000	5 000	65 000

汇总原始凭证只能将同类内容的经济业务汇总在一起,填列在一张汇总原始凭证上,不能将两类或两类以上的经济业务汇总在一起,填列在一张汇总原始凭证上。

4. 记账编制凭证的填制方法

记账编制凭证,是由会计人员根据一定时期内某一账户的记录结果,对某一特定事项进行归类、整理而编制的,以满足会计核算或经济管理的需要。现以"制造费用分配表"的填制为例,介绍记账编制凭证的填制方法。

"制造费用分配表"是于月末由会计人员根据制造费用明细账的记录结果,按制造费用在各种产品之间分配结果编制的。

【例5-5】企业一车间2023年度10月1日至31日制造费用明细账登记的当月发生额合计为10 000元,该企业一车间生产A、B两种产品,在计算产品生产成本时制造费用按二者的实际生产工时进行分配,10月份A产品生产工时为2 000小时,B产品生产工时为3 000小时,合计为5 000小时。计算所得制造费用分配率为2(10 000/5 000)。填制的记账编制凭证-制造费用分配表见表5-34。

表5-34 制造费用分配表

2023年10月 单位:元

应借科目		生产工时	分配率	分配金额
生成成本	A产品	2 000	2	4 000
	B产品	3 000	2	6 000
合计		5 000	2	10 000

(二)外来原始凭证的填制方法

外来原始凭证是在企业同外单位发生经济业务时,由外单位的经办人员填制的,现以购货发票为例说明外来原始凭证的填制方法。

【例5-6】宏大机床厂于20××年2月3日从大华钢厂购入25 m/m圆钢1500公斤,每公斤单价4元,同时购入10 m/m圆钢1 000公斤,每公斤单价4元,购入材料时取得黎明钢厂开具的增值税专用发票,如图5-6所示。

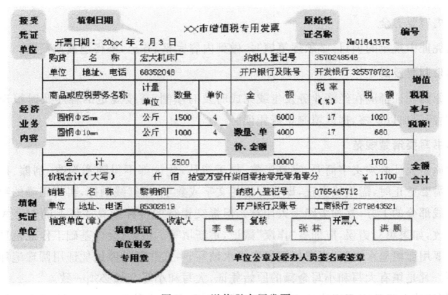

图5-6 增值税专用发票

以上购入的圆钢已支付 500 元运费，由运输部门开具收取运费的发货票，如表 5-35 所示。

表 5-35　北京市第一运输公司发票

付款单位：　　　　　　　　　年　月　日　　　　　　　NO:0038838

服务项目	数量	单位	单价/元	金额/元							
				百万	十万	万	千	百	十	元	角	分
运 25 m/m 圆钢	1500		0.2					3	0	0	0	0
运 10 m/m 圆钢	1000		0.2					2	0	0	0	0
金额合计(小写)							¥	5	0	0	0	0
金额(大写)					佰　　拾　万　　仟 ¥伍佰零元零角零分							

收款单位：(盖章)　　　　　　　　　主管：(签章)

外来原始凭证一般由税务局等部门统一印制，或经税务部门批准由经济单位印制，在填制时加盖出具凭证单位公章方有效，对于一式多联的原始凭证必须用复写纸套写。

三、原始凭证的填制要求

原始凭证是具有法律效力的证明文件，是记账的原始依据。因此，原始凭证的填制是记账的起点，是会计核算的基础。原始凭证填制正确与否，与整个核算工作的质量有着密切的联系。因此，在填制原始凭证时，必须符合下列要求。

(一)记录要真实

凭证上填列的日期、业务内容和数字必须反映经济业务的真实内容，不能弄虚作假，也不能估计或匡算。

(二)内容要齐全

原始凭证中规定的项目，必须逐笔填写，做到内容完整、齐全，不得遗漏或简略。

(三)填制要及时

一切原始凭证都应在经济业务发生或完成时及时填制，并按规定的程序及时报送财会部门，由财会部门加以审核，据以填制记账凭证。

(四)书写要清楚规范

填写原始凭证必须文字简要，字迹工整，易于辨认，凭证都不得随意涂改、刮擦、挖补。若填写错误需要更正时，需划线更正，即将写错的文字或数字，用红线画掉，再将正确的数字或文字写在画线部分的上方，并加盖经手人印章。但提交银行的各种结算凭证上的数字大小写一律不得更改，如果填写错误，应加盖"作废"戳记，重新填写。根据《会计基础工作规范》的要求，原始凭证要用蓝黑墨水书写，支票要用碳素墨水填写，一式几联的原始凭证用圆珠笔和双面复写纸套写。凡是填有大写和小写金额的原始凭证，大写和小写金额必须一致。

(1)阿拉伯金额数字不得连笔书写，并在其数字前书写币种符号，如"¥""HK＄""US＄"

等,且不得留有空白。以元为单位的阿拉伯金额数字,除表示单价外,一律填写到角分;无角分的,角位和分位可写"00",或者"—"。有角无分的,分位应写"0"不得用符号"—"代替。

(2)汉字大写数字金额一律用正楷或者行书体书写。例如要用零、壹、贰、叁、肆、伍、陆、柒、捌、玖、拾、佰、仟、万、亿、整等字样书写,易于辨认、不易涂改,不得用一、二(两)、三、四、五、六、七、八、九、十、毛、另(或0)等字样代替,不得任意自选简化字。

(3)凡预印有大写金额数字位数的,应按预印的空格填写,在有大写金额的前一空位用"¥"或"⊕"注销不需用的空格。凡未预印大写金额数字位数的,应在"人民币""港元""美元"等货币名称之后书写大写金额。且货币名称与金额数字之间,以及各金额数字之间不得留有空隙。大写数字到元或者角为止的,在"元"或"角"字之后写"整"字。

(4)阿拉伯金额数字中间有"0"时,汉字大写金额应写"零"字。连续有几个零时,汉字大写金额中可以只写一个"零"字。阿拉伯金额数字元位是"0"或者数字中间连续有几个"0",元位也是"0",但角位不是"0"时,汉字中大写金额可以只写一个"零"字,也可以不写"零"字。如"¥1 320.56",汉字大写金额写成人民币壹仟叁佰贰拾圆零伍角陆分,或人民币壹仟叁佰贰拾圆伍角陆分。

(五)原始凭证要连续编号

若凭证已预先印定编号,在填错需要作废时,应当加盖"作废"戳记,并连同存根和其他各联全部保存,不得擅自撕毁。

(六)责任要明确

《中华人民共和国会计法》规定有关经办单位或经办人员都要在原始凭证上签字或盖章,以示负责。外来原始凭证必须加盖单位公章。

四、原始凭证的审核

《中华人民共和国会计法》第十四条规定:会计机构、会计人员必须按照国家统一的会计制度的规定对原始凭证进行审核,对不真实、不合法的原始凭证有权不予接受,并向单位负责人报告;对记载不准确、不完整的原始凭证予以退回,并要求按照国家统一的会计制度的规定更正、补充。原始凭证记载的各项内容均不得涂改;原始凭证有错误的,应当由出具单位重开或者更正,更正处应当加盖出具单位印章。原始凭证金额有错误的,应当由出具单位重开,不得在原始凭证上更正。记账凭证应当根据经过审核的原始凭证及有关资料编制。

原始凭证的审核是保证会计记录真实、正确,充分发挥会计监督作用的重要环节。这项工作必须严肃认真地执行。

(一)原始凭证的审核内容

(1)真实性审核。主要是审核凭证所反映的内容是否符合所发生的实际情况,数字、文字有无伪造、涂改、重复使用和大头小尾、各联之间数字不符等情况。特别要注意的是:①内容记载是否清晰,有无掩盖事情真相的现象。②凭证抬头不是本单位。③数量、单价与金额是否相符。④认真核对笔迹,有无模仿领导笔迹签字冒领现象。⑤有无涂改,有无添加内容和金额。⑥有无移花接木的凭证。

(2)完整性审核。主要是审核原始凭证各个项目是否填写齐全,数字是否正确;名称、商品规格、计量单位、数量、单价、金额和填制日期的填写是否清晰,计算是否正确。对要求统一使用的发票,应检查是否存在伪造、挪用或用作废的发票代替等现象,凭证中应有的印章、签名是否齐全、审批手续是否健全等。特别应注意的是:①外来的发票、收据等是否用复写纸套写,是否是"报销"一联。不属此例的一般不予受理,对于剪裁发票要认真核对剪裁金额是否等于大小写金额。②购买商品、实物的各种原始凭证,必须附有保管人的验单或其他领用者签名才能受理。③对外支付款项的凭证应附有收款人的收款手续方能转账注销。④自制的原始凭证附有原始单据的,要审核金额是否相符;无原始单据的是否有部门负责人的批准、签章。

(3)合法性审核。审核原始凭证的合法性,这是对原始凭证进行实质性的审核,也是重要的审核,具体审核:①审核凭证内容是否符合国家的方针、政策、法令制度和计划。②审核凭证本身是否具有"合法性"。

(二)经审核的原始凭证的处理

(1)对不真实、不合法的原始凭证不予受理。所谓不真实的原始凭证,是指原始凭证记录的事项与实际经济业务不符,是一种虚假的凭证;所谓不合法的原始凭证,是指原始凭证所表述的事项与经济业务是相符的,但经济业务本身不符合法律、法规、规章、制度的规定。会计人员应通过监督原始凭证,及时发现问题,采取相应措施,制止、纠正和揭露经济业务的违法违纪行为。

(2)对不准确、不完整的原始凭证予以退回,要求更正、补充。所谓不准确的原始凭证,是指原始凭证没有准确地表述经济活动真相,或在文字上、数字记录上发生差错等。所谓不完整的原始凭证,是指凭证上的文字说明、有关数字没有按会计制度的要求填写齐全。所以《中华人民共和国会计法》对于记载不准确、不完整的原始凭证只要求退回进行更正、补充,而不是不予受理。

(三)审核原始凭证权力和责任及执行方法

(1)《中华人民共和国会计法》第四条明确规定了单位负责人对本单元的会计工作和会计资料的真实性、完整性负责。这对于审核监督原始凭证起到至关重要的作用,即要坚持单位领导人"一支笔"审核签字制度。审核原始凭证不仅是会计人员的职责也是单位领导的责任。

(2)对不真实、不合法的原始凭证不予受理,是法律赋予会计机构、会计人员的一项重要权力和职责,要明确权力与责任的关系,不能讲情面或有后顾之忧,应坚决依法制止和纠正。

(3)要审核监督审批程序,是否经主管财务的领导批准,是否是单位正常业务工作的需要,有无超出单位业务范围之外的经济活动,是否有经办人员签字。

(4)认真落实《中华人民共和国会计法》第十四条规定的条款内容。

第三节 记账凭证的填制和审核

一、记账凭证的基本内容

记账凭证是会计人员根据审核无误后的原始凭证或汇总原始凭证,按照经济业务的内容加以归类,用来确定会计分录而填制的直接作为登记账簿依据的会计凭证。它的作用主要是便于记账,减少差错,保证记账工作的质量。

记账凭证必须具备下列基本内容:①填制单位的名称;②记账凭证的名称;③填制凭证的日期;④凭证的编号;⑤经济业务内容的摘要;⑥应借、应贷的会计科目(包括一级科目、二级科目或明细科目)和金额;⑦所附原始凭证的张数;⑧会计主管、制证、审核、记账等有关人员的签名或盖章。如图5-7所示。

图5-7 记账凭证示意图

二、记账凭证的填制

(一)记账凭证填制的要求

会计人员填制记账凭证要严格按照规定的格式和内容进行,除必须做到记录真实、内容完整、填制及时、书写清楚之外,还必须注意以下几点具体要求:①填制记账凭证必须以经过审核无误的原始凭证或汇总原始凭证为依据。②会计凭证上的会计分录必须正确,一级科目、二级科目与明细科目之间必须保持对应关系,金额必须核对无误。③正确、合理地填写摘要。摘要应该既简要又确切。④记账凭证的日期。收付款业务要登入当天的日记账;记账凭证中的收款凭证与付款凭证的日期应该是货币资金收付的日期(但与原始凭证的日期不一定一致);转账凭证以收到原始凭证的日期作为记账凭证的日期,但在摘要栏需要注明经济业务发生的实际日期。⑤记账凭证的编号,要根据不同情况采取不同的方法。如果企业采用通用记账凭证,记账凭证的编号可以采取顺序编号法,即按月编制序号。若企业采取收款凭证、付款凭证和转账凭证的专用记账凭证形式,则记账凭证应该按照字号编号法,即把不同类型的记账凭证用"字"加以区别,再把同类的记账凭证按照顺序加以连续编号,如"收字第××号""付字第××号""转字第××号"等。如果一项经济业务需要填制一张以上的记账凭证时,记账凭证的编号就可以采取分数编号法。例如企业采取专用记账凭证时,××月××日发生第50项转账业务,需要填制3张记账凭证,则这三张记账凭证的编号如下:转字第50 1/3(第一张)、转字第50 2/3(第二张)、转字第50 3/3(第三张);无论哪种编号法,都应该在月末最后一张记账凭证的编号旁加注"全"字,以便检查有无散失。⑥填制记账凭证,应认真查对所附的原始凭证的种类、张数,以保证所填列的经济业务的内容、数字正确,防止重复填制或漏填。指出或注明"原始凭证××张,附在第×号记账凭证上",这样是为了便于复核与日后查阅。⑦在复式记账凭证上,一定要填写金额合计,以便于在填制时就能够检查借贷双方的金额是否平衡、总账与二级或明细科目之间的金额合计是否平衡以及会计分录是否正确。⑧记账凭证填制时,如果发生错误,应该重新填制,不得在原始凭证上作出任何修改。如果已经登记入账的记账凭证当年内发现错误的,可以用红字更正法或补充登记法(后面章节详细叙述)。如果发现以前年度记账凭证的错误,应该先填制与原记账凭证会计分录相同、金额相同但为红字的记账凭证,冲销原记录,然后再用蓝字填制一张正确的记账凭证据以入账。⑨记账凭证填制后如果还有空行,应该自最后一笔金额的空行处至合计数上的空行处划斜线注销,以堵塞漏洞,严格会计核算手续。⑩记账凭证填制后,应该进行复核与检查,有关人员均需要签名或盖章。出纳人员根据收款凭证、付款凭证收付款项后,应该在凭证上加盖"收讫"或"付讫"戳记,以免重复收付。⑪实行会计电算化的企业,采用机制的记账凭证应该符合手工记账凭证的一切要求,而且打印出的记账凭证要加盖有关单位的公章或经办人员的签名。

(二)记账凭证的填制方法

1. 专用记账凭证的填制

专用记账凭证包括收款凭证、付款凭证和转账凭证,不同的记账方法下其格式不同,现按借贷记账法的要求介绍其填制方法。

(1)收款凭证——根据有关现金、银行存款和其他货币资金收款业务的原始凭证填制。收款凭证是用来记录货币资金收款业务的凭证,它是由出纳人员根据审核无误的原始凭证收款后填制的。在借贷记账法下,在收款凭证左上方所填列的借方科目,应是"现金"或"银行存款"科目。在凭证内所反映的贷方科目,应填列与"现金"或"银行存款"相对应的科目。金额栏填列经济业务实际发生的数额,在凭证的右侧填写所附原始凭证张数,并在出纳及制单处签名或盖章,如图5-8所示。

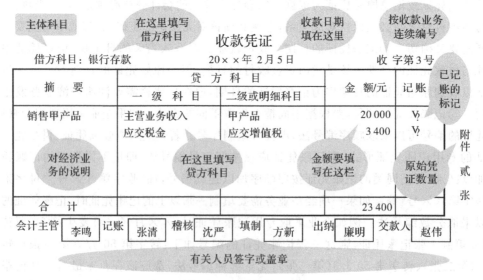

图5-8 收款凭证示意图

(2)付款凭证——根据有关现金、银行存款和其他货币资金支付业务的原始凭证填制。付款凭证是用来记录货币资金付款业务的凭证,它是由出纳人员根据审核无误的原始凭证付款后填制的。在借贷记账法下,在付款凭证左上方所填列的贷方科目,应是"现金"或"银行存款"科目。在凭证内所反映的借方科目,应填列与"现金"或"银行存款"相对应的科目。金额栏填列经济业务实际发生的数额,在凭证的右侧填写所附原始凭证的张数,并在出纳及制单处签名或盖章,如图5-9所示。

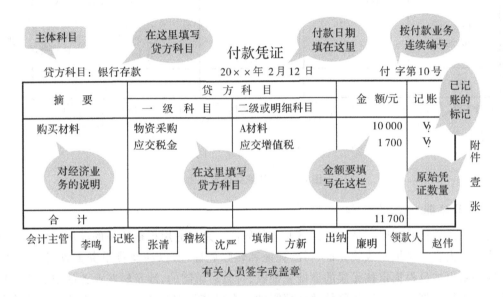

图5-9 付款凭证示意图

特别提醒,对于现金和银行存款之间的存取(相互划转)业务,为避免重复记账,应统一按减少方填制付款凭证(均付款在先),而不填制收款凭证。

◆从银行提取现金:

  借:库存现金 1 000   收款

   贷:银行存款   1 000 付款

◆将现金存入银行:

  借:银行存款 1 000   收款

   贷:库存现金   1 000 付款

(3)转账凭证是用以记录与货币资金收付无关的转账业务的凭证,它是由会计人员根据审核无误的转账原始凭证填制的。在借贷记账法下,将经济业务所涉及的会计科目全部填列在凭证内,借方科目在先,贷方科目在后,将各会计科目所记应借应贷的金额填列在"借方金额"或"贷方金额"栏内。借、贷方金额合计数应该相等。制单人应在填制凭证后签名盖章,并在凭证的右侧填写所附原始凭证的张数,如图5-10所示。

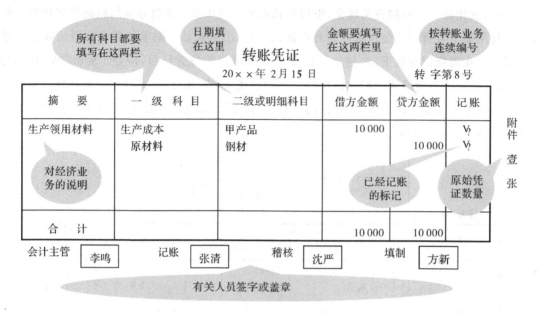

图 5-10 转账凭证示意图

2. 通用记账凭证的填制

通用记账凭证是用以记录各种经济业务的凭证。采用通用记账凭证的经济单位不再根据经济业务的内容分别填制收款凭证、付款凭证和转账凭证,所以涉及货币资金收、付业务的记账凭证是由出纳员根据审核无误的原始凭证收、付款后填制的,涉及转账业务的记账凭证是由有关会计人员根据审核无误的原始凭证填制的。在借贷记账法下,将经济业务所涉及的会计科目全部填列在"借方余额"或"贷方余额"栏内,借、贷方金额合计数应相等。制单人应在填制凭证完毕后签名盖章,并在凭证右侧填写所附原始凭证的张数。

3. 多项记账凭证与单项记账凭证的填制

记账凭证按其编制方式不同,可以分为复式记账凭证和单式记账凭证两种。

1) 复式记账凭证

复式记账凭证是指在一张记账凭证上反映一笔经济业务所涉及的全部科目及相应的借、贷金额。收款凭证、付款凭证和转账凭证均属于复式记账凭证。其优点在于可以把一项经济业务全貌完整地反映在一张凭证上,便于与所附的原始凭证对照分析,掌握经济活动的来龙去脉,复核、检查比较方便;同时,也大大减少了凭证的数量及会计人员的工作量。其局限在于不便于分工记账,不便于汇总,计算每一会计科目的发生额,也易出现错误。以上列举的收款凭证、付款凭证与转账凭证都是复式记账凭证格式。

2) 单项记账凭证

单项记账凭证也称单式记账凭证、单科目记账凭证,简称单式凭证,是指将一项经济业务涉及的各个会计科目分别填制凭证,即一张凭证中只填列一个会计科目的记账凭证。填列借方科目的记账凭证,称为贷项记账凭证。借项记账凭证与贷项记账凭证一般多用不同颜色的纸张印制显示区别。采用单式记账凭证,便于汇总每一会计科目的借方发生额和贷方发生额,便于分工记账;但不能在一张凭证上反映一项经济业务的全貌,不便于查账,而且记账凭证的数量和填制工作都很大。此类凭证一般适用于业务量较大,会计部门内部分工比较细的单位。

单式记账凭证的特点是一张记账凭证反映一个科目。为了便于检查和平衡,所以在设计单式记账凭证时,应在上面标明对应科目的名称。其余格式内容与复式记账凭证相同。

单式记账凭证按一项经济业务所涉及的会计科目填制,每一个科目单独填制一张记账凭证。单式记账凭证按其反映经济业务所涉及的会计科目和对应科目,又分为"借项记账凭证"和"贷项记账凭证"。单式记账凭证的格式及填制方法举例如下。

【例5-7】2023年2月15日,A公司从B公司购入甲材料一批,同时取得B公司开出的增值税专用发票,其上注明价款1000元,增值税进项税额170元,共计1170元。已开出转账支票一张,支付货款。依据审核后的原始凭证编制会计分录见下:

借:物资采购——甲材料　　　　　　　　　　1 000
　　应交税金——应交增值税(进项税额)　　　170
　　贷:银行存款　　　　　　　　　　　　　　　　1 170

这项会计分录有两个借方会计科目,一个贷方会计科目。应该分别填制两张借项记账凭证,填制的凭证格式和内容如表5-36和表5-37所示,填制一张贷项记账凭证,填制的凭证格式和内容如表5-38所示。

表5-36　单式记账凭证(借项记账凭证)

2023年2月15日　　　　　　凭证编号 $9\frac{1}{3}$ 号

摘要	总账科目	明细科目	账页	金额/元	附件1张
购甲材料	物资采购	甲材料		1 000	
对应总账科目:银行存款					

财务主管:×××　记账:×××　出纳:×××　审核:×××　制单:×××

表5-37　单式记账凭证(借项记账凭证)

2023年2月15日　　　　　　凭证编号 $9\frac{2}{3}$ 号

摘要	总账科目	明细科目	账页	金额/元	附件1张
购甲材料	应交税金	应交增值税(进项)		170	
对应总账科目:银行存款					

财务主管:×××　记账:×××　出纳:×××　审核:×××　制单:×××

表 5-38 单式记账凭证(贷项记账凭证)

2023 年 2 月 15 日　　　　　　　　　　凭证编号 9 $\frac{3}{3}$ 号

摘要	总账科目	明细科目	账页	金额/元	附件1张
购甲材料	银行存款			1 170	
对应总账科目:物资采购					
应缴税金					

财务主管:×××　记账:×××　出纳:×××　审核:×××　制单:×××

由上述格式可以看出,单式记账凭证的优点是既便于汇总,又便于分工记账。

4. 记账凭证汇总表的填制

记账凭证按其是否经过汇总,可分为汇总记账凭证和非汇总记账凭证。上文介绍的收、付、转凭证和单式凭证,均是非汇总记账凭证。汇总记账凭证按汇总方法不同,可分为分类汇总和全部汇总两种。分类汇总是定期根据收款凭证、付款凭证、转账凭证分别汇总编制汇总收款凭证、汇总付款凭证、汇总转账凭证。全部汇总是将企业、事业、行政单位一定时期内编制的记账凭证,全部汇总在一张记账凭证汇总表(亦称科目汇总表)上。

(1)汇总收款凭证的填制。汇总收款凭证根据现金或银行存款的收款凭证,按现金或银行存款科目的借方分别设置,并按贷方科目加以归类汇总,定期(5 天或 10 天)填列一次,每月编制一张。月份终了,计算出汇总收款凭证的合计数后,分别登记现金或银行存款总账的借方,以及各个对应账户的贷方。

(2)汇总付款凭证的填制。汇总付款凭证根据现金或银行存款的付款凭证,按现金或银行存款科目的贷方分别设置,并按借方科目加以归类汇总,定期(5 天或 10 天)填列一次,每月编制一张。月份终了,计算出汇总付款凭证的合计数后,分别登记现金或银行存款总账的贷方,以及各个对应账户的借方。

(3)汇总转账凭证的填制。汇总转账凭证根据转账凭证按每个科目的贷方分别设置,并按对应的借方科目归类汇总,定期(5 天或 10 天)填列一次,每月编制一张。月份终了,计算出汇总转账凭证的合计数后,分别登记各有关总账的贷方或借方。

(4)记账凭证汇总表的填制。根据记账凭证逐笔登记总账,如果工作量很大,可以先填制记账凭证汇总表,然后根据记账凭证汇总表再来登记总账。填制方法一般如下:①填写记账凭证汇总表的日期、编号和会计科目名称。汇总表的编号一般按年顺序编列,汇总表上会计科目名称的排列应与总账科目的序号保持一致。②将需要汇总的记账凭证,按照相同的会计科目名称进行归类。③将相同会计科目的本期借方发生额和贷方发生额分别加总,求出合计金额。④将每一会计科目的合计金额填入汇总表的相关栏内。⑤记账凭证汇总表的本期借方发生额和本期贷方发生额合计,双方合计数应相等。

三、记账凭证的审核

所有填制好的记账凭证,都必须经过其他会计人员认真的审核。在审核记账凭证的过程中,如发现记账凭证填制有误,应当按照规定的方法及时加以更正。只有经过审核无误后的记账凭证,才能作为登记账簿的依据。记账凭证的审核主要包括以下内容:①审核是否按已审核无误的原始凭证填制记账凭证。记录的内容与所附原始凭证是否一致,金额是否相等;所附原始凭证的张数是否与记账凭证所列附件张数相符。②审核记账凭证所列会计科目(包括一级科目、明细科目)、应借、应贷方向和金额是否正确;借贷双方的金额是否平衡;明细科目金额之和与相应的总账科目的金额是否相等。③审核记账凭证摘要是否填写清楚,日期、凭证编号、附件张数以及有关人员签章等各个项目填写是否齐全。若发现记账凭证的填制有差错或者填列不完整、签章不齐全,应查明原因,责令更正、补充或重填。只有经过审核无误的记账凭证,才能据以登记账簿。

记账凭证是根据审核后的合法的原始凭证填制的。因此,记账凭证的审核,除了要对原始凭证进行复审外,还应注意以下几点:①合规性审核。审核记账凭证是否附有原始凭证,原始凭证是否齐全,内容是否合法,记账凭证的所记录的经济业务与所附原始凭证所反映的经济业务是否相符。②技术性审核。审核记账凭证的应借、应贷科目是否正确,账户对应关系是否清晰,所使用的会计科目及其核算内容是否符合会计制度的规定,金额计算是否准确。摘要是否填写清楚、项目填写是否齐全、如日期、凭证编号、二级和明细会计科目、附件张数以及有关人员签章等。

在审核过程中,如果发现差错,应查明原因,按规定办法及时处理和更正。只有经过审核无误的记账凭证,才能据以登记账簿。

对会计凭证进行审核,是保证会计信息质量,发挥会计监督的重要手段。这是一项政策性很强的工作,要做好会计凭证的审核工作、正确发挥会计的监督作用,会计人员应当做到:既要熟悉和掌握国家政策、法令、规章制度和计划、预算的有关规定,又要熟悉和了解本单位的经营情况。这样,才能明辨是非,确定哪些经济业务是合理、合法的;哪些经济业务是不合理、不合法的。会计人员应自觉地执行政策,遵守制度,正确处理各种经济关系。

第四节　会计凭证的传递与保管

一、会计凭证的传递

会计凭证的传递是指从原始凭证的填制或取得时开始,经过填制、稽核、记账,直到归档保管为止的整个过程中,在本单位内部有关职能部门和人员之间的传递路线、传递时间和处理程序。如图5-11所示。

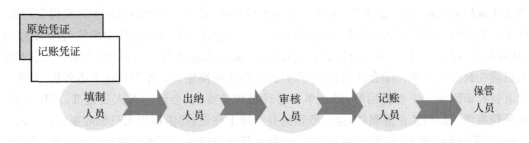

图5-11　会计凭证的传递路线

正确组织会计凭证的传递,有利于完善经济责任制度经济业务的发生或完成及记录,是由若干责任人共同负责,分工完成的。会计凭证作为记录经济业务、明确经济责任的书面证明,体现了经济责任制度的执行情况。单位会计制度可以通过会计凭证传递程序和传递时间的规定,进一步完善经济责任制度,使各项业务的处理顺利进行。这有利于及时进行会计记录。从经济业务的发生到账簿登记有一定的时间间隔,通过会计凭证的传递,会计部门能尽早了解经济业务发生和完成情况,并通过会计部门内部的凭证传递,及时记录经济业务,进行会计核算,实行会计监督。

各单位在制定会计凭证的传递程序,规定其传递时间时,通常要考虑以下两点内容:①根据各单位经济业务的特点、企业内部机构组织、人员分工情况以及经营管理的需要,从完善内部牵制制度的角度出发,规定各种会计凭证的联次及其流程,使经办业务的部门及其人员及时办理各种凭证手续,既符合内容牵制原则,又提高工作效率。②根据有关部门和人员办理经济业务的必要时间,同相关部门和人员协商制定会计凭证在各经办环节的停留时间,以便合理确定办理经济业务的最佳时间,及时反映、记录经济业务的发生和完成情况。

二、会计凭证的保管

会计凭证是一个单位的重要经济档案,必须妥善保管,以备日后查考。会计凭证的保管是指会计凭证记账后的整理、装订、归档和存查工作,如图 5-12 所示。

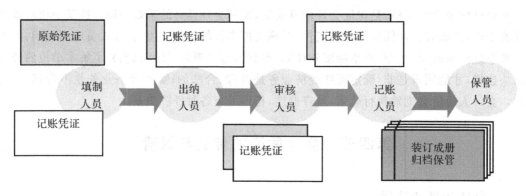

图 5-12 会计凭证的传递路线及归档

会计凭证的保管主要有下列要求:①会计凭证应定期装订成册,防止散失。从外单位取得的原始凭证遗失时,应取得原签发单位盖有公章的证明,并注明原始凭证的号码、金额、内容等,由经办单位会计机构负责人、会计主管人员和单位负责人批准后,才能代作原始凭证。若确实无法取得证明的,如车票丢失,则应由当事人写明详细情况,由经办单位会计机构负责人、会计主管人员和单位负责人批准后,代作原始凭证。②会计凭证封面应注明单位名称、凭证种类、凭证张数、起止号数、年度、月份、会计主管人员、装订人员等有关事项,会计主管人员和保管人员应在封面上签章。③会计凭证应加贴封条,防止抽换凭证。原始凭证不得外借,其他单位如有特殊原因确实需要使用时,经本单位会计机构负责人、会计主管人员批准,可以复制。向外单位提供的原始凭证复制件,应在专设的登记簿上登记,并由提供人员和收取人员共同签名、盖章。④原始凭证较多时,可单独装订,但应在凭证封面注明所属记账凭证的日期、编号和种类,同时在所属的记账凭证上应注明"附件另订"及原始凭证的名称和编号,以便查阅。⑤每年装订成册的会计凭证,在年度终了时可暂由单位会计机构保管一年,期满后应当移交本单位档案机构统一保管;未设立档案机构的,应当在会计机构内部指定专人保管。出纳人员不得兼管会计档案。⑥严格遵守会计凭证的保管期限要求,期满前不得任意销毁。保管年限:原始凭证、记账凭证 15 年,其中涉及外来和对私改造的会计凭证 永久;银行存款余额调节表 3 年;日记账 15 年,其中现金和银行存款日记账 25 年;明细账、总账、辅助账 15 年,涉及外来和对私改造的会计账簿 永久;主要财务指标报表 3 年;月、季度会报表 15 年;年度会计报表 永久;会计档案保管清册及销毁清册 25 年;财务成本计划 3 年;主要财务会计文件、合同、协议 永久 。

本章小结

本章主要介绍了会计凭证概述、原始凭证、记账凭证和会计凭证的传递及保管。第一节会计凭证的意义和种类这一部分主要介绍了会计凭证的概念、意义和种类。第二节原始凭证的填制和审核主要介绍了原始凭证的基本内容、填制方法、填制要求及审核。第三节记账凭证的填制和审核主要介绍了记账凭证的基本内容、填制方法、填制要求及审核。第四节会计凭证的传递与保管主要介绍了会计凭证在有关部门间如何传递,会计凭证如何保管以及凭证的保管期限。该章重点内容是原始凭证和记账凭证的填制和审核。

关键术语

会计凭证(accounting document)
原始凭证(source document)
记账凭证(accounting voucher)

习题与思考

一、单项选择题

1. 下面不属于原始凭证的是(　　)。
   A. 发货票　　　　B. 借据　　　　C. 经济合同　　　　D. 运费结算凭证
2. 在一定时期内连续记录若干同类经济业务的会计凭证是(　　)。
   A. 原始凭证　　　B. 记账凭证　　　C. 累计凭证　　　D. 一次凭证
3. 从银行提取现金的业务,应编制(　　)。
   A. 现金收款凭证　　　　　　B. 银行存款收款凭证
   C. 现金付款凭证　　　　　　D. 银行存款付款凭证
4. "限额领料单"属于(　　)。
   A. 自制一次凭证　　　　　　B. 累计凭证
   C. 外来一次凭证　　　　　　D. 原始凭证汇总表
5. 下列会计凭证中属于自制"原始凭证"的是(　　)。
   A. 收款凭证　　　B. 付款凭证　　　C. 收料单　　　D. 银行结算凭证
6. 下列会计凭证中属于原始凭证的是(　　)。
   A. 收款凭证　　　B. 付款凭证　　　C. 转账凭证　　　D. 发料凭证汇总表

7. 企业职工预借差旅费、车间领料单属于（　　）。
   A. 外来凭证　　　B. 累计凭证　　　C. 一次凭证　　　D. 自制凭证
8. 原始凭证是在经济业务（　　），取得或填制的。
   A. 发生后　　　B. 发生前　　　C. 发生时　　　D. 前三者都可以
9. 登记与货币资金收付款业务无关的经济业务，应编制（　　）。
   A. 收款凭证　　　B. 付款凭证　　　C. 转账凭证　　　D. 累计凭证
10. 自制原始凭证按其填制的次数和内容分类，可分为（　　）。
    A. 一次凭证、累计凭证和汇总原始凭证
    B. 单式凭证和复式凭证
    C. 借项凭证和贷项凭证
    D. 单一记账凭证和汇总凭证
11. 按反映经济业务的内容不同，记账凭证可以分为（　　）。
    A. 自制凭证和累计凭证
    B. 一次凭证和累计凭证
    C. 收款凭证、付款凭证和转账凭证
    D. 单式记账凭证和复式记账凭证
12. 对于同时涉及现金和银行存款增减的业务，按规定应编制（　　）。
    A. 收款凭证　　　B. 付款凭证　　　C. 转账凭证　　　D. 收款凭证和付款凭证
13. 原始凭证审核的主要内容是（　　）。
    A. 名称、日期、摘要、金额和印鉴
    B. 数量和金额
    C. 借方发生额、贷方发生额和期末余额
    D. 原始凭证的合法性、正确性和完整性
14. 下列属于外来原始凭证的是（　　）。
    A. 入库单　　　B. 出库单　　　C. 银行存款通知单　　　D. 领料汇总表
15. 将现金存入银行，按规定编制（　　）。
    A. 现金收款凭证　　　　　　B. 银行存款收款凭证
    C. 现金付款凭证　　　　　　D. 银行存款付款凭证
16. 记账凭证的基本内容中，不包括（　　）。
    A. 填制单位的名称
    B. 记账凭证的编号
    C. 经济业务的内容摘要
    D. 经济业务的实物数量、单价和金额
17. 付款凭证中，"金额"栏合计数表示（　　）。
    A. 借方发生额　　　　　　B. 贷方发生额
    C. 借、贷双方的记账金额　　D. 借方金额扣减贷方金额后的净额
18. 会计分录填写在（　　）。
    A. 原始凭证上　　　B. 记账凭证上　　　C. 总账账簿上　　　D. 会计报表上

19. 通用记账凭证的填制方法与下列哪种凭证的填制方法相同（　　）。
    A. 原始凭证　　　B. 收款凭证　　　C. 付款凭证　　　D. 转账凭证
20. 外来凭证都是（　　）。
    A. 累计凭证　　　　　　　　　B. 一次凭证
    C. 转账凭证　　　　　　　　　D. 既有一次凭证又有转账凭证

二、多项选择题

1. 以下不能作为原始凭证的是（　　）。
    A. 购货合同　　　　　　　　　B. 车间派工单
    C. 材料请购单　　　　　　　　D. 产品成本计算表
    E. 工资结算汇总表
2. 企业的领料单、借款单是（　　）。
    A. 原始凭证　　　　　　　　　B. 一次凭证
    C. 自制凭证　　　　　　　　　D. 累计凭证
    E. 原始凭证汇总表
3. 记账凭证审核的主要内容是（　　）。
    A. 与所附原始凭证的内容是否一致
    B. 有关项目是否填列齐全
    C. 会计科目与账户对应关系是否正确
    D. 所记金额是否同所附原始凭证的合计数相一致
    E. 有关人员是否签字或盖章
4. 填制记账凭证应根据（　　）。
    A. 原始凭证　　　　　　　　　B. 原始凭证汇总表
    C. 自制原始凭证　　　　　　　D. 外来原始凭证
    E. 收款、付款、转账凭证
5. 企业购入材料一批已验收入库，贷款已付，根据这项业务所填制的会计凭证是（　　）。
    A. 收款凭证　　　　　　　　　B. 付款凭证
    C. 收料单　　　　　　　　　　D. 一次凭证
    E. 累计凭证
6. 在填制的付款凭证中"借方科目"可能涉及（　　）账户。
    A. 现金　　　　　　　　　　　B. 银行存款
    C. 应付账款　　　　　　　　　D. 应交税费
    E. 产品销售费用
7. 关于记账凭证，其中（　　）。
    A. 收款凭证是以会计分录的形式记录与现金、银行存款收入有关的经济业务
    B. 付款凭证是以会计分录的形式记录与现金、银行存款付出有关的经济业务
    C. 转账凭证是以会计分录的形式记录与现金、银行存款收付无关的经济业务
    D. 收、付、转三种凭证可结合成为联合凭证
    E. 自制的原始凭证或原始凭证汇总表若预先设置应借账户专栏，就可以代替记账凭证

8. 转账凭证属于( )。
   A. 记账凭证　　　　　　　　　B. 原始凭证
   C. 复式记账凭证　　　　　　　D. 通用记账凭证
   E. 专用记账凭证

9. 下列凭证中属于原始凭证的是( )。
   A. 累计凭证　　　　　　　　　B. 收料单
   C. 转账凭证　　　　　　　　　D. 一次凭证
   E. 发货单

10. 以下所列属于一次原始凭证的有( )。
    A. 出库单　　　　　　　　　　B. 发货单
    C. 发出材料汇总表　　　　　　D. 收据
    E. 生产工序进程单

11. 以下所列属于汇总原始凭证的有( )。
    A. 工资结算汇总表　　　　　　B. 汇总收款凭证
    C. 收料汇总表　　　　　　　　D. 限额领料单
    E. 现金收入汇总表

12. 下列凭证中,属于记账凭证的有( )。
    A. 收款凭证　　　　　　　　　B. 付款凭证
    C. 转账凭证　　　　　　　　　D. 记账凭证汇总表
    E. 汇总收款、付款、转账凭证

13. 一次凭证是( )。
    A. 一次反映一项经济业务的凭证
    B. 原始凭证的一种。
    C. 一次可反映若干项经济业务的凭证
    D. 会计人员根据同类经济业务和以汇总编制的凭证
    E. 在一定时期内连续反映若干项同类经济业务的原始凭证

14. "限额领料单"是( )。
    A. 原始凭证的一种　　　　　　B. 转账凭证的一种
    C. 汇总凭证的一种　　　　　　D. 一次可反映若干项经济业务的凭证
    E. 在一定时期内连续反映若干项同类经济业务的原始凭证

15. 可以作为记账凭证编制依据的有( )。
    A. 一次凭证　　　　　　　　　B. 累计凭证
    C. 自制原始凭证　　　　　　　D. 汇总原始凭证
    E. 外来原始凭证

三、判断题
1. 企业财会部门取得原始凭证后就可据以编制记账凭证。　　　　　　　　( )
2. 填制和审核会计凭证是会计工作的第一步。　　　　　　　　　　　　　( )
3. 销售产品货款计伍万零玖元肆角整,在填写发票小写金额时应为￥500 009.4元。 ( )

4. 自制原始凭证是由企业财会部门自行填制的原始凭证。（   ）
5. 一次凭证只能反映一项经济业务，累计凭证可以反映若干项经济业务。（   ）
6. 根据会计核算资料经过一定计算而编制的原始凭证是证明凭证。（   ）
7. 记账凭证与原始凭证填制的要求是相同的。（   ）
8. 记账凭证是根据审核后的原始凭证或原始凭证汇总表编制的，用来证明经济业务已经发生或完成的会计凭证。（   ）
9. 记账凭证按其填制方式不同分为一次凭证和累计凭证。（   ）
10. 对于涉及现金和银行存款之间的收、付款业务，一般编制转账凭证。（   ）
11. 有时原始凭证比较多，还可以将其定期汇总为"科目汇总表"，再据以登记入账。（   ）
12. 为了简化核算工作，有的企业一般可以将自制的原始凭证或原始凭证汇总表直接代替记账凭证。（   ）
13. 会计凭证的传递，是指会计凭证从填制到归档保管整个过程中，在本单位内部各有关部门和人员之间的传递程序和传递时间。（   ）
14. 各种会计凭证不得随意涂改、刮擦，如填写发生错误，应采用划线更正法予以更正。（   ）
15. 会计凭证按规定保管期满后，可由财会人员销毁。（   ）

四、连线题

1. 用直线标出下列记账凭证按其所属分类的类别。

   A. 收款凭证
   B. 复式记账凭证   （1）按反映经济业务的内容分类
   C. 付款凭证
   D. 转账凭证   （2）按会计科目是否单一分类
   E. 单式记账凭证

2. 用直线标出下列凭证按不同标志的分类。

   A. 固定资产折旧计算表
   B. 入库单   （1）一次凭证
   C. 限额领料单   （2）记账凭证
   D. 制造费用分配表   （3）外来原始凭证
   E. 现金收入汇总表   （4）记账编制凭证
   F. 转账凭证   （5）累计凭证
   G. 付款凭证   （6）汇总原始凭证
   H. 购货发货票

五、名词解释

1. 会计凭证
2. 原始凭证
3. 一次凭证
4. 累计凭证
5. 记账凭证
6. 自制原始凭证

7. 外来原始凭证

8. 原始凭证汇总表

9. 收款凭证

10. 付款凭证

11. 转账凭证

12. 通用记账凭证

六、问答题

1. 填制和审核会计凭证有何意义？

2. 原始凭证应具备哪些内容？

3. 填制原始凭证应遵循哪些要求？

4. 审核原始凭证的主要内容是什么？

5. 记账凭证应具备哪些内容？

6. 填制记账凭证应遵循哪些要求？

7. 如何审核记账凭证？

8. 合理组织会计凭证传递的意义是什么？

七、业务计算题

目的：练习记账凭证的编制。

资料：西安某钛制造企业6月份发生如下经济业务。

1. 向红兴工厂购进A材料一批，货款5 000元，增值税额850元和运杂费200元，已用银行存款支付，材料已验收入库。

2. 通过银行向华星公司预付材料货款2 000元。

3. 收到投资者追加投资50 000元，存入银行。

4. 采购员王冬预借差旅费500元，以现金付讫。

5. 领用A材料一批，其中甲产品耗用30 000元，管理部门一般耗用5 000元。

6. 从银行提现金20 000元，备发工资。

7. 以现金20 000元发放职工工资。

8. 向红光公司销售甲产品一批，货款10 000元，增值税额1 700元，尚未收到。

9. 收到天元公司预付的购货款70 000元，存入银行。

10. 采购员王冬回到公司报销差旅费400元，余款以现金交回。

11. 签发现金支票200元，支付行政管理部门办公费用。

12. 通过银行预付生产用房租金3 000元。

13. 以银行存款450元支付产品销售广告费。

14. 以现金400元支付职工退休金。

15. 结算本月工资，其中生产甲产品的工人工资14 000元，企业管理人员工资6 000元。

16. 计提生产用固定资产折旧3 000元，行政管理部门用固定资产折旧800元。

17. 按规定预提固定资产修理费，其中车间修理费600元，管理部门修理费400元。

18. 摊销本月房屋租金1 000元。

19. 结转本月完工产品成本2 000元。

20. 结转已售产品生产成本 6 000 元。
21. 经批准将无法支付的应付账款 3 000 元转销。
22. 计算本月应交所得税 6 000 元。
23. 结转各收支账户于"本年利润"。
24. 提取盈余公积金 5 000 元。

案例分析

目的：鉴定凭证的真实性。

资料：目前越来越多的会计凭证失真情况成了困扰会计人员的"顽疾"，从会计凭证失真实例视角进行分析，对学习者具有一定的借鉴意义。2015 年 3 月至 2018 年 7 月，A 市原地税局局长甲某与乙某、丙某、丁某四人共同成立 A 市 B 担保有限公司，注册资本 3 000 万元，股东比例分别为 40%、20%、20%、20%。其中甲某为主要经营者，乙某为 B 公司法人代表。在经营 B 担保公司期间，甲某以对外投资为由向亲戚口口相传 B 担保公司有投资理财业务，通过该方式进一步扩大公司影响力以达到向 A 市不特定人员募集资金的目的，在成功募集到大量社会资金后，再将募集到的资金以高利率放贷出去，从而赚取利息差。直至 2018 年 7 月，由于贷款无法及时收回等原因，甲某资金链断裂，造成数百个投资人本息无法按约定期限正常偿还，造成大量投资人遭受损失。2018 年 7 月 28 日 A 市公安局委托 GP 司法鉴定中心，对 2015 年 3 月以来 B 担保公司涉嫌非法集资数额等相关事项进行司法会计鉴定，主要鉴定要求为：第一，自 2015 年 3 月以来 B 担保公司累计非法吸收金额；第二，自 2015 年 3 月以来 B 担保公司各投资客户的实际损失明细。鉴定材料包括 B 担保公司记账凭证 400 册、会计账簿 50 本、相关年度会计报表以及公司章程、四位股东不动产调取资料、资金往来记录、银行转账、相关协议等资料。依据以上委托方提供材料，司法鉴定中心组成司法会计鉴定小组，积极展开鉴定工作。

鉴定人通过对 A 市公安局提供的相关资料进行检验，在梳理检验过程中发现 B 担保公司财务资料主要存在以下问题：第一，投资人与担保公司签订的理财协议均由甲某一人经手，与其经营的 B 担保公司并无直接关联；第二，会计账簿上多处做账不符合相关准则规定，例如模糊会计科目、简化经济业务内容等；第三，原始凭证形式不规范，甲某与 B 担保公司资金往来都以甲某手写借条的形式作为原始凭证，此外公司收回放贷业务的款项也均以收据替代发票来作为原始凭证；第四，甲某个人与公司之间存在两套账簿且互相之间有频繁的交易往来，但记账凭证转账用途均为"往来款"，无明显经济实质内容。

要求：对存在问题进行评价。

第六章 会计账簿

学习目标

1. 掌握账户的启用、总账和明细账户平行登记的方法,错账的更正方法。
2. 理解账户的分类、基本内容和设置,以及实虚账户对利润和财务报表的影响。
3. 了解账户分类的概念、种类与设置原则。

知识拓展

本章通过让学生对总分类账与明细分类账核算登记的原理学习,帮助其领悟总与分的关系,培养其具备总体与部分思维以及对事情分类安置与管理的科学思维,提升其遇到问题能够系统化分析与处理的能力。

会计账户按照四种不同的分类基础分类,即分别按照经济内容、账户提供指标的详细程度、账户的用途与结构、账户期末是否存在余额进行分类。同一账户可以按照不同的分类标准归属于不同类型的账户,本章全面、多视角地呈现了账户的性质和特点,培养学生多维度辨识同一问题的能力以及精准判断事物同一性、相似性与差异性的素养。学生在寻找经济业务相似性与差异性的过程中,逐渐了解企业经济活动的本质、引起资金变化的原因以及资金流转于各个账户之间仍然保持平衡的科学内涵。

本章通过让学生学习账簿的作用,让其能结合不同类型的经济业务,掌握账簿的开账、登账与结账的基本技巧,以及账簿的选择、错账的更正方法。

第一节 账簿的意义和种类

一、账簿的含义及作用

账簿是指以会计凭证为依据,序时、连续、系统、全面地记录和反映企业、机关和事业等单位经济活动全部过程的簿籍。填制会计凭证后之所以还要设置和登记账簿,是由于二者虽然都是用来记录经济业务,但二者具有的作用不同。在会计核算中,会计人员对每一项经济业务,都必须取得和填制会计凭证。因而,会计凭证数量很多,又很分散,而且每张凭证只能记载个别经济业务的内容,不能全面、连续、系统地反映和监督一个经济单位在一定时期内某一类和全部经济业务活动情况,且不便于日后查阅。因此,为了给经济管理提供系统的会计核算资料,各单位都必须在凭证的基础上设置和运用登记账簿的方法,把分散在会计凭证上的大量核算资料,加以集中和归类整理,生成有用的会计信息,从而为编制会计报表、进行会计分析以及审计提供主要依据。

账簿的主要作用有：①账簿是系统地归纳和积累会计核算资料的工具。通过登记账簿，可以把会计凭证所提供的资料归类汇总，形成集中的、系统的、全面的会计核算资料。在账簿中，既可将会计凭证提供的资料按总分类账户和明细分类账户加以归类，进行分类核算，以提供总括和明细的核算资料，又可以将会计凭证提供的资料按时间顺序在日记账簿中加以记录和反映，以序时反映某类业务或全部业务发生的情况。这样，就可以通过账簿资料了解资金总体情况和各个方面的变动情况，以便对各项资源的保管和使用情况进行监督。同时，由于账簿集中、系统地归纳和积累了会计核算资料，因而账簿也就成为单位重要的经济档案。用会计账簿储存经济信息，更便于经济信息的保管，也方便日后的考查和运用。②账簿是反映、监督经济活动，考核各部门经济责任的重要手段。会计凭证在反映个别业务、明确有关当事人的经济责任上有着重要的作用。但由于它还很分散，难以明确某类经济业务或某个部门的经济责任，这就需要依赖于账簿。比如，按企业内部物资供应部门或仓库设账，专门登记物资收发保管情况，可以核算和监督物资供应部门的计划的执行情况，考核物资部门和仓库的经济责任；而按部门设置费用账户，则可以考核各部门成本费用的节约或超支情况，促使其节省开支。③账簿是核算单位财务和经营成果以及编制会计报表的依据。账簿记录的各项数据资料是分析经济活动过程及其结果的重要资料来源。根据账簿提供的总括核算资料和明细核算资料可以计算出各项财务指标，正确地计算出费用成本和利润，据以考核费用成本计划和利润计划的完成情况，综合反映财务成果。同时，账簿资料又是编制会计报表的直接依据，会计报表是否正确、及时，与会计账簿有着密切的关系。此外，正确设置账簿有利于会计人员的分工和内部牵制。

二、会计账簿的基本内容

账簿是一种记录经济业务发生情况的簿籍。由于现代企业经济业务复杂，需要反映的经济信息很多，企业设置的账簿不可能只有一本（一般有几本到几十本不等）。不同的账簿，功能不同，其构成要素也不同，但一般应具有以下基本内容：①封面要标明单位、账簿名称及会计年度。②扉页一般用于记载账簿的启用日期、截止日期、页数、册次、经管账簿人员一览表、会计主管人员签章、账户目录等。③账页，是账簿的主体。一本账簿一般由几十到几百个账页联结而成，每个账页都有比较统一、事先印制好的格式，用来记录各项有关的经济业务。账页是一种由许多横线和竖线交织而成的表格。横线把账簿分隔成许多行，记账时一般都是按行次顺序记录发生的每一笔经济业务；竖线把账簿分隔成许多栏，每一栏记录一笔业务的某个要点（如时间、依据、摘要、数量等）。

三、会计账簿的分类

账簿的种类是多种多样的，为了便于了解和运用账簿，可按不同的标志对账簿进行分类。

（一）按照账簿的用途分类

账簿按照用途的不同可以分为三大类，即序时账簿、分类账簿和备查账簿。

1.序时账簿

序时账簿又称日记账，是按照经济业务发生或完成时间的先后顺序逐日逐笔进行登记的账簿。序时账簿是会计部门按照收到会计凭证号码的先后顺序进行登记的。在会计工作发展的早期,就要求必须将每天发生的经济业务逐日登记,以便记录当天业务发生的金额。因而习惯地称序时账簿为日记账。序时账簿按其记录内容的不同,又分为普通日记账和特种日记账两种(图6-1)。

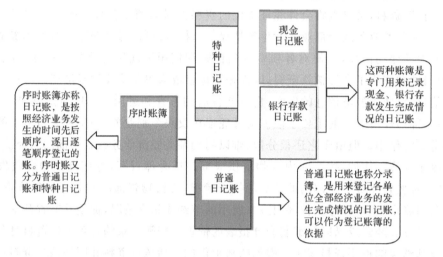

图 6-1 日记账

2.分类账簿

分类账簿是对全部经济业务事项按照会计要素的具体类别而设置的分类账户进行登记的账簿。分类账簿按其提供核算指标的详细程度不同,又分为总分类账(图6-2)和明细分类账。总分类账,简称总账,是根据总分类科目开设账户,用来登记全部经济业务,进行总分类核算,提供总括核算资料的分类账簿。明细分类账,简称明细账,是根据明细分类科目开设账户,用来登记某一类经济业务,进行明细分类核算,提供明细核算资料的分类账簿。

固定资产 总 分 类 账　　会计科目或编号:＿＿＿＿＿　第　　号

年		记账凭证		摘　要	借方										√	贷方										√	借或贷	余额										√
月	日	字	号		亿	千	百	十	万	千	百	十	元	角	分		亿	千	百	十	万	千	百	十	元	角	分		亿	千	百	十	万	千	百	十	元	角	分	

图 6-2 固定资产总分类账

3.备查账簿

对某些在序时账簿和分类账簿等主要账簿中都不予登记或登记不够详细的经济业务事项进行补充登记时使用的账簿。如设置租入固定资产登记簿、代销商品登记簿等。备查账簿的设置应视实际需要而定,并非一定要设置,而且没有固定格式。

(二)按照账簿的形式分类

账簿按照形式的不同可以分为订本式账簿、活页式账簿和卡片式账簿等。

1.订本式账簿

订本式账簿,简称订本账,是在启用前将编有顺序页码的一定数量账页装订成册的账簿。这种账簿,一般适用于重要的和具有统驭性的总分类账、现金日记账和银行存款日记账。

优点:可以避免账页散失,防止账页被抽换,比较安全。

缺点:同一账簿在同一时间只能由一人登记,这样不便于记账人员分工记账。

2.活页式账簿

活页式账簿,简称活页账,是将一定数量的账页置于活页夹内,可根据记账内容的变化而随时增加或减少部分账页的账簿。活页账一般适用于明细分类账。其优点是可以根据实际需要增添账页,不会浪费账页,使用灵活,并且便于同时分工记账。其缺点是账页容易散失和被抽换。

3.卡片式账簿

卡片式账簿,简称卡片账,是将一定数量的卡片式账页存放于专设的卡片箱中,账页可以根据需要随时增添的账簿。卡片账一般适用低值易耗品、固定资产等的明细核算(在我国一般只对固定资产明细账采用卡片账形式,如图6-3)。

固定资产卡片

卡片编号	00001			日期	2012-02-29
固定资产编号	0100001	固定资产名称			生产车间1
类别编号	01	类别名称			房屋
规格型号		部门名称			金工车间
增加方式	直接购入	存放地点			
使用状况	在用	使用年限	20年0月	折旧方法	平均年限法(一)
开始使用日期	1998-07-01	已计提月份	162	币种	人民币
原值	285524.00	净残值率	5%	净残值	14276.20
累计折旧	68073.52	月折旧率	0.004	月折旧额	1142.10
净值	217450.48	对应折旧科目	40010105,折旧费	项目	
可抵扣税额	0.00				
录入人	李玉华			录入日期	2012-02-29

图6-3 固定资产卡片账

(三)按账页格式分类

1.两栏式账簿

两栏式账簿是只有借方和贷方两个基本金额的账簿。各种收入、费用类账户都可以采用两栏式账簿。

2. 三栏式账簿

三栏式账簿是设有借方、贷方和余额三个基本栏目的账簿,如日记账、总分类账、资本、债权、债务明细账,如图6-4所示。

明细分类账

总页号 ___ 分页号 ___

一级科目 ___
子目或户名 ___

年		凭证		摘要	借方	核对	贷方	核对	借或贷	余额	核对
月	日	种类	号数		亿千百万千百十元角分		亿千百万千百十元角分			亿千百万千百十元角分	

图6-4 三栏式活页账

3. 多栏式账簿

多栏式账簿是在账簿的两个基本栏目及借方和贷方按需要分设若干专栏的账簿,如收入、费用明细账,如图6-5所示。

多栏明细账

编号: ___
A/C.NO: ___

科目: 管理费用

17年		凭证	摘要	日页	借方	贷方	借或贷	余额	办公费	差旅费	折旧费	水电费	修理费	招待费
月	日	字号												
7	09		上年结转				借	10.00						
5	23		交电话费		1.00		借	11.00	133.00					
8	18		办公室交水费									58.00		
4	05													

图6-5 多栏式明细账

4. 数量金额式账簿

借方、贷方和金额三个栏目内都分设数量、单价和金额三小栏,借以反映财产物资的实物数量和价值量。原材料、库存商品、产成品等明细账通常采用数量金额式账簿,如图 6-6 所示。

明细账

图 6-6 数量金额式账簿

第二节 账簿的设置和登记

一、会计账簿的设置

(一)依法设置账簿

《中华人民共和国会计法》第十六条规定:各单位发生的各项经济业务事项应当在依法设置的会计账簿上统一登记、核算,不得违反本法和国家统一的会计制度的规定私设会计账簿登记、核算。依法设置会计账簿,是单位进行会计核算的最基本的要求。按照《中华人民共和国税收征收管理办法实施细则》第十七条规定:从事生产经营的纳税人应当依照税收征管法第十二条规定,自领取营业执照之日起十五日内设置账簿。《中华人民共和国会计法》不仅规定各单位必须依法设账,还对设置会计账簿的种类做出规定:会计账簿包括总账、明细账、日记账和其他辅助性账簿。其中,其他辅助账簿,也称备查簿,是为备忘备查而设置的。在会计实务中主要包括各种租借设备、物资的辅助登记或有关应收、应付款项的备查簿,担保、抵押备查簿等。各单位可根据自身管理的需要,设置其他辅助账。

各单位应当按照国家统一会计制度的规定和会计业务的需要设置会计账簿。会计账簿包括总账、明细账、日记账和其他辅助性账簿。每一项会计事项,一方面要记入有关的总账,另一方面要记入该总账所属的明细账。

总账的形式,法规未做统一规定,可以采用"三栏式"的订本账或者活页账,也可以采用棋盘式总账,还可以采用具有期初余额、本期发生额和期末余额的科目汇总表代替总账,但只有本期发生额的科目汇总表不能代替总账。各单位可以根据实际情况自行选择总账。

明细账可以有多种形式,如订本式、活页式、三栏式、多栏式等。各单位可以自行选择。

日记账是一种特殊的明细账,如现金日记账和银行存款日记账,为了加强现金和银行存款的管理,手工记账的单位,现金日记账和银行存款日记账必须采用订本式账簿,不得用银行对账单或者其他方法代替日记账。

实行会计电算化的单位,用计算机打印的会计账簿必须连续编号,经审核无误后装订成册,并由记账人员和会计机构负责人、会计主管人员签字或者盖章,以防止账页的散失及被抽换,保证会计资料的完整。

(二)账簿设置的一般原则

账簿设计应做到总分结合、序时与分类相结合,层次清楚,便于分工,具体说在设计时应符合以下原则:①与企业规模和会计分工相适应的原则。企业规模较大,经济业务必然较多,会计人员的数量也相应地多,其分工较细,会计账簿也较复杂,册数也多,在设计时考虑这些特点以适应其需要。反之,企业规模小,经济业务量少,一个会计足够处理全部经济业务,在设计账簿时没有必要设多本账,所有的明细分类账可以集合成一、二本即可。②既满足管理需要又避免重复设账的原则。账簿设计的目的是取得管理所需要的资料,因此账簿设置也以满足需要为前提,避免重复设账、记账、浪费人力物力。例如材料账,一些企业在财务科设了总账和明细账,在供应科又设一套明细账,在仓库还设三级明细账,就是重复设账的典型例子。事实上若在财务科只设总账,供应科设二级明细账(按类别)、仓库设二级明细账(按品名规格),一层控制一层,互相核对,数据共享,既省时又省力。③账簿设计与账务处理程序紧密配合原则。账务处理程序的设计实质上已大致规定了账簿的种类,在进行账簿的具体设计时,应充分注意已选定的账务处理程序。例如若设计的是日记总账账务处理程序,就必须设计一本日记总账,再考虑其他账簿;又如果设计的是多栏式日记账账务处理程序,就必须设计四本多栏式日记账,分别记录现金收付和银行存款收付业务,然后再考虑设其他账簿。④账簿设计与会计报表指标相衔接的原则。会计报表是根据账簿记录编制的,报表中的有关指标应能直接从有关总分类账户或明细分类账户中取得和填列,以加速会计报表的编制,而尽量避免从几个账户中取得资料进行加减运算来填报。

二、会计账簿登记方法

(一)现金日记账的格式和登记方法

1. 现金日记账的格式

现金日记账是用来核算和监督库存现金每天的收入、支出和结存情况的账簿,其格式有三栏式和多栏式两种。无论采用三栏式还是多栏式现金日记账,都必须使用订本账。

2. 现金日记账的登记方法

现金日记账由出纳人员根据同现金收付有关的记账凭证,按时间顺序逐日逐笔进行登记,并根据"上日余额+本日收入-本日支出=本日余额"的公式,逐日结出现金余额,与库存现金实存数核对,以检查每日现金收付是否有误。借、贷方分设的多栏式现金日记账的登记方法是:先根据有关现金收入业务的记账凭证登记现金收入日记账,根据有关现金支出业务的记账凭证登记现金支出日记账,每日营业终了,根据现金支出日记账结计的支出合计数,一笔转入现金收入日记账的"支出合计"栏中,并结出当日余额。

【例 6-1】现金日记账登账举例(表 6-1):

已知某企业现金日记账 3 月份期初余额为 2 000 元,3 月份发生下列与现金有关的业务。

①3 月 5 日,李技术员出差借差旅费 500 元,以现金支付。

  借:其他应收款——李××   500

   贷:现金   500

②3 月 8 日,用现金 800 元支付三八妇女节活动经费。

  借:管理费用   800

   贷:现金   800

③3 月 10 日,从银行提取现金 1 000 元备用。

  借:现金   1 000

   贷:银行存款   1 000

表 6-1 现金日记账

第 页

年		凭证字号	摘要	对方科目	收入/元	支出/元	结余/元
月	日						
3	1			月初余额			2 000
	5	现付 1	付李技术员差旅费	其他应收款		500	1 500
	8	现付 2	付三八妇女节活动经费	管理费用		800	700
	10	银付 2	提现备用	银行存款	1 000		1 700

(二)银行存款日记账的格式和登记方法

银行存款日记账是用来核算和监督银行存款每日的收入、支出和结余情况的账簿。银行存款日记账应按企业在银行开立的账户和币种分别设置,每个银行账户设置一本日记账。银行存款日记账的格式和登记方法与现金日记账的格式和登记方法相同。

【例 6-2】银行存款日记账登记举例(表 6-2):

已知银行存款日记账 3 月份期初余额为 30 000 元,3 月份发生下列与银行存款有关的业务。

①3 月 3 日,用银行存款支付上月应交税金 5 000 元。

  借:应交税金   5 000

   贷:银行存款   5 000

②3月6日,收到某购买单位归还前欠货款10 000元,已存入银行。

  借:银行存款   10 000
    贷:应收账款   10 000

③3月10日,从银行提取现金1 000元备用。

  借:现金   1 000
    贷:银行存款   1 000

表6-2 银行存款日记账

第 页

年		凭证字号	结算凭证		摘要	收入/元	支出/元	结余/元
月	日		种类	号数				
3	1				月初余额			30 000
	3	银付1	转支	2 037	交税		5 000	25 000
	6	银付1			收某单位欠款	10 000		35 000
	10	银付2	现支	3 301	提现备用		1 000	34 000

(三)总分类账的格式和登记方法

1. 总分类账的格式

总分类账是按照总分类账户分类登记以提供总括会计信息的账簿。总分类账最常用的格式为三栏式,设置借方、贷方和余额三个基本金额栏目。

2. 总分类账的登记方法

总分类账可以根据记账凭证逐笔登记,也可以根据经过汇总的科目汇总表或汇总记账凭证等。

【例6-3】总分类账登记举例(表6-3):

已知"应收账款"总分类账的期初余额为20 000元,本月发生下列业务。

①2日,销售甲产品500件,每件100元,货款50 000元尚未收到。

该业务的原始凭证为:销货发票副联

填制记账凭证:转1

  借:应收账款——某单位 50 000
    贷:主营业务收入   50 000

②5日,收到某单位前欠购货款20 000元,存入银行。

该业务原始凭证:银行收款通知单

记账凭证:银收1

  借:银行存款   20 000
    贷:应收账款——某单位 20 000

表 6-3 总分类账

会计科目：应收账款　　　　　　　　　　　　　　　　　　　　　　　　　　　第　　页

年		凭证字号	摘要	借方		贷方		借/贷	余额/元
月	日			对方科目	金额/元	对方科目	金额/元		
3	1		月初余额					借	20 000
	2	转1	销售产品货款未收	主营业务收入	50 000			借	70 000
	5	银收1	收某单位欠款			银行存款	20 000	借	50 000

（四）明细分类账的格式和登记方法

1. 明细分类账的格式

明细分类账是根据二级账户或明细账户开设账页，分类、连续地登记经济业务以提供明细核算资料的账簿，其格式有三栏式、多栏式、数量金额式和横线登记式（或称平行式）等多种。(1)三栏式明细分类账。三栏式明细分类账是设有借方、贷方和余额三个栏目，用以分类核算各项经济业务，提供详细核算资料的账簿，其格式与三栏式总账格式相同，适用于只进行金额核算的账户。(2)多栏式明细分类账。多栏式明细分类账是将属于同一个总账科目的各个明细科目合并在一张账页上进行登记，适用于成本费用类科目的明细核算。(3)数量金额式明细分类账。数量金额式明细分类账其借方（收入）、贷方（发出）和余额（结存）都分别设有数量、单价和金额三个专栏，适用于既要进行金额核算又要进行数量核算的账户。(4)横线登记式明细分类账。横线登记式明细分类账是采用横线登记，即将每一相关的业务登记在一行，从而可依据每一行各个栏目的登记是否齐全来判断该项业务的进展情况。该明细分类账适用于登记材料采购业务、应收票据和一次性备用金业务。

2. 明细分类账的登记方法

不同类型经济业务的明细分类账可根据管理需要，依据记账凭证、原始凭证或汇总原始凭证逐日逐笔或定期汇总登记。固定资产、债权、债务等明细账应逐日逐笔登记；库存商品、原材料、产成品收发明细账以及收入、费用明细账可以逐笔登记，也可定期汇总登记。

第三节　账簿启用和登记的规则

一、账簿启用的规则

会计账簿是储存数据资料的重要会计档案；在账簿启用时，应在"账簿启用和经管人员一览表（企业购置的会计账簿的扉页或封底，都有账簿使用登记表或经管人员一览表）"中详细记载：单位名称、账簿编号、账簿册数、账簿页数、启用日期，并加盖单位公章；经管人员（包括企业负责人、主管会计、复核和记账人员等）均应签名盖章。

二、会计账簿登记的规则

《会计基础工作规范》(以下简称《规范》)第六十条规定了会计账簿登记的基本要求。

(一)准确完整

登记账簿时,需将账页中的日期、凭证编号、摘要、金额等项目填写齐全,摘要简明扼要,书写规范整齐,数字清晰无误。账簿中的月、日应填写记账凭证的日期,每一笔记账凭证中的业务登记完毕,都应在记账凭证"过账"栏内画"√",表示记账完毕,避免重记、漏记。在登记账簿时,账簿登记人员在登记账簿前,应根据岗位责任制和内部牵制要求对审核过的记账凭证再复核一遍,如发现记账凭证有错误,可暂停登记,报告会计主管人员,由他做出修改或照登决定。在任何情况下,凡不兼任填制记账凭证工作的记账人员都不得自行更改记账凭证。每一项会计事项,一方面要记入有关的总账,另一方面要记入该总账所属的明细账。账簿记录中的日期,应该填写记账凭证上的日期;以自制的原始凭证,如收料单、领料单等,作为记账依据的,账簿记录中的日期应按有关自制凭证上的日期填列。登记账簿要及时,但对各种账簿的登记间隔应该多长,《规范》未做统一规定。一般说来,这要看本单位所采用的具体会计核算形式而定。

(二)注明记账符号

"登记完毕后,要在记账凭证上签名或者盖章,并注明已经登账的符号,表示已经记账。"在记账凭证上设有专门的栏目供注明记账的符号,以免发生重记或漏记。

(三)文字和数字必须整洁清晰,准确无误

在登记书写时,不要滥造简化字,不得使用同音异义字,不得写怪字体;摘要文字紧靠左线;数字要写在金额栏内,不得越格错位、参差不齐;文字、数字字体大小适中,紧靠下线书写,上面要留有适当空距,一般应占格宽的1/2,以备按规定的方法改错。记录金额时,如为没有角分的整数,应分别在角分栏内写上"0",不得省略不写,或以"—"号代替。阿拉伯数字一般可自左向右适当倾斜,以使账簿记录整齐、清晰。为防止字迹模糊,墨迹未干时不要翻动账页;夏天记账时,可在手臂下垫一块软质布或纸板等书写,以防汗浸。

(四)正常记账使用蓝黑墨水

"登记账簿要用蓝黑墨水或者碳素墨水书写,不得使用圆珠笔(银行的复写账簿除外)或者铅笔书写。"在会计的记账书写中,数字的颜色是重要的语素之一,它同数字和文字一起传达会计信息。如同数字和文字错误会表达错误的信息一样,书写墨水的颜色用错了,其导致的概念混乱也不亚于数字和文字错误。

(五)特殊记账使用红墨水。

"下列情况,可以用红色墨水记账:按照红字冲账的记账凭证,冲销错误记录;在不设借贷等栏的多栏式账页中,登记减少数;在三栏式账户的余额栏前,如未印明余额方向的,在余额栏内登记负数余额;根据国家统一会计制度的规定可以用红字登记的其他会计记录。"在这几种情况下使用红色墨水记账是会计工作中的惯例。中华人民共和国财政部会计司编的《会计制度补充规定及问题解答(第一辑)》,在解答"应交税金——应交增值税"明细账户的设置方法时,对使用红色墨水登记的情况做了一系列较为详尽的说明:在"进项税额"专栏中用红字登记

退回所购货物应冲销的进项税额;在"已交税金"专栏中用红字登记退回多交的增值税额;在"销项税额"专栏中用红字登记退回销售货物应冲销的销项税额,以及在"出口退税"专栏中用红字登记出口货物办理退税后发生退货或者退关而补交已退的税款。

(六)顺序连续登记

"各种账簿按页次顺序连续登记,不得跳行、隔页。如果发生跳行、隔页,更不得随便更换账页和撤出账页,作废的账页也要留在账簿中,如果发生跳行、隔页,应当将空行、空页划线注销,或者注明'此行空白''此页空白'字样,并由记账人员签名或者盖章。"这对堵塞在账簿登记中可能出现的漏洞,是十分必要的防范措施。

(七)结出余额

"凡需要结出余额的账户,结出余额后,应当在'借或贷'等栏内写明'借'或者'贷'等字样。没有余额的账户,应当在'借或贷'等栏内写'平'字,并在余额栏内用'0'表示。现金日记账和银行存款日记账必须逐日结出余额。"一般说来,对于没有余额的账户,在余额栏内标注的'0'应当放在"元"位。

(八)过次承前

"每一账页登记完毕结转下页时,应当结出本页合计数及余额,写在本页最后一行和下页第一行有关栏内,并在摘要栏内注明'过次页'和'承前页'字样;也可以将本页合计数及金额只写在下页第一行有关栏内,并在摘要栏内注明'承前页'字样。"也就是说,"过次页"和"承前页"的方法有两种:一是在本页最后一行内结出发生额合计数及余额,然后过次页并在次页第一行承前页;二是只在次页第一行承前页写出发生额合计数及余额,不在上页最后一行结出发生额合计数及余额后过次页。

(九)错误更正

登记发生错误时,必须按规定方法更正,严禁刮、擦、挖、补,或使用化学药物清除字迹。发现差错必须根据差错的具体情况采用划线更正、红字更正、补充登记等方法更正。

(十)定期打印

《规范》第六十一条对实行会计电算化的单位提出了打印上的要求:"实行会计电算化的单位,总账和明细账应当定期打印""发生收款和付款业务的,在输入收款凭证和付款凭证的当天必须打印出现金日记账和银行存款日记账,并与库存现金核对无误。"这是因为在以机器或其他磁性介质储存的状态下,各种资料或数据的直观性不强,而且信息处理的过程不明,不便于进行某些会计操作和进行内部或外部审计,对会计信息的安全和完整也不利。

(十一)各种账簿的登记要求

现金日记账和银行存款日记账,一般由出纳员根据办理完毕的收款凭证、付款凭证,随时进行逐笔登记,如不能随时登记,也应保证每天登记一次,并每天结出余额;总分类账由于各企业账务处理程序不同,可以根据记账凭证直接登记,也可以根据科目汇总表或其他方式登记,所以可以三五天登记一次,也可以根据汇总记账凭证的时间按旬或月中、月末进行总分类账登记;明细分类账是根据原始凭证或记账凭证直接登记的,应根据业务发生情况及时进行登记,以掌握企业财务经营动态。

第四节 对账和结账

一、对账

(一)对账的含义

对账就是按照一定的方法和手续核对账目,主要是对账簿记录进行核对、检查。按照《会计基础工作规范》的要求,各单位应当定期将会计账簿记录的有关数字与库存实物、货币资金、有价证券往来单位或个人等进行相互核对,保证账证相符、账账相符、账实相符和账表相符,对账工作每年至少进行一次。对账的目的是保证账簿记录的真实、准确。为保证各种账簿记录的完整和正确,为编制会计报表提供真实可靠的数据资料,必须做好对账工作。

(二)对账的规范

《中华人民共和国会计法》第十七条规定:各单位应当定期将会计账簿与实物、款项及有关资料相互核对,保证会计账簿记录与实物及款项的实有数字相符、会计账簿记录与会计凭证的有关内容相符,会计账簿之间相对应的记录相符、会计账簿记录与会计报表的有关内容相符。

1. 账证相符

账证相符是会计账簿记录与会计凭证有关内容核对相符的简称。保证账证相符,也是会计核算的基本要求。由于会计账簿记录是根据会计凭证等资料编制的,两者之间存在逻辑联系。因此,通过账证核对,可以检查、验证会计账簿和会计凭证的内容是否正确无误,以保证会计资料真实、完整。各单位应当定期将会计账簿记录与其相应的会计凭证(包括时间、编号、内容、金额、记账方向等)逐项核对,检查是否一致。如果发现有不一致之处,应当及时查明原因,并按照规定予以更正。

2. 账账相符

账账相符是会计账簿之间相对应记录核对相符的简称。保证账账相符,同样是会计核算的基本要求。由于会计账簿之间,包括总账各账户之间、总账与明细账之间、总账与日记账之间、会计机构的财产物资明细账与保管部门、使用部门的有关财产物资明细账之间等相对应的记录存在着内在联系,通过定期核对,可以检查、验证会计账簿记录的正确性,便于发现问题,纠正错误,保证会计资料的真实、完整和准确无误。

3. 账实相符

账实相符是账簿记录与实物、款项实有数核对相符的简称。保证账实相符,是会计核算的基本要求。由于会计账簿记录是实物款项使用情况的价值量反映,实物款项的增减变化情况,必须在会计账簿记录上如实记录、登记。因此,通过会计账簿记录的正确性,发现财产物资和现金管理中存在的问题,有利于查明原因、明确责任,有利于改进管理、提高效益,有利于保证会计资料真实、完整。

4. 账表相符

账表相符是会计账簿记录与会计报表有关内容核对相符的简称。保证账表相符,同样也是会计核算的基本要求。由于会计报表是根据会计账簿记录及有关资料编制的,两者之间存在着相对应的关系。因此,通过检查会计报表各项目的数据与会计账簿有关数据是否一致,确保会计信息的质量。

(三)对账的主要内容

1. 账证核对

账证核对是指各种账簿(包括总账、明细账以及现金日记账、银行存款日记账)的记录与有关的记账凭证和原始凭证进行核对,要求做到账证相符。这种核对一般是在日常工作中进行。会计凭证是登记账簿的依据,账证核对主要检查登账中的错误。核对时,将凭证和账簿的记录内容、数量、金额和账户等相互对比,保证二者相符。账证核对主要按照业务发生后顺序一笔一笔进行,检查项目主要是:①核对凭证的编号。②检查记账凭证与原始凭证看两者是否完全相符。③查对账证金额与方向的一致性。检查中发现差错,要立即按照规定方法更正,以确保账证完全一致。

2. 账账核对

所谓账账核对,是指各种账簿与账簿之间的有关记录相核对,以保证账账相符。账账核对主要包括:①总分类账有关账户核对,主要核对总分类账各账户借方期末余额合计数与贷方期末余额合计数是否相等,借方本期发生额合计数与贷方本期发生额合计数是否相等。②总分类账与明细分类账核对,主要核对总分类账各账户的期末余额与所属各明细分类账户的期末余额之和是否相等,总分类账各账户的本期发生额与所属各明细分类账户的本期发生额之和是否相等。③总分类账与日记账核对,主要核对总分类账中"现金"和"银行存款"账户的期末余额与相对应的日记账的期末余额是否相等。④会计部门的财产物资明细账与财产物资保管和使用部门的有关明细账核对,主要核对会计部门的各种财产物资明细账期末余额与财产物资保管和使用部门的有关财产物资明细账期末余额是否相等。

账账核对的方法:①检查总分类账户记录是否正确,它一般是采用编制试算平衡表的方法进行。②将总分类账户与所属明细分类账户进行核对,它一般是采用编制本期发生额及余额表等方法进行。③将财产物资的明细分类账户和保管账(卡)进行核对,它可以将有关账户余额直接与保管账(卡)的余额核对。

3. 账实核对

账实核对是指将各项财产物资、债权债务等账面余额与实有数额进行核对,做到账实相符。其主要内容:①现金日记账账面金额与现金实际库存数核对相符。现金日记账要日清月结,每天均应结出余额,该余额应该同库存现金实有数相一致。到了月末或者年末以及专门进行财产清查时,也要对现金进行清查盘点。库存现金的清查是通过实地盘点的方法,确定库存现金的实存数,再与现金日记账的结存数进行核对,以查明盈亏情况。一般是根据现金日记账的当天余额来清点的,必要时还可采用突出盘点的方法。为明确责任,盘点时,出纳员必须在场,重点清查现金是否短缺,或以白条抵充现金等非法挪用舞弊现象或库存现金有无超过限额等。盘点结束后,根据盘点结果编制"现金盘点报告表",并由盘点人员与出纳员共同签名盖章。②银行存款日记账账面余额与银行对账单位余额核对相符。银行存款的清点采用与开户银行核对账目的方法,因为它无法进行实地盘点。核对之前,应详细检查本单位银行存款日记账,力求正确与完整,然后与银行对账单逐笔核对。对于双方一致的记录,一般划对号以作标记,无标记的则应查明原因。一般来讲,造成本单位的银行存款日记账与银行送来的对账单现有余额不符的原因有两种:一种是本单位或银行记账差错。因为企业的开户银行不止一家,有时可能将收付款串项记录,或者由于会计人员或银行经办人员失误,可能造成企业银行存款日记账与银行对账单不符。另一种则是出现未达账项。所谓未达账项是指,企业与银行,由于凭证传递的时间差而造成的一方已经登记入账,另一方尚未登记入账的账项。存在未达账项时,为了证明双方账目是否正确,应通过编制银行存款金额调节表来进行核对,调节表的编制方法,一般是在企业与银行双方的账面余额基础上,各自加上对方已收,本单位未收的款项;减去对方已付而本单位未付的款项。③应收、应付款项明细账与应收、应付款项实存数的核对。应收、应付款项的清查,是采取同对方单位核对账目的方法。首先,检查本单位各项应收、应付款账簿记录的正确性和完整性。查明本单位记录正确无误后,再编制对账单,可通过信函寄交对方。对账单可以编制一式两联,一份由对方单位留存,另一份作为回单。如果核对后相符,对方应在回单上盖章并退回本单位,如果数字不符,应在回单上注明不符情况,或另抄对账单退回,作为进一步核对的依据。在核对过程中如发现未达账项,双方均应采用调节账面余额的方法,核对往来款项是否相符。如果发现记账错误,应立即查明,并按规定予以更正。④材料物资及固定资产明细账与其实存数的核对。对于材料物资及固定资产两类资产来讲,因为它们存在着实物形态,因此,可通过实物盘点的方法来确定其实存数量和金额,并可与有关明细账进行核对。

4. 账表核对

账表核对是会计账簿记录与会计报表有关内容核对相符的简称,通过检查账表之间的相互关系,可以发现其中是否存在违法行为。账表核对主要核对以下内容:①核对会计报表中某些数字是否与有关总分类账的期末余额相符。②核对会计报表中某些数字是否与有关明细分类账的期末余额相符。③核对会计报表中某些数字是否与有关明细分类账的发生额相符。

进行账表核对时,查账人员必须熟识账与表中的项目或内容发生直接或者间接的勾稽关系。例如:"现金""银行存款""其他货币资金"账户余额与资产负债表中的货币资金项目有直接的对应关系。如果不了解这些关系,查账人员是无法从查账中发现问题的。

账表核对的重点是对账、表所反映的金额进行核对,通过账表核对,可以发现或查证账表不符或虽相符却不合理、不合法的会计错弊。

如在编制会计报表时,将来自会计账簿中的某个或某些数字填错,造成账表不符。这种情况如果出现在资产负债表编制过程中,就会造成资产与负债权益总额不等,一般编表人员就会以此为线索进行账表核对,查出错误。这种情况如果出现在利润表的编制过程中,就会导致利润额的虚增虚减,但不会像在资产负债表中那样出现不平衡,所以在查证中一般不易发现疑点。因此,有些公司为了欺骗上级或主管部门,多报或少报利润额,往往在编制利润表时,多写或少写某个或某些数字。此类问题通过账表核对即可以查证出来,但是不易引起注意。所以,查证人员审阅、调查有关会计资料或有关情况时,应注意寻找被查单位有无账表不符的疑点。有时账表虽然是相符的,但也存在一定问题。如某单位为了调高或调低利润,便在计算销售成本上做文章。为了提高或压低销售成本,故意虚增虚减库存商品。为了达到调节库存商品的目的,在账上虚设待处理财产损溢,并据此填制资产负债表中的"待处理流动资产损失"或"待处理固定资产净损失"项目,账表是相符了,但该项目或账户所反映的内容是虚假的,因此在进行查证时应通过账证、证证、账表三者之间的核对发现并查证问题。

进行账表核对,必须熟悉账与表中的哪些项目或内容发生直接或间接的对应勾稽关系。

例如,"现金""银行存款""其他货币资金"账户余额与资产负债表中的货币资金项目有直接的对应关系。又如,对于商业企业来说,库存商品应根据其采用进价核算制还是售价核算制来决定账表中相应项目有怎样的对应关系。如采用进价金额核算制,则"库存商品"账户余额与资产负债表中的"库存商品"科目就有着直接的对应关系;如采用售价金额核算制,则"库存商品"账户余额与资产负债表中的"库存商品"科目之间就有着间接的对应关系,即"库存商品"余额减去"商品进销差价"账户余额后的差额应为资产负债表中"库存商品"科目的金额。类似这种情况,在账表对应关系中还有很多。因此在进行账表核对时,应根据账表项目的不同内容,确定其存在怎样的对应关系,由此来决定核对工作应当如何进行。

二、结账

(一)结账的含义

所谓结账(会计),指本期内所发生的经济业务在全部登记入账的基础上,于会计期末按照规定的方法结算账目,包括结计出本期发生额和期末余额,使各收入和费用账户的余额都变成零,以便计算下一会计期间的净损益。结账过程包括编制结账分录,将结账分录记入日记账并过账等过程。收入和费用账户与结账过程相关,结账程序仅适用于临时账户(如收入、费用账户,所有者撤资账户)。结账可以在月末、季末、年度末进行,并为编制会计报表做准备。

(二)结账的内容

(1)将本期内所发生的经济业务全部记入有关账簿,既不能提前结账,也不能将本期发生的业务延至下期登账。

(2)按照权责发生制的要求进行账项调整,包括应计收入的调整、应计费用的调整、预收收入的调整和预付费用的调整。

(3)结转本期损益类账户等账户的金额,以计算本期的经营成果并进行利润分配。

(4)计算、登记各账户的借、贷方本期发生额和期末余额。

(5)画红线确认并结转余额至下期。月结和季结时,在"月结"和"季结"行上下均通栏单红线;年结时,在"年结"行上划通栏单红线,在"年结"行下划通栏双红线,并结转余额至下年。

(三)结账的主要程序

(1)结账前,必须将本期内发生的各项经济业务全部登记入账。

(2)实行权责发生制的单位,按照权责发生制的要求,进行账项调整的账务处理,并在此基础上,进行其他有关转账业务的账务处理,以计算确定本期的成本、费用、收入和利润。需要说明的是,不能为了赶编报表而提前结账,也不能将本期发生的经济业务延至下期登账,也不能先编会计报表后结账。

(3)结账时,应结出现金日记账、银行存款日记账以及总分类账和明细分类账各账户的本期发生额和期末余额,并将期末余额结转下期。

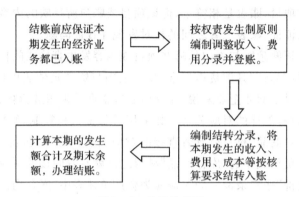

图 6-7 结账的程序

(四)结账的方法

计算登记各种账簿本期发生额和期末余额的工作,一般按月进行,称为月结;有的账目还应按季结算,称为季结;年度终了,还应进行年终结账,称为年结。期末结账主要采用划线结账法。也就是在期末结出各账户的本期发生额和期末余额后,加以划线标记,将期末余额结转下期。

结账时,不同的账户记录应分别采用不同的方法。

1. 月结

每月结账时,应在各账户本月份最后一笔记录下面画一条通栏红线,表示本月结束;然后,在红线下面结出本月发生额和月末余额,如果没有余额,在余额栏内写上"平"或"θ"符号。同时,在摘要栏内注明"本月合计"或"×月份发生额及余额"字样,最后,再在下面画一条通栏红线,表示完成月结工作。

2. 季结

季结的结账方法与月结基本相同,但在摘要栏内注明"本季合计"或"第×季度发生额及余额"字样。

3. 年结

办理年结时,应在12月份月结下面(需办理季结的,应在第四季度的季结下面)结算填列全年12个月的月结发生额和年末余额,如果没有余额,在余额栏内写上"平"或"θ"符号,并在摘要栏内注明"本年合计"或"年度发生额及余额"字样;然后,将年初借(贷)方余额抄列于下一行的借(贷)方栏内,并在摘要栏内注明"年初余额"字样,同时将年末借(贷)方余额再列入下一行的贷(借)方栏内,在摘要栏内注明"结转下年"字样;最后,分别加计借贷方合计数,并在合计数下面画通栏双红线表示封账,完成了年结工作。需要更换新账的,应在新账有关账户的第一行摘要栏内注明"上年结转"或"年初余额"字样,并将上年的年末余额以相同方向记入新账中的余额栏内。

4. 年度结账后

年度结账后,总账和日记账应当更换新账,明细账一般也应更换。但有些明细账,如固定资产明细账等可以连续使用,不必每年更换。年终时,要把各账户的余额结转到下一会计年度,只在摘要栏注明"结转下年"字样,结转金额不再抄写。如果账页的"结转下年"行以下还有空行,应当自余额栏的右上角至日期栏的左下角用红笔画对角斜线注销。在下一会计年度新建有关会计账簿的第一行余额栏内填写上年结转的余额,并在摘要栏注明"上年结转"字样。

5. 编制会计报表前

编制会计报表前,必须把总账和明细账登记齐全,试算平衡,不准先出报表,后补记账簿和办理结账。

6. 凡涉及债权债务及待处理事项的账户

填写"上年结转"时,还应在摘要栏填写组成金额的发生日期及主要经济业务内容说明,一行摘要栏写不完的,可以在次行摘要栏继续填写,最后一行的余额栏内填写上年度余额。

在电子数据处理系统下,结账在过账的同时就可以很容易地实现,再区分出这个结账程序就显得意义不大;但是在手写簿记系统下,需要人工进行,因此可以到期末再进行结账,由此而产生了这个与过账息息相关的程序。

手工系统下,结账时在账户的末了一行记录下面画一条红线,加计本期发生额及本期贷方发生额,并计算出期末余额或本期余额。

(五)结账的不规范方法及正确处理

对于怎样把有余额的账户余额结转下年,实际工作中有以下两种不规范的方法:①将本账户年末余额,以相反的方向记入最后一笔账下的发生额内,例如某账户年末为借方余额,在结账时,将此项余额填列在贷方发生额栏内(余额如为贷方,则做相反记录),在摘要栏填明"结转下年"字样,在"借或贷"栏内填"平"字并在余额栏的"元"位上填列符号,表示账目已经结平。②在"本年累计"发生额的次行,将年初余额按其同方向记入发生额栏内,并在摘要栏内填明"上年结转"字样;在次行登记年末余额,如为借方余额,填入贷方发生额栏内,反之记入借方,并在摘要栏填明"结转下年"字样。同时,在该行的下端加计借、贷各方的总计数,并在该行摘要栏内填列"总计"两字,在"借或贷"栏内填"平"字,在余额栏的"元"位上填列"0"符号,以示账目已结平。

正确的方法应该是:年度终了结账时,有余额的账户的余额,直接记入新账余额栏内即可,不需要编制记账凭证,也不必将余额再记入本年账户的借方或贷方(收方或付方),使本年有余额的账户的余额变为零。因为,既然年末是有余额的账户,余额就应当如实地在账户中加以反映,这样更显得清晰、明了。否则,就混淆了有余额的账户和无余额的账户的区别。对于新的会计年度建账,一般来说,总账、日记账和多数明细账应每年更换一次。但有些财产物资明细账和债权债务明细账,由于材料品种、规格和往来单位较多,更换新账,重抄一遍工作量较大,因此,可以跨年度使用,不必每年更换一次。各种备查簿也可以连续使用。

第五节 错账查找与更正方法

一、错账查找方法

在日常的会计核算中,发生差错的现象时有发生。如果发现错误:一是要确认错误的金额;二是要确认错在借方还是贷方;三是根据产生差错的具体情况,分析可能产生差错的原因,采取相应的查找方法,便于缩短查找差错的时间,减少查账工作量。查找错误的方法有很多,现介绍几种常用的方法。

（一）基本方法

1. 顺查法

顺查法（亦称正查法）。顺查法是按照账务处理的顺序,从原始凭证、账簿、编制会计报表全部过程进行查找的一种方法。即首先检查记账凭证是否正确,然后将记账凭证、原始凭证同有关账簿记录一笔一笔地进行核对,最后检查有关账户的发生额和余额。这种检查方法,可以发现重记、漏记、错记科目、错记金额等。这种方法的优点是查的范围大,不易遗漏;缺点是工作量大,需要的时间比较长。所以在实际工作中,一般是在采用其他方法查找不到错误的情况下采用这种方法。

2. 逆查法

逆查法（亦称反查法）。这种方法与顺查法相反,是按照账务处理的顺序,从会计报表、账簿、原始凭证的过程进行查找的一种方法。即先检查各有关账户的余额是否正确,然后将有关账簿按照记录的顺序由后向前同有关记账凭证或原始凭证进行逐笔核对,最后检查有关记账凭证的填制是否正确。这种方法的优缺点与顺查法相同。所不同的,是根据实际工作的需要,对由于某种原因造成后期产生差错的可能性较大而采用的。

3. 抽查法

抽查法是对整个账簿记账记录抽取其中某部分进行局部检查的一种方法。当出现差错时,可根据具体情况分段、重点查找,将某一部分账簿记录同有关的记账凭证或原始凭证进行核对,还可以根据差错发生的位数有针对性地查找。如果差错是角、分,只要查找元以下尾数即可;如果差错是整数的千位、万位,只需查找千位、万位数即可,其他的位数就不用逐项或逐笔地查找了。这种方法的优点是范围小,可以节省时间,减少工作量。

（二）漏记、重记、记反账、错记账的查找方法

偶合法是根据账簿记录差错中经常遇见的规律,推测与差错有关的记录而进行查找的一种方法。这种方法主要适用于漏记、重记、记反账、错记账的查找。

1. 漏记的查找

（1）总账一方漏记,在试算平衡时,借贷双方发生额不平衡,出现差错,在总账与明细账核对时,会发现某一总账所属明细账的借（或贷）方发生额合计数大于总账的借（或贷）方发生额,也出现一个差额,这两个差额正好相等。而且在总账与明细账中有与这个差额相等的发生额,这说明总账一方的借（或贷）漏记,借（或贷）方哪一方的数额小,漏记就在哪一方。

（2）明细账一方漏记,在总账与明细账核对时可以发现。总账已经试算平衡,但在进行总账与明细账核对时,发现某一总账借（或贷）方发生额大于其所属各明细账借（或贷）发生额之和,说明明细账一方可能漏记,可对该明细账的有关凭证进行查对。

（3）如果整张的记账凭证漏记,则没有明显的错误特征,只有通过顺查法或逆查法逐笔查找。

2. 重记的查找

(1)总账一方重记。在试算平衡时,借贷双方发生额不平衡,出现差错;在总账与明细账核对时,会发现某一总账所属明细账的借(或贷)方发生额合计数小于该总账的借(或贷)方发生额,也出现一个差额,这两个差额正好相等,而且在总账与明细账中有与这个差额相等的发生额记录,说明总账借(或贷)方重记,借(或贷)方哪一方的数额大,重记就在哪一方。

(2)如果明细账一方重记,在总账与明细账核对时可以发现。总账已经试算平衡,与明细账核对时,某一总账借(或贷)方发生额小于其所属明细账借(或贷)方发生额之和,则可能是明细账一方重记,可对与该明细账有关的记账凭证查对。

(3)如果整张的记账凭证重记账,则没有明显的错误特征,只能用顺查法或逆查法逐笔查找。

3. 记反账的查找

记反账是指在记账时把发生额的方向弄错,将借方发生额记入贷方,或者将贷方发生额记入借方。总账一方记反账,则在试算平衡时发现借贷双方发生不平衡,出现差额。这个差额是偶数,能被2整除,所得的商数则在账簿上有记录,如果借方大于贷方,则说明将贷方错记为借方;反之,则说明将借方错记为贷方。如果明细账记反了,而总账记录正确,则总账发生额试算是正确的,可用总账与明细账核对的方法查找。

4. 错记账的查找

1)数字错位

数字错位即应记的位数不是前移就是后移,即小记大或大记小。例如:把千位数变成了百位数(大变小),把1 600记成160(大变小);或把百位数变成千位数(小变大),把3.43记成343(小变大)。如果是大变小,在试算平衡或者总账与明细账核对时,正确数字与错误数字的差额是一个正数,这个差额除以9后所得的商与账上错误的数额正好相等。查账时如果差额能够除以9,所得商恰是账上的数,可能记错了位。如果是小变大,在试算平衡或者总账与明细账核对时,正确数与错误数的差额是一个负数,这个差额除以9后所得商数再乘以10,得到的绝对数与账上错误恰好相等。查账时应遵循:差额负数除以9,商数乘以10的数账上有,可能记错了位。

2)错记

错记是在登记账簿过程中的数字误写。对于错记的查找,可根据由于错记而形成的差数,分别确定查找方法,查找时不仅要查找发生额,同时也要查找余额。一般情况下,同时错记而形成的差数有以下几种情况:

(1)邻数颠倒。邻数颠倒是指在登记账簿时把相邻的两个数字互换了位置。如43错记34,或把34错记43,如果前大后小颠倒为后大前小,在试算平衡时,正确数与错误数的差额是一个正数,这个差额除以9后所得商数中的有效数字正好与相邻颠倒两数的差额相等,并且不大于9。可以根据这个特征在差值相同的两个邻数范围内查找。如果前小后大颠倒为前大后小,在试算平衡或者总账与明细账核算时,正确数与错误数的差额是一负数,其他特征同上。在上述情况下,查账时,差额能除以9,有效数字不过9,可能记账数颠倒,根据差值确定查找。

【例6-4】某企业应收账款的总账科目余额合计数应为881.34元,而明细账合计数为

944.34元,总账与明细账不等。有关明细账的资料,如下表6-4所示。

表6-4 明细账资料

序号	户名	金额/万元
1	A	623.45
2	B	103.68
3	C	45.79
4	D	81.18
5	E	90.24
合计		944.34

查找步骤:

第一,求正误差值:881.34万元－944.34万元＝－63万元。

第二,判断差值可否用9整除,差值63万元,正好可以为9整除(63万元/9＝7万元)。

第三,求差值系数:－63万元/9＝－7万元。

第四,在错误表中查找有无相邻两数相差为7的数字。当差值系数为负值时,查前大后小;反之,查前小后大。经查,该表中第4行"81.18"中的"8"－"1"＝7,前大后小。可以判断为属于数字倒置的错误,即可能是18.18而误写为81.18。

第五,将第4行按18.18更正,重新加总,其合计数则为881.34,与总账一致。

(2)隔位数字倒置。如:425记成524,701记成107等,这种倒置所产生的差数的有效数字是三位以上,而且中间数字必然是9,差数以9除之所得的商数必须是两位相同的数,如22,33,34……。商数中的1个数又正好是两个隔位倒置数字之差。如802误记208元,差数是594,以9除之则商数为66,两个倒置数8与2的差也是6,于是可采用就近邻位数字倒置差错的查找方法去查找账簿记录中百位和个位两数之差为6的数字,即600与006、701与107、802与208、903与309四组数,便可查到隔位数字倒置差错。

采用上述方法时,要注意:一是正确选择作为对比标准的基数;二是保证对比指标口径的可比性;三是同时分析相对数和绝对数的变化,并计算其对总量的影响。

二、错账的更正方法

账簿记录应做到整洁,记账应力求正确,如果账簿记录发生错误,应按规定的方法进行更正。更正错账的方法有:划线更正法、红字更正法、补充登记法。

(一)划线更正法

划线更正法是先将错误数字或文字全部画一条红线予以注销,并使原来的字迹仍然清晰可见,然后在红线上方空白处,用蓝黑墨水笔做出正确的记录,并由记账人员在更正处盖章。划线更正法适用于结账前或结账时发现账簿记录中文字或金额有错误,而记账凭证没有错误,即纯属文字或数字过账时的笔误及账簿数字计算错误等情况。

划线更正时应注意以下几个问题:在划线时,如果是文字错误,可只划错误部分;如果是数字错误,应将全部数字划销不得只画错误数字。划线时必须注意使原来的错误字迹仍可辨认。

(二)红字更正法

红字更正法也叫赤字冲账法、红笔订正法。应用这种方法时应先用红字填制一张内容与错误的记账凭证完全相同的记账凭证,在摘要栏中注明"更正第某张凭证的错误",并据以用红字金额登记入账,冲销原有错误记录,然后,再用蓝字填制一张正确的记账凭证,并据以登记入账。

红字更正法适用于记账凭证填错,并已经登记入账而形成的错账。这种差错,无论在结账前还是在结账后发现,无论是分录所用科目错误还是金额错误,都可以采用此方法更正。

【例6-5】红字更正法举例:

车间领用一般消耗材料3 000元

转1　　借:生产成本——甲产品　　　3 000
　　　　　　贷:原材料　　　　　　　　　　　3 000

更正:借:生产成本——甲产品　　3 000(红字)
转2　　贷:原材料　　　　　　　　　　3 000(红字)

据以登记账簿后,冲销原记录的错误数字。

再编制正确的分录,并据以登账:

　　借:制造费用　　　　　3000
　　　　贷:原材料　　　　　　3000

红字更正法的更正过程:

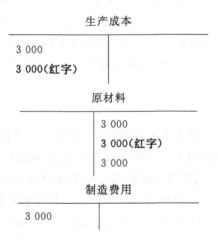

(三)补充登记法

补充登记法是在科目对应关系正确时,将少记的金额用蓝字填制一张记账凭证,在摘要栏中注明补记某字第某号凭证少记数,并据以登记入账,以补充原来少记的金额。这种方法适用于记账后发现记账凭证所填的金额小于正确的金额的情况。对于这种错误可以采用红字更正法,也可以采用补充登记法。

【例6-6】补充登记法举例:

仍举上例

车间领用一般消耗材料 3 000 元。

原始凭证:领料单

转1　　借:制造费用　　　　　　　　　　300
　　　　　贷:原材料　　　　　　　　　　　　300

更正:用蓝字填写一张正确的记账凭证,只是所添金额为正确数字与错误数字的差。

转2　　借:制造费用　　　　　　　　　　2 700
　　　　　贷:原材料　　　　　　　　　　　　2 700

补充登记法更账过程:

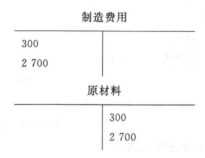

(四) 红字冲销法和补充登记法的忌用与妙用

1. 忌用

记账凭证不仅是登记明细账的根据,也是汇总登记总账的根据。在同一记账根据的基础上,如果总账未记错,只是某一明细科目记错了数字,要更正这一明细科目差错,若采用红字更正法或补充登记法,则势必影响总账发生变动,即将原来的正确数更正为错误数。如果记账凭证正确,只是登记入账时发生误记,导致总账和明细科目金额的不一致,则在月末结账前可以采用划线更正法进行更正。

2. 妙用

有些过账笔误如金额误记,借贷双方数额相同、借贷方向没错但会计科目账户、借贷双方均重记或者漏记等,这些并不影响会计账簿的试算平衡;以及某月份对某些总账与明细账户未进行核对,不能确保其一致性,这些都可能形成过账笔误延续到月末结账后的月份才会发现。所以过账数字笔误跨月以及会计科目串户等,不宜采用划线更正法。因为过账笔误跨到以后月份发现时采用划线更正法更正,不仅会使账页更正数太多,而且会使账簿记录与结余数和月计、累计数不相符合;而且会计科目串户等误记更正,会使误记注销数只能划线注销而无正确数可记,因为月份记账已经结束也会使补记数无行次登记。

过账数字笔误跨月发现以及会计科目串户等过账笔误,可根据红字冲销法或补充登记法原理处理,不必编制记账凭证,在发现时就将过账笔误直接在账簿中进行更正登记。如 3 月 10 日实现产品销售收入 4 500 元,账款暂欠。编制 25 号记账凭证正确,借记:应收账款 4 500 元。贷记:产品销售收入 4 500 元。但登记总账及明细账时金额均误记为 5 400 元。于 4 月 10 日与应收账款往来单位对账发现过账笔误,当即更正:对"产品销售收入"(贷方)和"应收账款"(借方)总账(或科目汇总表)及其明细账科目均分别以红字冲销 900 元,并标明 3 月 10 日

25号记账凭证过账笔误多记,同时在3月10日25号记账凭证及其登记账页中补记注明过账笔误多记900元,于4月10日更正。在上述举例中,强调了不再编制更正的记账凭证,这是因为原记账凭证的编制是无误的,会计记账应保持账证一致。对于过账笔误的原记账凭证及其账簿记录以及更正的账簿记录,都强调要相互注明,这是十分必要的。这样,便于在账证中相互对照,也便于在账簿中作更正后的结余额和月计、累计数的修正计算。

(五)"跨年调整法"的运用

如果发现以前年度记账凭证中有错误(指科目和金额)并导致账簿登记错误的,应当用蓝字填制一张更正的记账凭证,更正由于记账错误对利润产生的影响。

【例6-7】发现去年有一张管理费用支出凭证的金额本应是4 500元,记账时误记5 400元,则导致利润减少900元。

此时应作更正分录是:

借:现金(或其他科目)　　　900
　　贷:以前年度损益调整　　　　900

本章小结

本章主要介绍了账簿的概念及种类、账簿的设置与登记、启用和登记的规则、对账和结账、错账查找与更正方法。会计账簿应归档整理,编造目录,妥善保管。已归档的会计账簿不得借出,如有特殊需要,经本单位负责人和会计主管人员批准后,方可查阅或复制。

关键术语

会计账簿(account books)
总分类账簿(general leger)
明细分类账簿(subsidiary leger)
日记账(journal)
结账(closing entry)

习题与思考

一、单项选择题

1. 账簿按其外观形式可分为(　　)。
   A. 序时账、订本账、活页账　　　　B. 序时账、分类账、备查簿
   C. 订本账、活页账、备查簿　　　　D. 活页账、卡片账、订本账
2. 企业设置的日记总账按账簿的用途分类属于(　　)。
   A. 序时账簿　　　B. 分类账簿　　　C. 联合账簿　　　D. 备查账簿
3. 企业的银行存款日记账属于(　　)。
   A. 特种日记账　　B. 普通日记账　　C. 专栏日记账　　D. 备查账簿
4. 不宜采用多栏式明细分类账格式的科目是(　　)。
   A. 利润分配　　　B. 产成品　　　　C. 材料采购　　　D. 制造费用

5. 现金日记账按外表形式分类属于(　　)。
　　A. 特种日记账　　　　B. 订本式账簿　　　　C. 普通日记账　　　　D. 卡片式账簿
6. 受托加工材料备查账簿按用途分类属于(　　)。
　　A. 备查账簿　　　　　B. 序时账簿　　　　　C. 订本账簿　　　　　D. 分类账簿
7. 用来记录某一类经济业务的发生情况的序时账簿是(　　)。
　　A. 普通日记账　　　　B. 分类账簿　　　　　C. 专栏日记账　　　　D. 特种日记账
8. "生产成本明细账"宜采用(　　)结构。
　　A. 三栏式　　　　　　　　　　　　　　　B. 多栏式
　　C. 数量金额式　　　　　　　　　　　　　D. 都可以选择使用
9. 现金日记账的日期栏应填列的日期是(　　)。
　　A. 结账日期　　　　　　　　　　　　　　B. 现金实际收付的日期
　　C. 登记账簿的日期　　　　　　　　　　　D. 编制记账凭证的日期
10. 记账过程中,在哪种情况下,不能使用红色的墨水(　　)。
　　A. 冲销账簿记录　　　　　　　　　　　　B. 改正错账
　　C. 出现隔页、跳行现象　　　　　　　　　D. 平时登记明细账
11. 发现记账凭证应记科目正确,但所记金额大于应记金额已登记入账,更正时一般采用(　　)。
　　A. 划线更正法　　　　　　　　　　　　　B. 红字冲销法
　　C. 补充登记法　　　　　　　　　　　　　D. 平行登记法
12. 将现金存入银行,登记银行存款日记账的依据是(　　)。
　　A. 现金收款凭证　　　　　　　　　　　　B. 银行存款收款凭证
　　C. 银行存款付款凭证　　　　　　　　　　D. 现金付款凭证
13. 某会计人员根据记账凭证登记入账时,误将600元填写为6 000元,而记账凭证无误,应用(　　)予以更正。
　　A. 红字更正法　　　　　　　　　　　　　B. 补充登记法
　　C. 划线更正法　　　　　　　　　　　　　D. 平行登记法
14. 补充登记法纠正错账时,应编制(　　)记账凭证。
　　A. 红字　　　　　　　　　　　　　　　　B. 蓝字
　　C. 红字或蓝字　　　　　　　　　　　　　D. 同时使用红、蓝字
15. 银行存款日记账同开户银行账目的核对,是(　　)核对。
　　A. 账证　　　　　　　B. 账账　　　　　　　C. 账实　　　　　　　D. 账表
16. 活页式账簿和卡片式账簿主要适用于(　　)。
　　A. 特种日记账　　　　B. 普通日记账　　　　C. 分类账簿　　　　　D. 明细分类
17. 三栏式明细分类账簿,适用于(　　)。
　　A. "管理费用"明细账　　　　　　　　　　B. 本年"利润"明细账
　　C. "累计折旧"明细账　　　　　　　　　　D. "待摊费用"明细账
18. 固定资产明细账一般采用(　　)形式。
　　A. 订本式账簿　　　　　　　　　　　　　B. 卡片式账簿

C. 活页账簿　　　　　　　　　　　D. 多栏式明细分类账

19. 新的会计年度开始,启用新账时,(　　)可以继续使用,不必更换新账。
   A. 日记账　　　B. 总分类账　　　C. 明细账　　　D. 固定资产卡片

20. "管理费用"明细账一般采用的格式是(　　)。
   A. 借、贷、余三栏式　　　　　　　B. 数量金额式的明细账格式
   C. 多栏式明细　　　　　　　　　　D. 任意一种明细账格式

21. 记账员根据记账凭证登记账簿时,误将 3 000 元记为 300 元,更正这种记账错误采用(　　)。
   A. 红字更正法　　　　　　　　　　B. 补充登记法
   C. 划线更正法　　　　　　　　　　D. 任意一种更正方法

22. 记账员根据记账凭证簿时,误将应登入"其他应收款"的款项登入"应收账款"账户,更正这种记账错误应采用(　　)。
   A. 红字更正法　　　　　　　　　　B. 划线更正法
   C. 补充登记法　　　　　　　　　　D. 任意一种更正方法

23. 下列会计资料中,属于账簿的有(　　)。
   A. 发出材料汇总表　　　　　　　　B. 银行存款余额调节表
   C. 现金支出日账　　　　　　　　　D. 车间、班组生产进度记录

24. 结账以后,对于期末无余额的账户,应"借或贷"栏内(　　)。
   A. 写"无"字　　　B. 写"平"字　　　C. 写"贷"字　　　D. 写"借"字

25. 将各种应收、应付款明细分类账的账面余额与有关总账科目余额相核对,是为了保证做到(　　)。
   A. 账账相符　　　B. 账表相符　　　C. 账证相符　　　D. 账实相符

二、多项选择题

1. 序时账簿按照其所记录内容的不同,可以分为(　　)等几种。
   A. 凭单日记账　　　B. 明细分类账　　　C. 普通日记账
   D. 资产台账　　　　E. 特种日记账

2. 联合账簿是(　　)的结合形式。
   A. 明细分类账簿　　　B. 分类账簿　　　C. 序时账簿
   D. 总分类账簿　　　　E. 备查账簿

3. 用来序时记录和反映全部经济业务的发生或完成情况的账簿有(　　)。
   A. 日记总账　　　　B. 普通日记账　　　C. 特种日记账
   D. 分类账　　　　　E. 专栏日记账

4. 现金日记账主要包括(　　)。
   A. 日期栏　　　　　B. 凭证栏　　　　　C. 摘要栏
   D. 对方科目栏　　　E. 收入、付出栏

5. 总分类账一般采用(　　)。
   A. 三栏式　　　　　B. 多栏式　　　　　C. 数量金额三栏式
   D. 订本式　　　　　E. 活页式

6. 关于总账和明细账的相互关系的说法中,正确的有(   )。
   A. 二者所反映的经济业务内容相同
   B. 登记账簿的原始依据相同
   C. 总账对明细账起着统驭作用
   D. 设置总账必须以设置明细账为前提条件
   E. 在会计核算工作中,对二者进行平行登记

7. 对账的主要内容有(   )。
   A. 账实核对   B. 账账核对   C. 往来款项的核对
   D. 单证核对   E. 账证核对

8. 红字更正法适用于记账以后,发现(   )。
   A. 记账凭证中会计科目正确,但金额少记
   B. 记账凭证中会计科目正确,但金额多记
   C. 记账凭证正确,但过账时文字或数字笔误
   D. 记账凭证中会计科目的运用出现错误
   E. 记账凭证正确,但过错了账户

9. 银行存款日记账登记的一般依据是(   )。
   A. 原始凭证   B. 收款凭证   C. 付款凭证
   D. 转账凭证   E. 银行存款余额调节表

10. 任何会计主体必需设置的账簿有(   )。
    A. 现金日记账   B. 银行存款日记账   C. 总分类账簿
    D. 备查账簿   E. 明细分类账簿

11. 现金、银行存款日记账的账页格式主要有(   )。
    A. 三栏式   B. 多栏式   C. 订本式
    D. 数量金额式   E. 四栏式

12. 明细分类账可以根据(   )登记。
    A. 原始凭证   B. 汇总原始凭证   C. 记账凭证
    D. 经济合同   E. 日记账

13. 三栏式明细分类账的账页格式,适用于(   )。
    A. "管理费用"明细账   B. "材料"明细账
    C. "预提费用"明细账   D. "预收账款"明细账
    E. "短期借款"明细账

14. 数量金额式明细分类账的账页格式适用于(   )。
    A. "产成品"明细账   B. "生产成本"明细账
    C. "应付账款"明细账   D. "材料"明细账
    E. "应收账款"明细账

15. 多栏式明细分类账的账页格式适用于(   )。
    A. "应收账款"明细分类账   B. "待摊费用"明细分类账
    C. "管理费用"明细分类账   D. "制造费用"明细分类账

E. "营业外收入"明细分类账

16. 下列行为中,违反账簿登记规则的有(　　)。
    A. 用蓝色圆珠笔记账
    B. 用红色墨水笔冲销账簿记录
    C. 一张账页记满后,在该页最末一行加计发生额合计数,结出余额,并在该行"摘要"栏内注明"承前页"字样
    D. 摘换活页式账簿中的部分账页
    E. 记账时按账户页次顺序逐页登记

17. 发现下列错误,可用划线更正法的是(　　)。
    A. 在结账前,发现记账凭证无误,但账簿记录中文字或数字登记账有误
    B. 发现记账凭证金额错误,并已登记入账
    C. 发现记账凭证金额错误,原始凭证无误,记账凭证尚未登记入账
    D. 发现记账凭证科目错误,并已登记入账
    E. 记账后,发现账簿记录的金额有错误

18. 总分类账户与明细分账户的平行登记,应满足下列要求(　　)。
    A. 原始依据相同　　　　B. 同期登记　　　　C. 同金额登记
    D. 同方向登记　　　　　E. 逆方向登记

三、判断题

1. 若发现记账凭证上应记科目和金额错误已登记入账,则可将填错的记账凭证销毁,并另填一张正确的记账凭证,据以入账。　　　　　　　　　　　　　　　　　　　　　(　　)
2. 账簿记录是编制记账凭证和编制会计报表的直接依据。　　　　　　　　(　　)
3. 记账只能用蓝黑色墨水钢笔书写、不允许用铅笔或圆珠笔记账。　　　　(　　)
4. 总分类账簿和明细分类账簿的结合称为备查账簿。　　　　　　　　　　(　　)
5. 不论是总账和明细分类账,都要按一级会计科目开设账户。　　　　　　(　　)
6. 设立账簿可以将会计凭证所提供的繁多而分散的资料加以归类汇总。　　(　　)
7. 序时账簿和分类账簿是日记账经常采用的两种形式。　　　　　　　　　(　　)
8. 序时账簿按记录的内容不同,又分为普通日记账和凭单日记账。　　　　(　　)
9. 年终结账以后,总账和日记账应当更换新账,明细分类账一般也应更换,但有些明细账可连续使用不必更换。　　　　　　　　　　　　　　　　　　　　　　　　(　　)
10. 为了反映每一笔经济业务的来龙去脉,以便分析和汇总对应科目的发生额,现金日记账和银行存款日记账可以采用多栏式日记账。　　　　　　　　　　　　　(　　)

四、名词解释

1. 账簿　　　　　　　　　　　　　　2. 序时账簿
3. 普通日记账　　　　　　　　　　　4. 特种日记账
5. 分类账簿　　　　　　　　　　　　6. 备查账簿
7. 联合账簿　　　　　　　　　　　　8. 总分类账
9. 对账　　　　　　　　　　　　　　10. 结账

五、问答题

1. 什么是账簿？设置账簿有什么意义？
2. 设置账簿的原则是什么？
3. 账簿按用途分为哪几类？各是什么？
4. 试述现金日记账与银行存款日记账的内容和登记方法。
5. 试述总分类账户的格式。
6. 明细分类账有哪几种格式？各应怎样登记？
7. 试述总账簿启用的规则和登记规则。
8. 试述总账和明细账的平行登记。
9. 更正错账的方法有哪几种？各种更正方法的特点和适用条件是什么？
10. 什么是对账？对账工作包括哪些内容？
11. 什么是结账？结账工作包括哪些内容？
12. 对于企业的财产物资类明细账，你认为采用什么格式的账页登记较好？

六、业务计算题

1. 西安某钛制造企业202×年3月初现金日记账余额为500元，银行存款日记账余额为978 000元。本月发生下列有关经济业务：

(1)1日，职工陈光预借差旅费200元，经审核以现金付讫。
(2)2日，签发现金支票4 000元，从银行提取现金，以备日常开支需要。
(3)4日，以银行存款2 800元缴纳税金。
(4)5日，从银行取得短期借款80 000元，存入开户行。
(5)6日，签发现金支票46 000元，从银行提取现金，以备发放工资。
(6)7日，以现金46 000元发放本月职工工资。
(7)7日，生产车间报销日常开支费用，经审核，以现金190元支付。
(8)10日，收到银行通知，购货单位偿还上月所欠货款95 000元，已收妥入账。
(9)11日，开出转账支票5 800元，支付本月发生的固定资产修理费(该企业采用按月预提修理费办法)。
(10)12日，行政管理部门报销购买零星办公用品180元，经审核以现金付讫。
(11)12日，采购员王民回厂报销差旅费450元，原借500元，余额款退回现金。
(12)14日，仓库保管员交来现金60元，偿还上月欠交赔款。
(13)14日，以现金160元，支付购进材料时的运杂费。
(14)15日，签发转账支票24 000元，支付所欠供应单位货款。
(15)16日，销售产品一批，货款计2 600元已收到存入银行。
(16)17日，以现金490元支付职工退休金。
(17)20日，以银行存款支付为购货单位代垫运杂费540元。
(18)21日，接到银行通知，第一季度实际借款利息为3 100元，已用结算户存款划账支付(该企业采用季末结算，按月预提借款利息办法)。
(19)21日，接到银行通知，第一季度存款利息共计为2 400元。
(20)23日，购进材料一批，货款97 800元，运杂费200元，全部款项以银行存款支付。材料已验收入库。

(21) 25 日,签发转账支票 43 000 元,预付供应单位购料款。

(22) 27 日,收到购货单位交来的现金支票 500 元,用于暂付存入包装物押金。支票已存入银行。

(23) 28 日,将超过库存现金限额的现金 30 元送交银行。

(24) 28 日,通过银行支付供应单位购料时加收的包装物押金 200 元。

(25) 30 日,接到银行付款通知,支付本月生产用电费 21 000 元。

(26) 30 日,以银行存款 50 000 元,预付下季度租入固定资产租金。

(27) 31 日,收到购货单位预付的货款 5 700 元,存入银行。

(28) 31 日,以现金支付产品销售费用 400 元。

要求:

(1) 编制记账凭证。以会计分录格式代替记账凭证格式,并按经济业务顺序编号。

(2) 设置"现金日记账"和"银行存款日记账",根据会计分录登记日记账。

2. 西安某企业将账簿记录与记账凭证进行核对时,发现下列经济业务的凭证内容或账簿记录有误:

(1) 开出现金支票 180 元,支付企业行政管理部门的日常零星开支。原编记账凭证的会计分录为:

  借:管理费用   1 800
   贷:现金   1 800

(2) 签发转账支票 6 000 元,预付本季度租入固定资产租金。原编记账凭证的会计分录为:

  借:预提费用   6 000
   贷:银行存款   6 000

(3) 结转本月实际完工产品的生产成本共计 4 500 元。原编记账凭证的会计分录为:

  借:产成品   5 400
   贷:生产成本   5 400

(4) 收到购货单位偿还上月所欠货款 8 700 元存入银行。原编记账凭证的会计分录为:

  借:银行存款   7 800
   贷:应收账款   7 800

(5) 按计划提取生产车间所使用固定资产的修理费用 4 100 元。原编记账凭证的会计分录为:

  借:生产成本   1 400
   贷:预提费用   1 400

(6) 结算本月应付职工工资,车间管理人员工资 2 000 元,企业行政部门人员工资 4 300 元。原编制记账凭证的会计分录为:

  借:生产成本   2 000
    管理费用   4 300
   贷:应付工资   6 300

要求:将上列各项经济业务账簿处理错误,分别采用适当的更正错账方法,予以更正。

3. 西安某企业202×年1、2月份的有关资料如下：

(1)振华工厂202×年1月31日有关总分类账户和明细分类账户的余额如下：

①总分类账户

"原材料"840 000元

"应付账款"520 000元(贷方余额)

②明细分类账户

"原材料"

甲材料：2 200吨，单价200元，440 000元

乙材料：4 000吨，单价100元，400 000元

"应付账款"

东方工厂：220 000元(贷方余额)

振兴工厂：300 000元(贷方余额)

(2)2月份发生下列有关经济业务：

①5日，用银行存款40 000元购进甲材料200吨，材料已验收入库。

②10日，以银行存款200 000元偿还所欠东方工厂材料货款。

③15日，向振兴工厂购进乙材料1 000吨，单价100元，货款100 000元尚未支付。

④20日仓库发出材料一批用于产品生产，其中：甲材料2 000吨，单价200元；乙材料4 500元，单价100元。

⑤25日，以银行存款130 000元偿还前欠振兴工厂材料货款。

要求：

(1)根据资料(1)开设"原材料""应付账款"总分类账户和明细分类账户。

(2)根据资料(2)平行登记"原材料""应付账款"总分类账户和明细分类账户。

(3)结算"原材料""应付账款"总分类账户和明细分类账户的本期发生额和期末余额。

(4)根据"原材料""应付账款"明细分类账户的本期发生额和期末余额，编制本期发生额及余额明细表，并与总分类账户进行核对。

案例分析

目的：了解会计账簿的查阅权。

资料：会计账簿查阅权是股东知情权最为重要的一项权利，也是容易被忽视的股东非财产性权利的一项内容。被告宁波某汽车泵制造有限公司(以下简称被告某公司)于2002年1月31日经工商部门登记注册成立，现股东为原告王某及被告公司法定代表人陈某，其中原告持有30%股份，陈某持有70%股份。2014年8月5日，原告致函被告，认为公司从开业至今未发放过一次红利，并对外拖欠有大量债务，原告的股东权益受到了严重侵害，故要求被告于2014年8月21日前提供自2009年1月1日以来的公司会计账簿和会计凭证(含记账凭证和原始凭证)及其他入账备查的有关资料供原告查阅，并以书面形式答复原告委托代理人浙江某律师事务所某律师。被告至今未能答复，故提起诉讼。

被告某公司答辩称：(1)被告并未拒绝原告查阅会计账簿。被告已于2014年7月27日向原告提供了2009年至今的公司会计报表，对此，原告并未提出任何异议。(2)关于查阅的主体

和范围。根据我国《中华人民共和国公司法》第三十三条规定,"公司股东有权查阅公司会计账簿"。据此,查阅的权利主体仅限于股东,被告并无义务向原告委托的会计师提供查阅资料。而且,原告有权查阅的范围并不包括会计凭证。会计凭证尤其是原始凭证涉及公司商业秘密,而据被告了解,原告与案外人以另一家汽车泵制造有限公司的名义对外销售与被告公司相同的产品,故原告要求查阅公司财务原始凭证的诉讼主张,可能损害被告的合法权益,请求法院予以驳回。

  法院审理后判令被告某公司于判决生效后十日内,向原告王某及其委托的具有执业资格的注册会计师提供被告某公司自2009年1月1日至今的财务会计账簿供其查阅;驳回原告王某的其他诉讼请求。原告王某不服一审判决,提出上诉,二审法院维持原判。

  要求:依据《中华人民共和国公司法》和《中华人民共和国会计法》对本案例进行评价。

第七章　成本计算与财产清查

学习目标

1. 掌握营业成本计算、银行存款余额调节表编制、清查结果处理的方法,以及成本概念、财产清查程序、资产清查的方法。
2. 理解资产入账的价值意义。
3. 了解成本的意义、财产清查的种类。

知识拓展

　　成本计算的学习可以培养学生的战略思维,使其在经济事项的事前、事中和事后能开源节流,在任何事情的处理上能有节约意识,能对大小事情进行成本衡量。节约成本就是让企业创造社会价值,本章教学要使学生认识到成本节约就是爱护社会资源。

　　成本计算涉及很多估计和判断,对估计方法的选择不同,往往也会导致计算结果不同,因此合理选择与行业特点相符的计算方法是计算成本的关键,特别是对折旧的分摊,若按成本流转假设计算,则存货发出成本的影响较大,本章依此培养学生的发散性思维能力,并帮助学生拓宽支出控制视野。

　　财产清查是摸清企业家底的重要举措,是在编制财务会计报告,尤其是年报之前必须要做的工作。通过本章学习,学生应养成据实记录的职业美德,严格按照内部控制流程,采用科学合理的盘点方法,做到账账相符、账实相符,以保证会计信息的真实可靠,提高自身明辨是非的水平,同时日后无论从事何种工作,都要坚持原则,恪守职业道德规范,铭记挪用公款、贪污受贿就是违法乱纪。

　　财产清查分定期清查和不定期清查,全面清查和局部清查。全面清查包括货币资金清查、实物资产清查和应收款项清查。这部分内容涉及面广、业务量大,要针对不同财产采用不同的盘点方法。财产清查能够反映企业内部控制制度的有效性、会计人员及相关工作人员的职业道德水平和工作作风问题,这对学生的思想政治教育意义较大。

　　收入、费用(成本)、利润是三个主要的会计要素。一个企业需要不断地增加收入,同时又要尽可能地降低费用(成本)的支出,才能实现高额的利润,这是企业生存和发展的物质条件。要正确地确定利润就必须正确地计算成本,并寻求降低成本的方法。在会计核算工作中,做到账账相符、账实相符,在编制会计报表之前就必须应用财产清查这一专门方法,以达到反映的情况真实,数字可靠。

第一节 成本计算概述

一、成本的概念及构成

CCA 中国成本协会发布的 CCA2101:2005《成本管理体系 术语》标准中第 2.1.2 条对成本术语的定义是为过程增值和结果有效已付出或应付出的资源代价。美国会计学会(AAA)所属的"成本与标准委员会"对成本的定义是为了达到特定目的而发生或未发生的价值牺牲,它可用货币单位加以衡量。市面上《成本与管理会计》教材对成本下的定义大多是:为了达到某一种特定目的而耗用或放弃的资源。

成本是商品经济的价值范畴,是商品价值的组成部分。人们要进行生产经营活动或达到一定的目的,就必须耗费一定的资源(人力、物力和财力),其所费资源的货币表现及其对象化称之为成本。随着商品经济的不断发展,成本概念的内涵和外延都处于不断地变化发展之中。

成本的构成内容要服从管理的需要,并且随着管理的发展而发展。国家规定成本的构成内容主要包括:①原料、材料、燃料等费用,表现商品生产中已耗费的劳动对象的价值;②折旧费用,表现商品生产中已耗费的劳动对象的价值;③工资,表现生产者的必要劳动所创造的价值。

二、成本计算的含义及其目的

成本计算是指在生产和服务提供过程中对所发生的费用进行归集和分配并按规定的方法计算成本的过程。成本核算的正确与否,直接影响企业的成本预测、计划、分析、考核和改进等控制工作的成与败,同时也对企业的成本决策和经营决策的正确与否产生重大影响。通过成本核算,可以检查、监督和考核预算和成本计划的执行情况,反映成本水平,对成本控制的绩效以及成本管理水平进行检查和测量,评价成本管理体系的有效性,研究在何处可以降低成本,进行持续改进。

一般来讲,对费用进行会计核算和监督的目的主要有两个:补偿和控制。要实现这两个目的,会计在成本计算中选择不同的成本计算对象和成本计算程序。

1. 以补偿为目的的成本计算

会计最初进行成本计算主要是为了满足费用补偿的要求,因此会计在选择时有两个成本计算对象,一是产品,二是期间。即生产成本和期间费用。在补偿目的下,成本计算程序始终围绕着产品和期间两个成本计算对象展开,在费用发生时,会计要判定其属于哪一个期间。由于对产品和期间成本所包括的内容有不同的看法,在会计中形成了不同的成本观点,如完全成本法、制造成本法、变动成本法和主要成本法等。

2. 以控制为目的的成本计算

长期以来成本计算基本上都是按照原定的生产工序和程序归集并分配生产经营费用,虽然也选择了一些预计性的成本限度来加以约束和监督,如定额成本、计划成本、标准成本等。在成本管理中也反复强调事中、事前控制,但是传统的成本会计核算一般都是被动的事后核算。因此,人们开始从费用控制目的出发,探索新的成本计算方法和程序,即以什么标准归集费用、计算成本,才能达到控制的目的。

从企业内部经营管理看,企业以具体的责任单位为对象归集成本,也就是特定责任中心的全部可控成本,即责任成本法。

三、成本计算的原则和方法

(一)成本核算原则

成本核算原则是进行成本核算应当遵循的规范,是人们在成本核算实践中总结的经验,是人们在感性认识上升为理性认识的过程中逐渐形成的,是成本核算方法的基础和依据。

1. 实际成本计价原则

实际成本计价原则亦称历史成本计价原则。它主要包含三个方面的含义:第一,对生产所耗用的原材料、燃料和动力都要按实际成本计价。第二,对固定资产折旧必须按原始价值和规定使用年限计算。第三,对产成品成本要按实际成本计价。但它并不排斥"原材料""产成品"账户及其明细账也可按计划成本计价,对于实际成本与计划成本之间的差额,另设"材料成本差异""产品成本差异"账户登记,并按规定定期结转成本差异。

2. 成本分期核算原则

企业生产经营活动是连续不断进行的,为了取得一定期间所生产产品的成本,企业必须将其生产经营活动划分为若干个相等的成本计价期间,分别计算各期产品的成本。

3. 合法性原则

合法性原则是指计入产品成本的费用必须符合国家法律、法令和制度的规定。例如,国家规定的产品成本开支范围是企业计算产品成本的重要依据,凡不符合规定的费用,就不能计入产品成本。

4. 权责发生制原则

从成本核算角度看,权责发生制是作为确定本期成本的基础。这一原则的运用,要求正确处理待摊费用、递延资产和预提费用,不能利用递延资产和预提费用科目人为地调整成本。

5. 一贯性原则

企业在进行成本计算时,一般应根据企业生产的特点和管理的要求,选择不同的成本计算方法进行成本计算。产品成本计算方法一经确定,没有特殊的情况,不应经常变动,以便于各期计算出来的成本资料进行比较。如情况特殊确需改变原有的成本核算方法的,应在有关的会计报表报告中加以说明,并对对比的原成本信息中的有关数字进行必要的调整。

6. 重要性原则

在进行成本核算时,要考虑成本核算所花的劳动与取得效益之间的关系。对于一些主要产品、主要费用应采用比较详细的方法进行分配和计算,而对于一些次要的产品和费用,则采用简化的方法进行合并计算和分配。而不能不分主次,影响成本核算的及时性和降低成本核算效益。

(二)成本核算方法

适应各种类型生产的特点和管理要求,有三种不同的以成本计算对象为主要标志的产品成本计算基本方法,即品种法、分批法和分步法。

1. 品种法

品种法是以产品的品种为成本计算对象,归集生产费用,计算产品成本的一种方法。它主要适用于大量大批的单步骤生产,如发电、采掘等企业。

2. 分批法

分批法是按照产品批别或定单作为成本计算对象来归集产品费用并计算产品成本的一种方法,称订单法。这种方法一般适用于小批单件的多步骤生产,例如重型机械、船舶、精密仪器、专用工具模具和专用设备的制造。

3. 分步法

分步法是按照产品的生产步骤和产品品种汇集生产费用、计算产品成本的一种方法,它适用于大量大批多步骤生产,例如冶金、纺织、造纸,以及大量大批生产的机械制造等。由于在不同的企业,管理者对每一生产步骤的成本信息的需求不同,为了方便成本计算,分步法又可以分为逐步结转分步法和平行结转分步法两种。

四、成本计算遵行的要求

(一)合理确定成本计算对象

生产费用承担的客体,也就是归集和分配生产费用所确定的各个具体对象。成本计算对象的确定,为正确进行产品成本的计算提供了前提。在成本计算中,必须根据成本计算对象来设置明细账和归集生产费用。生产的特点和管理的要求对于产品成本计算方法的影响,主要表现在成本计算对象上。例如,由于生产工艺过程不可间断,或不需要划分几个生产步骤,因而,没有必要分生产步骤来计算产品成本,这时就要求按产品品种来划分成本计算的对象。又如,大批量多步骤生产,产品成本计算不仅要求按照产品品种计算产品成本,而且还要求按照生产步骤计算成本,这时就要求按每种产品及其步骤的成本作为计算对象。又如,在单件、小批装配或复杂生产中,为了反映和监督各种或各批产品成本计划完成的情况,产品成本的计算,就要求以每件或每批产品作为产品成本计算的对象。成本计算对象的确定,除了应考虑生产的特点以外,还应考虑成本管理的要求。例如,对于主要产品,一般应按每一种产品作为成本计算对象,而对于那些生产工艺相同,所耗原料相同的产品,可以合并为一类,先按类别划分成本计算对象,分别计算每一类产品的总成本,然后再按一定的标准分别计算该类产品中的不同规格、不同等级的产品总成本以及单位成本。

区分不同的成本计算对象是不同成本计算方法的主要标志。

(二)恰当确定成本计算期

所谓成本计算期,就是多长时间计算一次成本。从理论上说,产品成本计算期应该与产品的生产周期相一致。但这种情况只适合于企业的生产过程为一批(件)接一批(件),即第一批(件)完工了再生产第二批(件)的情况。而事实上现代企业的生产大都采用流水线的形式,不是一批接一批地生产,而是不断投产,不断完工,绵延不断,无法分清前后批次。在这种情况下,按批计算成本显然是很困难的,只有人为地划分成本计算期(一般是以一个月作为一个成本计算期),成本计算才有可行性。

(三)正确选择成本计算的方法

按一定的成本对象归集生产费用,以便计算出各种产品总成本和单位成本。最基本的成本计算方法有:品种法、分批法、分步法。

成本计算方法的确定在很大程度上取决于企业生产的特点和成本管理的要求。例如,在大量大批单步骤生产的情况下,只要求按产品的品种计算成本,这种成本计算方法就称为品种法。又如,在单件小批多步骤的生产情况下,由于生产是按照客户的订单以及企业组织的生产批别组织生产,因此,产品成本就应该按照订单或生产批别进行计算,这种成本计算方法就称为分批法。而在大量大批多步骤生产的情况下,不仅要求按产品品种计算而且要求按照生产步骤计算成本的方法称为分步法。

除此之外,还有一些可与基本方法结合使用的成本计算方法,例如,采用品种法计算成本,在产品品种规格繁多的情况下,为了简化成本计算工作,可以先将产品划分为若干类别,分别计算各类别产品成本,然后在各个类别内部采用一定的分配标准,计算出各个规模产品的成本,这种方法称为分类法。在定额管理制度比较健全的企业中,为了加强成本的定额控制,还可以以定额成本为基础,计算产品的实际成本,这种方法就称为定额法。

需要指出的是,由于企业生产情况错综复杂,在实际工作中,各种成本计算方法往往是同时使用或结合使用的。这主要取决于企业的生产特点,其目标是力求达到既要正确计算产品成本,又要简化成本的核算工作。

(四)合理设置成本项目

为了比较全面、系统地反映产品的成本耗费情况,使成本计算能提供比较丰富的信息,在计算产品成本时,不仅要计算产品的总成本和单位成本,而且要对 总成本按用途分类,以反映产品成本的组成和结构。这样,便于我们对成本进行控制,也便于我们分析产品生产中的经济效益问题和对生产部门进行考核评价。在计算产品成本时,一般把成本分成三个项目:①直接材料;②直接人工;③制造费用。有的企业规模比较大,生产过程比较复杂,成本项目分得比较细。如果单位的规模很小,生产过程也很简单,可以只划分为两个项目:①材料费用;②其他费用。

(五)合理选定费用分配标准

生产过程往往是比较复杂的,一项费用发生后,其用途往往不止一个,生产的产品不止一种,成本计算的对象也不止一个。这样,一项费用发生后,往往不能直接地、全部地记入反映某一个对象的明细账户,而需要把这项费用在几个对象之间进行分配。

那么,哪个对象负担的费用应该多一点,哪个对象负担的费用应该少一点呢?其分配的原则是:"谁耗费,谁负担",或者是"谁受益,谁负担"。但是,要对费用进行精确的分配是比较困难的,要对一定对象所发生的成本消耗(受益)情况进行准确的计量,同样是比较困难的。在对费用进行具体分配时,一般是选择一定的标准来进行分配。例如,材料费用一般可以按产品的重量、体积或定额消耗量进行分配,人工费用可以按工时进行分配等。选择分配标准存在一定的主观性,但应该选择比较客观、科学的标准来对费用进行分配,这样就能够比较真实地反映一定对象所实际发生的消耗情况。另外,某一种标准一旦被选定,不要轻易变更,否则就违反了一致性原则。因为分配标准的不同,也会人为地造成计算出来的成本不一样。

第二节 直接材料成本、产品成本和固定资产成本的核算

一、直接材料成本核算

(一)直接材料成本的概念

直接材料成本是指直接用于产品生产的材料成本,它包括标准用量和标准单位成本两方面。材料标准用量,首先要根据产品的图纸等技术文件进行产品研究,列出所需的各种材料以及可能的代用材料,并要说明这些材料的种类、质量以及库存情况。其次,通过对过去用料经验的记录进行分析,采用其平均值,或最高与最低值的平均数,或最节省的数量,或通过实际测定,或技术分析等数据,科学地制订用量标准。

(二)直接材料成本核算方法

1. 采用实际成本方法核算

获取成本计算单、材料成本分配汇总表、材料发出汇总表、材料明细账中各直接材料的单位成本等资料。

(1)审查成本计算单中直接材料与材料成本分配汇总表中相关的直接材料是否相符,分配的标准是否合理。

审查时注意两个方面的问题:

第一,非生产耗用材料记入产品成本。如果成本计算单直接材料金额大于材料成本分配汇总表的分配金额,应进一步查明原因,审查材料使用对象有无将非产品耗用材料记入产品成本。但企业会计人员如果有意识地挤占产品成本,在耗用材料进行分配时,就会将非生产耗用材料直接分配到产品成本,使得成本计算单和材料分配汇总表金额相等。核对材料分配表若不能暴露问题,可采取通过非生产性项目的审查,即采用"反查法"的方法进行审查,查明问题后,按照"谁耗用,谁负担"的原则,进行纳税调整。

账务处理:

  借:在建工程
    应付福利费
   贷:本年利润(或以前年度损益调整)

第二,混淆不同产品成本。通过材料分配率混淆不同产品的成本,相应降低本期畅销产品成本,以调节跨年度的利润。审查注意那些不能明确指产品耗用的共同混合使用原材料,分配时应科学地选择分配标志、计算方法及会计记录。

正确方法:在消耗定额比例法下,通常采用按产品的材料定额消耗量或材料定额成本的比例分配。

计算处理:分配率=材料实际总消耗量(或实际成本)÷各种产品材料定额消耗量(或定

额成本)之和

某种产品应分配＝该种产品的材料定额÷消耗量(或定额成本)×分配率

也可以采用其他分配方法。如：产品产量或重量比例分配法。

(2)抽取材料发出汇总表，选主要材料品种，统计直接材料的发出数量，将其与实际单位成本相乘，计算金额数，并与材料成本分配汇总表中该种材料成本比较，看其是否相等。

审查注意下列问题：

第一，企业是否采取提高成材料单位成本，多计产品成本。

第二，审查领料单授批准及领料人是否签字，防止虚假领料多计成本。

第三，材料单位成本计价方法是否恰当，有无变更、人为调节成本或利润。如果企业年度内改变计价方法，应按原计价方法计算发出材料结转成本，其差额调整材料成本或当期利润。

2. 采用定额成本法

抽查某种产品的生产通知单若产量统计记录及其直接材料单位消耗定额，根据材料明细账中各该项直接材料的实际单位成本，计算直接材料总消耗量和总成本，与有关成本计算单中耗用直接材料成本核对，看其是否相等，并注意两个问题：第一，生产通知单是否经过授权批准，防止虚假业务产量增加材料耗用；第二，单位消耗定额和材料成本计价是否恰当，有无变更、人为改变方法而影响成本。

3. 采用标准成本法

抽取生产通知单或产量统计记录，直接材料单位标准用量，直接材料标准单价及发出材料汇总表。

根据产量、标准用量及标准单价计算出标准成本，与成本计算单价中的直接材料成本核对是否相符，有无利用直接材料成本差异计算以及会计处理是否正确，前后期是否一致。

除此之外，还应审查废料及多料的返库是否及时，是否办理"假退库"手续。审查时，通过查看"生产成本"账红字冲减成本金额，判断其正确性。

(三)直接材料成本核算的调整分析

生产中所耗费的直接材料成本主要是从原材料存货的采购成本或者其他渠道的取得成本转化过来的。

直接材料成本核算的调整主要体现在：

其一，用于生产的原材料存货，如果其可变现净值低于成本就需要计提存货跌价准备，并确认相应的资产减值损失，列入当期损益；对于生产领用的原材料、周转材料等存货，已经计提存货跌价准备，则需要同时结转其存货跌价准备，即借记"存货跌价准备"科目，贷记"生产成本""制造费用"等科目；用于销售的产品存货，其跌价准则在确认销售收入的当期予以结转，冲减了销货成本。这样处理，保证了在对所有资产减值准备进行转销时，在会计处理手法上保持了基本的统一性。

其二，生产领用材料的成本计价可以采用先进先出法、加权平均法、个别计价法等方法，应用指南进一步指出加权平均法，可以包括传统会计实务中采用的移动平均法，也可以采用全月一次加权平均法。新准则已取消了后进先出法。

二、产品成本的核算

(一)产品成本的概念

企业为了生产产品而发生的各种耗费,可以指一定时期为生产一定数量产品而发生的成本总额,也可以指一定时期生产产品单位成本。

产品成本有狭义和广义之分,狭义的产品是企业在生产单位(车间、分厂)内为生产和管理而支出的各种耗费,主要有原材料、燃料和动力,生产工人资和各项制造费用。广义的产品成本除了生产发生的各项管理和销售费用等。作为产品成本列示的具体内容必须要符合国家的有关规定,企业不得随意乱挤和乱摊成本。

产品成本是企业生产经营管理的一项综合指标,通过分析便能了解一个企业整体生产经营管理水平的高低。通过产品总成本、单位成本和具体成本项目等的分析,便能掌握成本变化的情况,找出影响成本升降的各种因素,促进企业综合成本管理水平的提高。同产品的生产有着直接联系的成本,如直接材料、直接工资和变动性制造费用,它们汇集于产品,随产品而流动。

产品成本是产品价值的重要组成部分。所以产品成本也是制定产品价格的重要依据。

在现实经济活动中,某些不形成产品价值的部分也被列入产品成本,如废品损失、财产保险费等,形成了现实成本即产品成本的概念。所谓产品成本,是指企业为生产一定种类、一定数量的产品所发生的各项生产费用的总和。

(二)产品成本核算的意义

产品成本核算,计算出产品实际成本,可以作为生产耗费的补偿尺度,也是确定企业盈利的依据;同时,产品实际成本又是有关部门制定产品价格和企业编制财务成本报表的依据。

产品成本核算反映和监督各项消耗定额及成本计划的执行情况,可以控制生产过程中人力、物力和财力的耗费,从而做到增产节约、增收节支。同时,利用成本核算资料,开展对比分析,还可以查明企业生产经营的成绩和缺点,从而采取措施,改善经营管理,促使企业进一步降低产品成本。

产品成本的核算还可以反映和监督在产品占用资金的增减变动和结存情况,为加强在产品资金的管理、提高资金周转速度和节约有效地使用资金提供资料。

产品成本的核算计算出的产品实际成本资料,可与产品的计划成本、定额成本或标准成本等指标进行对比,除可对产品成本升降的原因进行分析外,还可据此对产品的计划成本、定额成本或标准成本进行适当的修改,使其更加接近实际。

(三)完工产品成本的核算

1. 生产成本在完工产品和在产品之间的分配

期初生产成本和本期发生的生产成本应在完工产品和在产品之间进行分配,这是成本计算工作中一项重要而又复杂的工作。企业应当根据生产特点、组织特点及管理要求,选择既合理又简便的分配方法,对完工产品成本和在产品成本进行分配。

常用的分配方法有以下六种:①不计算在产品成本。②在产品成本按年初数固定计算。③在产品成本按其所耗用的原材料费用计算。④约当产量法。⑤在产品成本按定额成本计算。⑥定额比例法。

2. 完工产品成本的核算

企业的完工产品包括产成品、自制材料及自制工具、模型等低值易耗品,以及为在建工程生产的专用设备和提供修理劳务等。本月完工产品的成本,应从"生产成本"科目转出。其中,产成品转入"产成品"科目;自制材料、工具、模型等转入"原材料""低值易耗品"等科目;为在建工程提供的劳务,不论其完工与否,均应结转至"在建工程"科目。"生产成本"科目的借方余额表示月末在产品成本。

(四)分类法下的产品成本的计算

分类法指在产品品种繁多,但可以按照一定标准分类的情况下,为了简化计算工作而采用的一种成本计算方法。其特点是:按照产品类别归集费用、计算成本;同一类产品内不同品种产品的成本采用一定的分配方法分配确定。在分类法中,按照系数分配同类产品内各种产品成本的方法,也叫系数法,是一种简化的分类法。下面举例说明分类法的计算程序。

【例 7-1】某企业生产 A,B,C 三种产品,所用原材料和工艺过程相似,合为一类计算成本。该类产品的原材料费用按照各种产品的原材料费用系数进行分配;原材料费用系数按原材料费用定额确定。该企业规定 B 种产品为标准产品。根据各产品所耗各种原材料的消耗定额、计划单价以及费用总定额,编制原材料费用系数计算表,如表 7-1 所示。

表 7-1 各种产品原材料费用系数计算表

产品名称	原材料名称编号	消耗定额/千克	计划单价/元	费用定额/元	原材料费用系数
A	1042	6.15	20	123	2128/2660=0.8
	2086	25	37	925	
	4011	24	45	108	
	合计	×	×	2 128	
B(标准产品)	1042	19	20	380	1
	2086	30	37	1 110	
	4011	26	45	1 170	
	合计	×	×	2 660	
C	1042	48.45	20	969	3458/2660=1.3

该企业规定:同类产品内各种产品的工资和制造费用,按照定额工时分配。其工时定额为:A 产品 16 小时,B 产品 14 小时,C 产品 11 小时。其中 8 月份的产量为:A 产品 120 件,B 产品 90 件,C 产品 150 件。8 月份产品成本明细账如表 7-2 所示。

表7-2 分类产品成本明细账

产品类别:第一类　　　　　　　　　　　　　　　　　　　　　　　　　　　　单位:元

项目	原材料	工资	制造费用	合计
在产品成本(定额成本)	41 910	13 530	44 550	99 990
本月生产费用	53 340	18 500	60 090	131 930
生产费用累计	95 250	32 030	104 640	231 920
产成品成本	64 770	19 320	62 790	146 880
在产品成本(定额成本)	30 480	12 710	41 850	85 040

根据各种产品的产量、原材料费用系数,以及该类产品成本明细账中8月份产成品成本资料,编制该类各种产成品成本计算表,如表7-3所示。

表7-3 同类别各种产成品成本计算表

产品类别:第一类 202×年8月

项目	产量/件	原材料费用系数	原材料费用总系数	工时定额/小时	定额工时/小时	原材料/元	工资/元	制造费用/元	成本合计/元
费用分配率	×	×	×	×	×	170	4	13	×
产成品A	120	0.8	96	16	1920	16 320	7 680	24 960	48 960
产成品B	90	1	90	14	1260	15 300	5 040	16 380	36 720
产成品C	150	1.3	195	11	1650	33 150	6 600	21 450	61 200
合计	×	×	381		4 830	64 770	19 320	62 790	146 880

注:原材料费用分配率→64770元/381千克=170元/千克;工资分配率→19320元/4830小时=4元/小时;制造费用分配率→62790元/4830小时=13元/小时

(五)定额法下的产品成本的计算

定额法是指为了及时地反映和监督生产费用和产品成本脱离定额的差异,加强定额管理和成本控制而采用的一种成本计算方法。其特点是:事前制定产品的消耗定额、费用定额和定额成本,作为降低成本的目标;在生产费用发生的当时,将符合定额的费用和发生的差异分别核算,加强对成本差异的日常核算、分析和控制;月末在定额成本的基础上加减各种成本差异,计算产品的实际成本,为成本的定期分析和考核提供数据。

【例7-2】某企业生产A产品,采用定额法计算产品成本。该产品的上月定额成本资料如表7-4所示。投产情况如下:月初在产品100件,本月投产500件,本月完工550件,月末在产品50件。实际发生费用如下:原材料37 200元,生产工人工资12 950元,制造费用10 630元。定额变动情况:本月初原材料定额成本改为73.5元/件。

表7-4 上月产品定额成本资料

单位:元

成本项目		原材料	工资	制造费用	合计
产成品定额成本		75	24	20	119
在产品定额成本		75	12	10	97
月初在产品成本 (100件)	定额成本	7 500	1 200	1 000	9 700
	定额差异	−125	36	43	−46
	定额变动				

根据上述资料,A产品成本计算如表7-5所示。

表7-5 A产品成本计算表(定额法)

项目		原材料/元	工资/元	制造费用/元	合计/元
月初在产品 (100件)	定额成本	7 500	1 200	1 000	9 700
	定额差异	−125	36	43	−46
	定额变动				0
月初在产品定额变动	定额成本调整	−150			−150
	定额变动	+150			+150
本月发生费用	定额成本	36 750	12 600	10 500	59 850
	定额差异	450	350	130	930
合计	定额成本	44 100	13 800	11 500	69 400
	定额差异	325	386	173	884
	定额变动	−150			−150
分配率	定额差异	0.737%	2.797%	1.504%	
	定额变动	−0.340%			
产成品 (550件)	定额成本	40 425	13 200	11 000	64 625
	定额差异	298	369	165	832
	定额变动	−137			−137
	总成本	40 586	13 569	11 165	65 320
	单位成本	73.79	24.67	20.30	118.76
月末在产品 (50件)	定额成本	3 675	600	500	4 775
	定额差异	27	17	8	52
	定额变动	−13			−13

(六)工业企业的产品生产成本的检查

检查工业企业的产品生产成本,主要有以下三方面。

(1)成本项目的分析审查。产品成本的审查,首先根据"生产成本—基本生产成本"明细账(或成本计算单)的本期完成情况与定额,计划或上期(年)实际资料,进行成本项目分析比较,确定审查的重点项目。

(2)生产费用在各产品之间分配的审查。生产费用分配,就是将"制造费用"和"生产成本—辅助生产成本"等账户汇集的共同费用,在月终用规定的分配方法进行归集分配。检查时,一方面要注意企业生产费用的汇集,是否按可比产品和不可比产品划清了界限,有没有将亏损产品应负担的费用汇集到盈利产品中,以掩盖某些产品的亏损;另一方面要注意审查费用分配,有无采取不合理的分配方法或无根据地估计分配,以加大或减少某种产品成本的情况。

(3)在产品成本的审查。在产品成本是指正在加工过程中的未完工产品的成本。期末在产品成本高低直接影响完工产品成本的高低,所以,审查核定在产品成本正确计算完工产品成本的重要环节。审查在产品成本,应根据企业在产品的实际情况和成本核算的不同方法,确定审查的内容和方法。对采用分步法计算产品成本的,要注意是否按各工序在产品成本之和作为在产品成本总额,如果只按最后一道工序计算在产品成本是不对的。凡用定额成本计算在产品成本的,应检查其定额是否正确,是否按定额标准计算,有无任意估算的情况;凡用约当产量计算在产品成本的,应检查约当系数是否正确。对采用分批法(或称订单法)计算产品成本的,主要应按"工作号"(批号)进行逐项检查,看有无将没有完工的"工作号"产品,混入已完工"工作号"产品成本,从而减少在产品成本,扩大完工产品成本的情况

(七)产品成本技术经济分析

1. 生产设备利用情况对成本影响的分析

不同企业拥有不同的技术装备,因而反映生产设备能力利用的技术经济指标也是不同的。这些技术经济指标与总产量都有着直接的关系,以机械厂为例,这种关系可表示为:

总产量 = 设备总台时 × 台时产量
　　　 = 实际使用设备量 × 单台设备运转时间 × 台时产量
　　　 = 安装设备量 × 设备使用率 × 单台设备计划台时 × 计划台时利用率 × 台时产量

由此可见,生产设备利用效率是通过设备数量利用率与工时利用率在总产量上表现出来的。随着设备数量利用、时间利用及能力利用等技术经济指标的改善,总产量必然增长,这将促使单位产品固定费用成本减少,从而对产品成本产生有利影响。

设备利用状况的计算公式为:

总产量变动对单位成本影响 = $\{[1/(1+产量增长率)]-1\}$ × 计划单位成本中固定费用成本百分比

当安装设备的数量及单台设备计划台时保持不变情况下,应用生产设备的数量利用、工时利用及能力利用等技术经济指标与总产量的关系,可以用如下公式进行测算,即:

总产量增长率 = (实际总产量/计划总产量) - 1
　　　　　　 = [(实际设备使用率 × 实际台时利用率 × 实际台时产量)/(计划设备使用率 × 计划台时利用率 × 计划台时产量)] - 1

＝(1＋设备使用率增长率)×(1＋台时利用率增长率)×(1＋台时产量增长率)

把上式代入到计算总产量变动对单位成本影响的公式中去,可以得到生产设备数量利用、工时利用及能力利用等技术经济指标(称为生产设备效率),以及对单位成本影响的计算公式:

生产设备效率变动对单位成本的影响＝{1/[(1＋设备使用率增长率)×(1＋台时利用率增长率)×(1＋台时产量增长率)]－1}×计划单位成本中固定费用百分比

如果上式计算的结果为负数,表示因提高生产设备效率而使产品单位成本下降,反之,表示产品单位成本上升。

2. 产品质量变动对成本影响的分析

企业在生产消耗水平不变的前提下,产品质量提高必然会使单位产品成本降低。由于影响产品质量的因素很多,因此判断质量好坏的指标也是很多的,如合格品率、废品率、等级品率等。产品质量变动对成本的影响程度,一般从两个方面进行计算。

(1)废品率高低对成本水平的影响。废品是生产过程中的损失,这种损失最终是要计入产品成本的,因此,废品率的高低会直接影响产品成本水平。其影响程度的计算公式为:

废品对成本水平的影响程度＝[废品率×(1－可回收价值占废品成本的百分比)]/(1－废品率)

(2)产品等级系数变动对成本的影响。某些产品用同一种材料,经过相同的加工过程,生产出不同等级的产品。这些产品通常用"等级系数"来表示,等级系数越高,统一换算为一级品的总产量越大,产品的成本水平也会相应降低。产品等级系数变动对成本影响程度的计算公式为:

产品等级系数变动对成本的影响程度＝(变动后的等级系数－原来分等级系数)/变动后的等级系数

3. 劳动生产率变动对成本影响的分析

劳动生产率的提高可以降低单位产品工时消耗定额,即降低了单位产品的工资费用,但产品中的工资费用又受平均工资增长率的影响。因此,计算劳动生产率增长对成本的影响,要看劳动生产率的增长速度是否快于工资率的增长速度,一般采用的计算公式为:

产品成本降低率＝生产工作工资成本占产品成本比重×[1－(1－平均工资增长率)/(1＋劳动生产率提高率)]

4. 材料消耗量变动对成本影响的分析

材料费用在产品成本中占有很大的比重,企业提高材料利用率,对于节约消耗,降低单位产品材料成本有重要的影响,提高材料利用率主要途径有改进产品设计和工艺加工过程、合理下料、综合利用等。企业材料的利用率越高,消耗定额越低,单位产品中的材料成本越低。其计算公式为:

材料消耗的变动对产品成本降低率的影响＝材料费用占成本的百分比×材料消耗定额升降的百分比

降低材料消耗定额,可以从以下几方面努力。

(1)提高材料利用率,即通过改进工艺加工方法,实行合理下料,节约用料等,使单位产品

材料成本下降。其影响程度的计算公式为

材料利用率＝(产品零件的净重/投入生产的材料重量)×100％

材料利用率变动对材料成本的影响＝(变动后的材料单位成本－变动前材料单位成本)/变动前的材料单位成本×100％

(2)在保证产品质量的前提下,合理地采用廉价材料。其影响程度的计算公式为

代用材料对材料成本的影响＝(代用材料用量×材料单价)－(原来材料用量×材料单价)

(3)改变产品设计,取消不必要的功能,降低材料消耗定额。它对产品成本影响程度的计算公式为

改变产品设计对成本的影响＝改变设计后的材料成本－改变设计前材料成本。

三、固定资产成本核算

(一)固定资产折旧

固定资产折旧的概念基础在第一次产业革命以前,会计上几乎没有折旧概念,此后,由于大机器、大工业的发展,特别是铁路的发展和股份公司的出现,使人们产生了长期资产的概念,并要求区分"资本"和"收益",因此而确立了折旧费用是企业生产过程中不可避免的费用。折旧概念的产生即是企业由收付实现制向权责发生制转变的重要标志,其概念基础是权责发生制以及体现这一制度要求的配比原则。按照配比原则,固定资产的成本不仅仅是为取得当期收入而发生的成本,也是为取得以后各项收入而发生的成本,即固定资产成本是为在固定资产有效使用期内取得收入而发生的成本,自然与收入相配比。它反映了固定资产在当期生产中的转移价值。各类企业和企业化管理的事业单位的固定资产折旧是指实际计提的折旧费;不计提折旧的政府机关、非企业化管理的事业单位和居民住房的固定资产折旧是按照统一规定的折旧率和固定资产原值计算的虚拟折旧。

折旧仅仅是成本分析,折旧不是对资产进行计价,其本身既不是资金来源,也不是资金运用,因此,固定资产折旧并不承担固定资产的更新。但是,由于折旧方法会影响企业的所得税,从而也会对现金流量产生一定影响。

可折旧固定资产并不是所有固定资产都计提折旧,可折旧固定资产应具备条件是:使用年限有限而且要以合理估计,也就是说固定资产在使用过程中会被逐渐损耗直到没有使用价值,土地就是典型的不可折旧固定资产。

(二)固定资产修理费用核算

《企业会计准则第4号——固定资产》及其应用指南规定,固定资产的后续支出是指固定资产在使用过程中发生的更新改造支出、修理费用等。固定资产的更新改造等支出,满足与该固定资产有关的经济利益很可能流入企业和该固定资产的成本能够可靠地计量的确认条件的,应当计入固定资产成本,如有被替换的部分,应扣除其价值,不满足该固定资产确认条件的修理费用等,应当在发生时计入当期损益。

该准则的实施引起了企业成本核算的变化,具体有以下几方面。

1. 账户核算的内容

(1)制造费用是指企业各个生产单位(分厂、车间)为组织和管理生产所发生的各项费用。

其核算内容包括车间管理人员工资、劳动保护费、折旧费、修理费、物料消耗等。这里的修理费指生产车间所用固定资产的修理费用,此外也包括车间使用低值易耗品的修理费用。规定中固定资产的后续支出不论资本化支出或是费用化支出都不再计入"制造费用",因此制造费用账户中修理费不包括固定资产的修理费。

(2)辅助生产成本是指为企业基本生产车间和行政管理部门服务而进行的产品生产和劳务供应所发生的各种费用。其核算内容包括为生产产品或提供劳务而发生的材料费用、动力费用、工资及福利费用以及制造费用,如折旧费、修理费等。依照规定,辅助生产成本账户中修理费不包括固定资产的修理费。

2. 固定资产费用化后续支出的应计科目

企业生产车间(部门)和行政管理部门等发生的固定资产修理等后续支出计入管理费用。

【例7-3】某公司委托外单位修理生产车间机器设备,对方开来专用增值税*注明修理费2 000元,增值税为340元,款项已用银行存款支付。根据规定,车间修理费用不计入"制造费用",其会计处理为:

借:管理费用 2 000,
　　应交税费——应交增值税(进项税)340
　　贷:银行存款 2 340

3. 固定资产修理费用的摊销

根据规定,固定资产修理费用不再分为经常性修理费用和大修理支出,而统一称为固定资产修理费用,并明确了应在发生时直接计入当期损益,不得采用预提或待摊方式处理。除销售部分的固定资产修理支出计入销售费用外,其他的固定资产修理费用支出都作为管理费用。

【例7-4】支付大修理固定资产费用 20 000元,会计分录如下:

借:管理费用 20 000
　　贷:银行存款 20 000

4. 辅助生产费用的分配方法

辅助生产费用分配方法包括直接分配法、交互分配法、代数分配法、计划成本分配法等。

【例7-5】某企业有修理和运输两个辅助生产车间、部门。修理车间共提供劳务20 000工时,发生费用计19 000元。其中,为运输部门修理1 000工时,为基本生产车间修理16 000工时,为厂部管理部门修理3 000工时。运输部门本月共提供运输40 800千米,发生费用为20 400元,其中为修理车间提供运输劳务800千米,为基本生产车间提供运输劳务30 000千米,为厂部管理部门提供运输劳务10 000千米。采用交互分配法,根据规定修理车间为运输部门提供的劳务950元(19 000/20 000×1 000)直接计入管理费用,运输部门为修理部门服务400元(20 400/40 800×800),运输部门费用为20 000元(20 400-400),修理车间18 450元(19 000+400-950),修理车间对外分配的会计分录为:

借:管理费用 18 450
　　贷:辅助生产成本——修理车间 18 450

第三节 财产清查的意义和种类

一、财产清查的概念

财产清查是对各项财产、物资进行实地盘点和核对,查明财产物资、货币资金和结算款项的实有数额,确定其账面结存数额和实际结存数额是否一致,以保证账实相符的一种会计专门方法。

财产清查是内部牵制制度的一个部分,其目的在于定期确定内部牵制制度执行是否有效。企业在日常运行中,在考虑成本、效益的前提下,可选择范围大小适宜、时机恰当的方面进行财产清查。也就是说,可按照财产清查实施的范围、时间间隔等把财产清查适当地进行分类。

财产清查,是通过实地盘点、核对、查询,确定各项财产物资、货币资金、往来款项的实际结存数,并与账存数核对,以保证账实相符的一种会计核算的专门方法。

二、财产清查的作用

(一)财产清查是检查会计信息系统运行正常与否的有效保证

会计以凭证形式输入资金运动发出的初始信息,经过确认、分类、记录、整理和汇总,最后以财务报表为载体输出供决策用的真实可靠的财务信息。可靠性是对会计信息最重要的质量要求。

为避免信息在传输过程中受主客观因素干扰而失真,复式簿记系统本身就有一定的内部控制机制发挥前馈控制作用。为了进一步核实日常核算信息(主要是簿记信息)是否如实反映情况,在编制财务报表前还要进行财产清查。

如总分类账与总分类账间要遵循复式记账原理进行复式记账,各账户借贷两方面的金额都应保持发生额合计和余额合计的平衡;总分类账与其所属的明细分类账间要实行平行登记原则,结果是同一项经济业务的数据需通过两个通道传输和记录,以便于相互核对等。

通过财产清查,可查明各项财产物资的实际结存数,并与账簿记录相核对,以发现记账中的错误,确定账实是否相符。若不相符,要查明原因,分清责任,并按规定的手续及时调整账面数字,直至账实相符。只有这样,才能保证根据账簿信息编制的财务报表真实可靠,从而提高会计信息质量。

(二)财产清查是检查内部会计监督制度是否有效的控制措施

建立合适的内部会计监督制度,特别是其中的内部牵制制度的目的之一是健全财产物资的管理制度,保护财产物资的安全与完整,提高经营效率。

内部会计监督制度是否执行、有效与否,又可通过财产清查这一方法来检查。通过财产清查,可以查明各项财产物资的保管情况,如是否完整,有无毁损、变质、被非法挪用、贪污、盗窃等;还可以查明各项财产物资的储备和利用情况,如有无储备不足,有无超储、积压、呆滞现象等;以便及时采取措施,堵塞漏洞,加强管理,建立健全有关内部牵制制度。

(三)财产清查可促进资金加速周转

通过财产清查,特别是对债权债务的清查,可以促进其及时结算,及时发现坏账并予以处理。同时,可以及时发现企业财产物资超储积压、占用不合理等情况,以尽早采取措施利用或处理,促进企业合理占用资金,加速资金周转。

三、财产清查的意义

财产清查可以确定各项财产物资的实用数,将实存数与账存数进行对比,确定各项财产的盘盈、盘亏,并及时调整账簿记录,做到账实相符,以保证账簿记录的真实、可靠,提高会计信息的质量。

财产清查可以揭示各项财产物资的使用情况,改善经营管理,挖掘各项财产物资的潜力,加速资金周转,提高财产物资的使用效果。

财产清查可以查明各项财产物资的储备和保管情况以及各种责任制度的建立和执行情况,揭示各项财经制度和结算纪律的遵守情况,促使财产物资保管人员加强责任感,保证各项财产物资的安全完整,促使经办人员自觉遵守财经制度和结算纪律,及时结清债权债务,避免发生坏账损失。

四、财产清查的种类

财产清查按不同的标志有不同的分类。

(一)按清查对象和范围

1.全面清查

全面清查又称整体清查,是对企业所有财产进行全面盘点和核对。在年终决算之前,应进行一次全面清查,以明确经济责任,摸清家底,保证生产的正常需要。全面清查是对属于本企业所有或存放在本企业的所有财产物资进行全面的清点和核对。

清查的内容全面,清查的范围广泛,才能够全面核实会计主体所有的财产物资、货币资金和债权债务的情况;但全面清查需要投入的人力多,花费的时间长。

全面清查的对象包括:①各种货币资金,包括现金、银行存款、股票以及债券等有价证券;②各种存货及实物资产,包括固定资产、机器设备、房屋及建筑物、材料、在途材料、在途物资、库存商品、在产品、半成品、低值易耗品等;③债权、债务、应收款项、应付款项,包括银行借款、应收账款、应付账款、票据、税金等;④委托加工商品、物资、委托代销的各种财产物资。

全面清查涉及的内容多,工作量大,范围广,清查费用相应较高,一般只在以下几种情况下进行:①年终决算,编制年度会计报表前;②企业撤销、合并、分立或发生隶属改变关系时,以明确经济责任;③企业清产核资或进行资产评估时,以摸清家底;④企业发生其他重大体制变更或改制时。

2.局部清查

局部清查也称为重点清查,是根据管理需要对部分财产进行清查与核对,主要对货币资金,存货等流动性较大的财产进行清查。

局部清查,依《企业财务会计报告条例》有重点抽查、轮流清查与定期清查,也就是在会计年度中间,企业根据工作需要,只针对企业一部分物质或财产进行的盘点和核对。企业能做好局部清查,就能增进全部清查的盘点作业质量。

相对于全面清查,局部清查的特点是所需人力、物力少,范围窄,针对性强,专业性较强,一般是对流动性较大的财产和贵重财产进行清查。

局部清查的对象主要是流动性较大的材料物资和货币资金,也包括依特定目的而清查的特定财产、货币资金和债权债务。如在会计年度内对材料、在产品、产成品等进行的日常盘点或重点抽查,货币资金的日常清点和核对,债权债务的清点和查实等,因特定原因而对特定财产、债权债务和货币资金的清查,是为了特定目的而进行的,如为了查实会计主体的固定资产而进行的固定资产清查,因有关财产管理人员的变动而对其负责的财产进行的清查和核实,以及因意外事故而对相关财产物资和债权债务进行的清查等。

(二)按清查时间划分

1. 定期清查

所谓的定期清查是指按照预先安排的时间,在会计年度内的某些固定时间,依照会计程序的要求在正常经营情况下对财产物资、债权债务及货币资金进行的清查。这是财产清查的主要形式。

定期清查一般适应于结账前进行的清查,如月末、季末、年末结账前进行的清查。定期清查可以是局部清查,也可以是全面清查。一般情况下,月末、季末进行局部清查,主要是对材料、商品、产成品、在产品、现金、银行存款、银行借款、债权债务等;年末进行全面清查,对各项财产物资、货币资金、债权债务进行清查。

定期清查的目的和作用是在编制会计报表前,发现账实不符的情况,并据以调整账簿记录,确保账实一致,保证会计信息的真实、可靠。

2. 不定期清查

所谓的不定期清查是指事先并无具体规定清查的时间,而是根据特定的需要,对有关的财产物资、货币资金、债权债务所进行的临时的清查。

不定期清查的对象和范围,应根据实际需要进行确定,可以是全面清查,也可以是局部清查。

不定期清查都是为了特定的目而进行的。一般适应于四种情况:①有关财产物资、货币资金的保管人员变更时,要对其负债保管的财产物资、货币资金进行清查、核对,以明确各自的责任。②发生自然损失和意外损失后,要对受损财产进行清查,以查明损失情况。③上级主管单位、财政部门、银行及审计部门进行检查和审计时,应根据需要,依检查的要求和进行清查,以验证会计核算资料的可靠情况性。④会计主体隶属关系改变时,要对所有财产物资、债权债务、货币资金进行清查,以摸清家底。

第四节 财产清查的内容和方法

一、清查前的准备工作

会计部门和会计人员在资产清查前,须将有关账簿登记齐全,结出余额,核对清楚,做到账簿记录正确、完整、及时。对于银行收付和结算款项,须及时取得核对凭证。

财产管理部门和保管人员,须将截至清查日止的所有经济业务,办理好凭证手续,全部登记入账,并结出余额,对所保管的各种财产物资,应整理、排列清楚,挂上标签,标明编号、品种、规格和结存数量,以便盘点核对。

清查人员根据需要,准备好各种必要的计量器具和有关清查需用的登记表册。

二、财产清查的内容

(一)对固定资产等实物的清查

对固定资产等实物清查是指从实物管理的角度对单位实际拥有的固定资产等实物进行清查,并进行账务核对,确定盘盈、毁损、报废及盘亏资产。对固定资产清查的范围主要包括土地、房屋及建筑物、通用设备、专用设备、交通运输设备等,要求各单位配合会计师事务所认真组织清查,原则上对所有固定资产全面清查盘点。可采用实地盘点法,须做到:①盘点时实物保管人员须在场;②要注意逐一盘点,不要遗漏或重复盘点;③要注意实物质量是否完好,有无短缺、霉烂、变质等情况;④对盘点的结果,如实记录,并由盘点人员和实物保管人员签章;⑤查明盘点结果与账面余额是否一致,确定盘盈或盘亏情况,填制"实存账存对比表"。

(二)对现金的清查

对现金的清查是指在出纳员自身对库存现金进行检查清查的基础上,还应指定专人定期或不定期地进行核查,以确保库存现金的完整,防止不法行为的发生。

坚持日清月结制度,由出纳员对自身库存现金进行检查清查,加强出纳工作监督,及时发现现金差或丢失现象,防止贪污、盗窃、挪公款等不法行为发生,确保库存现金安全完整。各单位应建立库存现金清查制度,由有关领域专业人员组成清查组,定期或不定期地对库存现金进行清查盘点,重点检查账款是否相符、有无白条抵库、有无私借公款、有无挪用公款、有无账外资金等违纪违法行为。

一般来说,现金清查突击盘点,不预先通知出纳员,以防预先做手脚,盘点时间最好是当天业务没有开始或当天业务结束时,将出纳员截至清查时现金收付账项全部登记入账,并结出账面余额。这样以避免干扰日常业务。清查时出纳员应始终在场,并给予积极配合。清查结束,应由清查人填制"现金清查盘点报告表",填列账存、实存以及溢余或短缺金额,并说明原因,报有关部门或责任人进行处理。

(三)对银行存款的清查

对银行存款的清查一般采取存款单位与其开户银行核对账目的方法进行。在核对双方账目前,存款单位应事先检查银行存款账户记录是否完整正确,逐一核对银行存款的收款凭证和付款凭证是否全部入账,以保证账证相符。在收到银行送来的对账单后,应将银行存款账户上的每笔业务与银行送来的对账单逐笔勾对。当发现双方账面余额不一致时,如果是双方账簿记录发生错记漏记,应及时查清更正;如果是由于双方凭证传递时间上的差异,而发生未达到账项所致,则应编制"银行存款余额调节表"进行调整。所谓未达账项,是指由于收、付款的结算凭证在传递、接收时间上的不一致而导致的一方已经入账,另一方没有接到凭证尚未入账的收付款项。

未达账项一般是指存款单位已经入账而银行尚未入账的款项和银行已经入账而企业尚未

入账的款项,具体有以下四种情况:①存款单位已经收款入账,银行尚未收款入账;②存款单位已经付款入账,银行尚未付款入账;③银行已经收款入账,存款单位尚未收款入账;④银行已经付款入账,存款单位尚未付款入账。

(四)对往来款项的清查

对往来款项的清查是根据账簿记录,通过对公司的各项实物、现金的实地盘点,对银行存款、往来款项的核对,确定各种财产、货币资金、往来款项的实有数,并查明账存数与实物数是否相符。清查方法一般采用函证核对方法。清查的结果编制"往来款项清查报告单"。"往来款项清查报告单"不能作为调节往来款项账面余额的凭证。在有关结算凭证到达后,再根据记账凭证登记账簿;对长期存在的往来款项,应及时查明原因,予以解决。

三、财产清查的方法

财产清查的方法包括清查财产的实存数量和金额的方法。

(一)财产物资实际结存数量的清查方法

1. 实地盘点法

实地盘点法就是运用度、量、衡等工具,通过点数,逐一确定被清查实物实有数的一种方法。这种方法适应范围较广,大多数财产物资都可采取这种方法。另外,这种方法数字准确可靠,但工作量较大。

实地盘点法的优点和缺点:优点是这种方法适应范围较广,大多数财产物资都可采取这种方法,并且这种方法数字准确可靠,但工作量较大。缺点是这种方法只适用于能直接查清数量的财产,对于应收账款等项目则不适用。

2. 技术推算法

技术推算法是利用技术方法,通过技术推算确定财产物资实存数量的一种方法。该方法从本质上讲,是实地盘点法的一种补充方法。

技术推算法适用于大量堆放,价廉笨重的物资,不易逐一清点的财产物资,如大量堆放的原煤、砂石等。具体方法:将实物整理成近似某种几何体,通过量方、计尺等方法,然后按数据计算其数量重量。

(二)财产实际结存金额的确定方法

1. 账面价值法

账面价值法是以财产的账面价值为标准来对清算财产作价的一种方法,是历史价值减去折旧以后的价值。

账面价值法的准确程度取决于资产的账面价值与市场实际价值的差异程度。三方面的原因使其存在较大的偏离:①通货膨胀的存在使一项资产的价值和不等于它的历史价值减折旧;②技术进步使某些资产在寿命终结前已经过时贬值;③由于组织资本的存在使得多种资产的组合会超过相应各单项资产价值之和。

账面价值法是一种静态的估计标准,以资产负债表为基础,不考虑现时资产市场价值波动,也不考虑资产收益情况,因而存在两大缺点:①账面价和市价存在差异;②存在表外的隐形资产被忽略。即使通过调整，也很难判断调整后的账面价值是否准确地反映了市场价格，同时价值调整并未考虑表外资产的价值。所以只能是目标企业确定其价值的初步手段，是一个参照指标。

2. 评估确认法

评估确认法是根据资产评估的价值来确定财产物资实存数额的办法。这种办法是根据资产的特点，由专门的资产评估机构依据资产评估的方法对相关财产物资进行评估，以评估确认的价值作为财产物资的实存金额。这种方法适用于企业改组、隶属关系发生变化、联营投资、单位撤销、清产核资等情况。

3. 协商议价法

协商议价法是根据涉及资产利益的有关各方，按照互惠互利原则，参考目前市场价格，协商确定财产物资的实存金额的方法。企业联营投资，或以资产对外投资时，一般采用这种方法。

4. 查询法

查询法是指审计人员对审计过程中发现的问题和疑点，通过向有关人员询问和质疑等方式来证实客观事实或书面资料，以获取审计证据的方法。此种方法适用于债权债务、款项尾欠等业务的清查，有面询和函证两种方式，下文主要介绍函证方式。

函证是一项审计术语，是指审计师为了获取影响财务报表或相关披露认定的项目的信息，通过直接来自第三方对有关信息和现存状况的声明，获取和评价审计证据的过程。函证分为积极式函证和消极式函证。

消极式函证又称否定式函证、反面式函证，是向债务人发出询证函，但所函证的款项相符时不必回函，只有在所函证的款项不符时才要求债务人向审计人员复函。在以下情况下，采用消极式函证比较好：①相关内部控制是有效的，固有风险和控制风险被评估为低水平。②预计差错率较低。③欠款余额小的债务人数量很多。④审计人员有理由确信大多数被函证者能认真对待询证函，并对不正确的情况予以反映。

积极式函证又称肯定式函证、正面式函证，就是向债务人发出询证函，要求他证实所函证的欠款是否正确，无论对与错都要求复函。必须注明回函请直接寄送至×××会计师事务所。在数据不符处列明不符金额。积极式函证可以节省审计的时间和人力，有利于提高审计工作效率和降低审计成本。在以下情况下，采用积极式函证比较好：①个别账户的欠款金额较大。②有理由相信欠款可能会存在争议、差错等问题。

第五节 财产清查结果的处理

一、财产清查结果及其处理程序

(一)财产清查结果

财产清查的结果有三种情况：①实存数大于账存数，即盘盈；②实数小于账存数，即盘亏；③实存数等于账存数，账实相符。

(二)财产清查结果处理程序

财产清查的结果,必须按国家有关财务制度的规定,严肃认真地给予处理。财产清查中发现的盘盈、盘亏、毁损和变质或超储、积压等问题,应认真核对数字,按规定的程序上报批准后再行处理;对于长期不清或有争执的债权、债务,也应核准数额上报,待批准后处理。其具体步骤如下:①核准数字,查明原因。根据清查情况,编制全部清查结果的"实存账存对比表"(亦称"财产盈亏报告单"),对各项差异产生的原因进行分析,明确经济责任,据实提出处理意见,呈报有关领导和部门批准。对于债权债务在核对过程中出现的争议问题,应及时组织清理;对于超储积压物资应及时提出处理方案。②调整账簿,做到账实相符。在核准数字,查明原因的基础上,根据"财产盈亏报告单"编制记账凭证,并据以登记账簿,使各项财产物资做到账实相符。在做好以上调整账簿工作后,即可将所编制的"财产盈亏报告单"和所撰写的文字说明,一并报送有关领导和部门批准。③经批准,进行账务处理。当有关领导部门对所呈报的财产清查结果提出处理意见后,应严格按批复意见进行账务处理,编制记账凭证,登记有关账簿,并追回由于责任者个人原因造成的损失。

二、盘盈的处理

(一)查明原因

对于盘盈的财产要查明原因,分清责任。造成财产盘盈的原因主要有在保管过程可能发生的自然增量;记录时可能发生的错记、漏记或计算上的错误;在收发领退过程中发生的计量、检验不准确等。

(二)会计处理

一旦发生财产盘盈,在一定程度上将会引起企业单位的资产增加,有关费用(成本)减少,最终导致盈利的增加。

在会计处理时应注意以下几个方面。

1. 会计处理程序

会计在处理时应分两步进行:①首先应将已查明的财产盘盈数,根据有关原始凭证编制有关记账凭证,并据以登记有关账簿,以保证账实相符。如库存现金盘点报告表、存货盘点盈亏报告单等。②其次按盘盈发生的原因和报经批准的结果,根据有关审批意见及书面文件编制记账凭证,并据以登记入账,做最后的会计处理。

2. 应用的损益科目

一般地,对于盘盈的固定资产,按其原价减估计折旧后的差额计入营业外收入;对于盘盈的存货,则冲减管理费用。

3. 过渡科目——待处理财产损溢

为反映和监督在财产清查中查明的各种财产物资盘盈、盘亏和毁损及其处理情况,应设置"待处理财产损溢"账户。本账户可设"待处理财产损溢——待处理流动资产损溢"和"待处理财产损溢——待处理固定资产损溢"两个明细账户。

该账户借方登记待处理的盘亏、毁损数,及经批准后待处理财产盘盈的转销数;贷方登记待处理的盘盈数,及经批准后的待处理财产盘亏、毁损的转销数。若余额在借方,表示尚待批准处理的财产盘亏和毁损数;若余额在贷方,表示尚待批准处理的财产盘盈数。

4. 会计处理账户

当原材料、产成品、现金发生盘盈时,将盘盈的金额借记原材料、库存商品、现金,盘盈固定资产的原值借记固定资产,估计的已折旧金额贷记累计折旧,同时,将原材料、库存商品和现金的金额,以及固定资产和累计折旧之间的差额,贷记待处理财产损溢,待处理财产损溢经过批准后,就转入管理费用和营业外收入的贷方,即使在编制报表日未经批准,也应先按此处理。

【例7-6】(1)企业在财产清查中,发现甲材料盘盈10吨,每吨1 000元。尚未报经批准。

业务分析:甲材料盈余,借记原材料——甲材料,同时,盘盈在批准之前应记入待处理财产损溢——待处理流动资产损溢。

会计分录:
  借:原材料——甲材料   10 000
    贷:待处理财产损溢——待处理流动资产损溢 10 000

经查明,盘盈的甲材料系计量仪器不准溢余,批准冲减管理费用。根据批准处理意见,进行会计处理。

业务分析:原材料盘盈经批准,应冲减管理费用,从待处理财产损溢——待处理流动资产损溢借方转出。

会计分录:
  借:待处理财产损溢——待处理流动资产损溢 10 000
    贷:管理费用   10 000

(2)某企业在财产清查中,盘盈账外机器一台,估计重置价值为5 000元,已提折旧3 000元。尚未批准。

业务分析:固定资产盈余,应将原值借记固定资产,估计折旧贷记累计折旧,同时,盘盈在批准之前应记入待处理财产损溢——待处理固定资产损溢贷方。

会计分录如下:
  借:固定资产   5 000
    贷:累计折旧   3 000
      待处理财产损溢——待处理固定资产损溢 2 000

账外固定资产经批准后转销。

业务分析:固定资产盘盈经批准后,应记入营业外收入,同时从待处理财产损溢——待处理固定资产损溢的借方转出。

会计分录:
  借:待处理财产损溢——待处理固定资产损溢 2 000
    贷:营业外收入——固定资产盘盈   2 000

三、盘亏的处理

(一)查明原因

造成财产盘亏、毁损的原因很多,如在保管过程发生的自然损耗;记录过程发生的错记、重记、漏记或计算错误;在收发领退中发生计量或检验不准确;管理不善或工作人员失职而造成的财产损失、变质、霉烂或短缺;不法分子贪污盗窃、营私舞弊;自然灾害等。

(二)会计处理

一旦发生盘亏、毁损,给企业造成的影响是:在一定程度上引起资产减少,有关费用(成本)增加,最终导致盈利减少。

会计在处理时应注意以下几个方面。

1. 会计处理程序

会计在处理时,应分两步进行:①首先应根据有关凭证编制有关记账凭证,并据以登记有关账簿,以保证账实相符。②其次按盘亏、毁损产生的原因和报经批准的结果,根据有关批文编制记账凭证,并据以登记入账,做最后的会计处理。

2. 应用的损益科目

一般地,盘亏、毁损的固定资产,按其原价扣除累计折旧、变价收入和过失人及保险公司赔款后的差额计入营业外支出;盘亏、毁损的存货,扣除过失人或保险公司赔款和残料价值之后,计入管理费用。如存货毁损属于非常损失部分,在扣除公司赔款和残料价值后,计入营业外支出。

3. 过渡科目——待处理财产损溢

为反映和监督在财产清查中查明的各种财产物资盘盈、盘亏和毁损及其处理情况,应设置"待处理财产损溢"账户。本账户可设"待处理财产损溢——待处理流动资产损溢"和"待处理财产损溢——待处理固定资产损溢"两个明细账户。

该账户借方登记待处理的盘亏、毁损数,及经批准后待处理财产盘盈的转销数;贷方登记待处理的盘盈数,及经批准后的待处理财产盘亏、毁损的转销数。若余额在借方,表示尚待批准处理的财产盘亏和毁损数;若余额在贷方,表示尚待批准处理的财产盘盈数。

4. 会计处理账户

当原材料、产成品、现金发生盘亏时,将盘亏的金额贷记原材料、库存商品、现金,盘亏固定资产的原值贷记固定资产,估计的已折旧金额借记累计折旧,同时,将原材料、库存商品和现金的金额,以及固定资产和累计折旧之间的差额,借记待处理财产损溢,待处理财产损溢经过批准后,就转入管理费用、营业外收入和其他应收款的贷方,即使在编制报表日未经批准,也应先按此处理。

【例 7-7】某企业在财产清查中盘亏设备一台,账面原值 10 000 元,已提折旧 8 000 元。尚未批准。

业务分析:固定资产盘亏,应将原值贷记固定资产,估计折旧借记累计折旧,同时,盘亏在批准之前应记入待处理财产损溢——待处理固定资产损溢的借方。

会计分录:

借:待处理财产损溢——待处理固定损溢　　　　2 000
　　累计折旧　　　　　　　　　　　　　　　　8 000
　　贷:固定资产　　　　　　　　　　　　　　　10 000

盘亏设备经批准后转销。

业务分析:固定资产盘亏经批准后,应记入营业外支出,同时从待处理财产损溢——待处理固定资产损溢的贷方转出。

会计分录:

  借:营业外支出——固定资产盘亏   2 000

   贷:待处理财产损溢——待处理固定资产损溢   2 000

【例7-8】某企业在财产清查中发现乙材料盘亏100公斤,每公斤10元,库存现金短缺18元。尚未批准之前。

业务分析:乙材料盘亏,贷记原材料——乙材料,现金盘亏,贷记现金,同时,盘亏在批准之前应记入待处理财产损溢——待处理流动资产损溢借方。

会计分录如下:

  借:待处理财产损溢——待处理流动资产损溢   1 018

   贷:现金   18

    原材料——乙材料   1 000

盘亏乙材料,经查明自然损耗为10公斤,意外灾害造成损失为80公斤,无法确定过失人造成的毁损为10公斤。现金的短缺,经批准责成过失人——出纳员赔偿。

业务分析:经过批准后,原材料自然损耗和无法确定过失人造成的毁损,应增加管理费用;意外灾害应增加营业外支出;将由出纳员赔偿的现金增加了其他应收款;各项金额从待处理财产损溢——待处理流动资产损溢贷方转出。

会计分录:

  借:管理费用   200

   营业外支出   800

   其他应收款——出纳员   18

   贷:待处理财产损溢——待处理流动资产损溢   1 018

本章小结

本章主要介绍了成本计算概述,材料成本、产品成本和固定资产成本的计算,财产清查的意义和种类,财产清查的内容和方法及财产清查结果的处理。成本概念是会计学教学中的重点和难点问题,本章首先梳理了成本的相关概念和计算方法,重点介绍了制造业企业的经营过程涉及的直接材料成本、产品生产成本和固定资产成本的核算。其次,本章介绍了财产清查的相关内容,财产清查的重要环节是盘点财产物资,尤其是存货的实际数量,在实际工作中,存货的盘存制度有永续盘存制和实地盘存制两种。财产清查是一项涉及面广、业务量大的会计工作,为了保证财产清查的工作质量,提高工作效率,达到财产清查的目的,在财产清查时应针对不同的清查内容采用不同的方法。

成本(cost)

生产成本(manufacturing cost)

制造费用(manufacturing overheads)

未达账项(deposit in transit)

银行存款余额调节表(bank reconciliation)

实地盘点(physical count)

习题与思考

一、单项选择题

1. 财产清查是通过实地盘点、查证核对来查明(　　)是否相符的一种方法。
   A. 账证　　　　　　B. 账账　　　　　　C. 账实　　　　　　D. 账表

2. 财产清查按清查的对象和范围可分为(　　)。
   A. 全面清查和局部清查
   B. 定期清查和不定期清查
   C. 内部清查和外部清查
   D. 货币资金清查和非货币资金清查

3. 定期清查是(　　)。
   A. 临时清查　　　B. 局部清查　　　C. 全部清查　　　D. 清查对象不定

4. 采用实地盘存制,平时对财产物资的记录(　　)。
   A. 只登记收入数,不登记发出数
   B. 只登记发出数,不登记收入数
   C. 先登记收入数,后登记发出数
   D. 先登记发出数,后登记收入数

5. 在永续盘存制下,平时(　　)。
   A. 对各项财产物资增加和减少数,都不在账簿中登记
   B. 只在账簿中登记财产物资的减少数,不登记财产物资的增加数
   C. 只在账簿中登记财产物资的增加数,不登记财产物资的减少数
   D. 对各项财产物资的增加减少数,都要根据会计凭证在账簿中登记

6. 在实地盘存制下,平时(　　)。
   A. 只在账簿中登记财产物资的减少数,不登记财产物资的增加数
   B. 只在账簿中登记财产物资的增加数,不登记财产物资的减少数
   C. 对各项财产物资的增加和减少数,都要根据会计凭证登记入账
   D. 通过财产清查据以确定财产物资增加和减少数,并编制记账凭证入账

7. 各种应收款、应付款的清查方法一般采用(　　)。
   A. 实地盘点法　　　　　　　　　B. 核对账项
   C. 询证法　　　　　　　　　　　D. 技术测定法

8. 根据管理上的需要,贵重材料要(　　)。
   A. 进行轮流清查或重点清查　　　B. 每日盘点一次
   C. 至少每月盘点一次　　　　　　D. 每日与银行核对

9. 对结算往来款项的清查一般采取的清查方法是( )。
   A. 实地盘点法　　　　　　　　　　B. 编制银行存款余额调节表
   C. 询证核对法　　　　　　　　　　D. 突击清查法
10. 现金清查方法应采用( )。
    A. 技术推算法　　B. 实地盘点法　　C. 实地盘存法　　D. 账面价值法
11. 银行存款的清查应将银行存款( )。
    A. 日记账与总账核对
    B. 日记账与银行对账单核对
    C. 日记账与银行存款收、付凭证核对
    D. 总账与银行存款收、付凭证核对
12. 会导致企业银行存款日记账账面余额大于银行对账单余额的未达账项有( )
    A. 企业已收、银行未收款和企业已付、银行未付款
    B. 企业已付、银行未付款和银行已付、企业未付款
    C. 企业已收、银行未收款和银行已付、企业未付款
    D. 企业已收、银行未收款和企业已付、银行未付款
13. 对银行存款的清查一般要用( )法。
    A. 实地盘点　　　B. 核对账目　　　C. 技术推算　　　D. 询证法
14. 银行存款余额调节表的调节后余额是( )。
    A. 银行对账单余额　　　　　　　　B. 企业账面的存款余额
    C. 企业实际可动用的款项　　　　　D. 未达账项余额
15. 材料在运输途中发生的非常损失,尚待处理时,应记入( )科目。
    A. 管理费用　　　　　　　　　　　B. 利润——营业外支出
    C. 待处理财产损溢　　　　　　　　D. 其他应收款

二、多项选择题

1. 财产清查的作用主要有( )。
   A. 保证会计资料真实
   B. 保证会计资料的账证、账账、账表相符
   C. 促进企业改善经营管理,挖掘财产潜力
   D. 保证各项财产的安全
   E. 保证企业信誉
2. 既属于不定期清查,又属于全面清查的有( )。
   A. 年度决算之前的清查
   B. 单位撤销、合并或改变隶属关系时的清查
   C. 开展清产核资时的清查
   D. 发生非常灾害或损失时的清查
   E. 更换仓库保管员时的清查
3. 定期清查一般是在( )。
   A. 年度终了时　　　　　　　　　　B. 季度终了时

C. 月末结账时 D. 单位撤销时
E. 更换财产物资和现金保管人员时

4. 财产清查按清查范围可分为（　　）。
   A. 全面清查　　　　　　　　　　B. 定期清查
   C. 局部清查　　　　　　　　　　D. 不定期清查
   E. 实地盘点

5. 工业企业全面清查的对象一般包括（　　）。
   A. 现金、银行存款和银行借款等货币资金
   B. 所有的固定资产、材料、在产品、产成品及其他物资
   C. 各项在途材料、在途商品和在途物资
   D. 各项债权、债务及预算缴拨款项
   E. 委托加工或保管的材料、商品及物资

6. 不定期清查主要是在（　　）情况下进行。
   A. 更换财产、现金的保管人员时
   B. 发生自然灾害和意外损失时
   C. 进行临时性清产核资时
   D. 年末的时候
   E. 以存计耗制下，月末计算营业成本时

7. 财产物资的盘存制度有（　　）。
   A. 永续盘存制　　　　　　　　　B. 账外盘存制
   C. 实地盘存制　　　　　　　　　D. 实地盘点
   E. 技术推算盘点

8. 对于永续盘存制，正确的表述有（　　）。
   A. 可随时结出账面结存数
   B. 要求财产物资的进出都有严密的手续
   C. 片面强调会计凭证资料，难以避免账实不符的情况发生
   D. 不必进行财产清查
   E. 账面结存数的计算比较准确

9. 使各项财产的账面数额与实际数额发生差异的原因主要有（　　）。
   A. 在财产物资的保管过程中发生损耗
   B. 由于制度不严密而发生的错收、错付
   C. 由于计量检验不准确，造成多收多付或少收少付
   D. 由于管理不善造成的毁损和短缺等
   E. 由于财产物资的变质毁损等

10. 财产物资清查时，常用的方法有（　　）。
    A. 全面清查　　　　　　　　　　B. 局部清查
    C. 实地盘点　　　　　　　　　　D. 余额调节
    E. 技术推算盘点

11. 实地盘点法一般适用于（　　）的清查。
    A. 各项实物财产物资　　　　　　　　B. 现金
    C. 银行存款　　　　　　　　　　　　D. 应收账款
    E. 出租出借包装物
12. 根据银行存款余额调节表计算的调节后存款余额等于（　　）。
    A. 企业银行存款日记账余额＋银行已收企业未收－银行已付企业款未付
    B. 企业银行存款日记账余额＋企业已收银行未收－企业已付银行未付
    C. 银行存款单余额＋银行已收企业未收－银行已付企业未付
    D. 银行对账单余额＋企业已收银行未收－企业已付银行未付
13. "待处理财产损溢"科目贷方登记（　　）。
    A. 批准前待处理财产物资盘盈净值
    B. 批准前待处理财产物资盘亏及毁损净值
    C. 结转已批准处理财产物资的盘盈数
    D. 结转已批准处理财产物资的盘亏及毁损数
    E. 本期的营业外支出数

三、判断题

1. 在一般情况下，全面清查既可以是定期清查，也可以是不定期清查。（　　）
2. 一般情况下，全部清查是定期清查，局部清查是不定期清查。（　　）
3. 银行存款日记账与银行对账单余额不一致的原因主要是由记账错误和未达账项所造成的。（　　）
4. 对于未达账项应编制银行存款余额调节表进行调节，同时将未达账项编制记账凭证调整入账。（　　）
5. 对于财产清查结果的处理一般分两步，即审批前先调整账面的记录，审批后转入有关账户。（　　）
6. "待处理财产损溢"账户是损益类账户。（　　）
7. 财产清查的范围是存放在本企业的各项财产物资。（　　）
8. 企业在银行的实有存款应是银行对账单上列明的余额。（　　）
9. 对于无法收回的应收，应先记入"待处理财产损溢"账户，批准后转入有关账户。（　　）
10. 自然灾害造成的毁损，扣除保险公司赔款和残值后，计入管理费用。（　　）
11. 永续盘存制要求平时只根据会计凭证在账簿中登记财产物资的增加数，不登记减少数。（　　）
12. 永续盘存制的不足之处在于账簿中记录的财产物资的增、减变动及结存情况都是根据有关会计凭证登记的，可能发生账实不符，因此，一般情况不采用这种方法。（　　）
13. 未达账项是指企业销售货物或提供劳务而形成的在途资金。（　　）
14. 对于库存现金的清查，可通过实地盘点法进行，对存款的清查，只能运用企业的银行存款日记账余额和银行账单上的余额相核对的方法。（　　）
15. 调节表编制完毕，若调节的余额相符，或差额相符，表明账簿记录基本无错误，若余额或差额不符，表明账簿记录一定有错误。（　　）

16. 通过编制银行存款余额调节表,所得到的调节后余额,就是企业当时账面存款余额。
                                                                （   ）
17. "银行对账单"和银行存款余额调节表,可以作为原始凭证调节登记银行存款的日记账。
                                                                （   ）
18. "待处理财产损溢"科目的借方余额表示尚待批准处理的财产物资的盘亏及毁损。（   ）

四、连线题

1. 用直线标出下列情况所属财产清查的类别

  A. 全面清查　　　　　　　　　　(1) 年末产成品清查

  B. 定期清查　　　　　　　　　　(2) 单位合并财产清查

  C. 不定期清查　　　　　　　　　(3) 发生灾害时对受损失的清查

  D. 局部清查　　　　　　　　　　(4) 月末对银行存款日记账的核对

2. 用直线标出下列各项财产盈亏经批准记入有关账户的情况。

  A. 固定资产盘亏净损失　　　　　　(1) "管理费用"账户借方

  B. 固定资产盘盈净收益　　　　　　(2) "管理费用"账户贷方

  C. 材料、产成品计量不准损失

  D. 材料、产成品盘盈收益　　　　　(3) "营业外支出"账户借方

  E. 材料、产成品的非常损失　　　　(4) "营业外收入"账户贷方

  F. 确实无法支付的应付款项

  G. 确实无法回收的应收款项

五、名词解释

1. 财产清查
2. 全面清查
3. 局部清查
4. 定期清查
5. 不定期清查
6. 永续盘存制
7. 实地盘存制
8. 未达账项
9. 实地盘点
10. 技术推算和盘点

六、问答题

1. 简述造成企业账实不符的原因。
2. 试述财产清查的意义。
3. 简述财产物资的盘存制度。
4. 什么叫未达账项？企业与银行之间可能会发生哪些方面的未达账项？怎样进行调整？
5. 在什么情况下,企业要对其财产进行全部清查？
6. 什么情况下,企业要进行不定期清查？
7. 财产清查的业务处理包括哪些内容？

七、业务计算题

(一)目的:练习银行存款余额调节表的编制

1.资料:西安某钛制造企业2023年6月30日银行存款余额为80 000元,银行对账单上的余额为82 425元,经过逐笔核对发现有下列未达账项。

(1)企业于9月30日存入从某单位收到的转账支票一张计8 000元,银行尚未入账。

(2)企业于9月30日开出的转账支票6 000元,现金支票500元,持票人尚未到银行办理转账和取款手续,银行尚未入账。

(3)委托银行代收的外埠货款4 000元。银行已经收到入账,但收款通知尚未到达企业,企业尚未入账。

(4)银行受运输机构委托代收运费,已从企业存款中付出150元,但企业因未接到转账付款通知,尚未入账。

(5)银行计算企业的存款利息75元,已经记入企业存款户,但企业尚未入账。

2.要求:编制"银行存款余额调节表",并分析调节后是否需要编制有关会计分录。

(二)目的:财产清查结果的财务处理

1.资料:西安某公司在财产清查中,发现以下问题。

(1)盘亏设备一台,账面原值5 000元,已提折旧2 000元。

(2)账外机器一台,重置价值2 900元,估计现值为2 000元。

(3)甲材料盘盈400元。

(4)乙材料盘亏1 000元。

(5)发现账外A产品5件,单位成本100元。

(6)外单位欠货款2 500元不超过三年。

(7)应付外单位购料款5 000元,该单位已撤销。

上述各项盘盈、盘亏及损失,经查属实,报请上级部门审核批准,做如下处理:

(1)盘亏设备属保管不善造成,责成过失人赔偿3%,其余在营业外支出中列账。

(2)盘盈机器尚可使用,作为营业外收入处理。

(3)盘盈甲材料和A产品均属收发计量错误所致。

(4)盘亏乙材料有300元属定额内损耗,其余属自然灾害造成,应由保险公司赔偿300元。

(5)可作为坏账列账(该单位不提坏账准备金)。

(6)确实无法支付的款项转做营业外收入。

2.要求:据清查结果,作成审批前的会计分录,同时根据报请批准的结果,作成审批后的会计分录。

案例分析

目的:理解成本的生成。

资料:深圳市诚信诺科技有限公司成立于2009年。创始人李霞女士有些积累以后,一直想为社会做点什么,她的梦想是让老百姓用到实用、耐用、环保且买得起的产品。

不知道做什么产品,应该是所有创业公司的难题。李霞早期做过消费类电子产品,主要经营电子礼品、电脑、数码产品等。这类产品虽然赚钱,但是对环境不友好,对地球的伤害是长期甚至不可逆的。这与李霞的梦想不相符，公司在最初两年迟迟不能确定主打产品。

机缘巧合的是，2011年公司接到了一位斯坦福学生和一位麻省理工学生发来的订单。这份订单使李霞逐渐了解客户需要什么样的产品，公司应该为什么样的人群服务，知道了世界银行认证的标准。正是在完成这一定制产品的过程中，公司产品实现了创新升级，一次性通过了德国电子产品质量安全检测，并获得了世界银行资质认证，这极大地鼓舞了公司员工的士气。公司也进一步明确了愿景和目标，致力于为全世界缺电的地区，尤其为亚非拉国家提供绿色能源照明灯。

绿色照明灯首选太阳能发电系统，但太阳能板和蓄电池制造属于高科技，具有一定的技术门槛。2008年金融危机使部分企业经营困难，不得已低价出售公司。这为诚信诺科技有限公司进入该市场提供了良机，在别人纷纷退出制造业时，它却逆向而行，果断进入绿色能源行业，不仅取得了技术，还获得了低成本的先发优势。

如何做出低成本的绿色能源照明灯？除了技术上的低成本优势，最大一块成本取决于设计，只有无缺陷的设计才能降低成本。创始人李霞坚信，产品的品质和70%的成本是由设计决定的，而不是靠生产过程中的节约和对供应商的压榨来降低原材料成本的。因此，公司在生产照明灯时，在技术上做到一颗螺丝即可保证防跌、防摔、防水，一次通过世界银行认证。在外观上做到简单轻巧。比如，照明灯的支架比同类产品低很多，这么做不仅节约材料成本，还可节约运输成本。因为越是贫困的地区，交通运输越是不便，往往最后一公里没有路，是靠人爬、靠骡子驮上去的，太大太高的支架会增加运输成本；利用路边随处可见的矿泉水瓶，把照明灯支架一弯，挂在矿泉水瓶上就可以增加高度。在包装上，将两个照明灯扣起来，就可以节省包装空间，一个包装箱可以装96~100只照明灯。

为了保证产品质量，公司在主要材料上坚守产品生产原则——绝不偷工减料！太阳能板使用美国技术，价格较贵；电池用的是比亚迪的动力电池，寿命是2000次循环，正常情况下可使用5年。照明灯充一次电，可以照明4~5小时，完全可以代替所有的蜡烛和煤油灯。终端用户的售价是5美元，至少可以用3年，维护得好可用5年。

因此，产品任何一个环节的设计优化和成本控制都能改善更大范围老百姓的照明情况。设计优化需要同时考虑后续运输、安装、使用、回收、循环等环节。只有全流程采用最节约成本的方式，把钱都花在产品上，才能做出好的产品。但产品做得再好，如果没有支付能力，一切又都归于零。用买一个月蜡烛和煤油的钱，就能买到一个可持续使用几年的太阳能照明灯。也许，这就是创办一家公司的不竭源泉吧！

要求：

1. 有人说"痛点在哪里，生意就在哪里"。诚信诺科技有限公司为什么要选择"低消费能力市场"？

2. 如何理解成本由"心"而生？产品设计与成本之间的关系是什么？

3. 设想一下这个售价约5美元的太阳能LED照明灯的成本及其构成。

第八章　财务报告

学习目标

1. 掌握资产负债表和利润表的编制方法。
2. 理解财务报表的编制原理。
3. 了解财务报告的概念、作用与分类。

知识拓展

在会计这个信息系统里，企业错综复杂的经济活动可以通过标准化的货币语言（会计数据）和规范化的表达（财务报表）被利益相关者理解和使用。财务报告是财务现状和财务结果的集合文件，包括财务报表、附注和情况说明书等。财务报表之间不是孤立的，而是彼此相连的，可以相互印证，且信息应具备真实性、准确性、完整性和及时性等信息质量特征。报表与报表之间、报表内部各项目之间具有勾稽关系。因此，学习编制财务报告可以帮助学生构建财务报表数据之间关联的思维方式、增强社会责任感。

资产负债表反映企业某一特定时期的财务状况，即资产、负债和所有者权益的构成情况。利润表反映企业在一定会计期间的经营成果，即盈利或亏损的信息。现金流量表反映企业一定期间现金流入和现金流出的流量信息。培养学生编制财务报表的能力。学生除掌握财务报表编制基本方法外，还要具备细心和耐心的品质。

培养学生解读财务报表的能力。编表是一种提供信息能力的体现，解读报表则是综合运用这些信息能力的体现，是更高一级的能力要求。解读报表，除了需要会计知识，还需要经济学、管理学、组织学、心理学、法学和行业知识等以及对未来的判断能力。培养学生增强科技强国的自豪感。教师通过对利润表中的研究费用、资产负债表中的开发支出、无形资产项目的讲解，让学生明白主动关心企业的科技投入和发展成果对推动社会进步的巨大作用，培养学生对虚假信息说"不"的能力和勇气。本教材通过案例说明企业应诚实履行信息披露义务，教育学生要自觉维护国家利益、社会利益、集体利益，提供的财务报表要真实准确，体现客观公正的原则。

第一节　财务报告概述

一、财务报告的概念

财务报告是会计主体对外提供、反映状况和经营成果等信息的通用书面文件。它包括财务报表及其附表、附注和财务情况说明书两部分。财务报表包括资产负债表、损益表、现金流量表或财务状况变动表,及其附表和附注。财务情况说明书,主要说明企业的情况,它包括生产经济情况、利润实现及利润分配情况、资金增减和周转情况、财产物资变动情况、对本期和下期财务状况发生重大影响的事项、主要税费的缴纳情况、资产负债表日后发生的财务状况有重大影响的事项、需要说明的其他事项等。

二、编制财务报告的目的

编制财务报告的目的是为报表使用者提供有关企业财务状况、经营成果和现金流等方面的信息,以便其作出合理的经济决策。由于不同的报表使用者对信息的需求不同,并受经济、法律、政治和社会环境的影响,财务报告只提供报表使用者需要的通用会计信息,不提供全部信息资料。

三、财务报告的局限性

财务报告只反映某一会计主体的会计信息,并不代表全部产业和整个行业;财务报告许多会计信息来自判断确认和近似计量,不一定精确;财务报告只反映价值流相关的信息流,不是决策所需信息的全部。

四、财务报告的内容

财务报告包括会计报表及其说明。下文分别说明会计报表和会计报表说明的内容。

(一)会计报表

会计报表是企业、单位会计部门在日常会计核算的基础上定期编制的、综合反映财务状况和经营成果的书面文件。会计报表包括资产负债表、利润表、现金流量表。事业单位除资产负债表外,还有收入支出表、事业支出明细表、经营支出明细表。会计报表按编制时间可分为月报表、季报表、半年报表和年报表。会计报表按报送对象不同,可分为对内报表和对外报表。内部管理所需会计报表的数量、内容、格式和报送时间,由单位自行制定;对外报送的会计报表的种类、格式、指标内容、编制时间等,均应执行国家有关会计制度的统一规定。

1. 资产负债表

资产负债表是反映企业(以企业为例,下同)在某一特定日期(年末、季末、月末)全部资产、负债和所有者权益情况的会计报表。

资产负债表的理论依据:资产负债表的理论依据是资产=负债+所有者权益。

资产负债表的基本结构:资产负债表分为左右两方,左边为资产,右边为负债和所有者权益;两方内部按照各自的具体项目排列,资产各项目合计与负债和所有者权益各项目合计相等。

资产负债表的作用:报表的资产项目说明了企业所拥有的各种经济资源及其分布;报表的负债项目显示了企业所负担的债务的不同偿还期限,可据以了解企业面临的财务风险;所有者权益项目说明了企业投资者对本企业资产所持有的权益份额,可据以了解企业财务实力;可据以了解企业未来财务状况,预测企业的发展前景。

2. 利润表

利润表是反映企业在一定期间的经营成果及分配情况的报表。

利润表的理论基础是：收入－费用＝利润（或亏损）。

利润表的基本结构：利润表有单步式和多步式之分。多步式的格式是：产品销售收入减产品销售成本、产品销售费用、产品销售税金及附加，等于产品销售利润；再加其他业务利润，减去管理费用、财务费用，等于营业利润；再加投资收益、营业外收入，减去营业外支出，等于利润总额；再减去企业所得税，等于净利润。

利润表的作用：反映企业利润总额的形成步骤，揭示利润总额各构成要素之间的内在联系；可以使报表使用者评价企业盈利状况和工作成绩；有利于报表使用者分析预测企业今后的盈利能力。

3. 现金流量表

现金流量表是以现金制为基础编制的财务状况变动表。

现金流量表动态地说明企业某一会计期间各种活动产生的现金流量情况。

现金流量表的基本结构，其主表按以下顺序列示：经营活动现金流量；投资活动现金流量；筹资活动现金流量；汇率变动影响；现金及现金等价物净增加。

现金流量表补充资料包括三方面内容：不涉及现金的投资及筹资活动；将净利润调节为经营活动现金流量；现金及现金等价物期初期末数。

（二）会计报表说明

会计报表说明指单位对会计报表及其财务计划指标执行情况进行分析总结所形成的书面报告，包括主要会计方法说明、报表分析说明和财务情况说明书。由于会计报表格式及其内容的规定性，只能提供量化的会计信息；而且要求列入报表的各项信息必须符合会计要素的确认标准，报表本身反映的会计信息就有一定的限制，这就在客观上要求在编制会计报表的同时，还要编制会计报表说明。

1. 主要会计方法说明包括的内容

（1）有关资产计价及处理方法的说明：①材料及其他存货的收、发、结存计价方法及其变动情况与影响。如材料用计划成本还是实际成本核算、出库材料计价是用"先进先出法"还是"加权平均法"等。②长期投资的计价核算，采用"成本法"或"权益法"等。③采用的产品成本计价方法，如"品种法"或"分步法""分批法""分类法"等。④固定资产及流动资产的报废、变卖、转让、盘盈盘亏、毁损等实际情况及核算方法（如历史成本和重置价值等）。⑤坏账准备的计提和坏账损失的核销情况，以及无形资产、递延资产的确认情况。⑥其他会计政策变动情况及其影响程度，如固定资产折旧年限、递延资产摊销期限等。

（2）有关负债和所有者权益的处理情况说明：流动负债的基本构成项目；长期负债的基本构成项目；所有者权益的变动情况及其影响。

（3）有关收入、费用账务处理说明：收入、费用的核算是否严格遵循权责发生制基础；其他收入和其他支出的确认及具体收支项目构成。

2. 报表分析说明主要包括的内容

（1）分析说明的方法。报表分析一般采用比较法，其内容包括将有关指标的本期实际数据与计划或预算比较，以发现差异；将本期实际指标与上年或历史最高水平比较，以分析单位的发展变化趋势；将本期实际指标与同行业其他单位的指标进行比较，以寻找差距，提出改正措施。

(2)分析说明的内容。①基本情况。基本情况是报表分析说明的概述,在这一部分,应该用简练明快的文字进行表述。如企业生产经营状况,目标利润实现和分配情况,资金增减及资金周转情况,成本费用和收入计划完成情况,税金缴纳情况,基金增减情况,所有者权益变动情况,对本期或下期财务状况发生重大影响的事项,其他需要说明的事项等。②影响计划完成情况的主要问题及其原因。这是报表分析的核心内容,要以数字和文字结合起来对重大因素进行分析。如用销售利润率,分析销售收入的获利水平;用总资产报酬率,分析全部资产的获利能力;用资本收益率,分析投资者投入资本获利能力;用资本保值增值率,分析投入资本的完整性和保全性;用资产负债率、流动比率、速动比率、应收账款周转率、存货周转率,分析企业资产负债水平和偿债能力;用社会贡献率和社会积累率,分析企业对国家的贡献水平等。③改善管理的措施和效果。这是文字分析的主要内容。要针对性地指出管理中存在的问题,从主客观两个方面分析其原因及影响程度,以及对存在问题采取的措施和取得的效果。④今后努力方向。在这一部分,应肯定成绩,指出今后工作中应当坚持的好措施、好方法;提出今后需克服的问题及其环节;对需要加强的环节提出建议。

3. 财务情况说明书包括的内容

财务情况说明书,主要说明企业的生产经营状况、利润实现和分配情况、资金增减和周转情况、税金缴纳情况、各项财产物资变动情况;对本期或者下期财务状况发生重大影响的事项;资产负债表日后至报出财务报告前发生的对企业财务状况变动有重大影响的事项,以及需要说明的其他事项。

五、会计报表的使用者

会计报表的使用者有很多,由于不同的报表使用者运用会计信息的利益取向有所不同,其阅读会计报表的目的也不同,从而其需要的会计信息自然也不相同。因此,不同的会计报表使用者在阅读会计报表时均各有侧重。对此,我们有必要了解不同报表使用者对会计报表阅读与分析的重点。

一般而言,与企业有经济利害关系的有关方面可以分为:投资者、债权人、供应商、经营者、客户、政府部门、企业职工、竞争对手和社会公众等。这些方面构成了会计报表的不同使用者。

因为不同报表使用者与企业经济关系的程度不同,所以其阅读重点也不同。

(一)投资者(股东)

这里的投资者包括两层含义,一是现有的投资者;二是潜在的、未来的投资者。投资者最关心的是其权益的风险,投资能否增值,投资报酬或投资回报能有多大,是否能够满足其期望的投资收益要求。这些决定投资者是否向企业投资,是否还要追加投资,是否需要收回或转让投资。因此,投资者阅读与分析报表的重点是企业的获利能力、投资回报率及企业经营的风险水平,以此做出自己的投资决策。

(二)债权人

债权人包括银行、非银行金融机构(如财务公司、保险公司等)、企业债券的购买者(供应商通常也会成为企业的债权人,但其与上述债权人有所不同,这里单独在下文讲述)等。按照一一般分类,债权人可以分为短期债权人和长期债权人。其中,短期债权人提供的债权期限在十二个月以内,他们最为关心的是企业偿还短期债务的能力。长期债权人向企业提供一年期以上的债权,他们最为关心的则是企业连续支付利息和到期(若干年后)偿还债务本金的能力。因而,债权人并不如投资者那样十分关心企业的获利能力,但对企业的偿债能力却是时刻保持警惕。因此,他们首先关注企业有多少资产可以作为偿付债务的保证,特别是企业有多少可以立即变现的资产作为偿付债务的保证。

当然,获利能力高低有时会影响债权人的态度,因为企业效益高低是确保企业提高偿债能力的基础,即使企业一时财务状况不佳,偿付能力不强,但如果效益已经好转,也可以使债权人改变态度,决定对企业提供债务融资。

(三)供应商

与企业债权人向企业提供债务融资情况类似,供应商在向企业提供商品或劳务后也成为企业的债权人。因而他们必须判断企业能否支付所购商品或劳务的价款。从这一点来说,大多数商品或劳务供应商对企业的短期偿债能力十分关注。另一方面,有些供应商可能与企业存在着较为长久的稳固的经济联系,在这种情况下,他们又会对企业的长期偿债能力予以额外注意。一般情况下,供应商必然愿意优先给偿债能力强、资信程度高的企业提供商品或劳务。

(四)经营者

经营者即企业的经营管理人员,他们受企业业主或股东的委托,对他们投入企业资本的保值和增值担负责任。经营者负责企业的日常经营活动,必须确保公司支付给股东与风险相适应的投资回报,及时偿还企业各种到期债务,使企业的各种经济资源得到充分有效的利用,使企业不断获得盈利。因此,经营者对企业财务状况的各个方面都要了然于胸。他们不仅关心企业的经营成果的表现,更关心企业财务状况变化的原因和企业经营发展的趋势。

(五)客户

客户是企业产品的购买者,在许多情况下,企业可能成为某个客户的重要的商品或劳务供应商,此时,客户就会关心企业能否长期持续经营下去,能否与之建立并维持长期的业务关系,能否为其提供稳定的货源。因此,客户关心企业的长期前景及有助于对此做出估计的获利能力指标与财务杠杆指标。

(六)政府部门

政府部门的报表使用者包括财政、税务、国有资产管理局和企业主管部门等。一般来讲,政府部门阅读会计报表大多是进行综合分析,特别是财政部门和企业主管部门必须进行综合阅读与分析,以了解企业发展状况;税务部门则侧重确定企业生产经营成果和税源;国有资产管理部门则侧重掌握、监控企业国有资产保值增值情况。

(七)企业职工

企业职工通常与企业存在长久、持续的关系,他们关心工作岗位的稳定性、工作环境的安全性以及获取报酬的前景。因而,他们对企业的获利能力和偿债能力比率都会予以关注。

(八)竞争对手

竞争对手希望获取关于企业财务状况的会计信息及其他信息,借以判断企业间的相对效率。同时,还可为企业未来可能出现的企业兼并提供信息。因此,竞争对手可能把企业作为接管目标,因而他们对企业财务状况的各个方面均感兴趣。

(九)社会公众

社会公众对特定企业的关心也是多方面的。一般而言,他们关心企业的就业政策、环境政策、产品政策等方面。在这些方面,人们往往可以通过分析会计报表了解企业获利能力而获得明确的印象。

报表使用者很多,除上述使用者外,与企业有生产、技术等协作关系,以及其他关系的利益集团,都是企业报表的使用者。这些使用者也都有其特定的报表阅读要求,这里不再一一列举。但是,特别需要指出的是,所谓不同的报表使用者的阅读重点只是相对而言的,由于会计报表之间相互关联,因此各报表使用者都要对三大报表以及相关的报表附注所反映的信息进行综合分析才能做出全面、准确的判断。

六、财务报告的意义

财务报告全面系统地揭示企业一定时期的财务状况、经营成果和现金流量,有利于经营管理人员了解本单位各项任务指标的完成情况,评价管理人员的经营业绩,以便及时发现问题,调整经营方向,制定措施改善经营管理水平,提高经济效益,为经济预测和决策提供依据;有利于国家经济管理部门了解国民经济的运行状况,让其能通过对各单位提供的财务报表资料进行汇总和分析,了解和掌握各行业、各地区的经济发展情况,以便宏观调控经济运行,优化资源配置,保证国民经济稳定持续发展;有利于投资者、债权人和其他有关各方掌握企业的财务状况、经营成果和现金流量情况,进而分析企业的盈利能力、偿债能力、投资收益、发展前景等,为他们投资、贷款和贸易提供决策依据;有利于满足财政、税务、工商、审计等部门监督企业经营管理,让其能通过财务报表可以检查、监督各企业是否遵守国家的各项法律、法规和制度,有无偷税漏税的行为。

第二节 编表前的准备工作

一、编表前准备工作的意义

编表前准备工作的意义:①以便正确地反映本期收入和费用,正确计算本期的损益。②以便及时编报报表,以保证会计信息使用者能及时了解和掌握企业的财务状况和经营成果。③以便掌握各项财产物资、债权债务的真实情况,保证报表资料的准确可靠。

二、编表前的准备工作内容

(一)期末存货计价

《企业会计准则第1号——存货》规定,企业的存货应当在期末按成本与可变现净值孰低计量,对可变现净值低于存货成本的差额,计提存货跌价准备。通过期末存货计价,正确计算发出存货的成本及库存存货的价值,为编制报表提供必要的资料。

成本与可变现净值孰低是指对期末存货按照成本与可变现净值之中较低者计价的方法。即当成本低于可变现净值时,期末存货按成本计价;当存货可变现净值低于成本时,期末存货按可变现净值计价。

"成本"是指存货的历史成本,即按前面所介绍的以历史成本为基础的存货计价方法(如先进先出法等)计算得出的期末存货价值。

"可变现净值"是指企业在正常生产经营过程中,以估计售价减去估计完工成本及销售所必需的估计费用后的价值,而不是指存货的现行售价。其计算公式如下:

$$可变现净值=估计售价-估计完工成本-销售所必需的估计费用$$

(二)期末账项调整

按照权责发生制的原则,正确地划分各个会计期间的收入、费用,为正确结转计算本期经营成果提供有用的资料。期末账项调整主要分为以下几类:①属于本期收入,尚未收到款项的账项调整;②属于本期费用,尚未支付款项的账项调整;③本期已收款,而不属于或不完全属于本期收入款项的账项调整;④本期已付款,而不属于或不完全属于本期费用的账项调整;⑤属于本期支出,尚未支付税金的账项调整。

(三)编制工作底稿

会计工作中的工作底稿,是会计人员为便于对账、结账和编制会计报表而使用的一种计算表式。一般有五组十栏式和六组十二栏式等。五组十栏式指工作底稿上设有"试算表""账项调整""账项结转""资产负债表"和"损益表"五组,每一组又分借方和贷方两栏的格式。如果在"账项调整"组之后增设调整后试算表一组,便构成了六组十二栏的格式。编制工作底稿是会计资料由账簿记录向报表过渡的一项重要的会计核算工作。

(四)对账

通过对账,保证账证、账账、账实相符。账实核对应结合财产清查进行。

(五)结账

通过结账,计算并结转各账户的本期发生额和期末余额。

第三节 财务报表编制

财务报表编制是指根据账簿记录,按照规定的表格形式,集中反映各单位在一定会计期间经济活动过程和结果的专门方法。编制财务报表,既能为企业的管理当局及与企业有关经济利益关系的各方提供所需要的会计信息,又能为国家进行国民经济综合平衡提供依据。

一、资产负债表

(一)资产负债表及其作用

资产负债表是反映企业在某一特定日期的财务状况的报表,它反映了会计主体在特定日期所拥有的资产及其来源之间的对应关系。由于它反映的是某一时点的情况,所以又称为静态会计报表。企业须按月、按季、按年编制资产负债表,及时为有关部门和有关人员提供企业会计信息,作为企业投资人、债权人、国家管理部门的各级管理人员投资、信贷及经营决策的依据。

资产负债表的作用,主要表现为:

(1)反映企业资产的构成及其状况,分析企业在某一日期所拥有的经济资源及其分布情况。资产代表企业的经济资源,是企业经营的基础,资产总量的高低一定程度上可以说明企业的经营规模和盈利基础大小,企业的资产结构的分布,企业的资产结构反映其生产经营过程的特点,有利于报表使用者进一步分析企业生产经营的稳定性。

(2)可以反映企业某一日期的负债总额及其结构,分析企业目前与未来需要支付的债务数额。负债的总额表示企业承担的债务的多少,负债和所有者的比重反映了企业的财务安全程度。负债结构反映了企业偿还负债的紧迫性和偿债压力的大小,通过资产负债表可以了解企业负债的基本信息。

(3)可以反映企业所有者权益的情况,了解企业现有的投资者在企业资产总额中所占的份额。实收资本和留存收益是分析所有者权益的重要内容,反映了企业投资者对企业的初始投入和资本积累的多少,也反映了企业的资本结构和财务实力,有助于报表使用者分析、预测企业生产经营的安全程度和抗风险的能力。

企业财务状况变动情况。将不同时期的资产负债表进行比较分析,可以了解企业的资产、负债、所有者权益的变动情况,分析企业发展变化的趋势,了解企业经营业绩,以便于对企业的未来情况进行预测分析。

(二)资产负债表的格式

目前,国际上资产负债表的格式主要有报告式和账户式两种。

1.报告式资产负债表

报告式资产负债表又称为直列式资产负债表,它是依据"资产－负债＝所有者权益"这一会计等式为基础编制的。它将资产、负债、所有者权益等会计要素及要素项目在资产负债表中从上到下排列,上部分填列各资产项目,下部分填列各负债项目,上部分减下部分的差额为所有者权益。该种报表的特点是产权关系清楚,易为债权人、所有者及一般使用者所理解。但是,如果经济业务较多,报告式资产负债表的行次太多,可能要几个页面才能完成,不便于使用报表。报告式资产负债表的格式如表8-1所示。

表8-1 资产负债表(垂直式)

编制单位:　　　　　20××年12月31日　　　　　　　　　　　　单位:元

项目	期初数	期末数
资产		
流动资产		
非流动资产		
资产合计		

项目	期初数	期末数
负债		
流动负债		
长期负债		
负债合计		
所有者权益		
实收资本		
盈余公积		
未分配利润		
所有者权益合计		

2.账户式资产负债表

账户式资产负债表又称横列式资产负债表,它如同一个"T"型账户,分为左右两部分。资产类项目填列在左方,负债类和所有者权益类项目填列在右方。左方各项目相加之和的资产与右方各项目相加之和的负债与所有者权益总计应该相等。账户式资产负债表的主要特点是与会计的基本等式"资产＝负债＋所有者权益"一样,资产列于报表(等式)的左边,资产左方为资产,包括流动资产和非流动资产,大体按照资产的流动性大小排列,资产负债表中列示的流动资产项目通常包括货币资金、交易性金融资产、应收票据、应收账款、预付款项、应收利息、应收股利、其他应收款、存货和一年内到期的非流动资产等。非流动资产是指流动资产以外的资产。资产负债表中列示的非流动资产项目通常包括长期股权投资、固定资产、在建工程、工程物资、固定资产清理、无形资产、开发支出、长期待摊费用以及其他非流动资产等。右方为负债和所有者权益项目,一般按要求清偿时间的先后顺序排列。

我国《企业会计准则》规定,采用账户式编制资产负债表。

(三)资产负债表的编制方法

为了说明资产负债表的编制方法,根据第四章中西安某钛制造企业所发生的【例4-1】至【例4-46】的经济业务来编制该企业的资产负债表。

假设西安某钛制造企业2022年12月初总分类账户期初余额如表8-2所示。

表8-2 总分类账户期初余额表

单位:元

账户名称	借方金额	贷方金额
库存现金	6 000	
银行存款	30 000	
应收账款	4 000	
预付账款	0	
其他应收款	1 000	

续表

账户名称	借方金额	贷方金额
原材料	170 000	
在途物资	0	
生产成本		
库存商品	84 500	
待摊费用	500	
固定资产	1 155 000	
累计折旧		300 000
短期借款		230 000
应付账款		130 000
应付利息		7 000
应付票据		56 800
应付职工薪酬		
长期借款		0
预收账款		0
应付利润		10 000
应交税费		42 000
预提费用		2 200
实收资本		600 000
资本公积		20 000
盈余公积		30 000
利润分配		23 000
合计	1 451 000	1 451 000

根据第四章登记的账户资料，编制西安某钛制造企业本期总分类账户发生额试算表，如表8-3所示。

表8-3 总分类账户本期发生额试算表

单位：元

账户名称	借方发生额	贷方发生额
库存现金	74 000	75 500
银行存款	2 865 000	591 800

续表

账户名称	借方发生额	贷方发生额
应收账款	240 000	
其他应收款		
在途物资	190 700	190 700
原材料	190 700	267 500
待摊费用	3 000	500
预付账款	20 000	20 000
库存商品	339 960	360 000
固定资产	65 000	
累计折旧		6 000
短期借款	200 000	100 000
应付利息	7 000	500
应付账款	122 000	80 200
应付票据	46 800	
应付职工薪酬	74 000	84 360
应交税费		118 750
应付利润		100 000
预收账款	20 000	20 000
长期借款		1 000 000
预提费用		5 000
其他应付款		
实收资本		1 325 000
资本公积	60 000	100 000
盈余公积		17 625
本年利润	705 000	705 000
利润分配	235250	293 875
生产成本	343860	339 960
制造费用	19 760	19 760
主营业务收入	600 000	600 000

续表

账户名称	借方发生额	贷方发生额
主营业务成本	360 000	360 000
其他业务收入	5 000	5 000
其他业务成本	3 500	3 500
投资收益	70 000	70 000
税金及附加	60 000	60 000
财务费用	1 500	1 500
销售费用	9 000	9 000
管理费用	20 000	20 000
营业外收入	30 000	30 000
营业外支出	16 000	16 000
所得税费用	58 750	58 750
合计	7 055 780	7 055 780

根据表8-2和表8-3,编制的该企业总分类账户余额表,如表8-4所示。

表8-4 总分类账户余额表

单位:元

账户名称	期初余额		期末余额	
账户名称	借方	贷方	借方	贷方
库存现金	6 000		4 500	
银行存款	30 000		2 303 200	
应收账款	4 000		244 000	
其他应收款	1 000		1 000	
原材料	170 000		93 200	
生产成本	0		3 900	
库存商品	84 500		64 460	
待摊费用	500		3 000	
固定资产	1 155 000		1 220 000	
累计折旧		300 000		306 000
短期借款		230 000		130 000
应付账款		130 000		88 200
应付利息		7 000		500

续表

账户名称	期初余额		期末余额	
账户名称	借方	贷方	借方	贷方
应付票据		56 800		10 000
应付职工薪酬		0		10 360
长期借款		0		1 000 000
应付利润		10 000		110 000
应交税费		42 000		160 750
预提费用		2 200		7 200
实收资本		600 000		1 925 000
资本公积		20 000		60 000
盈余公积		30 000		47 625
利润分配		23 000		81 625
合计	1 451 000	1 451 000	3 937 260	3 937 260

1. 资产负债表的编制方法

会计报表的编制，主要是通过对日常会计核算记录的数据加以归集、整理，使之成为有用的财务信息。我国企业资产负债表各项目数据的来源，主要通过以下几种方式取得。

（1）根据总账账户余额直接填列。如"应收票据"项目，根据"应收票据"总账账户的期末余额直接填列；"短期借款"项目根据"短期借款"总账账户的期末余额直接填列。

（2）根据总账账户余额计算填列。如"货币资金"目，根据"库存现金""银行存款""其他货币资金"账户的期末余额合计数计算填列。

（3）根据明细账户余额计算填列。如"应付账款"项目，根据"应付账款""预付账款"账户所属相关明细账户的期末贷方余额计算填列。

（4）根据总账账户和明细账户余额分析计算填列。如"长期借款"项目，根据"长期借款"总账账户期末余额，扣除"长期借款"账户所属明细账户中反映的、将于一年内到期的长期借款部分，分析计算填列。

（5）根据账户余额减去其备抵项目后的净额填列。如"存货"项目，根据"存货"账户的期末余额，减去"存货跌价准备"备抵账户余额后的净额填列；又如："无形资产"项目，根据"无形资产"账户的期末余额，减去"无形资产减值准备"与"累计摊销"备抵账户余额后的净额填列。

在我国，资产负债表的"年初数"栏内各项数字，根据上年末资产负债表"期末数"栏内各项数字填列，"期末数"栏内各项数字根据会计期末各总账账户及所属明细账户的余额填列。如果当年度资产负债表规定的各个项目的名称和内容同上年度不相一致，则按编报当年的口径对上年年末资产负债表各项目的名称和数字进行调整，填入本表"年初数"栏内。

2.资产负债表各项目的填列

根据表 8-4 账户余额表编制西安某钛制造企业资产负债表如表 8-5 所示(由于资料限制,以月初数代替年初数)。

表 8-5　资产负债表

会企01表

编制单位：　　　　　　　　　2022 年 12 月 31 日　　　　　　　　　单位：元

资产	月初余额	年末余额	负债及所有者权益	月初余额	年末余额
流动资产			流动负债		
货币资金	36 000	2 307 700	短期借款	230 000	130 000
交易性金融资产			交易性金融负债		
应收票据			应付票据	56 800	10 000
应收账款	4 000	244 000	应付账款	130 000	88 200
预付账款	500	3 000	预收账款		
			应付职工薪酬		10 360
其他应收款	1 000	1 000	应交税费	42 000	160 750
存货	254 500	161 560	应付利息	7 000	500
其他流动资产			应付利润	10 000	110 000
			其他应付款	2 200	7 200
流动资产合计	296 000	2 717 260	其他流动负债		
非流动资产			流动负债合计	478 000	517 010
			非流动负债		
固定资产	855 000	914 000	长期借款		1 000 000
			非流动负债合计		1 000 000
			负债合计	478 000	1 517 010
			所有者权益		
			实收资本(或股本)	600 000	1 925 000
其他非流动资产			资本公积	20 000	60 000
			盈余公积	30 000	47 625
			未分配利润	23 000	81 625
			所有者权益合计	673 000	2 114 250
非流动资产合计	855 000	914 000			
资　产　总　计	1 151 000	3 631 260	负债和所有者权益总计	1 151 000	3 631 260

1)资产项目填列

(1)"货币资金"项目,反映企业库存现金、银行结算户存款、外埠存款、银行汇票存款、银行本票存款、信用卡存款、信用证保证金存款等的合计数。本项目应根据"库存现金""银行存款""其他货币资金"账户期末余额的合计数填列。在表8-4中,"库存现金"的账户借方余额为4 500元,"银行存款"账户的借方余额为2 303 200元,两个账户的合计数2 307 700元(4 500＋2 303 200)填入资产负债表。

(2)"交易性金融资产"项目,反映企业持有的直接指定为以公允价值计量且其变动计入当期损益的金融资产,以及为交易目的所持有的债券投资、股票投资、基金投资、权证投资等金融资产的公允价值。本项目应当根据"交易性金融资产"账户的期末余额填列。本例中"交易性金融资产"账户期末余额为0,所以资产负债表中"交易性金融资产"项目为0元。

(3)"应收票据"项目,反映企业因销售商品、提供劳务等而收到的商业汇票,包括银行承兑汇票和商业承兑汇票。本项目应根据"应收票据"账户的期末余额,减去"坏账准备"账户中有关应收票据计提的坏账准备期末余额后的净额填列。

(4)"应收账款"项目,反映企业因销售商品、提供劳务等经营活动应收取的款项。应该根据"应收账款"账户期末借方余额减去"坏账准备"账户中有关应收账款计提的坏账准备期末余额后的金额填列。本例中"应收账款"账户期末借方余额为244 000元,未提坏账准备,因此,"应收账款"项目填入资产负债表244 000元。

(5)"预付账款"项目,反映企业按照购货合同规定预付给供应单位的款项等。

本项目应根据"预付账款"所属各明细账户的期末借方余额合计数填列。如"预付账款"账户所属各明细账户期末有贷方余额的,应在资产负债表"应付账款"项目内填列。由于2007年新会计准则实施,本例中取消了"待摊费用"项目,但因为待摊费用核算的主要内容是企业已经支出的,但应当由本期和以后各期分别负担的各项费用,也就是说该科目的余额是企业已经支付应当由以后各期分别负担的各项费用,可以理解为企业预先支付了以后各期的费用,具有预付的性质。因此该科目余额可以放入资产负债表"预付款项"项目。"待摊费用"期末借方余额3 000元,直接填入资产负债表"预付账款"的项目。

(6)"其他应收款"项目,反映企业除存出保证金、买入返售金融资产、应收票据、应收账款、预付账款、应收股利、应收利息、应收代位追偿款、应收分保账款、应收分保合同准备金、长期应收款等以外的其他各种应收、暂付的款项。本项目应根据"其他应收款"账户的期末余额填列。本例中"其他应收款"账户期末余额1 000元,直接填入资产负债表。

(7)"存货"项目,反映企业期末在库、在途和在加工中的各种存货的可变现净值。本项目应根据"在途物资""原材料""低值易耗品""库存商品""周转材料""委托加工物资""委托代销商品""生产成本"等账户的期末余额合计填列。本例中"原材料"账户期末余额为93 200元,"生产成本"账户期末余额为3 900元,"库存商品"账户期末余额为64 460元,三个账户余额合计数为161 560(93 200＋3 900＋64 460)元,填入资产负债表的"存货"项目。

(8)"其他流动资产"项目反映企业除以上流动资产项目外的其他流动资产,本项目应根据有关账户的期末余额填列。

(9)"固定资产"项目,反映企业持有的固定资产净值。本项目应根据"固定资产"账户的期末余额,减去"累计折旧"期末余额后的净额填列。本例中"固定资产"账户的期末借方余额为1 220 000元,"累计折旧"账户期末贷方余额为306 000元,差额914 000(120 000－306 000)元填入资产负债表。

2)负债及所有者权益项目的填列说明

负债项目的填列说明。

(1)"短期借款"项目,反映企业向银行或其他金融机构等借入的期限在一年以下(含一年)的各种借款。本项目应根据"短期借款"账户的期末余额填列。本例中"短期借款"账户的期末余额为130 000元,直接填入资产负债表"短期借款"项目。

(2)"交易性金融负债"项目,反映企业承担的交易性金融负债的公允价值,以及企业持有的直接指定为以公允价值计量且其变动计入当期损益的金融负债。本项目应当根据"交易性金融负债"账户的期末余额填列。本例中为0元。

(3)"应付票据"项目,反映企业购买材料、商品和接受劳务供应等而开出、承兑的商业汇票,包括银行承兑汇票和商业承兑汇票。本项目应根据"应付票据"账户的期末余额填列。本例中"应付票据"账户的期末余额为10 000元,直接填入该项目。

(4)"应付账款"项目,反映企业因购买材料、商品和接受劳务供应等经营活动应支付的款项。本项目应根据"应付账款"账户期末余额填列。本例中"应付账款"账户期末余额88 200元填入资产负债表该项目。"应付账款"账户所属明细账户期末有借方余额的,应在资产负债表"预付款项"项目内填列。

(5)预收款项目,反映企业按照销售合同等规定预收购买单位的款项。本项目应根据"预收账款"和"应收账款"账户所属各明细账户的期末贷方余额合计数填列。如"预收账款"账户所属各明细账户期末有借方余额,应在资产负债表"应收账款"项目内填列。本例中"预收账款"账户期末余额为0元,因此该项目为0元。

(6)"应付职工薪酬"项目,反映企业根据有关规定应付给职工的工资、职工福利、社会保险费、住房公积金、工会经费、职工教育经费、非货币性福利、辞退福利等各种薪酬。外商投资企业按规定从净利润中提取的职工奖励及福利基金,也在本项目列示。本例中"应付票据"账户的期末贷方余额为10 360元,直接填入资产负债表中"应付职工薪酬"项目。

(7)"应交税费"项目,反映企业按照税法规定计算应交纳的各种税费,包括增值税、消费税、营业税、所得税、资源税、土地增值税、城市维护建设税、房产税、土地使用税、车船税、教育费附加、矿产资源补偿费等。企业代扣代交的个人所得税,也通过本项目列示。本项目应根据"应交税费"账户的期末贷方余额填列;如"应交税费"账户期末为借方余额,应以"—"号填列。本例中"应交税费"账户的期末贷方余额为160 750元,直接填入资产负债表中"应交税费"项目。

(8)"应付利息"项目,反映企业按照合同约定应当支付的利息,包括吸收存款、分期付息到期还本的长期借款、企业债券等应支付的利息。本项目应当根据"应付利息"账户的期末余额填列。本例中"应付利息"账户的期末贷方余额为500元,直接填入资产负债表中"应付利息"项目。

(9)"应付利润"项目,反映企业分配的现金股利或利润。本项目应根据"应付股利或应付利润"账户的期末余额填列。本例中"应付利润"账户的期末贷方余额为110 000元,直接填入资产负债表中"应付利润"项目。

(10)"其他应付款"项目,反映企业所有应付和暂收其他单位和个人的款项。本项目应根据"其他应付款"账户的期末余额填列。"其他应付款"账户的期末余额为0元,应付账款项目反映的是企业因购买材料、商品和接受劳务等经营活动应支付的款项,因此对预提的加工费等与购买材料、商品和接受劳务等经营活动相关的预提费用可放入此项目下列报,其他与企业因购买材料、商品和接受劳务等经营活动无关项目可记入其他应付款项目列报,因为按准则要求该项目反映的就是经营活动以外的其他各项应付、暂收款项。预提费用的期末列报应该根据其具体的明细项目分析填列,不能简单地列入一个统一的项目。2007年新准则取消了资产负债表中"预提费用"项目,因此,"预提费用"账户的期末贷方余额7 200元,填入资产负债表中的"其他应付款"项目7 200元。

同样为了能清晰反映,还有必要在会计报表附注中对该事项进行披露,说明核算的方法及列报的项目。

(11)"其他流动负债"项目,反映企业除以上流动负债以外的其他流动负债。本项目应根据有关账户的期末余额填列。

(12)"长期借款"项目,反映企业向银行或其他金融机构借入的期限在一年以上(不含一年)的各项借款。本项目应根据"长期借款"账户的期末余额填列。本例中"长期借款"账户的期末贷方余额为1 000 000元,直接填入资产负债表中"应付利息"项目。

所有者权益项目的填列说明。

(13)"实收资本(或股本)"项目,反映企业各投资者实际投入的资本(或股本)总额。本项目应根据"实收资本"(或"股本")账户的期末余额填列。本例中"实收资本"账户的期末贷方余额为1 925 000元,直接填入资产负债表中"实收资本"项目。

(14)"资本公积"项目,反映企业收到投资者出资额超出其在注册资本或股本中所占份额的部分,以及直接计入所有者权益的利得和损失。本项目应根据"资本公积"账户的期末余额填列。本例中"资本公积"账户的期末贷方余额为60 000元,直接填入资产负债表中"资本公积"项目。

(15)"盈余公积"项目,反映企业从净利润中提取的盈余公积。本项目应根据"盈余公积"账户的期末余额填列。本例中"盈余公积"账户的期末贷方余额为47 625元,直接填入资产负债表中"盈余公积"项目。

(16)"未分配利润"项目,反映企业尚未分配的利润。本项目应根据"本年利润"账户和"利润分配"账户的余额计算填列。未弥补的亏损在本项目内以"一"号填列。12月末时,利润已结转,可直接根据"利润分配"账户年末余额填列。本例中"未分配利润"账户的期末贷方余额为81 625元,直接填入资产负债表中"未分配利润"项目。

二、利润表

(一)利润表的结构和内容

利润表是反映企业在一定时期内经营成果的会计报表。它根据"收入－费用＝利润"这一会计等式,依照一定的标准和次序,把企业一定时期内的收入、费用和利润项目予以适当排列编制而成。企业的外部使用者可以根据利润表提供的信息,进行各自的经济决策;企业的内部管理人员则可以了解与考核企业一定时期的经营活动、收入与成本、费用的配比及利润(或亏损)的实现和构成情况,用以分析企业的盈利能力和亏损原因,发现存在的问题,采取有效的措施,加强和完善内部经营管理,以进一步提高企业的经济效益。

利润表的格式一般有两种:单步式利润表和多步式利润表。我国实施的2006年新会计准则要求企业采用多步式编制利润表,即要求通过对当期的收入、费用、支出项目按性质加以归类,按利润形成的主要环节列示一些中间性利润指标,分步计算当期净利润。

首先,新利润表各项目按"本期金额"和"上期金额"两栏反映。

其次,项目计算分为两大部分:一部分计算利润,包括营业利润、利润总额和净利润;另一部分是每股收益,包括基本每股收益和稀释每股收益。

利润表中利润格式分为以下三步:

第一步,以经营收入为基础,减去营业成本、税金及附加、销售费用、管理费用、财务费用、资产减值损失,加上公允价值变动收益(减去公允价值变动损失)和投资收益(减去投资损失),计算出营业利润;

第二步,以营业利润为基础,加上营业外收入,减去营业外支出,计算出利润总额;

第三步,以利润总额为基础,减去所得税费用,计算出净利润(或净亏损)。

利润表的基本格式如表8-7所示。

(二)利润表的编制

下面以西安某钛制造企业12月发生的【例4-1】至【例4-46】的业务为例,说明利润表的编制,表8-6是和利润表有关的总分类账户的本期发生额表。

表8-6 总分类账户部分本期发生额表

单位:元

账户名称	借方发生额	贷方发生额
主营业务收入		600 000
主营业务成本	360 000	
其他业务收入		5 000
其他业务成本	3 500	
投资收益		70 000
税金及附加	60 000	
财务费用	1 500	
销售费用	9 000	
管理费用	20 000	
营业外收入	30 000	30 000
营业外支出	16 000	
所得税费用	58 750	

根据上述账户发生额编制利润表如表8-7所示。

表 8-7 利润表

编制单位:西安某钛制造企业

会企 02 表
单位:元

项　　目	本期金额	上期金额
一、营业收入	605 000	
减:营业成本	363 500	
税金及附加	60 000	
销售费用	9 000	
管理费用	20 000	
财务费用	1 500	
资产减值损失		略
加:公允价值变动收益(损失以"—"填列)		
投资收益(损失以"—"填列)	70 000	
二、营业利润(亏损以"—"填列)	221 000	
加:营业外收入	30 000	
减:营业外支出	16 000	
三、利润总额(亏损总额以"—"填列)	235 000	
减:所得税费用	58 750	
四、净利润(净亏损以"—"填列)	176 250	
五、每股收益:		
(一)基本每股收益		
(二)稀释每股收益		

利润表的编制与其他会计报表的编制一样,首先要将表头部分填写清楚,包括编表单位、报表名称、计量单位和编报时间等,不得遗漏。其中编报期间按报表是月报、季报、半年报和年报的不同,分别填写"××月份""××季度"或"××××年度"。

一般企业利润表的编报方法如下。

1."上期金额"栏和"本期金额"栏的列报方法

利润表"上期金额"栏内各项数字,应根据上年该期间利润表"本期金额"栏内所列数字填列。如果上年该期利润表规定的各个项目的名称和内容与本期不相一致,应对上年该期利润表各项目的名称和数字按本期的规定进行调整,填入利润表"上期金额"栏内。

2."本期金额"栏的列报方法

利润表"本期金额"栏内各项数字一般应根据损益类科目的发生额分析填列。

3.利润表各项目的列报说明

(1)"营业收入"项目,反映企业经营主要业务和其他业务所确认的收入总额。本项目应根据"主营业务收入"和"其他业务收入"账户的贷方发生额合计计算填列;本例中"主营业务收入"和"其他业务收入"账户的贷方发生额分别为 600 000 元和 5 000 元,两账户合计为 605 000(600 000+5 000)元,填入利润表"营业收入"项目。

(2)"营业成本"项目,反映企业经营主要业务和其他业务发生的实际成本总额。本项目应根据"主营业务成本"和"其他业务成本"账户的借方发生额计算填列。本例中"主营业务成本"和"其他业务成本"账户的借方发生额分别为 360 000 元和 3 500 元,两账户合计为 363 500 (360 000+3 500)元,填入利润表"营业成本"项目。

(3)"税金及附加"项目,反映企业经营业务应负担的消费税、城市维护建设税、资源税、土地增值税和教育费附加等。本项目应根据"税金及附加"账户的发生额分析填列。本例中"税金及附加"借方发生额分别为 60 000 元,填入利润表"税金及附加"项目。

(4)"销售费用"项目,反映企业在销售商品过程中发生的包装费、广告费等费用和为销售本企业商品而专设的销售机构的职工薪酬、业务费等经营费用。本项目应根据"销售费用"科目的发生额分析填列。本例中"销售费用"账户借方发生额分别为 9 000 元,填入利润表"税金及附加"项目。

(5)"管理费用"项目,反映企业为组织和管理生产经营发生的管理费用。本项目应根据"管理费用"的发生额分析填列。本例中"税金及附加"账户借方发生额分别为 20 000 元,填入利润表"税金及附加"项目。

(6)"财务费用"项目,反映企业筹集生产经营所需资金等而发生的筹资费用。本项目应根据"财务费用"账户的发生额分析填列。本例中"税金及附加"借方发生额分别为 1 500 元,填入利润表"税金及附加"项目。

(7)"资产减值损失"项目,反映企业各项资产发生的减值损失。本项目应根据"资产减值损失"账户的发生额分析填列。本例中为 0 元。

(8)"公允价值变动收益"项目,反映企业应当计入当期损益的资产或负债公允价值变动收益。本项目应根据"公允价值变动损益"账户的发生额分析填列,如为净损失,本项目以"—"号填列。本例中为 0 元。

(9)"投资收益"项目,反映企业以各种方式对外投资所取得的收益。本项目应根据"投资收益"科目的发生额分析填列。如为投资损失,本项目以"—"号填列。本例中"投资收益"贷方发生额分别为 7 000 元,填入利润表"投资收益"项目。

(10)"营业利润"项目,反映企业实现的营业利润。如为亏损,本项目以"—"号填列。本例中实现的营业利润为 221 000 元,填入"营业利润"项目。

(11)"营业外收入"项目,反映企业发生的与经营业务无直接关系的各项收入。本项目应根据"营业外收入"科目的发生额分析填列。本例中"营业外收入"贷方发生额分别为 30 000 元,填入利润表"营业外收入"项目。

(12)"营业外支出"项目,反映企业发生的与经营业务无直接关系的各项支出。本项目应根据"营业外支出"科目的发生额分析填列。本例中"营业外支出"借方发生额分别为 16 000 元,填入利润表"营业外支出"项目。

(13)"利润总额"项目,反映企业实现的利润。如为亏损,本项目以"—"号填列。本例中实现的利润总额为 235 000 元,填入"利润总额"项目。

(14)"所得税费用"项目,反映企业应从当期利润总额中扣除的所得税费用。本项目应根据"所得税费用"科目的发生额分析填列。本例中"所得税费用"借方发生额分别为 58 750 元，填入利润表"所得税费用"项目。

(15)"净利润"项目，反映企业实现的净利润。如为亏损,本项目以"—"号填列。本例中实现的净利润为 176 250 元,填入"净利润"项目。

(16)"基本每股收益"和"稀释每股收益"项目，应当根据《企业会计准则第 34 号——每股收益》的规定计算的金额填列。《企业会计准则第 34 号——每股收益》及其应用指南规定:企业应当按照归属于普通股股东的当期净利润,除以发行在外普通股的加权平均数计算基本每股收益。本例中不涉及。

三、现金流量表

(一)现金流量表的概念及其作用

现金流量表,是反映企业一定会计期间现金和现金等价物流入和流出的报表。编制现金流量表的主要目的,是为财务报表使用者提供企业一定会计期间内现金和现金等价物流入和流出的信息,以便于财务报表使用者了解和评价企业获取现金和现金等价物的能力,并据以预测企业未来现金流量。

现金流量表的作用主要体现在以下几个方面。

(1)现金流量表可以提供公司的现金流量信息,从而对公司整体财务状况作出客观评价。

(2)现金流量表能够说明公司一定期间内现金流入和流出的原因,能全面说明公司的偿债能力和支付能力。

(3)通过现金流量表能够分析公司未来获取现金的能力,并可预测公司未来财务状况的发展情况。

(二)现金流量表的内容

现金流量表应当分别经营活动、投资活动和筹资活动列报现金流量,每类活动又分为各具体项目。现金流量应当分别按照现金流入和现金流出总额列报。

1. 经营活动现金流量

经营活动是指小企业投资活动和筹资活动以外的所有交易和事项。经营活动产生的现金流量应当单独列示反映下列信息的项目。

(1)销售产成品、商品、提供劳务收到的现金。

(2)购买原材料、商品、接受劳务支付的现金。

(3)支付的职工薪酬。

(4)支付的税费。

2. 投资活动现金流量

投资活动是指小企业固定资产、无形资产的购建和短期投资、长期债券投资、长期股权投资及其处置活动。投资活动产生的现金流量应当单独列示反映下列信息的项目。

(1)收回短期投资、长期债券投资和长期股权投资收到的现金。

(2)取得投资收益收到的现金。

(3)处置固定资产和无形资产收回的现金净额。

(4)短期投资、长期债券投资和长期股权投资支付的现金。

(5)购建固定资产和无形资产支付的现金。

3. 筹资活动现金流量

筹资活动是指导致小企业资本及债务规模和构成发生变化的活动。筹资活动产生的现金流量应当单独列示反映下列信息的项目。

(1)取得借款收到的现金。

(2)吸收投资者投资收到的现金。

(3)偿还借款本息支付的现金。

(4)分配利润支付的现金。

(三)现金流量表的编制方法

编制现金流量表时,列报经营活动现金流量的方法有两种:一直接法,一间接法。

用直接法时,一般是以利润表中的营业收入为起算点,调节与经营活动有关的项目的增减变动,然后计算出经营活动产生的现金流量。

用间接法时,将净利润调节为经营活动现金流量,实际上就是将按权责发生制原则确定的净利润调整为现金净流入,并剔除投资活动和筹资活动对现金流量的影响。

采用直接法编报的现金流量表,便于分析企业经营活动产生的现金流量的来源和用途,预测企业现金流量的未来前景;采用间接法编报现金流量表,便于将净利润与经营活动产生的现金流量净额进行比较,了解净利润与经营活动产生的现金流量差异的原因,从现金流量的角度分析净利润的质量。所以,我国企业会计准则规定企业应当采用直接法编报现金流量表,同时要求在附注中提供以净利润为基础调节到经营活动现金流量的信息。

(四)现金流量表的格式

现金流量表格式如表 8-8 所示。

表 8-8 现金流量表

会企 03 表

编制单位: 单位:元

项 目	本期金额	上期金额
一、经营活动产生的现金流量		
销售商品、提供劳务收到的现金		
收到的税费返还		
收到的其他与经营活动有关的现金		
经营活动 现金流入小计		
购买商品、接受劳务支付的现金		
支付给职工以及为职工支付的现金		
支付的各项税费		

续表

项　目	本期金额	上期金额
支付的其他与经营活动有关的现金		
经营活动现金流出小计		
经营活动产生的现金流量净额		
二、投资活动产生的现金流量		
收回投资所收到的现金		
取得投资收益所收到的现金		
处置固定资产、无形资产和其他长期资产收回的现金净额		
收到的其他与投资活动有关的现金		
投资活动现金流入小计		
购建固定资产、无形资产和其他长期资产所支付的现金		
投资所支付的现金		
支付的其他与投资活动有关的现金		
投资活动现金流出小计		
投资活动产生的现金流量净额		
三、筹资产活动产生的现金流量		
吸收投资所收到的现金		
取得借款所收到的现金		
收到的其他与筹资活动有关的现金		
筹资活动现金流入小计		
偿还债务所支付的现金		
分配股利、利润和偿付利息所支付的现金		
支付的其他与筹资活动有关的现金		
筹资活动现金流出小计		
筹资活动产生的现金流量净额		
四、汇率变动对现金及现金等价物的影响		
五、现金及现金等价物净增加额		
加：期初现金及现金等价物的余额		
六、期末现金及现金等价物余额		

第四节 财务报告分析

一、财务报告分析的概念

财务报告分析是指财务报告的使用者用系统的理论与方法,把企业看成是在一定社会经济环境下生存发展的生产与分配社会财富的经济实体,通过对财务报告提供的信息资料进行系统分析来了解掌握企业经营的实际情况,分析企业的行业地位、经营战略、主要产品的市场、企业技术创新、企业人力资源、社会价值分配等经营特性和企业的盈利能力、经营效率、偿债能力、发展能力等财务能力,并对企业做出综合分析与评价,预测企业未来的盈利情况与产生现金流量的能力,为相关经济决策提供科学的依据。

二、财务报告分析的内容

财务报告分析的内容主要包括企业经营环境与经营特性分析、企业会计政策及其变动分析、财务报表项目及其结构分析、财务能力分析、企业综合分析与评价等。

(一)企业经营环境与经营特性分析

企业经营环境与经营特性分析主要分析宏观经济发展的形势,分析企业所处行业的发展趋势,分析企业的行业地位、经营战略、主要产品的市场情况,分析企业技术创新能力,分析企业高层管理人员与职工素质等人力资源情况与企业创造价值的社会分配结构等。这样做,决策者可把握企业的宏观环境与企业总体情况,更好地联系与解释财务报告分析的结果。

(二)企业会计政策及其变动分析

企业会计政策及其变动分析主要分析企业经营管理者选择不同的会计政策的理由及其对财务报表项目与财务分析指标的影响,为保证对比分析时分析指标的可比性,必要时对分析资料进行适当的修正。

(三)财务报表项目及其结构分析

财务报表项目及其结构分析主要对资产负债表、利润表、现金流量表及其附注的各个项目与结构进行对比分析,分析各种资产、负债、所有者权益、收入、成本、费用、利润、现金流量的变化、变化原因和其对企业经营的影响。每个财务报表项目都具有特定的经济含义,它的变化对财务能力、经营特性都可能产生影响,一般可编制多期比较财务报表和多期百分比财务报表进行分析。多期百分比财务报表是将财务报表项目用结构百分比表示,并将多个会计期间的财务报表合并,这样有利于对财务报表的结构变动进行分析。

(四)财务能力分析

财务能力分析主要分析企业的盈利能力、经营效率、偿债能力(短期、长期)、发展能力等。该部分主要通过定量的财务指标分析进行,它是财务报告分析的重要内容。

(五)企业综合分析与评价

企业综合分析与评价主要将上述分析情况用系统、科学的方法进行综合得出对企业的综合分析与评价。该综合分析与评价使用定量指标与定性指标相结合，并可使用综合指数法、综合评分法、雷达图法等方法进行综合分析与评价。该综合分析与评价和企业业绩评价有很大的联系，企业业绩评价可看成是企业综合分析与评价的一种形式，它是财务报告分析的重要内容。

现代企业是在一定社会经济环境下生存发展的生产与分配社会财富的经济实体，它与许多社会利益团体有复杂的经济利益关系，可被看成是一个复杂的社会系统。企业的财务能力、经营特性等分析与综合分析与评价是相互联系的，企业的经营环境、财务报告的内容、财务报告分析的技术与方法都是发展的。因此，通过对财务报告分析来了解企业经营情况就必须用系统的观点来分析企业，即用联系、发展的观点分析企业。

随着计算机信息处理技术的发展，构建智能决策支持系统、诊断分析专家系统的技术不断发展，利用人机系统进行财务报告分析将大大地提高我们财务报告分析的工作效率。

三、财务报告分析主体及目的

财务报告分析的主体是财务报告的使用者，他主要包括投资者（股东）、债权人（金融机构、企业单位）、企业经营管理者、政府经济管理部门、企业工会组织、注册会计师等。不同的分析主体其分析的目的不同，所分析的内容与重点也有差异。

不同主体的分析目的如下。

(1) 投资者的分析主要是为寻求投资机会获得更高投资收益而进行的投资分析和为考核企业经营管理者的经营受托责任的履行情况而进行的企业经营业绩综合分析与评价。其分析的重点是企业的盈利能力、发展能力和业绩综合分析评价。

(2) 债权人的分析主要是金融机构或企业为收回贷款和利息或将应收款项等债权按期收回现金而进行的信用分析。信用分析的重点是偿债能力、盈利能力和产生现金能力。

(3) 企业经营管理者为了更好地对企业经营活动进行规划、管理与控制，利用财务报告进行经营分析。其主要分析企业各种经营特性包括盈利能力、偿债能力、经营效率、发展能力、社会存在价值等，并综合分析企业的经营情况。

(4) 政府经济管理部门的分析主要是为制定有效的经济政策，为公平、恰当地征税而进行的经济政策分析与税务分析。其分析的重点是企业发展、社会价值分配等。

(5) 企业工会组织的分析主要是为争取职工合理的工资、福利等利益而进行的工会利益分配分析。其主要分析企业社会价值分配、盈利能力等。

(6) 注册会计师为客观、公正地进行审计、避免审计错误、提高财务报告的可行度也要对财务报告进行审计分析。其分析的重点是财务报表及其之间的稽核关系与各种财务能力、经营特性分析。

四、财务报告分析方法

财务报告分析是一个分析判断过程，它的基本目标是识别财务报告项目的数量、比率、发展趋势、重要事项的发生与变化，并搞清这些变化的产生原因，为预测企业将来发展提供依据。

财务报告分析的方法主要有比较分析法、比率分析法、因素分析法、综合指数法、综合评分法、雷达图法等方法。

(一)比较分析法

比较分析法是将多个经济内容相同的指标进行对比,从数量上确定其差异的一种分析方法。它是财务报告分析最基本的方法,它将本期的实际指标与不同的标准值进行对比,揭示客观存在的差异,并进一步分析产生差异的原因。

比较的标准主要有历史标准、先进标准、考核标准、主要竞争对手企业标准等。

(1)历史标准主要指以前各期实现的数据或历史最高水平。通过与历史标准对比,可以揭示该指标的变化趋势与变化程度。

(2)先进标准主要指国际、国内或本地区同行业同类企业的先进水平。通过对比可发现与先进水平的差距。

(3)考核标准主要指考核企业工作的预算、计划、定额等指标。通过对比可明确考核指标的完成情况。

(4)主要竞争对手企业标准指主要竞争对手企业的同期实际指标。通过对比可明确与主要竞争对手企业相比自己的优势与不足。

使用比较分析法时,可根据分析的目的选择其中一种或多种比较标准进行分析,并应注意相互比较的指标之间的可比性。相互比较的指标,必须在指标内容与计算的基础、范围、方法、时间跨度等方面保持一致。

使用比较分析法分析问题时,要将绝对数指标与相对数指标相结合、相互补充说明问题。如对企业的盈利情况进行分析时,要将利润额这类绝对数指标与利润率这类相对数指标相结合去说明企业的盈利情况。

(二)比率分析法

比率分析法是通过计算指标之间的比率来分析指标之间关系、揭示经济规律的一种方法。它是财务分析最常用的方法之一,分析的比率可分为相关比率、结构比率、动态比率等。

(1)相关比率,是根据经济指标之间存在相互依存、相互联系的关系,将两个性质不同但又彼此相关的指标加以对比而计算出的比率。它有利于研究经济活动的客观联系,认识经济活动的规律性。如根据投入与产出之间的依存关系,将利润总额与成本费用总额相比较计算出成本费用利润率,用它揭示企业的盈利能力。

(2)结构比率,是指将某项经济指标的组成部分与该经济指标的总体进行对比,计算出组成部分占总体的比重而形成的比率。它反映某项经济指标的构成情况,揭示经济指标的结构规律。如将各项资产数额分别与资产总额相比较,可计算各项资产占总资产的比重,它反映了企业的资产结构,为进一步分析企业资产结构的合理性、优化企业的资产结构提供依据。

(3)动态比率,是将不同时期同类指标的数值进行对比计算出的比率。它反映该分析指标的变化方向和变化速度,揭示经济指标的变化趋势。动态比率包括定基比率和环比比率。

(三)因素分析法

因素分析法是当某项综合经济指标可表示为若干项相互联系的因素(经济指标)的乘积时,按照一定的程序和方法,计算确定各因素的变动对综合经济指标的影响程度的分析方法。

(四)综合分析与评价的方法

在对企业经营特性与财务能力分析的基础上,要对企业财务情况做出综合的分析与评价时,可采用一些综合的分析与评价方法,常用方法主要有综合指数法、综合评分法、雷达图法等。

1. 综合指数法

综合指数法,首先将综合分析与评价的结果用综合指数表示,确定影响综合指数的各项指标,然后将反映综合指数的指标数同一定的标准值进行对比,计算出各项指标的指数,最后考虑各项指标在评价综合结果时具有不同的重要性,给各项指标指数以不同的权重,加权汇总各项指标指数得到综合指数,以这个综合指数的高低反映评价结果的好坏。

2. 综合评分法

综合评分法,综合分析与评价的结果用综合评价分数表示,确定影响综合评价的各项指标,将指标数同一定的标准值进行比较分析给出评分,将各指标的评分汇总得出综合评价分数,以这个综合评价分数的高低反映评价结果的好坏。

3. 雷达图法(综合状况判断图)

雷达图法是将反映企业综合情况的各项指标以雷达图的形式表示出来,便于人们直观地掌握企业综合情况。反映企业综合情况的各项指标按所反映的属性不同分类,并分别描绘在不同的区域里,每个指标用一条由圆心发出的射线表示,图中用内、中、外三个圆划分不同区域,射线与内、中、外三个圆的交点即为各项指标的最差值、标准值、最佳值。将企业指标的实际值按数值比例画在射线上,再把这些点连起来即可得到折线图表示企业的实际情况。用该方法进行分析时,当积累一定的经验后,从折线图的形状就可大概地掌握企业的经营情况。

五、财务报告分析的程序

(一)确定分析目的

分析的目的不同,所分析的内容与重点有差异。因此,在进行财务报告分析时,首先应确定分析的目的,确定分析的内容与重点。

(二)收集分析资料

财务报告分析所用到的资料主要包括:企业财务报告;有关企业经营环境的资料如反映企业外部的宏观经济形势统计信息、行业情况信息、其他同类企业的经营情况等;有关分析比较标准的资料。对所收集的资料要加以整理,去伪存真,保证资料的真实性。

(三)进行专题分析

按确定的分析内容与重点,选择科学、合理的分析方法进行分析。分析时应按分析要求依次进行企业经营环境与经营特性分析、企业会计政策及其变动分析、财务报表项目及其结构分析、财务能力分析等。

(四)进行综合分析与评价

对专题分析进行总结,并进行综合分析与评价,完成分析报告。对分析结果进行评价,评价将分析结果用于经济决策是否能取得满意的效果,若不能满意,则再从第二步开始,进一步收集分析资料,进行更深入的分析,直到能取得满意的决策效果为止。循环的分析工作应注意成本效益原则。

本章小结

财务报告是指企业对外提供的反映企业某一特定日期的财务状况和某一会计期间的经营成果、现金流量等会计信息的文件。财务报告包括财务报表和其他应当在财务会计报告中披露的相关信息和资料。

财务报表是对企业财务状况、经营成果和现金流量的结构性表述。财务报表按反映的经济内容不同,分为资产负债表、利润表、现金流量表、所有者权益变动表和附注;按编制期间的不同,分为年度财务报表和中期财务报表;按编制的主体不同,分为个别财务报表和合并财务报表。企业编制财务报表时,应当根据实际发生的交易或者事项以及登记完整、准确的会计账簿和其他有关资料来编制。

关键术语

财务报告(financial report)

财务报表(financial statement)

中期财务报表(interim financial report)

个别财务报表(separate financial statement)

合并财务报表(consolidated financial statement)

资产负债表(balance sheet)

利润表(income statement)

现金流量表(cash flow statement)

所有者权益变动表(statement of changes in equity)

报表附注(notes to financial statements)

习题与思考

一、单项选择题

1. 财务报告是反映会计主体财务状况,经营成果和财务收支情况的书面文件,是由( )组成。

　　A. 资产负债表和利润表

　　B. 资产负债表,损益表和现金流量表

　　C. 资产负债＋所有者权益

　　D. 会计报表和财务状况说明书

2. 在下列各项会计报表中,属于反映企业财务状况的对外报表是( )。

　　A. 资产负债表　　　B. 损益表　　　C. 利润分配表　　　D. 现金流量表

3. 利润分配表是( )的附表。

　　A. 资产负债表　　　　　　　　　　B. 损益表

　　C. 现金流量表　　　　　　　　　　D. 财务情况说明书

4. 会计报表中项目的数字其直接来源是（　　）。
   A. 原始凭证　　　　B. 记账凭证　　　C. 日记账　　　　D. 账簿记录
5. 资产负债表的项目，按（　　）的类别，采用左右相平衡对照的结构。
   A. 资产、负债和所有者权益
   B. 收入、费用和利润
   C. 资产、负债、所有者权益、收入费用、利润
   D. 资金来源、资金运用
6. 资产负债表中报表项目（　　）。
   A. 都是根据账户余额填列
   B. 都是根据发生额填列
   C. 根据上述 A. B. 填列
   D. 大多数项目可以直接根据账户余额填列，少数项目要根据有关账户余额分析计算后才能填列
7. 资产负债表中，"应收账款"项目应根据（　　）填列。
   A. "应收账款"总分类账户期末余额
   B. "应收账款"总分类账户所属各明细类账户的期末余额
   C. "应收账款"和"预收账款"总分类账户所属各明细分类账的期末借方余额合计
   D. "应收账款"和"预收账款"总分类账所属各明细分类账的期末贷方余额合计
8. 某企业应收款账明细账余额为：甲工厂借方余额为 1 000，乙工厂贷方余额为 500，丙工厂借方余额为 1 520，根据以上数据计算的反映在资产负债表上的应收账款项目的数额为（　　）。
   A. 3 020　　　　　B. 2 020　　　　　C. 500　　　　　　D. 2 520
9. 资产负债表的所有者权益项目中，不包括（　　）。
   A. 应交负债表　　B. 应收资本　　　C. 盈余公积　　　D. 未分配利润
10. （　　）是反映企业在一定时期内经营成果的会计报表。
    A. 资产负债表　　B. 损益表　　　　C. 会计报表　　　D. 现金流量表
11. 损益表的格式有（　　）两种。
    A. 单步式　　　　B. 多步式　　　　C. 单步式和多步式　D. 平衡式
12. 损益表是反映企业（　　）经营成果及其分配情况的报表。
    A. 一定期间内　　B. 特定日期　　　C. 相邻期间内　　D. 相邻日期
13. 我国企业损益表采用（　　）。
    A. 账户式　　　　B. 单步式　　　　C. 报告式　　　　D. 多步式
14. 损益表应根据（　　）的本期实际发生数和累计发生数分析填列。
    A. "产成品"账户　　　　　　　　B. "利润分配"账户
    C. 损益类各账户　　　　　　　　D. "应交税金"账户
15. 损益表最后计算出来的损益是指企业的（　　）。
    A. 净利润　　　　　　　　　　　B. 利润总额
    C. 营业利润　　　　　　　　　　D. 产品销售利润

16. 利润分配表中期末未分配利润与（　　）中未分配利润项目的两者金额应该保持一致。
    A. 利润表　　　　　　　　　　B. 资产负债表
    C. 营业利润　　　　　　　　　D. 产品销售利润
17. 利润分配不能反映的是（　　）。
    A. 企业可供分配利润的来源　　B. 企业利润总额的形成
    C. 企业的税后利润　　　　　　D. 企业利润分配的具体情况

二、多项选择题：
1. 财务报告的使用者有（　　）。
    A. 投资者　　　　　　　　　　B. 债权人
    C. 捐赠者　　　　　　　　　　D. 上级主管部门和财税部门
    E. 企业内部管理人员和广大职工群众
2. 会计报表按反映的经济内容分类，有（　　）。
    A. 资产负债表　　　　　　　　B. 合并报表
    C. 现金流量表　　　　　　　　D. 财务情况说明书
    E. 损益表的附表
3. 按会计报表编报的单位分，有（　　）。
    A. 基层报表　　　　　　　　　B. 合并报表
    C. 资金平衡表　　　　　　　　D. 内部报表
    E. 利润分配表
4. 反映企业收入有财务成果的报表有（　　）。
    A. 资产负债表　　　　　　　　B. 损益表
    C. 现金流量表　　　　　　　　D. 主营业务收支明细表
    E. 利润分配表
5. 企业对内会计报表包括（　　）。
    A. 资产负债表　　　　　　　　B. 期间费用表
    C. 制造费用表　　　　　　　　D. 商品产品成本表
    E. 主要产品单位成本表
6. 企业对外会计报表包括（　　）。
    A. 资产负债表　　　　　　　　B. 损益表
    C. 现金流量表　　　　　　　　D. 利润分配表
    E. 主营业务收支明细表
7. 会计报表按其报送对象进行分类，可以分为（　　）。
    A. 合并会计报表　　　　　　　B. 对内会计报表
    C. 个别会计报表　　　　　　　D. 对外会计报表
    E. 汇总会计报表
8. 反映企业费用支出和成本情况的会计报表有（　　）。
    A. 损益表　　　　　　　　　　B. 期间费用表
    C. 制造费用表　　　　　　　　D. 商品产品成本表

E. 主要产品单位成本表

9. 反映企业在一定时期内产品成本形成情况的会计报表有（　　）。
   A. 损益表　　　　　　　　　　B. 期间费用表
   C. 商品产品成本表　　　　　　D. 制造费用表
   E. 主要产品成本表

10. 下列报表中,属于年度会计报表的有（　　）。
    A. 利润分配表　　　　　　　　B. 现金流量表
    C. 商品产品成本表　　　　　　D. 期间费用表
    E. 制造费用表

11. 会计报表的编制必须做到（　　）。
    A. 数字真实　　　B. 计算准确　　　C. 不涂改
    D. 内容完整　　　E. 编报及时

12. 资产负债表中的"存货"项目应根据（　　）科目的期末借方余额之和填列。
    A. "材料"　　　　B. "生产成本"　　C. "制造费用"
    D. "产成品"　　　E. "在建工程"

13. 资产负债表中的"应付账款"项目应根据（　　）科目所属明细科目的贷方余额之和填列。
    A. "应付账款"　　B. "应收账款"　　C. "预付账款"
    D. "预收账款"　　E. "其他应付款"

14. 下列各资产负债表项目中可直接根据有关总分类账方余额填列的有（　　）。
    A. 应交税金　　　B. 累计折旧　　　C. 应付账款
    D. 存货　　　　　E. 短期借款

15. 下列各资产负债项目中可根据其总分类账户期末余额计算填列的有（　　）。
    A. 应收账款　　　B. 未分配利润　　C. 应付票据
    D. 存货　　　　　E. 实收资本

16. 下列各资产负债项目中应根据总分类账户所属明细分类账户余额分析计算后填列的有（　　）。
    A. 应收账款　　　B. 未分配利润　　C. 应付票据
    D. 存货　　　　　E. 实收资本

17. 损益表中,计算利润总额的主要步骤包括（　　）。
    A. 计算产品销售利润
    B. 计算所得税的应税所得额
    C. 计算营业利润总额
    D. 计算利润总额
    E. 计算税后利润

18. 企业利润总额计算公式的构成项目包括（　　）。
    A. 营业利润　　　B. 其他业务利润　　C. 投资收益
    D. 营业外收入　　E. 营业外支出

19. 以下属于利润分配表可以提供的信息有（　　）。
    A. 企业应缴的增值税及其附加
    B. 企业应上缴的所得税
    C. 企业提取盈余公积
    D. 企业应付给投资者的利润
    E. 期末未分配利润
20. 下列指标中用来评价业偿债能力的有（　　）。
    A. 资产负债率　　　　B. 流动比率　　　　C. 速动比率
    D. 资本利润率　　　　E. 成本利润率
21. 收益比率评价指标包括（　　）。
    A. 销售利润率　　　　B. 总资产报酬率　　　C. 资本收益率
    D. 资本保值增值率　　E. 资产负债率
22. 下列表述正确的有（　　）。
    A. 通常认为流动比率以 2∶1 为好
    B. 通常情况下，1∶1 被认为是较为正常的速动比率
    C. 通常认为流动比率以 1∶1 为好
    D. 存货周转率越高，表明企业存货管理效率越高
    E. 资产报酬率越高，表明企业资产获利能力越强
23. 下列指标中，分母项为流动负债的是（　　）。
    A. 流动比率　　　　　B. 速动比率　　　　C. 存货周转率
    D. 总资产报酬率　　　E. 资本利润率

三、判断题

1. 损益表是反映企业在一定期间的经营成果的报表。（　　）
2. 资产负债左右两栏的项目，都是根据有关总账或明细账的期末余额直接列的。（　　）
3. 资产负债表中，资产的排列顺序是根据重要性的原则确定的。（　　）
4. 资产负债表中，"应收长款"项目的期末数，应根据"应收账款"账户的余额直接填列。（　　）
5. 企业年度损益表中"利润总额"项目应该和年末年初净资产的差额相等。（　　）
6. 资产负债表的格式有单步式和多步式。（　　）
7. 企业在编制会计报表前，一般应该进行账证、账账、账实核对，并进行期末账项调整，以保证会计信息的有用性。（　　）
8. 作为损益表编制基础的平衡公式是"收入－费用＝利润"。（　　）
9. 流动负债比重越大，企业偿债压力就越大；因而，当企业负债总额不变时，流动负债比重越小越好。（　　）
10. 负债权益率越低，相应的资产负债率也会比较低，说明债务人借款比较安全。（　　）
11. 资产负债表中"未分配利润"项目是根据"利润分配"科目的年末贷方余额直接填列。（　　）
12. 利润分配表中"未分配利润"项目，应与"利润分配—未分配利润"科目的年末余额相等，如为借方余额发"—"号填列。（　　）

13. 流动比率是流动资产与全部资产的比率,用于衡量企业的短期偿债能力。（ ）
14. 资产负债率是指负债总额与流动资产总额的比率。（ ）
15. 利润分配表中计算出来的应交所得税后的利润,即未分配利润。（ ）
16. 资产负债表中"未分配利润"项目应根据"本年利润"科目的余额和"利润分配"科目的余额计算填列。（ ）
17. 利润分配表是资产负债表的附表,是年报表。（ ）
18. 资本保值增值率是指所有者权益的期末总额与期初总额的比率。（ ）
19. 应收账款周转率=(赊销收入净额应收款余额)×100%。（ ）
20. 资产负债率越高,负债权益率相应也会比较高,说明企业债务负担重。（ ）

四、连线题

1. 用直线连接说明下列报表按不同标准划分,其所应属的类别。

   (1) 某单位 3 月 31 日资产负债表　　　　　A. 财务状况报表
   (2) 某主管理部门 4 月份损益　　　　　　　B. 月报
   (3) 某厂 5 月 1—31 日商品产品成本表　　　C. 单位会计报表
   　　　　　　　　　　　　　　　　　　　　D. 对外报表

2. 用直线将下列项目连接起来,确定资产负债表中"应收账款""应付账款""预付账款"项目的填列依据。

   (1) 预付甲单位账款期末借方余额　　　　　A. 财务状况报表
   (2) 应收乙单位账款期末贷方余额
   (3) 预收丙单位账款期末借方余额　　　　　B. 月报
   (4) 应付丁单位账款期末贷方余额
   (5) 应收子单位账款期末借方余额　　　　　C. 预收账款
   (6) 应付丑单位账款期末借方余额
   　　　　　　　　　　　　　　　　　　　　D. 预付账款

五、名词解释

1. 会计报表　　　　　　　2. 个别会计报表
3. 合并会计报表　　　　　4. 单位会计报表
5. 汇总会计报表　　　　　6. 财务成果报表
7. 损益表　　　　　　　　8. 利润分配表
9. 资产负债表　　　　　　10. 流动比率
11. 资产负债表　　　　　 12. 速动比率
13. 财务状况说明书

六、问答题

1. 什么是会计报表？会计报表的作用是什么？
2. 编制会计报表的要求有哪些？
3. 什么是资产负债表？资产负债表的作用是什么？
4. 资产负债表的项目有哪几种填列方法？
5. 什么是利润表？利润表的作用有哪些？

6. 利润表各项目应根据哪些会计科目的记录分析填列？

7. 评价企业经济活动的财务指标有哪几个？如何计算？

七、业务计算题

某企业202×年1月31日结账前，损益各账户余额如表8-9所示。

表8-9 某企业损益各账户余额

单位：元

账户	余额	
	借方	贷方
税金及附加	5 775	
主营业务成本	60 575	
营业费用	4 296	
管理费用	11 946	
财务费用	280	
营业外支出	20	
主营业务收入		95 500
营业外收入		240
投资收益		2 120
所得税	4 913	

要求：根据上述资料编制该厂202×年1月份损益表。

案例分析

目的：防范财务会计舞弊。

资料：康得新作为昔日的白马股，风头一时无两，却因财务舞弊一夜间跌落神坛。康得新复合材料集团股份有限公司（以下简称康得新）成立于2001年8月，为深圳中小板上市公司（股票代码：002450），拥有三大板块业务，六大生产基地，下辖30多家子公司，营销网络遍布80多个国家和地区，拥有100多个细分类别、超过1 000多种产品，主要客户超过1 600多家。2019年1月21日，康得新有到期债券15亿元无法兑付，公司债务危机曝光，银行账户被冻结。同年1月23日，证监会立案调查其涉嫌信息披露违规违法，公司也戴上ST的帽子。2019年4月30日，ST康得新披露2018年年报，公司实现净利润2.81亿元，同比大跌88%。同年5月10日，康得新回复深交所关注函时表示，无法确定公司资金是否已被康得投资集团有限公司（以下简称康得集团）非经营性占用。同年7月5日，康得新收到证监会下发的行政处罚及市场禁入事先告知书，认定康得新2015年至2018年连续4年净利润为负。

虚增业务收入。2015年1月至2018年12月，康得新通过虚构销售业务来虚增营收，通过虚构生产、采购虚增营业成本，财务状况真实性存疑。经调查，康得新有伪造银行单据、勾结关联方虚构交易等诸多不法行为。康得新2015年至2018年的造假金额占这4年销售收入的80%，达到119亿元，与在西单支行凭空消失的存款金额接近。

控股股东非经营性占用资金未披露。康得集团与北京银行西单支行签订了用以即时划拨子公司康得新银行账户资金到康得集团的《现金管理服务协议》。康得新账户发生收款等金额入账时便会直接划到康得集团，付款时再从集团账户拨付，账户虽然已清零，但日常收支却未受影响，所以不会被轻易察觉。

为控股股东提供关联担保的信息未披露。2016年至2017年，康得新子公司与厦门国际银行北京分行签订3份《存单质押合同》，2018年与中航信托签订1份《存单质押合同》，合同中为康得集团提供担保的事项均为光电材料大额专户资金存单。根据有关规定，从合同签订起的两个交易日内，应披露担保合同及对外提供的担保事项。但是，并未在康得新年报中找到为康得集团提供关联担保的信息。3.4亿募集资金使用状况未如实披露，康得新于2015年12月定增募资净额为29.82亿元，2016年9月为47.84亿元，名义上用于增资光电材料。2018年7月至12月，合计达24.53亿元的款项从康得新募集资金专户转出，用来支付设备采购款。设备款虽然按合同支付了，但是设备并没有收到，对这笔款项的支出一直也没有合理的解释。事实上经过多道流转后，转出的募集资金最终流回康得新，用以虚增利润、偿还贷款等，相当于募集资金用途发生变更，这部分内容在年报中也未见披露。

利用应收账款造假。截至2018年12月31日，康得新有账面余额60.94亿元的应收账款，坏账准备相应计提了12.28亿元，但是对于上述计提的依据，康得新却未能给出。分析应收账款的历史数据和回款情况，全额或大部分收回的可能性不大，营业收入的真实性有待商榷。

要求：评价康得新财务舞弊成本。

第九章　会计核算组织形式

学习目标

1. 掌握记账凭证账务处理程序。
2. 理解汇总记账凭证账务处理程序的特点、科目汇总表账务处理程序的特点。
3. 了解企业账务处理程序的种类、企业账务处理程序的概念与意义。

知识拓展

程序是保障工作有条不紊、符合规范的步骤和手段。账务处理程序是将会计凭证、会计账簿组织起来，以顺利编制出财务报表的方法。不同的账务处理程序，其目的都是高效准确地编制财务报表。账务处理程序一旦确定，就要严格执行；否则整个工作就会处于混乱状态。账务处理程序的使用，使学生树立程序即秩序的理念和建立正确处理问题的思维方式，使学生理解分工合作、协调配合才是提高工作效率的关键。

第一节　会计核算组织形式的意义

前面几章有内容涉及设置会计科目和账户、复式记账、填制和审核会计凭证、登记账簿、财产清查等一系列会计记录和编制财务报表等财务报告的独特方法。这一系列独特的方法不是彼此孤立的，而是互相联系、共同组成一个完整的、健全的方法体系。要对上述内容进行科学设计和合理组织，使之有机结合起来，这就形成了会计核算组织形式。

一、会计核算组织形式的含义

会计核算组织形式又被称为会计核算程序或账务处理程序，是在会计核算中使会计凭证、账簿组织及记账程序和记账方法互相结合的一种方式。它是指从取得原始凭证到产生会计信息的步骤和方法。其主要内容包括整理、汇总原始凭证，填制记账凭证，登记各种账簿，编制会计报表这一整个过程的步骤和方法。而在这一过程中，会计凭证、账簿组织表明了凭证和账簿的种类和格式，也表明了各种账簿之间、各种凭证之间以及各种账簿与各种凭证之间的相互关系。

会计制度设计中的一项重要内容是合理、科学地设计会计核算组织形式，这对正确组织会计核算工作，充分发挥会计在经济管理中的作用，具有十分重要的意义。其主要表现在以下三个方面。

(1)可以保证会计数据能够及时、正确、完整地在会计处理整个过程的各个环节中有条不紊地进行传递,并迅速编制会计报表,从而提高会计核算工作的效率。

(2)可以保证会计信息迅速形成,及时为经济管理提供全面、准确、有用的会计信息,提高会计核算工作质量。

(3)可以减少不必要的核算手续和环节,避免烦琐重复,由此提高核算工作的效益。

在会计工作中,不仅要了解会计凭证的填制、账簿的设置和登记,以及会计报表的编制,还必须明确规定各会计凭证、会计账簿和会计报表之间的关系,使之构成一个有机整体。而不同的账簿组织、记账程序和记账方法的有机结合,就构成了不同的账务处理程序。一个单位由于业务性质、规模大小和经济业务的繁简程度各异,决定其适用账务处理程序也不同。为此,科学地组织账务处理程序,对提高会计核算质量和会计工作效率,充分发挥会计的核算和监督职能,具有重要意义。

二、建立会计核算组织形式的要求

会计核算组织形式的确定,一般应该符合以下四个基本要求。

(1)要适应本单位的经济活动特点。会计核算一定要从客观实际出发,根据本单位经济活动的性质、经济管理的要求、规模的大小、业务的繁简、人员的多少、管理水平的高低等,选择适合本单位特点的核算组织形式,以利于建立岗位责任制。

(2)要能够提高核算工作质量与效率。会计核算组织形式的建立,一方面要能如实地反映经济活动情况,提供有用的会计信息,另一方面要在保证会计资料正确、真实和完整的前提下,力求简化核算手续,提高会计工作效率,节约人力物力,使日常会计核算工作得到最佳的协调配合。

(3)要满足经济管理的需要。会计是经济管理的重要工具,因此,会计核算一定要与经济管理的要求密切配合,贯彻国家的统一规定,符合财政部门制定的会计制度,为国民经济的综合平衡、为本单位的经济管理和国家及其有关部门监督经济活动,提供正确、及时和完整的会计资料,以促进单位改进和提高经济管理工作。

(4)要有利于逐步采用现代化的核算工具。随着电子计算机在会计领域里的逐步运用,客观上要求会计核算组织形式与之相适应,以提供快捷有用的信息资料,为企业现代化管理服务。

总之,各企业、事业单位和机关建立健全的会计核算组织形式时,不仅要符合国家统一规定,而且要符合本单位的实际情况,既对简化核算工作有利,又对经济管理有利。各单位可根据本身的实际情况,在上述基本思想的指导下,分别建立各种不同的会计核算组织形式,以便于取得必需的会计核算资料,并且简化不必要的会计核算工作。

三、会计核算形式的种类

由于会计处理的技术依托不同,可将会计的核算形式分为:手工账务处理程序和电算化账务处理程序。而在手工账务处理程序中,由于会计凭证、账簿、报表的种类、格式和程序不同,尤其是登记总账的依据和方法不同,又分为六种:①记账凭证核算形式;②科目汇总表核算形式;③汇总记账凭证核算形式;④日记总账核算形式;⑤多栏式日记账核算形式;⑥通用日记账核算形式。

当前,我国各企业、事业单位一般采用的会计核算形式主要有记账凭证核算形式、科目汇总表核算形式和汇总记账凭证核算形式以及日记总账核算形式等。这些会计核算组织形式都有各自的内容和特点,在实际工作中,即使是同一会计核算组织形式,对具体的使用单位和具体业务,也常常会有大同小异的现象。各单位采用什么样的会计核算组织形式,取决于各单位的实际条件。各单位要从其经营规模及其业务性质、业务数量和会计人员的配备等实际情况出发,采用适当的会计核算组织形式。

而在这几种核算程序中,记账凭证核算程序是最基本的会计核算组织程序,是其他会计核算组织程序的基础。它们之间有许多共同点但也存在着差异。其最大差异就是登记总账的依据和方法不同。下文分别介绍几种常用的会计核算组织程序。

第二节 记账凭证核算组织程序

记账凭证核算组织程序是指根据经济业务发生以后所填制的各种记账凭证直接逐笔登记总分类账,并定期编制会计报表的一种账务处理程序。它是一种最基本的核算组织程序,其他核算组织程序都是在此基础上发展演变而形成的。

一、记账凭证的种类与格式

在记账凭证核算组织程序下,记账凭证可以采用"收款凭证""付款凭证"和"转账凭证"等专用记账凭证的格式,也可采用通用记账凭证的格式。会计账簿一般应设置收、付、余三栏式"现金日记账"和"银行存款日记账";各总分类账均采用借、贷、余三栏式;明细分类账可根据核算需要,采用借、贷、余三栏式、数量金额式或多栏式。记账凭证核算组织程序下的会计凭证、会计账簿和会计报表的种类与格式如图9-1所示。

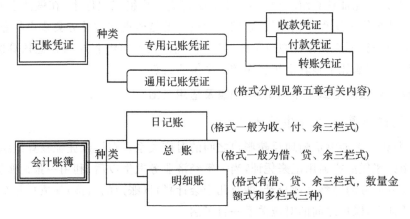

图9-1 记账凭证核算组织程序下采用的会计凭证与会计账簿种类图示

二、记账凭证核算组织程序下账务处理的基本步骤

在记账凭证核算组织程序下,对经济业务进行账务处理大体要经过以下六个步骤。

(1)经济业务发生以后,根据有关的原始凭证或原始凭证汇总表填制各种专用记账凭证(收款凭证、付款凭证和转账凭证)。

(2)根据收款凭证和付款凭证逐笔登记现金日记账和银行存款日记账。

(3)根据记账凭证并参考原始凭证或原始凭证汇总表,逐笔登记各种明细分类账。

(4)根据各种记账凭证逐笔登记总分类账。

(5)月末,将日记账、明细分类账的余额与总分类账中相应账户的余额进行核对。

(6)月末,根据总分类账和明细分类账的资料编制会计报表。

记账凭证核算组织程序的账务处理基本步骤如图9-2所示。

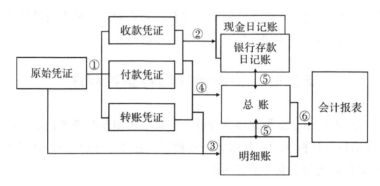

图9-2 记账凭证核算组织程序图

三、记账凭证核算组织程序的特点、优缺点及适用范围

(一)记账凭证核算组织程序的特点

记账凭证核算组织程序的特点是直接根据各种记账凭证逐笔登记总分类账。

各种会计核算组织程序在账务处理的做法上有共同之处,比如,登记各种日记账和明细分类账,不论是在记账凭证核算组织程序下,还是在其他核算组织程序下,在做法上基本是相同的。将各种会计核算组织程序相比较,它们的特点主要是体现在对总分类账户的登记方法上。直接根据各种记账凭证逐笔登记总分类账,是记账凭证核算组织程序与其他核算组织程序截然不同的做法,是记账凭证核算组织程序的一个鲜明特点。

(二)记账凭证核算组织程序的优点、缺点及适用范围

1.记账凭证核算组织程序的优点

(1)在记账凭证上能够清晰地反映账户之间的对应关系。在记账凭证核算组织程序下,所采用的是专用记账凭证或通用记账凭证,当一笔经济业务发生以后,利用一张记账凭证就可以编制出该笔经济业务的完整会计分录,涉及几个会计科目(账户的名称)就填写几个会计科目。因而在记账凭证上,账户之间的对应关系一目了然。

(2)总分类账上能够比较详细地反映经济业务的发生情况。在记账凭证核算组织程序下,不仅对各种日记账和明细分类账采取逐笔登记的方法,对于总分类账的登记方法也是如此。因而,在总分类账上能够详细登记所发生的经济业务情况。

(3)总分类账登记方法简单,易于掌握。根据记账凭证直接登记账户是最为简单的一种登记方法,这种方法比较容易掌握。

2.记账凭证核算组织程序的缺点

(1)总分类账登记工作量过大。对发生的每一笔经济业务都要根据记账凭证逐笔在总分

类账中进行登记,实际上与登记日记账和明细分类账的做法一样,是一种简单的重复登记,势必要增大登记总分类账的工作量,特别是在经济业务量比较多的情况下更是如此。

(2)账页耗用多,预留账页多少难以把握。由于总分类账对发生的所有经济业务要重复登记一遍,势必会耗用更多的账页,造成一定的账页浪费。如果是在一个账簿上设置多个账户,由于登记业务的多少很难预先确定,对于每一个账户应预留多少账页很难把握,预留过多会形成浪费,预留过少又会影响账户登记上的连续性。

3. 记账凭证核算组织程序的适用范围

记账凭证核算组织程序一般只适用于规模较小、经济业务量比较少、会计凭证不多的会计主体。

第三节 汇总记账凭证会计核算组织形式

一、汇总记账凭证账务处理程序的设计要求

汇总记账凭证账务处理程序区别于其他账务处理程序的主要特点是定期将记账凭证分类,编制汇总记账凭证,然后根据汇总记账凭证登记总分类账。

采用汇总记账凭证账务处理程序时,其账簿设置、各种账簿的格式以及记账凭证的种类和格式基本上与记账凭证会计处理程序中的格式和种类相同(图9-3)。但应增设汇总记账凭证、汇总收款凭证和汇总转账凭证,以作为登记总分类账的依据。另外,总分类账的账页格式必须增设"对应账户"栏。

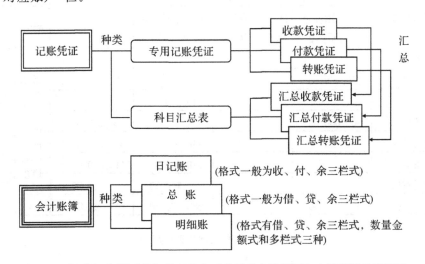

图9-3 汇总记账凭证财务处理程序下采用的会计凭证与会计账簿种类图示

二、汇总记账凭证及其编制

汇总记账凭证分为汇总收款凭证、汇总付款凭证和汇总转账凭证三种。它们是根据收款凭证、付款凭证和转账凭证定期汇总编制而成的,间隔天数视业务量多少而定,一般5天或10

天汇总填制一次,每月编制一张。

1. 汇总收款凭证

汇总收款凭证应根据现金和银行存款收款凭证,分别按"现金""银行存款"的借方设置,按对应贷方科目进行归类汇总。月末,结算出汇总收款凭证的合计数,分别记入现金、银行存款总分类账的借方以及其各对应账户总分类账的贷方。汇总收款凭证如图9-4、图9-5所示。

汇总收款凭证

借方科目:现金　　　　2006年1月　　　　现汇收第1号

贷方科目	金额			合计	总账页数	
	1-10日现收字第1号至第1号	11-20日现收字第 号至第 号	21-31日现收字第 号至第 号		借方	贷方
其他应收款	40.00			40.00		
合　计	40.00			40.00		

登记在"现金"总账的借方。
登记在相关总账的贷方。

图9-4　汇总收款凭证(现汇)

汇总收款凭证

借方科目:银行存款　　　　2006年1月　　　　银汇收第1号

贷方科目	金额			合计	总账页数	
	1-10日银收字第1号至第2号	11-20日银收字第 号至第 号	21-31日银收字第3号至第7号		借方	贷方
应收账款			58,000.00	58,000.00		
短期借款	150,000.00			150,000.00		
应交税金			49,300.00	49,300.00		
实收资本	200,000.00			200,000.00		
主营业务收入			448,000.00	448,000.00		
其他业务收入			110,000.00	110,000.00		
财务费用			780.50	780.50		
合　计	350,000.00		666,080.50	1,016,080.50		

登记在相关总账的贷方。
登记在"银行存款"总账的借方。

图9-5　汇总收款凭证(银汇)

2. 汇总付款凭证

汇总付款凭证应根据现金和银行存款付款凭证,分别按"现金""银行存款"的贷方设置,按对应借方科目进行归类汇总。月末,结算出汇总付款凭证的合计数,分别记入现金、银行存款总分类账的贷方以及其各对应账户总分类账的借方。汇总付款凭证如图9-6、图9-7所示。

汇总付款凭证

贷方科目：现金　　　　　　2006 年 1 月　　　　　　现汇付第 1 号

借方科目	金额			合计	总账页数	
	1-10 日现付字第 1 号至第 2 号	11-20 日现付字第 号至第 号	21-31 日现付字第 3 号至第 3 号		借方	贷方
其他应收款	1,200.00			1,200.00		
应付工资	100,329.00			100,329.00		
营业费用			400.00	400.00		
合计	101,529.00		400.00	101,929.00		

登记在相关总账的借方。

登记在"现金"总账的贷方。

图 9-6　汇总付款凭证（现汇）

汇总付款凭证

贷方科目：银行存款　　　　　2006 年 1 月　　　　　　银汇付第 1 号

借方科目	金额			合计	总账页数	
	1-10 日银付字第 1 号至第 6 号	11-20 日银付字第 7 号至第 8 号	21-31 日银付字第 9 号至第 11 号		借方	贷方
现金	100,329.00			100,329.00		
物资采购	520,000.00			520,000.00		
固定资产	58,500.00			58,500.00		
待摊费用		3,600.00		3,600.00		
短期借款	250,000.00			250,000.00		
应付账款	43,000.00			43,000.00		
应交税金	87,975.00		202,230.00	290,205.00		
其他应交款			5,670.00	5,670.00		
预提费用			3,825.00	3,825.00		
制造费用		3,449.60		3,449.60		
营业费用			5,000.00	5,000.00		
管理费用		300.00		300.00		
财务费用			50.00	50.00		
合计	1,059,804.00	7,349.60	216,775.00	1,283,928.60		

登记在相关总账的借方。

登记在"银行存款"总账的贷方。

图 9-7　汇总付款凭证（银汇）

在填制时，若现金和银行存款之间的相互划转业务，则应按付款凭证进行汇总，以免重复。如将现金存入银行的业务，只需根据现金付款凭证汇总，银行存款收款凭证就不再汇总。

3. 汇总转账凭证

汇总转账凭证应根据转账凭证中有关账户的贷方设置，按对应借方科目进行归类汇总。

月末,结算出汇总转账凭证的合计数,分别记入该汇总转账凭证所开设的应贷账户总分类账的贷方,以及其各对应账户总分类账的借方。

为便于汇总转账凭证的编制,所有转账凭证应是一贷一借或一贷多借,否则,会给汇总凭证的编制带来不便。汇总转账凭证如图9-8、图9-9所示。

汇总转账凭证

贷方科目:原材料　　　　　2006年1月　　　　　转汇第1号

借方科目	金额			合计	总账页数	
	1-10日转字第1号至第10号	11-20日转字第11号至第13号	21-31日转字第14号至第31号		借方	贷方
生产成本	406,000.00			406,000.00		
制造费用	24,000.00			24,000.00		
管理费用	12,000.00			12,000.00		
其他业务支出			100,000.00	100,000.00		
合计	442,000.00		100,000.00	542,000.00		

登记在"原材料"总账的贷方。

登记在相关总账的借方。

图9-8　汇总转账凭证1

汇总转账凭证

贷方科目:物资采购　　　　　2006年1月　　　　　转汇第2号

借方科目	金额			合计	总账页数	
	1-10日转字第1号至第10号	11-20日转字第11至第13号	21-31日转字第14号至第31号		借方	贷方
原材料	580,000.00			580,000.00		
合计	580,000.00			580,000.00		

登记在"物资采购"总账的贷方。

登记在相关总账的借方。

图9-9　汇总转账凭证2

三、汇总记账凭证账务处理程序的基本内容

汇总记账凭证账务处理程序的基本内容如下(图9-10)。

①根据原始凭证或原始凭证汇总表填制记账凭证。

②根据收款凭证和付款凭证逐笔登记现金日记账和银行存款日记账。

③根据原始凭证、原始凭证汇总表或记账凭证登记各种明细分类账。

④根据记账凭证定期编制各种汇总记账凭证。

⑤月末,根据编制的汇总记账凭证登记总分类账。

⑥月末,将现金日记账、银行存款日记账的余额,以及各种明细分类账的余额合计数,分别与总分类账中相关账户的余额核对相符。

⑦月末,根据核对无误的总分类账和明细分类账的相关资料,编制会计报表。

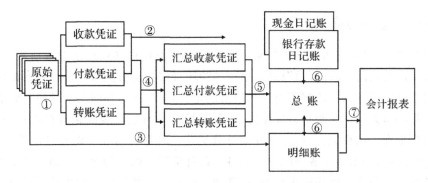

图 9-10 汇总记账凭证核算组织程序的账务处理基本程序图示

四、汇总记账凭证账务处理程序的优缺点及适用范围

这种账务处理程序的主要优点是能通过汇总记账凭证中有关科目的对应关系,了解经济业务的来龙去脉,而且可大大地简化总分类账的登记工作;但由于汇总转账凭证是根据每一账户的贷方而不是按经济业务类型归类汇总的,缺点是不利于会计分工。因此,一般适用于规模较大、经济业务较多的企业。

第四节 科目汇总表会计核算组织形式

一、科目汇总表账务处理程序的设计要求

在科目汇总表账务处理程序下,要求定期将记账凭证编制成科目汇总表,然后根据科目汇总表登记总分类账。采用科目汇总表账务处理程序时,其账簿设置、各种账簿的格式以及记账凭证的种类和格式基本上与记账凭证账务处理程序相同。但应增设科目汇总表,以作为登记总分类账的依据(图 9-11)。

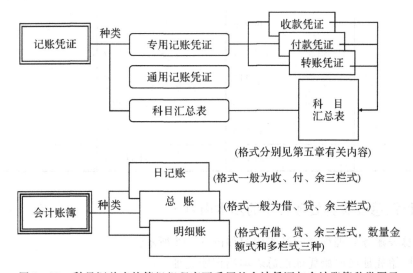

图 9-11 科目汇总表核算组织程序下采用的会计凭证与会计账簿种类图示

二、科目汇总表的填制方法

科目汇总表(其格式见表9-1)填制方法是:先将汇总期内各项经济业务所涉及的会计科目填列在科目汇总表的"会计科目"栏内,填列的顺序最好与总分类账上会计科目的顺序相同,以便于登记总分类账;然后,依据汇总期内所有的记账凭证,按照相同的会计科目归类,分别计算各会计科目的借方发生额和贷方发生额,并将其填入科目汇总表的相应栏内;最后,进行本期发生额试算平衡。试算无误后,据以登记总分类账。科目汇总表可以每月汇总一次编制一张,也可视业务量大小每5天或10天汇总一次,每月编制一张。为便于编制科目汇总表,所有的记账凭证可采用单式记账凭证来填制,这样便于汇总计算其借贷方发生额,不易出错。

表9-1 科目汇总表
202×年××月

会计科目	本期发生额		总账页数
	借方金额	贷方金额	
现金	85 080	85 813	
银行存款	0	311 310	
物资采购	83 200	83 200	
原材料	83 200	46 200	
应收账款	2 400	0	
其他应收款	0	1 500	
待摊费用	6 000	0	
在建工程	130 000	0	
管理费用	4733	0	
生产成本	39 200	0	
制造费用	3 000	3 000	
应交税费	12 410	0	
应付账款	0	3 200	
应付工资	85 000	0	
合 计	534 223	534 223	

三、科目汇总表账务处理程序的基本内容

科目汇总表账务处理程序的基本内容如图9-12所示。
①根据原始凭证或原始凭证汇总表填制记账凭证。
②根据收款凭证和付款凭证逐笔登记现金日记账和银行存款日记账。

③根据原始凭证、原始凭证汇总表或记账凭证登记各种明细分类账。
④根据记账凭证定期编制科目汇总表。
⑤月末,根据编制的科目汇总表登记总分类账。
⑥月末,将现金日记账、银行存款日记账的余额,以及各种明细分类账的余额合计数,分别与总分类账中相关账户的余额核对相符。
⑦月末,根据核对无误的总分类账和明细分类账的相关资料,编制会计报表。

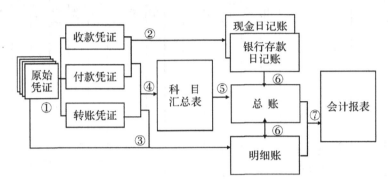

图9-12 科目汇总表核算组织程序的账务处理基本程序图

四、科目汇总表账务处理程序的优缺点及适用范围

这种账务处理程序的主要优点:一是根据定期编制的科目汇总表登记总分类账,可大大地简化总分类账的登记工作;二是通过科目汇总表的编制,可进行发生额试算平衡,及时发现差错。但由于科目汇总表是定期汇总计算每一账户的借方、贷方发生额,并不考虑账户间的对应关系,因而在科目汇总表和总分类账中,其缺点是不能明确反映账户的对应关系,不便于了解经济业务的具体内容。其主要适用于经济业务量较大的企业。

第五节 日记总账会计核算组织形式

一、日记总账账务处理程序的设计要求

在日记总账账务处理程序下,要求把所有账目都在日记总账中进行登记。
采用日记总账账务处理程序,其账簿设置、各种账簿的格式以及记账凭证的种类和格式基本上与记账凭证账务处理程序相同。但应开设日记总账,以代替总分类账。

二、日记总账的填制方法

日记总账是将全部会计科目集中在一张账页上,根据记账凭证,将发生的经济业务逐笔进行登记,最后按各科目进行汇总,分别计算出借、贷方发生额和期末余额。它既是日记账,又是总分类账,其格式如图9-13所示。

日记总账的填制方法是根据收款凭证、付款凭证和转账凭证逐日、逐笔登记日记总账,对每一笔经济业务的借贷方发生额,都应分别登记到同一行对应科目的借方栏或贷方栏内。月

终,结算出各科目本期借贷方发生额和余额,并核对相符。

日 记 总 账(简表)
20××年××月   第×页

年		凭证号数	摘要	现金		银行存款		应收账款		库存商品		短期借款		制造费用		生产成本		销售收入	
月	日			借	贷	借	贷	借	贷	借	贷	借	贷	借	贷	借	贷	借	贷
			本月发生额																
			本月余额																

图9-13 日记总账

三、日记总账账务处理程序的基本内容

日记总账账务处理程序的基本内容如图9-14所示。
①根据原始凭证或原始凭证汇总表填制记账凭证。
②根据收款凭证和付款凭证逐笔登记现金日记账和银行存款日记账。
③根据原始凭证、原始凭证汇总表或各记账凭证登记各种明细分类账。
④根据各记账凭证逐日逐笔登记日记总账。
⑤月末,将现金日记账、银行存款日记账的余额,以及各种明细分类账的余额合计数,分别与日记总账中相关账户的余额核对是否相符。
⑥月末,根据核对无误的日记总账和明细分类账的相关资料,编制会计报表。

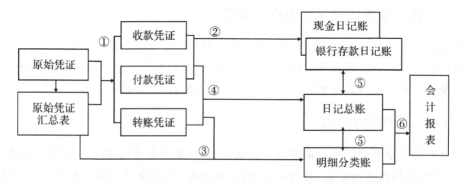

图9-14 日记总账账务处理程序图

四、日记总账账务处理程序的优缺点及适用范围

这种账务处理程序的主要优点是账务处理程序较简单,日记总账按全部总账科目分借贷方设置,且直接根据记账凭证逐日逐笔进行登记,便于了解各项经济业务的来龙去脉,有利于会计资料的分析和运用。但由于所有会计科目都集中在一张账页上,缺点是总分类账的账页过长,不便于记账的分工与查阅。因而,其主要适用于规模小、经济业务简单、使用会计科目不多的企业。

五、会计电算化核算组织形式

在电算状态下,手工会计"处理会计凭证→登记会计账簿→编制会计报表"这一基本的会计核算账务处理程序不变,但具体的会计核算组织形式发生了一系列变化。

由于会计电算化是借助电子计算机通过运行会计软件来完成的,因此会计电算化核算组织形式取决于会计软件的设计和使用。

从系统开发人员设计会计软件的角度看,作为商品化开发,要考虑会计软件的通用性,以适应尽可能多的各种用户的需要。作为定点开发要满足特定用户的不同需求。因此在进行系统开发时,设计人员要考虑或预设的会计电算化核算组织形式也应该是多种多样的。

会计电算化核算组织形式主要取决于用户需要和系统开发人员的设计风格,但从总体上讲,其基本的账务处理程序为:

"数据录入"→"数据处理"→"数据输出"。

1. 数据录入

这一阶段和手工会计根据原始凭证编制记账凭证相比,主要变化表现在以下方面。

(1)记账凭证的屏显输入格式不仅有凭证编号带收、付、转字号的专用凭证和不带字号按自然数顺序编号的通用凭证之分,还有以下两个问题。

①关于外币核算问题:手工状态下外币折算为记账本位币的汇率可以在摘要或会计账簿中反映,但由于电子数据处理是一经录入即"甩手不管",为此记账凭证的输入还需考虑外币和本位币之分,以便下一步进行数据处理时计算机能自动完成相关外币核算工作。

②对于不同的会计事项,要反映的主要业务内容各不相同的问题,归纳起来大致有三类。

第一类,只反映金额,如应收账款。

第二类,既要反映金额,又要反映数量,如库存商品。

第三类,不仅需要反映数量、金额,还要反映其他信息。如固定资产的增加,除了要反映固定资产的数量、金额外,还要提供折旧政策等有关信息。显然对于这些不同类型的会计事项,其输入格式必然有所不同。

(2)数据输入方式有键盘录入、磁盘输入、网络传输等。

(3)数据确认:手工会计仅为人工审核确认,而电算会计还可以根据会计核算固有的一系列约束关系如"借贷必相等"等在软件中建立相应的约束机制,从而实现自动机校验。

(4)数据存储,电算会计在输入会计数据后,出于数据处理和内部控制的需要,建立数据库可能会涉及工作库(临时库)、历史库之分。

(5)工作授权:手工会计至少"笔迹"可以明确责任,留下审计痕迹。但在电算状态下,要明

确责任对此不仅要在机外对有关操作人员进行明确分工,还需在机内对有关操作人员通过设置口令限制权限等进行授权。

2. 数据处理

这一阶段手工会计主要是确定账簿组织和核算程序,而电算会计鉴于电子计算机的特点,相对于手工核算的几种会计核算组织形式,主要不同点体现在以下几个方面。

(1)科目汇总表,汇总记账凭证等如果仅出于试算平衡、相互牵制的目的可不必建立。

(2)数据处理过程不必像手工会计那样平时大量"转抄"形成许多账本。设计方法之一是建立一个凭证数据库,当需要有关会计信息时,再实时地从该数据中调出相应数据"瞬间"加工完成后输出。

(3)这一阶段重点要考虑的不是要建立哪些账,建什么格式的账,而是要考虑为了将要输出的会计信息,应如何建立数据库文件,以存储输入的会计数据,以及为了满足用户的信息需求应如何进行数据加工。

3. 数据输出

这一阶段的会计核算组织形式的特征主要有以下几个方面。

(1)输出会计报表等会计信息前无须像手工会计那样进行对账、调账、试算平衡等做一系列的准备工作。只要输入的数据正确、完整,软件操作无误,一定账证、账账、账表相符,会计报表一定平衡。

(2)输出方式有查询输出、打印输出、网络传送输出等。

(3)输出内容有会计凭证、会计账簿、外送会计报表、自定义的内部报表,以及其他非报表信息或表外信息等。

综上所述,会计电算化核算组织形式由于受用户需求,系统开发人员的设计思路甚至设计经验等诸多因素的影响,具有较大的灵活性,故难以进行具体的划分。可以看出,会计电算化核算组织形式最大的特征就是充分考虑电子计算机的特点,最大限度地实现会计技术和电子数据处理技术的融合。

本章小结

会计核算形式又称账务处理程序,是指会计凭证和账簿组织、记账程序和记账方法相互结合的方式。会计核算形式的种类有:记账凭证核算组织形式、汇总记账凭证核算组织形式、科目汇总表核算组织形式、日记总账核算组织形式。各种会计核算形式的根本区别在于登记总分类账的直接依据和方法不同。

记账凭证核算组织形式依据记账凭证直接登记总分类账,简单明了,便于核对,但登记总账的工作量较大,主要适用于单位规模较小、经济业务较简单的企业。

科目汇总表核算组织形式根据所有记账凭证定期编制科目汇总表,再根据科目汇总表登记总分类账。科目汇总表核算组织形式减轻了登记总分类账的工作量,可以进行试算平衡,但不能反映账户的对应关系,不便于分析经济业务和查对账目,一般适用于规模较大、经济业务较多的企业。

关键术语

会计核算形式(bookkeeping procedures)

习题与思考

一、单项选择题

1. 各种会计核算形式最主要的区别是(　　)。
   A. 账簿组织不同　　　　　　　　B. 记账程序不同
   C. 登记总账的依据不同　　　　　D. 记账方法不同

2. 下列会计核算形式中,最基本的核算形式是(　　)。
   A. 记账凭证核算形式　　　　　　B. 通用日记账核算形式
   C. 汇总记账凭证核算形式　　　　D. 日记总账核算形式

3. 记账凭证核算形式适用于(　　)。
   A. 适用于规模小且经济业务量较小的经济单位
   B. 经济业务较多的单位
   C. 经济业务较复杂的单位
   D. 规模大,经济业务量多的单位

4. (　　)的特点是直接根据记账凭证逐笔登记总分类账。
   A. 记账凭证账务处理程序　　　　B. 科目汇总表账务处理程序
   C. 汇总记账凭证账务处理程序　　D. 多栏式日记账账务处理程序

5. 采用科目汇总表会计核算形式要求编制的记账凭证是(　　)。
   A. 收款凭证—借多贷　　　　　　B. 付款凭证—贷多借外负担
   C. 转账凭证—一贷多借　　　　　D. 记账凭证—一借一贷

6. 科目汇总表的汇总范围是(　　)。
   A. 全部科目的借方余额　　　　　B. 全部科目的贷方余额
   C. 全部科目的借、贷发生额　　　D. 部分科目的借、贷发生额

7. 科目汇总表账务处理程序的主要缺点是(　　)。
   A. 登记总账的工作量太大　　　　B. 编制科目汇总的工作量太大
   C. 不利于人员分工　　　　　　　D. 看不出科目之间的对应关系

8. 科目汇总表核算形式适用于(　　)。
   A. 经济业务量较多的经济单位
   B. 规模小且经济业务量较少的单位
   C. 会计科目少,业务量小的单位
   D. 规模大,经济业务较多的单位

9. 记账凭证汇总表核算形式下,登记总分类账的依据是(　　)。
   A. 记账凭证汇总表　　　　　　　B. 原始凭证汇总表
   C. 记账凭证　　　　　　　　　　D. 原始凭证

10. 多栏式日记核算形式下,其总账登记的依据是( )。
   A. 现金账,银行存款账,转账凭证或转账凭证汇总表
   B. 记账凭证汇总表
   C. 原始凭证汇总表
   D. 科目汇总表
11. 汇总记账凭证核算形式( )。
   A. 能够清楚地反映各个科目之间的对应关系
   B. 不能清楚地反映各科目之间的对应关系
   C. 能够综合反映企业所有的经济业务
   D. 能够序时反映企业所有的经济业务
12. 采用汇总记账凭证核算形式下,其明细账的登记依据是( )。
   A. 原始凭证,汇总原始凭证和记账凭证
   B. 记账凭证
   C. 收款凭证,付款凭证,转账凭证
   D. 汇总记账凭证
13. 汇总转账凭证的编制方法是( )。
   A. 按收款凭证科目的借方进行归类汇总
   B. 按"库存现金""银行存款"科目贷方汇总
   C. 按转账凭证对应的借方科目归类,汇计每一借方科目发生额总计,填入汇总转账凭证
   D. 按原始凭证汇总

二、多项选择题

1. 目前,我国常用的账务处理程序有( )账务处理程序。
   A. 记账凭证　　　　　B. 汇总记账凭证　　　　　C. 科目汇总表
   D. 日记总账　　　　　E. 多栏式日记账
2. 总账的登记依据可以是( )。
   A. 记账凭证　　　　　B. 汇总记账凭证　　　　　C. 科目汇总表
   D. 多栏式现金日记账　E. 多栏式银行存款日记账
3. 设计会计核算形式的一般要求包括( )。
   A. 有利于全面、系统、及时、正确地提供反映本单位经济活动情况的会计核算资料。
   B. 要适应单位经济活动的特点、规模的大小和业务的繁简情况
   C. 要有利于会计分工核算,便于建立岗位责任制
   D. 要贯彻简化手续,提高效率的原则
   E. 有利于节约人力、物力、财力
4. 各种账务处理程序的相同之处表现为( )。
   A. 根据原始凭证编制汇总原始凭证
   B. 根据原始凭证或原始凭证汇总表编制记账凭证
   C. 根据记账凭证和有关原始凭证登记明细账
   D. 根据记账凭证逐笔登记总账

E. 根据总账及明细账编制会计报表

5. 下列会计核算形式中,以三栏式账簿作为现金日记账和银行存款日记账的有( )。
   A. 记账凭证核算形式　　　　　　　B. 多栏式日记账核算形式
   C. 汇记账凭证核算形式　　　　　　D. 日记总账核算形式
   E. 通用日记账核算形式

6. 下列核算形式,其明细账登记的依据是原始凭证、汇总原始凭证和记账凭证的是( )。
   A. 记账凭证核算形式　　　　　　　B. 记账凭证汇总表核算形式
   C. 汇总记账凭证核算形式　　　　　D. 日记总账凭证核算形式
   E. 通用日记账核算形式

7. 在六种账务处理程序下,共同需要的会计核算资料有( )。
   A. 原始凭证　　　　　　　　　　　B. 汇总原始凭证
   C. 记账凭证　　　　　　　　　　　D. 明细分类账
   E. 现金日记账和银行存款日记账

8. 六种账务处理程序共同的特点是( )。
   A. 都必须根据原始凭证或原始凭证汇总表编制记账凭证
   B. 都必须设置明细分类账
   C. 凡设置现金、日记账和银行存款日记账都采用三栏式
   D. 每种程序均有优缺点和适用范围
   E. 都必须编制会计报表

9. 要求编制记账凭证的会计核算形式有( )。
   A. 通用日记账核算形式　　　　　　B. 记账凭证汇总表核算形式
   C. 多栏式日记账核算形式　　　　　D. 汇总记账凭证核算形式
   E. 日记总账核算形式

10. 下列资料可以作为编制会计报表的直接依据是( )。
    A. 明细分类账　　　B. 总分类账　　　　　　　　　C. 汇总原始凭证
    D. 汇总记账凭证　　E. 日记总账

三、判断题

1. 会计核算形式、会计核算组织程序、账务处理程序和记账程序都是同等含义的概念,但角度不一样。( )
2. 各种账务处理程序的主要区别是其所采用的账簿的格式结构不同。( )
3. 任何账务处理程序的第一步必须将所有原始凭证都汇总编制为汇总原始凭证。( )
4. 在记账凭证账务处理程序下,明细分类账可以根据管理的需要,采用三栏式,多栏式或数量金额式,而总分类一般都采用三栏式。( )
5. 科目汇总表核算形式下,总分类账应依据记账凭证汇总表登记。( )
6. 记账凭证账务处理程序和日记总账账务处理程序都适用于规模小,经济业务量少的企业。( )
7. 科目汇总表和汇总记账凭证都是在记账凭证的基础上汇总形成的,因此它都可以反映账户间的对应关系。( )

8.汇总记账凭证和记账凭证汇总表都是根据记账凭证编制的所以二者没有本质上的区别。
（　　）

9.记账凭证账务处理程序与记账凭证汇总表账务处理程序相比,前者更适合于规模大,经济业务多的企业进行会计核算。
（　　）

10.采用记账凭证汇总表账务处理程序,编制记账凭证汇总是编制明细分类账与编制会计报表之间的中间环节。
（　　）

四、连线题

下列各种核算组织程序适用于哪类经济单位,用画线连接回答。

(1)记账凭证核算组织程序
(2)多栏式日记账核算组织程序　　　　A.规模大经济业务多的单位
(3)日记总账核算组织程序
(4)汇总记账核算组织程序　　　　　　B.规模小经济业务少,科目设置少的单位
(5)通用日记账核算组织程序
(6)记账总表核算组织程序

五、名词解释

1.会计核算形式
2.记账凭证核算形式
3.记账凭证汇总表核算形式

六、问答题

1.什么是会计核算形式？
2.会计核算形式有哪几种？每一种的特点是什么？
3.简述会计电算化核算组织形式。
4.简述记账凭证核算形式财务处理程序。
5.简述科目汇总表核算形式财务处理程序。
6.简述科目汇总表核算形式的优缺点及适用范围。

七、实训题

选择一家熟悉的加工制造企业进行实地考察,调查其一般采用哪种会计核算形式。假如该企业已经实现了会计电算化,则这些会计核算形式还用吗？为什么？

第十章 会计工作组织

学习目标

1. 掌握我国会计法规的构成体系、会计机构的设置原则和会计人员的职责权限。
2. 理解会计基础工作规范的主要内容及其意义。
3. 了解会计档案的保管要求、会计职业发展和相关专业考试。

知识拓展

会计工作除了遵守《中华人民共和国会计法》,还要遵守《中华人民共和国证券法》《中华人民共和国公司法》《中华人民共和国税法》以及国务院、各部委颁布的部门规章、制度和行政法规。会计管理相关工作规范在价值塑造方面应使学生树立德法兼修、守法安全、"不以规矩,不能成方圆"的信念,培养学生成为懂法、守法的合格型会计人才,使学生在经济业务处理中熟悉财经法律法规和国家统一会计制度,坚持原则,确保会计信息客观、精准、完整,维护国家利益、社会公众利益和正常的经济秩序。

本教材通过对会计行业各项规章制度的介绍,以提高学生的中国制度建设自信,以培养学生遵纪守法的良好素质,使学生主动践行诚实守信,将遵纪守法内化于心,外化于行,能够做出合乎逻辑、有道德的商业决策。

本教材通过讲述会计职业道德的内容,让学生在内心深处明确会计职业道德是自律与他律的辩证统一,是行为约束与核心价值的辩证统一。

分析会计舞弊行为在微观、中观和宏观上的危害性,培养学生自觉抵制做假账,让学生明白中国经济和资本市场的健康发展必须以遵纪守法和良好道德行为作为基础和前提。

第一节 会计法规体系

会计法规体系是由各级管理机构和民间自发形成的会计法规、规章、制度和道德构成的一个整体。我国的会计法规体系是以《中华人民共和国会计法》为中心,包括会计法、会计准则和会计制度三个层次。在这个体系中,《中华人民共和国会计法》是会计工作的根本大法,是拟定会计准则、会计制度和其他会计法规的基本依据。会计准则是处理会计事项的标准,是进行会计工作的规范,是评价会计工作质量的准绳。会计制度是企业进行会计工作所应遵循的规则、方法、程度的总称。

(一)会计法

《中华人民共和国会计法》(以下简称《会计法》),是调整整个国家经济活动中各部门和各领域会计关系的法律规范。它是我国最基本的会计法,是一切会计法规的母法,在会计法体系中处于最核心的地位和最高的层次,是制定其他会计法规的依据和指导一切会计工作的准绳,具有普遍适用性和指导性的特点。

1985年,第六届全国人民代表大会常务委员会第九次会议审议通过了《中华人民共和国会计法》,这是我国第一部会计法。《中华人民共和国会计法》的主要内容包括总则、会计核算、会计监督、会计机构和会计人员、会计法律责任和附则等6章31条。1993年《中华人民共和国会计法》进行了第一次修订,修订后的《中华人民共和国会计法》,充实和完善了会计电算化管理制度、会计证管理体制制度、会计基本工作管理制度、会计档案管理制度和代理记账制度等,推动了会计工作法治化进程。1999年《中华人民共和国会计法》又进行了第二次修订,并于2000年7月1日开始实施。新《中华人民共和国会计法》全文共7章52条,包括总则、会计核算和会计核算的特别规定、会计监督、会计机构和会计人员、法律责任、附则等。新会计法突出了规范会计行为、保证会计资料质量的立法宗旨;强调单位负责人对本单位会计工作和会计资料的真实性和完整性的责任;完善了记账规则;进一步加强会计监督,强化了会计监督的职能;对会计人员素质和资格进行法律认定;法律责任具体化,操作性更强。

(二)会计准则

会计准则是会计人员执行会计活动所应遵循的规范和标准,是对会计工作进行评价、鉴定的依据和准绳。我国《企业会计准则》的依据是《中华人民共和国会计法》,第一部《企业会计准则》于1992年11月由财政部制定颁布,1993年7月1日开始实施;2006年2月15日,财政部在人民大会堂发布新的会计准则和审计准则体系,宣布企业会计准则体系自2007年1月1日起在上市公司施行,力争在不长时间内,在所有大中企业执行。截至2007年,我国企业会计业务遵循新的《企业会计准则——基本会计准则》,具体会计准则达到38项,与过去的会计准则相比,新准则从基本会计准则到具体会计准则都做了较大的改动。

我国新会计准则体系,由基本会计准则、具体会计准则和应用指南三个部分构成。其中基本会计准则是纲要,在整个准则体系中起统驭作用;具体准则是目,是依据基本准则要求对有关业务或报告做出的具体规定;应用指南是补充,是对具体准则的操作指引。

第一部分:基本会计准则。

《企业会计准则》的目标是规范企业会计确认、计量和报告行为,保证会计信息质量。新《企业会计准则》共11章50条,包括五部分内容。

一是总则,说明了制定会计准则的目的、适用范围、企业会计确认、计量和报告的基本假设和前提、会计报告的目标;二是会计信息质量要求,即真实可靠内容完整、相关性、清晰明了性、可比性、实质重于形式、重要性、谨慎性、及时性等要求;三是会计要素,即资产、负债、所有者权益、收入、费用和利润,规定了各要素的定义、分类及特征、确认条件;四是会计计量,确定了会计计量条件和属性;五是解释和明确规定了财务会计报告的定义和组成内容。

第二部分:具体会计准则。

具体会计准则是根据基本会计准则的要求,就会计核算的基本业务、特殊业务以及财务会计报告做出的具体规定。到目前为止,我国已经发布了38项具体会计准则,即存货、长期股权投资、投资性房地产、固定资产、生物资产、无形资产、非货币性资产交换、资产减值、职工薪酬、企业年金基金、股份支付、债务重组、或有事项、收入、建造合同、政府补助、借款费用、所得税、外币折算、企业合并、租赁、金融工具确认和计量、金融资产转移、套期保值、原保险合同、再保险合同、石油天然开采、会计政策、会计估计变更和差错更正、资产负债表日后事项、财务报表列报、现金流量表、中期财务报告、合并财务报表、每股收益、分部报告、关联方披露、金融工具列报、首次执行企业会计准则。

(三)会计制度

会计制度是进行会计工作所应遵循的规则、方法程序的总称。中华人民共和国成立以来，我国财政部主要以颁布统一会计制度的办法来规范会计处理。而统一的会计制度一般按照行业和所有制形式加以制定，如《国营工业企业会计制度》和《国营商业企业会计制度》等。随着我国经济发展的要求，财政部于1992年11月颁布了《企业会计准则》，由于具体会计准则尚未出台，从1992年底起，财政部又陆续颁布了13个分行业的会计制度，即《工业企业会计制度》《商品流通企业会计制度》《农业企业会计制度》等，同时还保留了《股份制试点企业会计制度》和《中华人民共和国外商投资企业会计制度》，形成了会计准则和多种统一会计制度并存的格局。

2000年12月，财政部发布了《企业会计制度》，从2001年1月1日起实施。《企业会计制度》作为全国统一的会计制度，适用于除不对外筹集资金、经营规模较小，以及金融保险企业以外的所有企业。《企业会计制度》由会计核算一般规定、会计科目使用说明、会计报表和会计报表附注四部分组成。《企业会计制度》有14章160条，主要对会计核算的总体原则，以及会计报表项目的确认、计量进行了详尽的规定；会计科目的使用说明，详细介绍了会计科目的名称及其具体的会计核算方法；会计报表和会计报表附注则规定了应对外提供的会计报表种类、格式、内容及编制方法。

综上所述，在我国，《企业会计准则》和《企业会计制度》并存，它们都是会计规范的标准，体现了我国在会计规范的探索和实践的中国特色。

(四)其他会计法规

除上述规范外，财政部以及其相关部门对会计工作各方面制定了一系列的规范性文件，它们都构成了会计规范体系的组成内容。这些规范主要有《会计基本工作规范》《会计档案管理办法》《会计证管理办法》《会计电算化工作规范》《代理记账管理暂行办法》《总会计师条例》《注册会计师法》《企业财务会计报告条件》《会计人员继续教育暂行规定》《中国注册会计师独立审计准则》等。

(五)与会计相关性的其他法律规范

广义上说会计法规不仅指会计专门法规，还应包括其他法规中涉及会计工作的众多法律规范，如《中华人民共和国合同法》《中华人民共和国民法典》《中华人民共和国刑法》《中华人民共和国公司法》《中华人民共和国证券法》《中华人民共和国票据法》等。这些法律规范中有许多条款与会计工作有关。因此，会计人员必须熟悉这些法规的相关条文，以便在工作中以其为参照，更好地进行相应的会计业务处理。其他法律规范中关于会计的法规与专门会计法规相互协调、相互补充、相互促进，构成了一个完整、系统的会计法规体系，来共同完成规范企事业单位会计工作的任务。

第二节　会计机构和会计人员

建立健全会计机构,配备数量和素质相当、具备从业资格的会计人员,是各单位做好会计工作,充分发挥会计职能作用的重要保证。

一、会计机构

会计机构是单位所设置的、专门办理会计事项的机构,它是由专职会计人员组成的,负责组织、领导和处理会计工作的职能部门。在我国实际工作中,由于会计机构往往行使会计工作和财务工作的全部职权,所以也称财务会计机构。建立和健全会计机构,是加强会计工作、保证会计工作顺利进行的重要条件。

(一)会计机构的设置原则

1. 适应性原则

会计机构设置范围的确定,取决于企业经营管理组织系统的规模、管理方针及战略规划。设置会计机构,一是要与企业管理体制和企业组织结构相适应;二是要与单位经济业务的性质和规模相适应;三是与本单位的会计工作组织形式相适应。

2. 内部控制原则

会计机构的设置必须根据企业管理上的要求,抓住企业资金运动全过程的关键点,从而形成对企业经营全过程和全方位的监控,并与本单位其他管理机构相协调。

3. 效率性原则

会计机构的设置要体现精简高效原则。一是所设置会计机构提供的会计信息所产生的经济效益必须大大高于为实现此目的而发生的成本费用。二是会计机构设置繁简相宜,在整个会计工作中各司其职,协调一致地履行会计的职责,使企业管理从中受益。各个单位应按照上述原则来确定是否单独设置会计机构,设置什么性质的会计机构,会计机构是分设还是合设,会计机构在企业组织机构中如何定位,会计机构与其他管理机构的分工协调。

(二)会计机构的设置类型

1. 各级财政部门设置的会计机构

《中华人民共和国会计法》规定,国务院财政部门是主管全国会计工作的机构,地方各级人民政府的财政部门是主管该地区会计工作的机构。财政部设置会计事务管理司,它是全国会计机构的最高领导,主管全国会计工作。它的主要职责是制定和组织贯彻实施会计准则和会计制度,以及各项全国性的会计法令、规章制度;制定全国会计人员培训规划;管理全国会计人员专业技术资格考试等。地方财政部门设置会计事务管理局(处),主管本地区的会计工作。它的主要职责是根据国家的统一规定,结合本部门、本地区的具体情况,补充制定会计制度;规划和组织在职会计人员专业知识培训;管理会计人员专业技术资格考试与考核等工作。

2. 各级管理部门设置的会计机构

中央各部和地方各厅、局设置财务会计司、局、处、科等会计机构,负责组织、领导和监督本部门及所属单位的会计工作。它的主要职责是审核、分析和批复所属单位上报的会计报表,并编制本系统汇总会计报表;核算本单位与财政机关及上下级之间有关缴款、拨款等会计事项;经常了解所属单位的会计工作情况,帮助他们解决工作上的问题,定期不定期地对所属单位进行会计检查等。

3. 基层企业和行政事业单位设置的会计机构

基层企业和行政事业单位,一般应设置财务处、科、股等专职机构,在厂长、经理或总会计师的领导下,负责本单位的财务会计工作,同时接受上级财务会计机构的指导和监督,工作中发现的有关财会方面的问题,除向本单位领导汇报外,还要向上级有关部门汇报。根据《会计法》的规定,各单位应当根据会计业务的需要,设置会计机构,或者在有关机构中设置会计人员并指定会计主管人员;不具备设置条件的,应当委托经批准设立从事会计代理记账业务的中介机构代理记账。

1) 根据业务需要设置会计机构

《会计法》对各单位是否设置会计机构,规定为"应当根据会计业务的需要"来决定,即各单位可以根据本单位的会计业务繁简情况决定是否设置会计机构。为了科学、合理地组织开展会计工作,保证本单位正常的经济核算,各单位原则上应设置会计机构。考虑到单位有大小,业务有繁简.如果"一刀切",要求每个单位都必须设置会计机构,势必脱离实际,而且,是否设置机构,设置哪些机构,应当是单位的内部事务,不宜由法律来强制规定。因此,《会计法》规定各单位根据自身的情况自行决定是否设置会计机构。但是,无论是否需要设置会计机构,会计工作必须依法进行,不能因为没有会计机构而对会计工作放任不管,这是法律所不允许的。从发挥会计职能作用的角度看,实行企业化管理的事业单位,大、中型企业(包括集团公司、股份有限公司、有限责任公司等)应当设置会计机构;业务较多的行政单位、社会团体和其他组织也应设置会计机构。而对那些规模很小的企业、业务和人员都不多的行政事业单位等,可以不单独设置会计机构,而将业务并入其他职能部门,或者进行代理记账。

2) 不设置会计机构的单位设置会计人员并指定会计主管人员

根据《会计法》的规定,不能设置会计机构的单位,应当在有关机构中设置会计人员并指定会计主管人员,这是提高工作效率、明确岗位责任的内在要求,同时也是由会计工作专业性、政策性所决定的。"会计主管人员"是《会计法》的一个特指概念,不同于通常所说的"会计主管""主管会计""主办会计"等,而是指负责组织管理会计事务、行使会计机构负责人职权的人员。《会计法》没有对如何配备会计机构负责人做具体的规定。但是,对于没有设置会计机构、只在其他机构中配备一定数量专职或兼职会计人员的单位,《会计法》规定应在会计人员中指定会计主管人员,目的是强化责任制度,防止出现会计工作无人负责的局面。会计主管人员作为中层管理人员,行使会计机构负责人的职权,按照规定的程序任免。

3) 可以实行代理记账

《会计法》第三十六条规定,不具备设置会计机构和会计人员条件的,"应当委托经批准设立从事会计代理记账业务的中介机构代理记账"。从事代理记账业务的中介机构是我国近年来发展起来的服务机构,随着我国经济的迅速发展,经济组织形式发生了很大变化,民营经济、个体经济得到大力发展。这些经济组织的经营规模较小,人员不多,不可能也没有必要设置专门的会计机构或者配备专职的会计人员。针对这一情况,在修改《会计法》时,将代理记账问题纳入了《会计法》,从而以法律形式肯定了代理记账业务及从事这项业务的中介机构的地位,对规范和保证代理记账业务的发展起到重要作用。为了贯彻《会计法》的规定,财政部于1994年6月发布了《代理记账管理暂行办法》,作为《会计法》的配套规章,对代理记账机构设置的条件、代理记账的业务范围、代理记账机构设置的条件、代理记账的业务范围、代理记账机构与委托人的关系、代理记账人员应遵循的道德规则等做了具体的规定。

(三)会计机构的设置模式

关于会计机构的称谓,各单位叫法不一,有的称"财务部(处、科、股)""会计部""计财部""财会部"等。考虑到这些现实情况,《会计法》没有对会计机构的名称做统一规定,而是统称为"会计机构"。另外,《会计法》在文字上表述为"设置会计机构",而没有使用"单独设置会计机构"的字样,避免造成将财务与会计等机构分别设置的误解,从而给基层单位的会计工作带来不必要的麻烦。事实上,许多单位的财务工作与会计工作是紧密联系在一起的。

为了达到预期的会计目标,会计机构内部应进行合理的分工,按照会计核算的流程设置责任岗位。会计工作岗位的设置,是指在会计机构内部按照会计工作的内容和会计人员的配备情况,进行合理的分工,使每项工作都有专人负责,每位会计人员都明确自己的职责。《会计法》对会计岗位设置的原则做了规定,各单位应当根据会计业务需要设置会计工作岗位。我国大中型企业会计机构内部组织一般设置以下核算组,其职责和要求如下。

(1)综合组。负责总账的登记,并与有关的日记账和明细账相核对;进行总账余额的试算平衡,编制资产负债表,并与其他会计报表进行核对;进行企业财务情况的综合分析,编写财务情况说明书;进行财务预测,参与制订财务计划,参与企业生产经营决策。

(2)财务组。负责货币资金的出纳、保管和日记账的登记;审核货币资金的收付凭证,办理企业与供应、购买等单位之间的往来结算;监督企业贯彻国家现金管理制度、结算制度和信贷制度的情况;参与制订货币资金收支和银行借款计划并分析其执行情况。

(3)工资核算组。负责计算应付职工的工资和奖金,办理职工工资的结算,并进行有关的明细核算,参与制订工资总额计划,协助企业劳动工资部门分析工资总额计划的执行情况,控制工资总额支出。

(4)固定资产核算组。审核固定资产购建、调拨、内部转移、租赁、清理的凭证;进行固定资产的明细核算;分析固定资产使用效果;参与固定资产清查;参与制订固定资产重置、更新和修理计划;指导和监督固定资产管理部门和使用部门的固定资产核算工作。

(5)材料核算组。负责审核材料采购的发票、账单等结算凭证;进行材料采购收发结存的明细核算;参与库存材料清查;分析采购资金使用情况,采购成本超支、节约情况和储备资金占用情况,控制材料采购成本和材料资金占用;制订材料采购资金计划,指导和监督供应部门、材料仓库和使用材料的车间及部门的材料核算情况。

(6)成本费用核算组。会同有关部门建立健全各项原始记录、消耗定额和检验制度;改进成本管理的基础工作;负责审核各项费用开支;参与自制半成品和产成品的清查;核算产品成本,编制成本报表;分析成本计划执行情况;控制产品成本和生产资金占用;进行成本预测,制定成本计划,建立责任成本制度,将成本指标分解、落实到各部门、车间、班组;指导、监督和加强各部门、车间、班组落实成本责任制度。

(7)销售和利润核算组。负责审核库存商品、销售和营业外收支凭证;参与库存商品清查;

进行库存商品、销售和利润的明细核算;计算应交税费,进行利润分配,编制利润表;分析成品资金的占用情况,销售收入、利润及其分配计划的执行情况;参与市场预测,制订或参与制订销售和利润计划。

(8)资金组。负责资金的筹集、使用、调度;了解、掌握资金市场动态,为企业筹集资金以满足生产经营活动的需要;不断降低资金成本,提高资金使用的经济效益。此外,还负责编制现金流量表。

以上八个组是一般大中型企业的分工情况。在会计人员的配备过程中,要定期、有计划地进行岗位轮换,这个轮换主要有利于提高会计人员的综合工作能力,同时可以防止一些错误和舞弊行为的发生。

(四)会计工作的组织形式

会计部门承担何种会计工作,又与企业其他职能部门之间如何分工,这些都与会计工作的组织形式有关。一般来讲,应当根据企业规模大小、业务繁简以及企业内部其他各组织机构的设置情况来确定企业会计工作的组织形式。企业会计工作组织形式一般包括集中核算和非集中核算两种。

1. 集中核算

在厂部一级设置专业的会计机构,企业单位的主要会计核算工作都集中在单位的会计部门,单位内部各部门一般不单独核算,只是对发生的经济业务进行原始记录、编制原始凭证并进行适当汇总,定期把原始凭证和汇总原始凭证送到会计部门,由会计部门进行总分类核算和明细分类核算,这就是集中核算。

采用集中核算形式。由于核算工作集中在会计部门进行,便于会计人员进行合理的分工,采用科学的凭证整理程序,在核算过程中运用现代化手段可以简化和加速核算,提高核算效率,节约核算费用,并可以根据会计部门的记录,随时了解企业内部各部门的生产经营活动情况。但是,各部门领导不能随时利用核算资料检查和控制本部门的工作。当企业规模过大时,会计部门的核算工作量非常大。

2. 非集中核算

在非集中核算组织形式下,会计部门把一部分权力和职责下放了,厂部的会计部门一般只是负责总分类核算、全厂性会计报表的编制和分析,其他相关的像某些特定业务的凭证整理、明细核算、有关的会计报表,尤其是一些日常管理需要的内部报表,其编制和分析都分散由直接从事该项业务的车间和部门来进行。当然在这种方式下,厂级的会计部门应当对企业内部其他单位的会计工作进行业务上的指导和监督。

集中核算与非集中核算是对企业的具体会计业务所采用的不同的分工方式。集中核算与非集中核算不是绝对的,一个企业往往对某些会计业务采用集中核算,而对另外一些业务又采用非集中核算,对集中核算或非集中核算的具体内容和方法也不完全相同。企业应当采用何种形式组织会计工作,要根据企业的规模、生产组织和业务性质,从有利于加强管理、加强经济核算来考虑决定。但是,无论采用哪一种形式,企业对外的现金往来,物资供销、债权债务的结算都应当由厂部负责办理,车间以及工段、小组都不能对外发生经济往来。

在实行非集中核算的情况下,财务会计科还必须对内部核算单位的核算工作,加强指导和监督。集中核算与非集中核算，有时也适用于企业上下级之间会计核算工作的不同组织形式。例如，一个商业企业，下设若干个门市部，这几个门市部如果是独立核算单位，那么，就这个商业企业来说，是实行非集中核算。如果这几个门市部是报账单位，那么，就是实行集中核算。正确地组织会计工作，需要在企业内部认真贯彻责任制，使每一项会计工作都有专人负责，每一个会计人员都明确自己在实际工作中的职责。这样，可以合理使用人力，提高会计人员的责任感和纪律性，加强会计人员之间的协作和监督，促使会计人员不断提高业务能力，改进工作方法，这是保证按质、按量、按期完成会计工作任务的重要措施。

二、会计人员

在设置会计机构的基础上，还必须配备相应的会计人员。会计人员通常是指在国家机关、社会团体、公司、企业、事业单位和其他组织中从事财务会计工作的人员，包括总会计师、会计机构负责人（或会计主管）以及具体从事会计工作的会计人员、出纳人员等。合理地配备会计人员，提高会计人员的素质，是企业做好会计工作的关键，直接影响会计工作组织的运行。《会计法》第三十八条规定："会计人员应当具备从事会计工作所需要的专业能力。担任单位会计机构负责人（会计主管人员）的，应当具备会计师以上专业技术职务资格或者从事会计工作三年以上经历。"《会计基础工作规范》第十四条规定："会计人员应当具备必要的专业知识和专业技能，熟悉国家有关法律、法规、规章和国家统一会计制度，遵守职业道德。"这些都是对会计人员任职资格的具体规定。为了使会计人员充分发挥其积极性，便于会计人员在工作时有明确的方向和办事准则，以便更好地完成会计的各项工作任务，就应当明确会计人员的职责、权限和任免的各项规定。

(一)会计人员的主要职责

会计人员的职责也是会计机构的职责，具体包括以下四项内容。

(1)进行会计核算。会计人员应按照会计制度的规定，切实做好记账、算账、报账工作。各单位必须根据实际发生的经济业务事项进行会计核算，要认真填制和审核原始凭证，编制记账凭证，登记会计账簿，正确计算各项收入、支出、成本、费用、财务成果。按期结算、核对账目，进行财产清查，在保证账证相符、账账相符、账实相符的基础上，按照手续完备、数字真实、内容完整的要求编制和报出财务会计报告。《会计法》第十条规定，下列经济业务事项，应当办理会计手续，进行会计核算：(一)款项和有价证券的收付；(二)财物的收发、增减和使用；(三)债权债务的发生和结算；(四)资本、基金的增减；(五)收入、支出、费用、成本的计算；(六)财务成果的计算和处理；(七)需要办理会计手续、进行会计核算的其他事项。

(2)实行会计监督。实行会计监督，即通过会计工作，对本单位的各项经济业务和会计手续的合法性、合理性进行监督。对不真实、不合法的原始凭证不予受理，对账簿记录与实物、款项不符的问题，应按有关规定进行处理或及时向本单位领导人报告；对违反国家统一的财政制度、财务规定的收支不予受理。此外，各单位必须依照法律和国家有关规定，接受财政、审计、税务机关的监督，如实提供会计凭证、会计账簿、会计报表和其他会计资料以及有关情况。应建立健全的本单位内部会计监督制度。《会计法》第二十七条规定，各单位应当建立、健全本单位内部会计监督制度。单位内部会计监督制度应当符合下列要求：(一)记账人员与经济业务事项和会计事项的审批人员、经办人员、财务保管人员的职责权限应当明确，并相互分离、相互制约;(二)重大对外投资、资产处置、资金调度和其他重要经济业务事项的决策应和执行的相互监督、相互制约程序应当明确;(三)财产清查的范围、期限和组织程序应当明确;(四)对会计资料定期进行内部审计的办法和程序应当明确。

(3)编制业务计划及财务预算,并考核、分析其执行情况。会计人员应根据会计资料并结合其他资料,按照国家各项政策和制度规定,认真编制并严格执行财务计划、预算,遵照经济核算原则,定期检查和分析财务计划、预算的执行情况。遵守各项收支制度、费用开支范围和开支标准,合理使用资金,考核资金使用效果等。

(4)制定本单位办理会计事项的具体办法。会计主管人员应根据国家的有关会计法规、准则及其他相关规定结合本单位具体情况,制定本单位办理会计事项的具体办法,包括会计人员岗位责任制度、钱账分管制度、内部稽核制度、财产清查制度、成本计算办法、会计政策的选择以及会计档案的保管制度等。

(二)会计人员的主要权限

为了保障会计人员更好地履行其职责,《会计法》及其他相关法规在明确了会计人员职责的同时,也赋予了会计人员相应的权限,具体有以下三个方面的权限。

(1)会计人员有权要求本单位各有关部门及相关人员认真执行国家、上级主管部门等批准的计划和预算。严格遵守国家财经纪律、会计准则和相应的会计制度。如果发现有违反上述规定的,会计人员有权拒绝付款、拒绝报销或拒绝执行,对属于会计人员职权范围内的违规行为,在自己的职权范围内予以纠正,超出其职权范围的应及时向有关部门及领导汇报,请求依法处理。

(2)会计人员有权履行其管理职能,也就是有权参与本单位编制计划、制定定额、签订合同以及参加有关的生产、经营管理会议和业务会议,并以会计人员特有的专业地位就有关事项提出自己的建议和意见。

(3)会计人员有权监督、检查本单位内部各部门的财务收支、资金使用和财产保管、收发、计量、检验等情况,各部门应该大力支持和协助会计人员工作。会计人员在正常工作过程中的权限是受法律保护的,《会计法》第四十六条规定:"单位负责人对依法履行职责、抵制违反本法规定行为的会计人员以降级、撤职、调离工作岗位、解聘或者开除等方式实行打击报复,构成犯罪的,依法追究刑事责任;尚不构成犯罪的,由其所在单位或者有关单位依法给予行政处分。对受打击报复的会计人员,应当恢复其名誉和原有职务、级别。"由此可见,任何人干扰、阻碍会计人员依法行使其正当权利,都会受到法律的追究乃至制裁。

(三)会计人员的任职资格

同从事任何技术工作一样,从事会计工作的人员要在专业素质方面具备一定的条件,对此提出了以下三方面要求。

1.遵守职业道德和国家统一的会计制度

根据我国会计法规的规定,会计人员应当遵守职业道德,提高业务素质。我国《会计基础工作规范》第十条规定:"各单位应当根据会计业务需要配备会计人员,督促其遵守职业道德和国家统一的会计制度。"

2. 具备必要的专业知识和专业技能

我国正在建立的社会主义市场经济,是一种规范的法治经济,各个单位都应在法律的范围内活动。我国《会计基础工作规范》第十四条规定:"会计人员应当具备必要的专业知识和专业技能,熟悉国家有关法律、法规、规章和国家统一会计制度,遵守职业道德。"这是对会计人员最基本的要求。至于如何考核和确认会计人员的专业知识和业务技能,从目前来说,主要通过设置会计专业职务和会计技术资格考试来进行。

对于因有提供虚假财务会计报告,做假账、隐匿或者故意销毁会计凭证、会计账簿、财务会计报告,贪污、挪用公款等与会计职务有关的违法行为被依法追究刑事责任的人员,不得取得或者重新取得会计从业资格证书。对于有下列情形之一,且情节严重的,由县级以上人民政府财政部门吊销会计从业资格证书,5年内不得重新取得会计从业资格证书:会计人员被动地受单位领导指使弄虚作假,没有造成严重后果,且本人认罪态度较好,有悔改行为的;连续几年无正当理由不参加会计人员继续教育的;不依法设置或私设会计账簿的;未按规定填制、取得原始凭证或者填制、取得的原始凭证不符合规定的;以未经审核的会计凭证为依据登记会计账簿或者登记会计账簿不符合规定的;随意变更会计处理方法的;向不同的会计资料使用者提供的财务会计报告编制依据不一致的,未按照规定使用会计记录文字或者记账本位币的;拒绝依法实施监督或者隐匿、谎报有关情况的。

3. 按照规定参加会计业务培训

受我国会计学历教育规模的限制,目前会计人员中具备规定学历的比例还不高,要使会计人员具备必要的政治和业务素质,对他们进行在职培训是重要途径之一。我国《会计基础工作规范》第十四条规定:"会计人员应当按照国家有关规定参加会计业务的培训。各单位应当合理安排会计人员的培训,保证会计人员每年有一定时间用于学习和参加培训。"这是对会计人员的关心和爱护,也是与各单位的根本利益一致的。

(四)会计人员的任免

会计工作者既要为本单位经营管理服务,维护本单位的合法经济利益,又要执行国家的财政、财务制度和财经纪律,维护国家的整体利益。

针对会计工作的政策性特点,我国对会计人员特别是对会计机构负责人和会计主管人员的任免,在《会计法》和其他相关法规中做了若干特殊的规定,其主要包括以下内容。

(1)为了保证国有经济顺利、健康有序发展,在国有企事业单位中任用会计人员应实行回避制度,即"单位领导人的直系亲属不得在本单位担任会计机构负责人,同时,会计机构负责人的直系亲属也不得在本单位的会计机构中担任出纳工作"。

(2)企业单位的会计机构负责人、会计主管人员的任免,应当经过上级主管单位同意,不得任意调动或撤换。也就是说,各单位应该按照干部管理权限任命会计机构负责人和会计主管人员,在任命这些人员时应先由本单位行政领导人提名报主管单位,上级主管单位的人事和会计部门对提名进行协商、考核,并经行政领导人同意后,即可通知上报单位按规定程序任免。

(3)会计人员在工作过程中忠于职守、坚持原则,如果受到错误处理的,上级主管单位应当责成所在单位予以纠正。会计人员在工作过程中玩忽职守、丧失原则,不宜担任会计工作的,上级主管单位应责成所在单位予以撤换。对于认真执行《会计法》以及其他相关会计法规,忠于职守，做出显著成绩的会计人员，应给予精神上或物质上的奖励。

(五)会计人员的专业技术职务

会计人员专业技术职务反映了会计人员应该具备的专业知识水平、业务能力和可以胜任的工作岗位等。按高、中、低级别分为高级会计师、会计师、助理会计师、会计员。

1. 高级会计师

高级会计师基本任职条件为：系统地掌握经济、财务会计理论和专业知识；具有较高的政策水平和丰富的财务会计工作经验，能担负一个地区、一个部门和一个系统的财务会计管理工作；取得博士学位并担任会计师职务2～3年，或者取得硕士学位、第二学士学位或研究生班结业证书结。或者大学本科毕业并担任会计师职务5年以上。其基本职责为：能负责草拟和解释、解答一个地区、一个部门和一个系统或在全国实施的财务会计法规、制度、办法，组织和指导一个地区、一个部门和一个系统的经济核算和财务会计工作，培养中级以上会计人才。

2. 会计师

会计师基本任职条件为：较系统地掌握财务会计的基础理论和专业知识；掌握并能贯彻执行有关的财经方针、政策和财务会计法规、制度；具有一定的财务会计工作经验；能担负单位或管理一个地区、一个部门、一个系统某个方面的财务会计工作；取得博士学位并具备履行会计师职责的能力，或取得第二学士学位或研究生班结业证书并担任助理会计师职务2～3年，或者大学本科或专科毕业并担任助理会计师职务，1年以上。其基本职责为：能负责制定比较重要的财务会计法规、制度、办法，解释、解答财务会计法规、制度中的一般规定，分析检查某一方面或某些项目的财务收支和预算的执行情况，培养初级会计人才。

3. 助理会计师

助理会计师基本任职条件为：掌握一般的财务会计的基础理论和专业知识；熟悉并能正确执行有关的财经方针、政策和财务会计法规、制度；能担负一个方面或某个重要岗位的财务会计工作；取得硕士学位或取得第二学士学位或研究生班结业证书。其基本职责为：能负责草拟一般的财务会计法规、制度办法，解释、解答财务会计法规、制度中的一般规定，分析检查某一方面或某些项目的财务收支和预算的执行情况。

4. 会计员

会计员基本任职条件为：初步掌握财务会计知识和技能；熟悉并正确执行有关会计法规和财务会计制度，能担负一个岗位的财务会计工作；大学本科或中等专科学校毕业，在财务会计工作岗位上见习1年期满。其基本职责为：能负责具体审核和办理财务收支，编制记账凭证、登记会计账簿，编制会计报表和办理其他会计事务。根据国家关于会计专业技术资格考试的有关规定，只有参加全国统一考试，取得会计专业技术资格的会计人员，才证明其已具备担任相应级别的会计专业技术任职资格。参加会计专业技术资格考试人员应具备的基本条件为：具有良好的职业道德品质，能认真执行《会计法》和国家有关财会规章，并无严重违反财经纪律的行为，履行岗位职责，具备会计从业资格，并持有会计从业资格证书。参加会计专业技术初级资格考试的人员还必须具备高中毕业以上的学历。参加会计专业技术中级资格考试人员还必须具备下列条件之一：取得博士学位；取得硕士学位，从事会计工作满1年；取得双学位或研究生班毕业,从事会计工作满 2 年;取得大学本科学历,从事会计工作满 4 年;取得大学专科学历,从事会计工作满 5 年。取得初级资格的会计人员,若大专毕业担任会计员职务满 2 年;或中专毕业担任会计员满 4 年;或不具备规定学历,担任会计员职务满 5 年的可以聘任助理会计师职务。取得中级资格的可聘任会计师职务。高级会计师资格实行考试与评审相结合的评价制度。

(六)总会计师制度

我国自 20 世纪 60 年代初期开始在规模较大的企业中试行总会计师制度,而真正确立这项制度是在 20 世纪 70 年代末期(1978 年),国务院颁发施行了《会计人员职权条例》,其中就规定了企业应建立总会计师经济责任制。1984 年 10 月党的十二届三中全会通过的《关于经济体制改革若干问题的决定》中再一次强调了企业应设置总工程师、总经济师和总会计师,并对其职责也做了相应的规定。1990 年国务院发布的《总会计师条例》进一步明确了总会计师制度的相关内容:全民所有制大中型企业设置总会计师;事业单位和业务主管部门根据需要,经批准可以设置总会计师。《会计法》第三十六条第二款规定:"国有的和国有资产占控股地位或者主导的大、中型企业必须设置总会计师。总会计师的任职资格、任免程序、职责权限由国务院规定。"为了更好地领导和组织企业的各项会计工作,大中型企业应设置总会计师职务,小型企业可以指定一名副厂长(或相应级别的行政领导人员)行使总会计师的职权。

总会计师是企业厂级行政领导人员,《总会计师条例》规定,总会计师的主要职责如下:

(1)负责组织本单位的下列工作:编制和组织预算、财务收支计划、信贷计划,拟订资金筹措和使用方案,开辟财源,有效地使用资金;进行成本费用预测、计划、控制、预算、分析和考核,督促本单位有关部门降低消耗、节约费用、提高经济效益;建立健全经济核算制度;承办单位主要领导人交办的其他工作。

(2)负责对本单位财会机构的设置和会计人员的配备、会计专业职务的设置和聘用提出方案;组织会计人员的业务培训和考核,支持会计人员依法行使职权。

(3)领导企业财务与会计工作,组织资金、成本、利润等的归口分级管理,对企业财务负责;审查、监督企业各项计划和经济合同的签订与执行。

(4)协同单位的主要行政领导人制定企业生产经营的方针、战略目标和有关决策,提高企业的经济效益;参与新产品开发、技术改造、科技研究、商品(劳务)价格和工资奖金等方案的制定。总会计师作为单位会计工作的主要负责人,全面负责本单位财务会计管理和经济核算,参与本单位的重大经营决策活动,是单位负责人的参谋和助手。一般来说,总会计师应由具有会计师、高级会计师技术职称的人员担任。

第三节 会计职业道德

一、会计职业道德的含义

职业道德是指人们在职业生活中应遵循的基本道德,包括职业品德、职业纪律、专业胜任能力以及职业责任等,属于一种非强制性的自律规范,与法律等强制性规范不同,它是依靠信念、习俗、传统、教育和素质的力量来维持的。

会计职业道德是指会计人员从事会计工作所应遵循的基本道德规范,是会计人员在职业活动中形成和体现出来的,调整会计人员与社会之间、会计人员个人之间以及个人与集体之间职业道德主观意识和客观行为的统一,是体现会计职业特征、调整会计职业关系的职业行为准则和规范。

会计职业道德是我国社会主义职业道德建设的一个重要方面,会计职业道德的高与低会直接影响到整个会计工作的质量和服务。一方面,会计职业道德是一种非强制性的规范,主要依靠会计职业界自身以及社会舆论来实行监督;另一方面,会计职业道德的目标在于维护社会经济秩序,又具有一定程度的强制性。在我国有很多法律规范都包含会计职业道德的内容,如《会计法》中明确规定:"会计人员应当遵守职业道德,提高业务素质。"财政部颁布的《会计从业资格管理办法》中对会计职业道德的要求是,申请参加会计从业资格考试的人员,应当符合下列基本条件:

(1)遵守会计和其他财经法律、法规;

(2)具备良好的道德品质;

(3)具备会计专业基础知识和技能。

另外,在《会计基础工作规范》中也有明确要求。在会计人员工作过程中,会计职业道德规范和其他会计规范相互补充、相互联系,共同构成会计规范体系,规范着会计工作。

同时,会计职业道德规范的作用又是其他会计法律法规所不能取代的,会计职业道德贯穿会计工作所有领域和整个过程。会计职业道德是对会计法律制度的重要补充,是规范会计行为的基础,是实现会计目标的重要保证,也是提高会计人员素质的内在要求。

二、会计职业道德建设的意义

会计作为一个反映经济活动的信息系统,科学、良好、能适应经济环境发展要求的会计信息系统,会促进经济健康、稳定、有序发展;而混乱、虚假的会计信息系统必定妨碍经济的发展,扰乱市场经济的正常运行。所以,"经济越发展,会计越重要"。

会计工作是为社会经济发展服务的,会计职业道德水平的高低直接影响到完成的会计工作的质量,从而也影响到国家的宏观经济决策和微观经济调控,所以会计人员职业道德建设为维护会计信息系统良性运行、保证会计信息质量起到重要作用。会计职业道德标准是财经法规、财会制度所不能替代的。加强会计职业道德建设,是贯彻党中央"依法治国、以德治国、建设和谐社会、落实科学发展观"的必然要求,是保障与服务经济发展的客观要求,也是提高会计人员素质的现实需要。事实说明,加强会计人员职业道德建设对于提升会计人员综合素质、保证会计工作质量、确立会计工作在经济建设中的贡献与地位、鼓励会计人员积极上进意义深远。

三、会计职业道德的基本内容

会计人员在会计工作中应当遵守会计职业道德,树立良好的职业品质、严谨的工作作风,严守工作纪律,努力提高工作质量和工作效率。

(1)爱岗敬业。会计人员应当热爱本职工作,努力钻研业务,使自己的知识和技能适应所从事工作的要求。爱岗敬业是做好一切工作的出发点。

(2) 熟悉法规。熟悉财经法律、法规、规章和国家统一会计制度,并结合会计工作进行广泛宣传。会计工作不只是单纯的记账、算账、报账工作,会计工作时时、事事、处处涉及执法守规方面的问题。会计人员应当熟悉财经法律、法规和国家统一的会计制度,做到自己在处理各项经济业务时知法依法、知章循章,依法把关守口,同时还要进行法规的宣传,提高法治观念。

(3) 依法办事。也就是说,按照会计法律、法规和国家统一会计制度规定的程序和要求进行会计工作,保证所提供的会计信息合法、真实、准确、及时、完整;一方面,会计人员应当按照会计法律、法规和国家统一会计制度规定的程序和要求进行会计工作,保证所提供的会计信息合法、真实、准确、及时、完整;另一方面,依法办事要求会计人员必须树立自己职业的形象和人格的尊严,敢于抵制歪风邪气,同一切违法乱纪的行为作斗争。

(4) 客观公正。这要求办理会计事务应当实事求是、客观公正。会计信息的正确与否,不仅关系到微观决策,而且关系到宏观决策。做好会计工作,不仅要有过硬的技术本领,也同样需要实事求是的精神和客观公正的态度。否则,就会把知识和技能用错了地方,甚至参与弄虚作假或者串通舞弊。

(5) 搞好服务。会计人员必须熟悉本单位的生产经营和管理情况,运用掌握的会计信息和会计方法,为改善单位内部管理、提高经济效益服务。会计工作是经济管理工作的一部分,把这部分工作做好对所在单位的经营管理至关重要。会计工作的这一特点,决定了会计人员应当熟悉本单位的生产经营和业务管理情况,因此,会计人员应当积极运用所掌握的会计信息和会计方法,为改善单位的内部管理、提高经济效益服务。

(6) 保守秘密。会计工作的性质决定了会计人员有机会了解本单位的财务状况和生产经营情况,有可能了解或者掌握重要商业机密。这些机密一旦泄露给竞争对手,会给本单位的经济利益造成重大损害,这对被泄密的单位既不公正又很不利。泄露本单位的商业秘密也是一种很不道德的违法行为。因此,作为会计人员,应当确立泄密失德的观点,对于自己知悉的内部机密,不管在何时何地都要严守秘密,不得为一己私利而泄露机密。

总之,会计行为的规范化不仅要以会计法律、法规作保障,还要依赖会计人员的道德信念、道德品质来实现。会计职业道德准则只有转化为人们的内在信念和内在品质,才能使会计行为在正确的轨道上运行。可以说,要从根本上治理假账问题、规范会计行为,就必须把依法治理与以德治理紧密结合起来。

第四节 会计档案管理

一、会计档案的概念

会计档案是机关、团体、企事业单位和其他组织在会计活动中自然形成的,并按照法律规定保存备查的会计信息载体(包括会计凭证、会计账簿和财务报告等会计核算专业资料及其他与财务会计工作有关的应予集中保管的财务计划、合同等文件资料),是记录和反映单位经济业务的重要史料与证据,是检查遵守财经纪律情况的书面证明,也是总结经营管理经验的重要参考资料。

会计档案是国家经济档案的重要组成部分,是企业单位日常发生的各项经济活动的历史记录,是总结经营管理经验、进行决策所需的主要资料,也是检查各种责任事故的重要依据。《会计法》规定,各单位对会计凭证、会计账簿、财务报告等会计核算专业资料和其他会计资料应当建立档案,妥善保管。所以,各单位的会计部门对会计档案必须高度重视,严加保管。大、中型企业应建立会计档案室,小型企业应有会计档案柜并指定专人负责。对会计档案应建立严密的保管制度,妥善管理,不得丢失、损坏、抽换或任意销毁。

二、会计档案的范围

按照《会计档案管理办法》第六条的规定,企业单位的会计档案包括以下具体内容。

(1)会计凭证,包括原始凭证、记账凭证;

(2)会计账簿,包括总账、明细账、日记账、固定资产卡片及其他辅助性账簿;

(3)财务会计报告,包括月度、季度、年度财务报告,包括会计报表、附表、附注及文字说明;其他财务报告;

(4)其他会计资料,包括银行存款余额调节表、银行对账单、纳税申报表、会计档案移交清册、会计档案保管清册、会计档案销毁清册、会议档案鉴定意见书及其他具有保存价值的会计资料。

三、会计档案管理的基本内容

为了加强会计档案的科学管理,统一全国会计档案管理制度,做好会计档案的管理工作,财政部、国家档案局于 1998 年 8 月 21 日发布了《会计档案管理办法》,统一规定了会计档案的立卷、归档、保管、调阅和销毁等具体内容。

在一般企业会计档案的管理制度中,应当明确会计资料的整理立卷方法。会计资料的整理一般采用"四统一"的办法,即分类标准统一、档案编号统一、档案形成统一、管理要求统一,并分门别类按各类顺序编号。历年形成的会计档案,都应由企业会计部门按照归档的要求整理、立卷并装订成册;当年的会计档案,要在会计年度终了后由本单位财会部门保管 1 年,期满后移交单位档案管理部门。会计档案应分类保存,并建立相应的分类目录或卡片,随时进行登记。按照《会计档案管理办法》的规定,会计档案的保管期限分为永久保管和定期保管两类,其中,定期保管期限又分为 3 年、5 年、10 年、15 年、25 年,时间是从会计年度终了后第一天算起。

会计档案归档保管之后,需要调阅会计档案的,应办理档案调阅手续方可调阅,应设置"会计档案调阅登记簿",详细登记调阅日期、调阅人、调阅理由、归还日期等内容。本单位会计人员调阅会计档案,须经会计主管人员同意,外单位人员调阅本单位会计档案,须有正式的介绍信,经单位领导批准。对借出的会计档案要及时督促归还,未经批准,调阅人员不得将会计档案携带外出,不得擅自摘录有关数据。遇特殊情况需要影印、复制会计档案的,必须经过本单位领导批准,并在"会计档案调阅登记簿"内详细记录会计档案影印复制的情况。

凭证、账簿和会计报表等会计档案超过规定的保管期限予以销毁时,应经过认真的鉴定,填写"会计档案销毁清册(报告单)",详细列明欲销毁会计档案的类别,名称、册(张)数及所属年月等。然后,由会计主管人员和单位领导审查签字,报经上级主管部门批准后办理销毁。在销毁时,要由会计主管人员或稽核人员负责监销,并在"会计档案销毁报告单"上签字。"会计档案销毁清册(报告单)"要长期保存。

采用电子计算机进行会计核算的单位,应当保存打印出的纸质会计档案。具备采用磁带、磁盘、光盘等磁性介质保存会计档案条件的,由国务院业务主管部门统一规定,并报财政部、国家档案局备案。

关、停、并、转单位的会计档案,要根据会计档案登记簿编造移交清册,移交给上级管部门或指定的接收单位接收保管。会计档案保管人员调动工作,应按照规定办理正式的移交手续。

四、会计工作交接

会计工作交接是会计工作中的一项重要内容,办好会计工作交接,有利于保持会计工作的连续性,有利于明确各自的责任。会计人员调动工作或者离职时,与接替人员办清交接手续,可以使会计工作前后紧密衔接,保证会计工作连续进行,防止因会计人员的更换而出现会计核算混乱的现象,同时可以分清移交人员和接替人员的责任。关于会计工作交接问题,有关的会计法规都做了明确的规定。《会计法》第四十一条规定,会计人员调动工作或者离职,必须与接管人员办清交接手续。《会计基础工作规范》也有相关的规定。

(一)会计工作交接的要求

会计工作交接内容包括以下几个方面。

(1)会计人员工作调动或因故离职,必须与接替人员办理交接手续,并将本人所经管的会计工作,在规定期限内移交清楚。会计人员临时离职或因事、因病不能到职工作的,会计机构负责人、会计主管人员或单位领导必须指定人员接替或代理。没有办清交接手续的,不得调动或者离职。

(2)接替人员应认真接管移交的工作,并继续办理移交的未了事项。移交后,如果发现原经管的会计业务有违反财会制度和财经纪律等问题,仍由原移交人负责。接替的会计人员应继续使用移交的账簿,不得自行另立新账,以保持会计记录的连续性。

(3)交接完毕后,交接双方和监交人要在移交清册上签名或者盖章,并应在移交清册上注明单位名称、交接日期、交接双方以及监交人的职务和姓名,移交清册页数,以及需要说明的问题和意见等。移交清册一般应填制一式三份,交接双方各执一份,存档一份。

(4)单位撤销时,必须留有必要的会计人员,会同有关人员办理清理工作,编制决算,未移交前,不得离职。接收单位和移交日期由主管部门确定。

(二)会计工作交接的程序

1.移交前的准备

工作会计人员办理移交手续前,必须做好以下各项准备工作:

(1)已经受理的经济业务尚未填制会计凭证的,应填制完毕。

(2)尚未登记的账目,应登记完毕,并在最后一笔余额后加盖经办人员印章。

(3)整理应移交的各项资料,对未了事项写出书面材料。

(4)编制移交清册,列明移交的会计凭证、会计账簿、会计报表、印章、现金、有价证券、支票簿、发票、文件、其他会计资料和物品等内容;实行会计电算化的单位,从事该项工作的移交人员还应当在移交清册中列明会计软件及密码、会计软件数据磁盘(磁带等)及有关资料、实物等内容。

2. 移交

移交人员按移交清册逐项移交,接替人员逐项核对点收,具体内容包括:

(1)现金、有价证券等要根据账簿余额进行点交。库存现金、有价证券必须与账簿余额一致,不一致时,移交人应在规定期限内负责查清处理。

(2)会计凭证、账簿、报表和其他会计资料必须完整无缺,不得遗漏;如果有短缺,要查明原因,并在移交清册中注明,由移交人负责。银行存款账户余额要与银行对账单核对相符;各种财产和债权、债务的明细账余额,要与总账有关账户的余额核对相符;必要时,可抽查个别账户余额,与实物核对相符或与往来单位、个人核对清楚。

(3)移交人经管的公章和其他实物,也必须交接清楚。

(4)会计机构负责人、会计主管人员移交时,除按移交清册逐项移交外,还应将全部财务会计工作、重大的财务收支和会计人员的情况等向接管人员详细介绍,并对需要移交的遗留问题写出书面材料。

3. 监交

会计人员办理交接手续,必须有监交人负责监交。其中,一般会计人员办理交接手续,由会计机构负责人(会计主管人员)监交;会计机构负责人(会计主管人员)办理交接手续,单位负责人监交,必要时主管单位可以派人会同监交。通过监交,保证双方都按照国家有关规定认真办理交接手续,防止流于形式,保证会计工作不因人员变动而受影响,保证交接双方处在平等的法律地位上享有权利和承担义务,不允许任何一方以大压小、以强凌弱,或采取不正当乃至非法手段进行威胁。移交清册应当经过监交人员审查和签名、盖章,作为交接双方明确责任的证据。

交接工作完成后,移交人员应当对所移交的会计资料的真实性、完整性负责。

本章小结

会计工作组织是指如何安排、协调和管理好企业的会计工作,包括会计机构的设置、会计人员的配备、会计法规的制定与执行和会计档案的保管等。

建立健全各单位的会计机构,配备与工作要求相适应的、具有一定素质和数量的会计人员,是在空间上保证会计工作正常进行,充分发挥会计管理职能作用的重要条件。《会计法》《会计基础工作规范》等对会计机构设置和会计人员配备的相关要求做了具体的规定。会计人员是依法在会计岗位上从事会计工作的人员。会计人员具有会计核算和监督的职能,在会计工作中应当遵守职业道德。

会计档案是指单位在进行会计核算等过程中接收或形成的,记录和反映单位经济业务事项的,具有保存价值的文字、图表等各种形式的会计资料,包括通过计算机等电子设备形成、传输和存储的电子会计档案。会计档案应严格按照《会计档案管理办法》相关规定进行管理。

关键术语

会计准则(accounting standards)
职业道德(professional ethics)

会计档案(accounting archives)

习题与思考

一、单项选择题

1. 《中华人民共和国会计法》明确规定:管理全国会计工作的部门是( )。
   A. 国务院财政部门
   B. 国务院财政部门和地方各级政府的财政部门
   C. 国务院财政部门和税部门
   D. 国务院计划部门

2. 会计核算工作最高层次的法律规范是( )。
   A. 基本会计准则   B. 具体会计准则
   C. 会计法   D. 行业会计制度

3. 集中核算和非集中核算,在一个企业里( )。
   A. 可同时采用   B. 可分别采用
   C. 既可同时采用,又可以分别采用   D. 不能同时采用

4. 会计人员对不真实、不合法的原始凭证( )。
   A. 不予受理   B. 予以退回
   C. 更下补充   D. 无权自行处理

5. 会计人员对于违反制度、法令的事项,不拒绝执行,又不向领导或上级机关、财政部门报告,应( )。
   A. 不负任何责任   B. 单独承担责任
   C. 同有关人员负连带责任 D. 承担全部责任

二、多项选择题

1. 会计法规有如下几种类别( )。
   A. 会计法律   B. 条例   C. 实施细则
   D. 办法   E. 规章制度

2. 会计法规和制度体系的构成层次为( )。
   A. 会计法   B. 会计准则   C. 财经纪律
   D. 内部会计制度   E. 规章制度

3. 会计工作是一项( )的经济管理工作。
   A. 严密细致   B. 会计核算   C. 综合性
   D. 政策性很强   E. 数量核算

4. 我国会计专业技术职务分别规定为( )
   A. 高级会计师   B. 注册会计师   C. 助理会计师
   D. 会计师   E. 会计员

5. 会计机构是指各单位内部( )的专职机构。
   A. 进行会计监督   B. 实施会计监督   C. 办理会计事务
   D. 制定会计制度   E. 制定会计事务

三、判断题

1. 总会计师是单位行政领导成员,是一个行政职务。（   ）
2. 会计人员无权签订经济合同。（   ）
3. 任何企业都必须设置总会计师。（   ）
4. 非集中核算单位的会计部门进行总会类核算和一部分明细分类核算。（   ）
5. 集中立核算单位一般适用大、中型企业。（   ）
6. 非独立核算单位又可分为集中核算和非集中核算。（   ）
7. 注册会计师是会计人员技术职称的一种。（   ）
8. 会计主体是指从事会计工作的人员。（   ）
9. 执行集中核算单位,会计部门以外的其他部门,只填制原始凭证或原始凭证汇总表,定期送交会计部门。（   ）
10. 总会计师对企业会计人员有人事理权。（   ）

四、名词解释

1. 集中核算
2. 非集中核算
3. 会计工作的岗位责任制
4. 会计工作组织
5. 会计机构
6. 总会计师制度
7. 会计法
8. 会计法规和制度
9. 会计档案
10. 独立核算单位

五、问答题

1. 会计法规体系的构成及意义?
2. 国家对会计机构的设置有何规定?在实际工作中如何体现?
3. 会计工作岗位一般应如何设置?各岗位之间应保持什么样的关系?
4. 什么是集中核算?什么是非集中核算?二者的关系怎样?
5. 会计工作交接的要求及内容?
6. 会计员的主要职责是什么?主要权限是什么?
7. 会计人员的任职要求包括些什么内容?
8. 什么是会计人员的职业道德?包括哪些具体内容?
9. 会计法、会计准则的基本内容是什么?

案例分析

目的:提醒会计人员具备职业道德,敬畏法律规则。

资料:康美药业股份有限公司(股票代码:600518;以下简称康美药业)成立于1997年,以中药饮片生产、销售为核心,实施中医药全产业链一体化运营模式,业务体系涵盖上游道地中药材种植与资源整合;中游中药材专业市场经营,中药饮片、中成药制剂、保健食品、化学药品及医疗器械的生产与销售,现代医药物流系统;下游集医疗机构资源、智慧药房、OTC零售、连锁药店、直销、医药电商、移动医疗等于一体的全方位多层次营销网络,实现了"中药—中药饮片—医院"全产业链布局。

2019年8月,证监会对康美药业下发《行政处罚及市场禁入事先告知书》。告知书显示,康美药业虚增收入和资产信息如下:

(1)康美药业涉嫌累计虚增营业收入291.28亿元。

2016年年度报告虚增营业收入89.99亿元,多计利息收入1.51亿元,虚增营业利润6.56亿元,占合并利润表当期披露利润总额的16.44%。2017年年度报告虚增营业收入100.32亿元,多计利息收入2.28亿元,虚增营业利润12.51亿元,占合并利润表当期披露利润总额的25.91%。2018年半年度报告虚增营业收入84.84亿元,多计利息收入1.31亿元,虚增营业利润20.29亿元,占合并利润表当期利润总额的65.52%。2018年年度报告虚增营业收入16.13亿元,虚增营业利润1.65亿元,占合并利润表当期披露利润总额的12.11%。

(2)累计虚增货币资金887亿元。

康美药业2016年年度报告虚增货币资金225.49亿元,占公司披露总资产的41.13%和净资产的76.74%;2017年年度报告虚增货币资金299.44亿元,占公司披露总资产的43.57%和净资产的93.18%;2018年半年度报告虚增货币资金361.88亿元,占公司披露总资产的45.96%和净资产的108.24%。

也就是说,康美药业这几年虚增的300亿元左右的货币资金并不存在。

(3)虚增固定资产、在建工程、投资性房地产,共计36亿元。

康美药业在2018年年度报告中将前期未纳入报表的亳州华佗国际中药城、普宁中药城、普宁中药城中医馆、亳州新世界、甘肃陇西中药城、玉林中药产业园等6个工程项目纳入表内,分别调增固定资产11.89亿元,调增在建工程4.01亿元,调增投资性房地产20.15亿元,合计调增资产总额36.05亿元。

证监会已经向涉案当事人送达事先告知书,依法对康美药业及马兴田(原董事长兼总经理)等22名当事人予以行政处罚,并对6名当事人采取证券市场禁入措施。

要求:

1.康美药业虚增营业收入和资产违背了哪些会计原则?

2.康美药业虚增营业收入和资产会对投资者及证券市场带来什么损害?

3.假如你是康美药业的会计人员,你会参与公司财务造假吗?

附录

附录1　中华人民共和国会计法

1985年1月21日第六届全国人民代表大会常务委员会第九次会议通过
1993年12月29日第八届全国人民代表大会常务委员会第五次会议第一次修正
1999年10月31日第九届全国人民代表大会常务委员会第十二次会议修订
2017年11月4日第十二届全国人民代表大会常务委员会第三十次会议第二次修正

目　录

第一章　总　则
第二章　会计核算
第三章　公司、企业会计核算的特别规定
第四章　会计监督
第五章　会计机构和会计人员
第六章　法律责任
第七章　附　则

第一章　总　则

第一条　为了规范会计行为，保证会计资料真实、完整，加强经济管理和财务管理，提高经济效益，维护社会主义市场经济秩序，制定本法。

第二条　国家机关、社会团体、公司、企业、事业单位和其他组织（以下统称单位）必须依照本法办理会计事务。

第三条　各单位必须依法设置会计账簿，并保证其真实、完整。

第四条　单位负责人对本单位的会计工作和会计资料的真实性、完整性负责。

第五条　会计机构、会计人员依照本法规定进行会计核算，实行会计监督。任何单位或者个人不得以任何方式授意、指使、强令会计机构、会计人员伪造、变造会计凭证、会计账簿和其他会计资料，提供虚假财务会计报告。任何单位或者个人不得对依法履行职责、抵制违反本法规定行为的会计人员实行打击报复。

第六条　对认真执行本法，忠于职守，坚持原则，做出显著成绩的会计人员，给予精神的或者物质的奖励。

第七条　国务院财政部门主管全国的会计工作。县级以上地方各级人民政府财政部门管理本行政区域内的会计工作。

第八条　国家实行统一的会计制度。国家统一的会计制度由国务院财政部门根据本法制定并公布。国务院有关部门可以依照本法和国家统一的会计制度制定对会计核算和会计监督有特殊要求的行业实施国家统一的会计制度的具体办法或者补充规定，报国务院财政部门审核批准。

中国人民解放军总后勤部可以依照本法和国家统一的会计制度制定军队实施国家统一的会计制度的具体办法,报国务院财政部门备案。

第二章 会计核算

第九条 各单位必须根据实际发生的经济业务事项进行会计核算,填制会计凭证,登记会计账簿,编制财务会计报告。

任何单位不得以虚假的经济业务事项或者资料进行会计核算。

第十条 下列经济业务事项,应当办理会计手续,进行会计核算:

(一)款项和有价证券的收付;

(二)财物的收发、增减和使用;

(三)债权债务的发生和结算;

(四)资本、基金的增减;

(五)收入、支出、费用、成本的计算;

(六)财务成果的计算和处理;

(七)需要办理会计手续、进行会计核算的其他事项。

第十一条 会计年度自公历1月1日起至12月31日止。

第十二条 会计核算以人民币为记账本位币。

业务收支以人民币以外的货币为主的单位,可以选定其中一种货币作为记账本位币,但是编报的财务会计报告应当折算为人民币。

第十三条 会计凭证、会计账簿、财务会计报告和其他会计资料,必须符合国家统一的会计制度的规定。

使用电子计算机进行会计核算的,其软件及其生成的会计凭证、会计账簿、财务会计报告和其他会计资料,也必须符合国家统一的会计制度的规定。

任何单位和个人不得伪造、变造会计凭证、会计账簿及其他会计资料,不得提供虚假的财务会计报告。

第十四条 会计凭证包括原始凭证和记账凭证。

办理本法第十条所列的经济业务事项,必须填制或者取得原始凭证并及时送交会计机构。

会计机构、会计人员必须按照国家统一的会计制度的规定对原始凭证进行审核,对不真实、不合法的原始凭证有权不予接受,并向单位负责人报告;对记载不准确、不完整的原始凭证予以退回,并要求按照国家统一的会计制度的规定更正、补充。

原始凭证记载的各项内容均不得涂改;原始凭证有错误的,应当由出具单位重开或者更正,更正处应当加盖出具单位印章。原始凭证金额有错误的,应当由出具单位重开,不得在原始凭证上更正。

记账凭证应当根据经过审核的原始凭证及有关资料编制。

第十五条 会计账簿登记,必须以经过审核的会计凭证为依据,并符合有关法律、行政法规和国家统一的会计制度的规定。会计账簿包括总账、明细账、日记账和其他辅助性账簿。

会计账簿应当按照连续编号的页码顺序登记。会计账簿记录发生错误或者隔页、缺号、跳行的,应当按照国家统一的会计制度规定的方法更正,并由会计人员和会计机构负责人(会计主管人员)在更正处盖章。

使用电子计算机进行会计核算的,其会计账簿的登记、更正,应当符合国家统一的会计制度的规定。

第十六条　各单位发生的各项经济业务事项应当在依法设置的会计账簿上统一登记、核算,不得违反本法和国家统一的会计制度的规定私设会计账簿登记、核算。

第十七条　各单位应当定期将会计账簿记录与实物、款项及有关资料相互核对,保证会计账簿记录与实物及款项的实有数额相符、会计账簿记录与会计凭证的有关内容相符、会计账簿之间相对应的记录相符、会计账簿记录与会计报表的有关内容相符。

第十八条　各单位采用的会计处理方法,前后各期应当一致,不得随意变更;确有必要变更的,应当按照国家统一的会计制度的规定变更,并将变更的原因、情况及影响在财务会计报告中说明。

第十九条　单位提供的担保、未决诉讼等或有事项,应当按照国家统一的会计制度的规定,在财务会计报告中予以说明。

第二十条　财务会计报告应当根据经过审核的会计账簿记录和有关资料编制,并符合本法和国家统一的会计制度关于财务会计报告的编制要求、提供对象和提供期限的规定;其他法律、行政法规另有规定的,从其规定。

财务会计报告由会计报表、会计报表附注和财务情况说明书组成。向不同的会计资料使用者提供的财务会计报告,其编制依据应当一致。有关法律、行政法规规定会计报表、会计报表附注和财务情况说明书须经注册会计师审计的,注册会计师及其所在的会计师事务所出具的审计报告应当随同财务会计报告一并提供。

第二十一条　财务会计报告应当由单位负责人和主管会计工作的负责人、会计机构负责人(会计主管人员)签名并盖章;设置总会计师的单位,还须由总会计师签名并盖章。

单位负责人应当保证财务会计报告真实、完整。

第二十二条　会计记录的文字应当使用中文。在民族自治地方,会计记录可以同时使用当地通用的一种民族文字。在中华人民共和国境内的外商投资企业、外国企业和其他外国组织的会计记录可以同时使用一种外国文字。

第二十三条　各单位对会计凭证、会计账簿、财务会计报告和其他会计资料应当建立档案,妥善保管。会计档案的保管期限和销毁办法,由国务院财政部门会同有关部门制定。

第三章　公司、企业会计核算的特别规定

第二十四条　公司、企业进行会计核算,除应当遵守本法第二章的规定外,还应当遵守本章规定。

第二十五条　公司、企业必须根据实际发生的经济业务事项,按照国家统一的会计制度的规定确认、计量和记录资产、负债、所有者权益、收入、费用、成本和利润。

第二十六条　公司、企业进行会计核算不得有下列行为:

(一)随意改变资产、负债、所有者权益的确认标准或者计量方法,虚列、多列、不列或者少列资产、负债、所有者权益;

(二)虚列或者隐瞒收入,推迟或者提前确认收入;

(三)随意改变费用、成本的确认标准或者计量方法,虚列、多列、不列或者少列费用、成本;

(四)随意调整利润的计算、分配方法,编造虚假利润或者隐瞒利润;

(五)违反国家统一的会计制度规定的其他行为。

第四章 会计监督

第二十七条 各单位应当建立、健全本单位内部会计监督制度。单位内部会计监督制度应当符合下列要求:

(一)记账人员与经济业务事项和会计事项的审批人员、经办人员、财物保管人员的职责权限应当明确,并相互分离、相互制约;

(二)重大对外投资、资产处置、资金调度和其他重要经济业务事项的决策和执行的相互监督、相互制约程序应当明确;

(三)财产清查的范围、期限和组织程序应当明确;

(四)对会计资料定期进行内部审计的办法和程序应当明确。

第二十八条 单位负责人应当保证会计机构、会计人员依法履行职责,不得授意、指使、强令会计机构、会计人员违法办理会计事项。会计机构、会计人员对违反本法和国家统一的会计制度规定的会计事项,有权拒绝办理或者按照职权予以纠正。

第二十九条 会计机构、会计人员发现会计账簿记录与实物、款项及有关资料不相符的,按照国家统一的会计制度的规定有权自行处理的,应当及时处理;无权处理的,应当立即向单位负责人报告,请求查明原因,作出处理。

第三十条 任何单位和个人对违反本法和国家统一的会计制度规定的行为,有权检举。收到检举的部门有权处理的,应当依法按照职责分工及时处理;无权处理的,应当及时移送有权处理的部门处理。收到检举的部门、负责处理的部门应当为检举人保密,不得将检举人姓名和检举材料转给被检举单位和被检举人个人。

第三十一条 有关法律、行政法规规定,须经注册会计师进行审计的单位,应当向受委托的会计师事务所如实提供会计凭证、会计账簿、财务会计报告和其他会计资料以及有关情况。任何单位或者个人不得以任何方式要求或者示意注册会计师及其所在的会计师事务所出具不实或者不当的审计报告。财政部门有权对会计师事务所出具审计报告的程序和内容进行监督。

第三十二条 财政部门对各单位的下列情况实施监督:

(一)是否依法设置会计账簿;

(二)会计凭证、会计账簿、财务会计报告和其他会计资料是否真实、完整;

(三)会计核算是否符合本法和国家统一的会计制度的规定;

(四)从事会计工作的人员是否具备专业能力、遵守职业道德。在对前款第(二)项所列事项实施监督,发现重大违法嫌疑时,国务院财政部门及其派出机构可以向与被监督单位有经济业务往来的单位和被监督单位开立账户的金融机构查询有关情况,有关单位和金融机构应当给予支持。

第三十三条 财政、审计、税务、人民银行、证券监管、保险监管等部门应当依照有关法律、行政法规规定的职责,对有关单位的会计资料实施监督检查。前款所列监督检查部门对有关单位的会计资料依法实施监督检查后,应当出具检查结论。有关监督检查部门已经作出的检查结论能够满足其他监督检查部门履行本部门职责需要的,其他监督检查部门应当加以利用,避免重复查账。

第三十四条　依法对有关单位的会计资料实施监督检查的部门及其工作人员对在监督检查中知悉的国家秘密和商业秘密负有保密义务。

第三十五条　各单位必须依照有关法律、行政法规的规定,接受有关监督检查部门依法实施的监督检查,如实提供会计凭证、会计账簿、财务会计报告和其他会计资料以及有关情况,不得拒绝、隐匿、谎报。

第五章　会计机构和会计人员

第三十六条　各单位应当根据会计业务的需要,设置会计机构,或者在有关机构中设置会计人员并指定会计主管人员;不具备设置条件的,应当委托经批准设立从事会计代理记账业务的中介机构代理记账。国有的和国有资产占控股地位或者主导地位的大、中型企业必须设置总会计师。总会计师的任职资格、任免程序、职责权限由国务院规定。

第三十七条　会计机构内部应当建立稽核制度。出纳人员不得兼任稽核、会计档案保管和收入、支出、费用、债权债务账目的登记工作。

第三十八条　会计人员应当具备从事会计工作所需要的专业能力。担任单位会计机构负责人(会计主管人员)的,应当具备会计师以上专业技术职务资格或者从事会计工作三年以上经历。本法所称会计人员的范围由国务院财政部门规定。

第三十九条　会计人员应当遵守职业道德,提高业务素质。对会计人员的教育和培训工作应当加强。

第四十条　因有提供虚假财务会计报告,做假账,隐匿或者故意销毁会计凭证、会计账簿、财务会计报告,贪污,挪用公款,职务侵占等与会计职务有关的违法行为被依法追究刑事责任的人员,不得再从事会计工作。

第四十一条　会计人员调动工作或者离职,必须与接管人员办清交接手续。一般会计人员办理交接手续,由会计机构负责人(会计主管人员)监交;会计机构负责人(会计主管人员)办理交接手续,由单位负责人监交,必要时主管单位可以派人会同监交。

第六章　法律责任

第四十二条　违反本法规定,有下列行为之一的,由县级以上人民政府财政部门责令限期改正,可以对单位并处三千元以上五万元以下的罚款;对其直接负责的主管人员和其他直接责任人员,可以处二千元以上二万元以下的罚款;属于国家工作人员的,还应当由其所在单位或者有关单位依法给予行政处分:

(一)不依法设置会计账簿的;

(二)私设会计账簿的;

(三)未按照规定填制、取得原始凭证或者填制、取得的原始凭证不符合规定的;

(四)以未经审核的会计凭证为依据登记会计账簿或者登记会计账簿不符合规定的;

(五)随意变更会计处理方法的;

(六)向不同的会计资料使用者提供的财务会计报告编制依据不一致的;

(七)未按照规定使用会计记录文字或者记账本位币的;

(八)未按照规定保管会计资料,致使会计资料毁损、灭失的;

(九)未按照规定建立并实施单位内部会计监督制度或者拒绝依法实施的监督或者不如实提供有关会计资料及有关情况的;

(十)任用会计人员不符合本法规定的。

有前款所列行为之一,构成犯罪的,依法追究刑事责任。

会计人员有第一款所列行为之一,情节严重的,五年内不得从事会计工作。

有关法律对第一款所列行为的处罚另有规定的,依照有关法律的规定办理。

第四十三条 伪造、变造会计凭证、会计账簿,编制虚假财务会计报告,构成犯罪的,依法追究刑事责任。

有前款行为,尚不构成犯罪的,由县级以上人民政府财政部门予以通报,可以对单位并处五千元以上十万元以下的罚款;对其直接负责的主管人员和其他直接责任人员,可以处三千元以上五万元以下的罚款;属于国家工作人员的,还应当由其所在单位或者有关单位依法给予撤职直至开除的行政处分;其中的会计人员,五年内不得从事会计工作。

第四十四条 隐匿或者故意销毁依法应当保存的会计凭证、会计账簿、财务会计报告,构成犯罪的,依法追究刑事责任。

有前款行为,尚不构成犯罪的,由县级以上人民政府财政部门予以通报,可以对单位并处五千元以上十万元以下的罚款;对其直接负责的主管人员和其他直接责任人员,可以处三千元以上五万元以下的罚款;属于国家工作人员的,还应当由其所在单位或者有关单位依法给予撤职直至开除的行政处分;其中的会计人员,五年内不得从事会计工作。

第四十五条 授意、指使、强令会计机构、会计人员及其他人员伪造、变造会计凭证、会计账簿,编制虚假财务会计报告或者隐匿、故意销毁依法应当保存的会计凭证、会计账簿、财务会计报告,构成犯罪的,依法追究刑事责任;尚不构成犯罪的,可以处五千元以上五万元以下的罚款;属于国家工作人员的,还应当由其所在单位或者有关单位依法给予降级、撤职、开除的行政处分。

第四十六条 单位负责人对依法履行职责、抵制违反本法规定行为的会计人员以降级、撤职、调离工作岗位、解聘或者开除等方式实行打击报复,构成犯罪的,依法追究刑事责任;尚不构成犯罪的,由其所在单位或者有关单位依法给予行政处分。对受打击报复的会计人员,应当恢复其名誉和原有职务、级别。

第四十七条 财政部门及有关行政部门的工作人员在实施监督管理中滥用职权、玩忽职守、徇私舞弊或者泄露国家秘密、商业秘密,构成犯罪的,依法追究刑事责任;尚不构成犯罪的,依法给予行政处分。

第四十八条 违反本法第三十条规定,将检举人姓名和检举材料转给被检举单位和被检举人个人的,由所在单位或者有关单位依法给予行政处分。

第四十九条 违反本法规定,同时违反其他法律规定的,由有关部门在各自职权范围内依法进行处罚。

第七章 附　则

第五十条　本法下列用语的含义：

单位负责人，是指单位法定代表人或者法律、行政法规规定代表单位行使职权的主要负责人。

国家统一的会计制度，是指国务院财政部门根据本法制定的关于会计核算、会计监督、会计机构和会计人员以及会计工作管理的制度。

第五十一条　个体工商户会计管理的具体办法，由国务院财政部门根据本法的原则另行规定。

第五十二条　本法自2000年7月1日起施行。

附录2 企业会计准则——基本准则

第一章 总 则

第一条 为了规范企业会计确认、计量和报告行为,保证会计信息质量,根据《中华人民共和国会计法》和其他有关法律、行政法规,制定本准则。

第二条 本准则适用于在中华人民共和国境内设立的企业(包括公司,下同)。

第三条 企业会计准则包括基本准则和具体准则,具体准则的制定应当遵循本准则。

第四条 企业应当编制财务会计报告(又称财务报告,下同)。财务会计报告的目标是向财务会计报告使用者提供与企业财务状况、经营成果和现金流量等有关的会计信息,反映企业管理层受托责任履行情况,有助于财务会计报告使用者做出经济决策。

财务会计报告使用者包括投资者、债权人、政府及其有关部门和社会公众等。

第五条 企业应当对其本身发生的交易或者事项进行会计确认、计量和报告。

第六条 企业会计确认、计量和报告应当以持续经营为前提。

第七条 企业应当划分会计期间,分期结算账目和编制财务会计报告。

会计期间分为年度和中期。中期是指短于一个完整的会计年度的报告期间。

第八条 企业会计应当以货币计量。

第九条 企业应当以权责发生制为基础进行会计确认、计量和报告。

第十条 企业应当按照交易或者事项的经济特征确定会计要素。会计要素包括资产、负债、所有者权益、收入、费用和利润。

第十一条 企业应当采用借贷记账法记账。

第二章 会计信息质量要求

第十二条 企业应当以实际发生的交易或者事项为依据进行会计确认、计量和报告,如实反映符合确认和计量要求的各项会计要素及其他相关信息,保证会计信息真实可靠、内容完整。

第十三条 企业提供的会计信息应当与财务会计报告使用者的经济决策需要相关,有助于财务会计报告使用者对企业过去、现在或者未来的情况做出评价或者预测。

第十四条 企业提供的会计信息应当清晰明了,便于财务会计报告使用者理解和使用。

第十五条 企业提供的会计信息应当具有可比性。

同一企业不同时期发生的相同或者相似的交易或者事项,应当采用一致的会计政策,不得随意变更。确需变更的,应当在附注中说明。

不同企业发生的相同或者相似的交易或者事项,应当采用规定的会计政策,确保会计信息口径一致、相互可比。

第十六条 企业应当按照交易或者事项的经济实质进行会计确认、计量和报告,不应仅以交易或者事项的法律形式为依据。

第十七条 企业提供的会计信息应当反映与企业财务状况、经营成果和现金流量等有关的所有重要交易或者事项。

第十八条 企业对交易或者事项进行会计确认、计量和报告应当保持应有的谨慎,不应高估资产或者收益、低估负债或者费用。

第十九条　企业对于已经发生的交易或者事项,应当及时进行会计确认、计量和报告,不得提前或者延后。

第三章　资　产

第二十条　资产是指企业过去的交易或者事项形成的、由企业拥有或者控制的、预期会给企业带来经济利益的资源。

前款所指的企业过去的交易或者事项包括购买、生产、建造行为或其他交易或者事项。预期在未来发生的交易或者事项不形成资产。

由企业拥有或者控制,是指企业享有某项资源的所有权,或者虽然不享有某项资源的所有权,但该资源能被企业所控制。

预期会给企业带来经济利益,是指直接或者间接导致现金和现金等价物流入企业的潜力。

第二十一条　符合本准则第二十条规定的资产定义的资源,在同时满足以下条件时,确认为资产:

(一)与该资源有关的经济利益很可能流入企业;

(二)该资源的成本或者价值能够可靠地计量。

第二十二条　符合资产定义和资产确认条件的项目,应当列入资产负债表;符合资产定义、但不符合资产确认条件的项目,不应当列入资产负债表。

第四章　负　债

第二十三条　负债是指企业过去的交易或者事项形成的、预期会导致经济利益流出企业的现时义务。

现时义务是指企业在现行条件下已承担的义务。未来发生的交易或者事项形成的义务,不属于现时义务,不应当确认为负债。

第二十四条　符合本准则第二十三条规定的负债定义的义务,在同时满足以下条件时,确认为负债:

(一)与该义务有关的经济利益很可能流出企业;

(二)未来流出的经济利益的金额能够可靠地计量。

第二十五条　符合负债定义和负债确认条件的项目,应当列入资产负债表;符合负债定义、但不符合负债确认条件的项目,不应当列入资产负债表。

第五章　所有者权益

第二十六条　所有者权益是指企业资产扣除负债后由所有者享有的剩余权益。

公司的所有者权益又称为股东权益。

第二十七条　所有者权益的来源包括所有者投入的资本、直接计入所有者权益的利得和损失、留存收益等。

直接计入所有者权益的利得和损失,是指不应计入当期损益、会导致所有者权益发生增减变动的、与所有者投入资本或者向所有者分配利润无关的利得或者损失。

利得是指由企业非日常活动所形成的、会导致所有者权益增加的、与所有者投入资本无关的经济利益的流入。

损失是指由企业非日常活动所发生的、会导致所有者权益减少的、与向所有者分配利润无关的经济利益的流出。

第二十八条　所有者权益金额取决于资产和负债的计量。

第二十九条　所有者权益项目应当列入资产负债表。

第六章　收　入

第三十条　收入是指企业在日常活动中形成的、会导致所有者权益增加的、与所有者投入资本无关的经济利益的总流入。

第三十一条　收入只有在经济利益很可能流入从而导致企业资产增加或者负债减少、且经济利益的流入额能够可靠计量时才能予以确认。

第三十二条　符合收入定义和收入确认条件的项目,应当列入利润表。

第七章　费　用

第三十三条　费用是指企业在日常活动中发生的、会导致所有者权益减少的、与向所有者分配利润无关的经济利益的总流出。

第三十四条　费用只有在经济利益很可能流出从而导致企业资产减少或者负债增加、且经济利益的流出额能够可靠计量时才能予以确认。

第三十五条　企业为生产产品、提供劳务等发生的可归属于产品成本、劳务成本等的费用,应当在确认产品销售收入、劳务收入等时,将已销售产品、已提供劳务的成本等计入当期损益。

企业发生的支出不产生经济利益的,或者即使能够产生经济利益但不符合或者不再符合资产确认条件的,应当在发生时确认为费用,计入当期损益。

企业发生的交易或者事项导致其承担了一项负债而又不确认为一项资产的,应当在发生时确认为费用,计入当期损益。

第三十六条　符合费用定义和费用确认条件的项目,应当列入利润表。

第八章　利　润

第三十七条　利润是指企业在一定会计期间的经营成果。利润包括收入减去费用后的净额、直接计入当期利润的利得和损失等。

第三十八条　直接计入当期利润的利得和损失,是指应当计入当期损益、会导致所有者权益发生增减变动的、与所有者投入资本或者向所有者分配利润无关的利得或者损失。

第三十九条　利润金额取决于收入和费用、直接计入当期利润的利得和损失金额的计量。

第四十条　利润项目应当列入利润表。

第九章　会计计量

第四十一条　企业在将符合确认条件的会计要素登记入账并列报于会计报表及其附注(又称财务报表,下同)时,应当按照规定的会计计量属性进行计量,确定其金额。

第四十二条　会计计量属性主要包括:

(一)历史成本。在历史成本计量下,资产按照购置时支付的现金或者现金等价物的金额,或者按照购置资产时所付出的对价的公允价值计量。负债按照因承担现时义务而实际收到的款项或者资产的金额,或者承担现时义务的合同金额,或者按照日常活动中为偿还负债预期需要支付的现金或者现金等价物的金额计量。

(二)重置成本。在重置成本计量下,资产按照现在购买相同或者相似资产所需支付的现金或者现金等价物的金额计量。负债按照现在偿付该项债务所需支付的现金或者现金等价物的金额计量。

(三)可变现净值。在可变现净值计量下,资产按照其正常对外销售所能收到现金或者现金等价物的金额扣减该资产至完工时估计将要发生的成本、估计的销售费用以及相关税费后的金额计量。

(四)现值。在现值计量下,资产按照预计从其持续使用和最终处置中所产生的未来净现金流入量的折现金额计量。负债按照预计期限内需要偿还的未来净现金流出量的折现金额计量。

(五)公允价值。在公允价值计量下,资产和负债按照在公平交易中,熟悉情况的交易双方自愿进行资产交换或者债务清偿的金额计量。

第四十三条　企业在对会计要素进行计量时,一般应当采用历史成本,采用重置成本、可变现净值、现值、公允价值计量的,应当保证所确定的会计要素金额能够取得并可靠计量。

第十章　财务会计报告

第四十四条　财务会计报告是指企业对外提供的反映企业某一特定日期的财务状况和某一会计期间的经营成果、现金流量等会计信息的文件。

财务会计报告包括会计报表及其附注和其他应当在财务会计报告中披露的相关信息和资料。会计报表至少应当包括资产负债表、利润表、现金流量表等报表。

小企业编制的会计报表可以不包括现金流量表。

第四十五条　资产负债表是指反映企业在某一特定日期的财务状况的会计报表。

第四十六条　利润表是指反映企业在一定会计期间的经营成果的会计报表。

第四十七条　现金流量表是指反映企业在一定会计期间的现金和现金等价物流入和流出的会计报表。

第四十八条　附注是指对在会计报表中列示项目所作的进一步说明,以及对未能在这些报表中列示项目的说明等。

第十一章　附　则

第四十九条　本准则由财政部负责解释。

第五十条　本准则自 2007 年 1 月 1 日起施行。

附录3 企业会计准则——42条具体准则目录

企业会计准则第 1 号——存货
企业会计准则第 2 号——长期股权投资
企业会计准则第 3 号——投资性房地产
企业会计准则第 4 号——固定资产
企业会计准则第 5 号——生物资产
企业会计准则第 6 号——无形资产
企业会计准则第 7 号——非货币性资产交换
企业会计准则第 8 号——资产减值
企业会计准则第 9 号——职工薪酬
企业会计准则第 10 号——企业年金基金
企业会计准则第 11 号——股份支付
企业会计准则第 12 号——债务重组
企业会计准则第 13 号——或有事项
企业会计准则第 14 号——收入
企业会计准则第 15 号——建造合同
企业会计准则第 16 号——政府补助
企业会计准则第 17 号——借款费用
企业会计准则第 18 号——所得税
企业会计准则第 19 号——外币折算
企业会计准则第 20 号——企业合并
企业会计准则第 21 号——租赁
企业会计准则第 22 号——金融工具确认和计量
企业会计准则第 23 号——金融资产转移
企业会计准则第 24 号——套期保值
企业会计准则第 25 号——原保险合同
企业会计准则第 26 号——再保险合同
企业会计准则第 27 号——石油天然气开采
企业会计准则第 28 号——会计政策、会计估计变更和差错更正
企业会计准则第 29 号——资产负债表日后事项
企业会计准则第 30 号——财务报表列报
企业会计准则第 31 号——现金流量表
企业会计准则第 32 号——中期财务报告
企业会计准则第 33 号——合并财务报表
企业会计准则第 34 号——每股收益
企业会计准则第 35 号——分部报告

企业会计准则第 36 号——关联方披露
企业会计准则第 37 号——金融工具列报
企业会计准则第 38 号——首次执行企业会计准则
企业会计准则第 39 号——公允价值计量
企业会计准则第 40 号——合营安排
企业会计准则第 41 号——在其他主体中权益的披露
企业会计准则第 42 号——持有待售的非流动资产、处置组和终止经营

参考文献

[1] 王俊生.基础会计[M].北京:中国财政经济出版社,1993.
[2] 韦绪任,杨军.会计基础与实务[M].北京:北京理工大学出版社,2018.
[3] 陈国辉,迟旭升.基础会计[M].大连:东北财经大学出版社,2016.
[4] 朱小平,秦玉熙,袁蓉丽.基础会计[M].北京:中国人民大学出版社,2021.